本书为"关于平等的若干重大理论和现实问题研究"（马克思主义理论研究和建设工程重大委托项目，项目号 2016MZD008）的结项成果

新—时—代

平等问题

研————究

朱光磊

等著

天津出版传媒集团

天津人民出版社

图书在版编目（ＣＩＰ）数据

新时代平等问题研究 / 朱光磊等著. -- 天津 : 天津人民出版社, 2024.2

ISBN 978-7-201-20185-6

Ⅰ. ①新⋯ Ⅱ. ①朱⋯ Ⅲ. ①平等—研究—中国 Ⅳ. ①D621.5

中国国家版本馆 CIP 数据核字(2024)第 043137 号

新时代平等问题研究

XINSHIDAI PINGDENG WENTI YANJIU

出　　版	天津人民出版社	
出 版 人	刘锦泉	
地　　址	天津市和平区西康路35号康岳大厦	
邮政编码	300051	
邮购电话	（022）23332469	
电子信箱	reader@tjrmcbs.com	

策划编辑	王　康
责任编辑	郑　玥
特约编辑	郭雨莹
装帧设计	李　一

印　　刷	天津新华印务有限公司
经　　销	新华书店
开　　本	710毫米×1000毫米　1/16
印　　张	31.75
插　　页	2
字　　数	300千字
版次印次	2024年2月第1版　2024年2月第1次印刷
定　　价	138.00元

本书编写团队

课题组首席专家：朱光磊

　　子课题负责人（按子课题顺序排列）：

　　郭道久、侯　波、付士成、赵聚军、宋林霖、常　健

最终成果执笔人（从第二位起，按章节顺序排列）：

　　朱光磊、郭道久、徐爱好、刘　学、王　健、李蕊佚、

　　宋华琳、赵聚军、徐明强、宋林霖、刘　明

参加章节中部分文字撰写和课题组运行工作的有（按章节顺序排列）：

　　侯绪杰（课题组秘书）、吴涵博（第二章）、于　慧（第三章）、

　　刘英科（第八章）、李广文（第十二、十三章）

目　录

第一篇　中国特色社会主义平等理论

第二篇 西方平等理论的基本内容和主要特点

第三篇　经济发展中的法律平等保护

第四篇 治理领域的平等问题

第五篇　阶层关系与社会流动中的平等问题

第六篇　特定群体权利实现过程中的平等问题

第一篇

中国特色社会主义平等理论

第一章
马克思主义经典作家的平等理论

"平等,作为共产主义的基础,是共产主义的政治的论据。"①马克思主义经典作家在人类历史上第一次提出全人类的解放是实现真正平等的条件,从而为平等这一人类一直追求的目标给出了最终的答案。虽然马克思主义经典作家都在唯物史观的指导下分析平等问题,但他们所处的历史时期不同,针对的对象和面对的具体情况也不同,因而其平等观念也存在差异。今天中国在中国共产党的领导下,正处于开创新时代中国特色社会主义事业的关键时期,中国虽然已经为实现平等的崇高目标创造了一系列条件,但当前仍然存在一些平等方面的问题。解决这些问题,形成具有中国特色的平等理论,需要以马克思主义经典作家的平等理论为指导。

第一节 马克思主义经典作家平等理论的主要内容

马克思主义经典作家高度重视平等问题。马克思、恩格斯、列宁、毛泽东、邓小平等在不同历史时期从不同角度,就平等问题展开论述,形成各具特色的平

---

① 马克思:《1844年经济学哲学手稿》,人民出版社,2000年,第128页。

等理论。

一、马克思的平等理论

马克思并没有集中论述平等问题,其关于平等的理论散见于各个时期的著作之中。马克思对平等的关注源于对资本主义社会的批判以及对未来社会的构想,在此过程中逐步形成其关于平等的基本含义、实现条件等问题的看法。

(一)平等与自由密切联系

平等作为一种价值追求,得到了马克思的重视,但马克思对平等的阐释往往与自由紧密联系在一起,或者说是从自由的角度来谈论平等的,因而平等就成为通往自由的条件。在马克思看来,自由和解放才是终极价值。在人类获得真正的自由和解放之前,在阶级社会,由于人们在获取资源上存在不平等,这才使平等成为追求自由和解放过程中、在特定条件下的一种价值追求。1842年,马克思发表了《论犹太人问题》,他在批判鲍威尔的基础上,创造性地提出了关于"解放"的两个阶段,即"政治解放"与"人类解放"。在作为第一阶段的政治解放中,政治革命将社会的成员分成抽象的公民和现实的利己主义的人,而公民权中的平等与自由只属于抽象概念的人,这是一种形式上的平等。[1]第二阶段,在消除政治国家和市民社会的异化基础上实现人类自由与解放,现实中具体的人得以实现了真正的平等。"从非政治的意义上来看,平等无非是上述自由的平等,即每个人都同样被看作孤独的单子。"[2]只有人类实现共产主义,实现了物质资源的"按需分配",平等不再是限制人的自由和解放的条件,平等这一价值目标也就实现了。在共产主义社会,人们已超越了一切形式上的平等,最终获得了真正

---

① 陈熙:《从〈论犹太人问题〉看马克思平等思想萌芽》,《人民论坛》,2016年第23期。
② 马克思:《资本论》(第一卷),人民出版社,2004年,第195页。

自由人的地位,自由与平等之间也就没有了冲突,自由即平等。

(二)平等具有历史性

马克思的平等理论是以唯物史观为基础,运用政治经济视角,在对资产阶级平等观的批判中发展起来的。在恩格斯看来,"平等……本身都是一种历史的产物,这一观念的形成,需要一定的历史条件,而这种历史条件本身又以长期的以往的历史为前提"[1]。平等的理念决定于物质生产方式,随着物质生产方式的变化,平等的理念也会发生变化。所以,马克思对基于当时的物质生产方式的资产阶级平等观进行了充分的剖析。他深刻地认识到经济关系对平等的现实制约性,因而对建立在资本主义经济关系上的各种不平等现象给予无情的揭露和激烈的批判,并在此过程中表达自己对平等的看法。在 18 世纪 60 年代,马克思先后出版了《协会临时章程》《资本论》等,对资本主义平等观进行揭露及批判。在《协会临时章程》中,马克思提出资产阶级平等观所倡导的将权利和义务进行分离是不现实的。权利和义务之间应当是对立统一的关系"没有无义务的权利,也没有无权利的义务"[2]。马克思在《资本论》中分析了"资产阶级社会的经济条件"下的"现代平等观念"[3]。马克思通过分析资本主义生产方式,提出了剩余价值论以揭示资产阶级平等观下所掩饰的不平等。在雇佣制度下,工人将自己的劳动力作为一种商品出售,创造出超越以工资名义购买的劳动力价值外的更多财富,而这部分财富被资本家无偿占有。通过加大对工人的剥削,资本家获得更多利润并购买了更多的劳动力继续投入生产。而工人则被"法律上的一律平等"以及交换、流通领域中的平等所蒙蔽。实际上资本家与工人在经济上的地位完全不对等,"工人在劳动中耗费的力量越多……归他所有的东西就越少"[4]。就资本

---

① 《马克思恩格斯选集》(第三卷),人民出版社,1995 年,第 448 页。
② 《马克思恩格斯全集》(第 21 卷),人民出版社,2003 年,第 17 页。
③ 《马克思恩格斯选集》(第三卷),人民出版社,1995 年,第 446 页。
④ 《马克思恩格斯选集》(第一卷),人民出版社,1995 年,第 41 页。

主义生产方式,以及资产阶级平等观对形式平等的重视而言,这种平等观是值得肯定的。但是其局限性也是明显的——只保障平等的权利和形式的平等,只反映并适应资产阶级的生产方式,所以它必定被超越——代表先进生产力的无产阶级必然以自身的革命来推动生产关系的向前发展,从而产生新的平等观念。

(三)消灭私有是实现平等的条件

马克思不仅观察社会不平等现象,更深入分析了不平等的根源,并在此基础上提出实现平等的方法。马克思在《1844年经济学哲学手稿》中将平等与共产主义结合起来。他认为平等作为共产主义的基础,是"共产主义的政治理论依据",这体现了平等与共产主义的发展具有趋同性。接着,马克思讨论了平等实现的途径,即进行异化的扬弃,这种扬弃"在德国是自我意识,在法国由于政治的缘由是平等,在英国是现实的、物质的、仅仅以自身来衡量自身的实际需要"[1]。而在马克思的观念中,异化的根源在于生产资料的私有制,扬弃异化也即消灭私有。换言之,只有通过现实的共产主义行动,对私有财产进行扬弃,才能实现真正的平等。

马克思的平等是实质平等与形式平等的统一。在《哥达纲领批判》一文中,马克思对共产主义阶段的平等状态做出进一步讨论。在共产主义初期,一方面还未完全摆脱资产阶级的影响,另一方面社会生产力发展水平还比较低,按劳分配作为过渡时期的分配政策具有形式上的平等性。当进入共产主义高级阶段,生产力高度发达、个人得到全面发展,社会已经具备"各尽所能、按需分配"的条件时,就已完全实现本质的、事实的平等。

另外,马克思特别强调平等不是平均主义。他多次批判带有平均主义倾向的平等观。马克思的平等观与平均主义的最大区别在于,后者的平等理想是建

---

[1] 马克思:《1844年经济学哲学手稿》,人民出版社,2000年,第128页。

立在普遍贫穷的基点上,而前者的平等理想则是以物质财富的极大丰裕为前提。[①]

二、恩格斯的平等理论

恩格斯的平等理论在早期与马克思的合著中就有所体现。在《神圣家族》中,他们这样定义道:"平等是人在实践领域中对自身的意识,也就是人意识到别人是和自己平等的人……它表明人的本质的统一、人的类意识和类行为、人和人的实际的同一,也就是说,它表明人对人的社会的关系或人的关系。"[②]这表明马克思、恩格斯所研究的平等是现实的平等,是实践中具体的人所面临的问题。进一步而言,恩格斯的平等所关注的对象是一种社会关系。恩格斯在《反杜林论》中对平等进行了集中讨论,被视为其平等观成熟的展现。他首先对杜林在研究平等问题时使用的唯心主义先验论的方法论,以及"两个人完全平等"的平等思想进行了彻底批判;在此基础上,对平等的形成和发展按照时间做了梳理;最后提出了无产阶级的平等的要求,认为消灭阶级是无产阶级平等理想的最终诉求。

唯物史观是恩格斯分析平等问题的基本视角。在唯物史观的指导下,恩格斯批判了杜林等人平等是超阶级的、永恒的论调,认为平等是一个历史范畴,是具体的现实的。"平等的观念,无论以资产阶级的形式出现,还是以无产阶级的形式出现,本身都是一种历史的产物,这一观念的形成,需要一定的历史条件,而这种历史条件本身又以长期的以往的历史为前提。所以,这样的平等观念说它什么都行,就不能说它是永恒的真理。"[③]恩格斯考察了原始氏族时期、希腊罗马时期到封建时期、资本主义社会的平等的范围与内容,[④]发现平等总的来说是

---

① 高红、范秀同:《近二十年来马克思、恩格斯平等思想研究综述》,《三峡大学学报》,2011年第2期。

② 《马克思恩格斯全集》(第2卷),人民出版社,1957年,第48页。

③ 恩格斯:《反杜林论》,人民出版社,1999年,第105页。

④ 恩格斯:《反杜林论》,人民出版社,1999年,第101—103页。

从"一切人在共同点范围内的平等"向"一切人,或至少是一个国家的一切公民,或一个社会的一切成员,都应当有平等的政治地位和社会地位"的转变。[①]他认为发生这种转变的原因在于社会经济生活条件的巨大变化。简言之,当社会经济条件发生变革而对应的政治制度束缚甚至与这种经济发展相对立时,就需要消除以往的不平等而建立新的权利的平等。比如说随着生产力的发展,生产水平的提高,资产阶级要想推动商品在市场中自由地交换,就必须打破封建的束缚,在经济上遵循商品等价交换的原则,在法律中保障商品交换主体地位的平等。

正因为平等观念是历史的、具体的,特定历史时期都有与其生产力发展和生产关系相适应的平等理论,据此,恩格斯对资产阶级的平等理论进行了科学的分析和批判。首先,恩格斯肯定了资产阶级的平等观念对于破除封建统治具有革命性的作用,并鼓舞着几乎所有国家的社会主义运动。然而资产阶级的平等仅仅为了保障资产阶级的平等与特权,他们所提出的"法律面前人人平等"在生产资料私有制的基调下无法实现。因此"有产阶级胡说现代社会制度盛行公道、正义、权利平等、义务平等"是"虚伪的空话"[②]。

在批判资产阶级平等理论的基础上,恩格斯认为消灭阶级是无产阶级平等理论的最终选择。无产阶级与资产阶级相伴而生,无产阶级的平等要求也伴随着资产阶级的平等理论而发展。恩格斯批判资产阶级的平等理论,但并没有否定平等的重要性和积极意义。实际上,资产阶级的平等主张不仅对推翻封建统治意义重大,而且也鼓舞着无产阶级革命和社会主义运动。只不过资产阶级的平等理论无法超越其生产关系的限制,而无产阶级则不同,他们出于被压迫阶级的本能,提出消灭阶级的要求,因此,无产阶级的平等要求是彻底且具体的。对无产阶级来讲,只有消灭阶级差别,才能得到彻底解放。无产阶级的平等要求,涵盖政治、经济、社会各领域,"平等应当不仅是表面的,不仅在国家的领域

[①] 恩格斯:《反杜林论》,人民出版社,1999年,第100页。

[②] 《马克思恩格斯选集》(第三卷),人民出版社,2012年,第726页。

实行,它还应当是实际的,还应当在社会的、经济的领域中实行"①。它在经济上根本改变生产资料所有制给予人民平等的经济地位,在政治上通过强化法制保障人民政治权利,同时推动社会平等以全方面实现人的平等发展。

恩格斯虽然是在与杜林的论战中阐述其平等理论的,但他科学、系统地回答了平等的含义、特点,针对资产阶级的平等理论提出无产阶级的平等要求,并将消灭阶级作为平等的最终归属,从而形成一个完整的逻辑进路。②

三、列宁的平等理论

与马克思、恩格斯基于对以往历史的考察和资本主义现实的分析而提出的平等理论不同,列宁是在苏维埃社会主义国家建立的基础上来讨论平等问题的,故其平等理论既是对马克思主义平等理论的继承和发展,又具有显著的现实针对性。

(一)关于平等观念的历史发展

列宁认为平等思想并不是与生俱来的,而是随着社会经济的发展缓慢孕育而出,并在资产阶级革命中成为一种"口号"和理论武器。新兴资产阶级提出全体公民权利平等的要求,以与传统的封建特权作斗争。同马克思、恩格斯一样,他也肯定资产阶级在反抗封建专制时的平等思想,它在"反对旧的农奴主大土地占有制的斗争中是最革命的思想"③。然而随着工业化的发展,资产阶级利用生产资料私有制对工人阶级进行残酷剥削,其财富得到迅速累积。资本家与工人之间的不平等持续加剧。这种不平等并不能被资本阶级所提出的"一人一票"的选

---

①　恩格斯:《反杜林论》,人民出版社,1999 年,第 112 页。

②　王晓青:《恩格斯平等思想的逻辑进路——基于〈反杜林论〉的文本解读》,《思想理论教育导刊》,2020 年第 7 期。

③　《列宁全集》(第 16 卷),人民出版社,1988 年,第 203 页。

举平等以及"个人绝对平等"口号所掩盖,资产阶级的平等也仅是形式的平等。①

(二)关于社会不平等的根源

列宁从经济政治角度分析了社会不平等的根源,他提出:"实际上,资本家的政权和土地、工厂的私有制决定劳动者在任何'民主的和共和的'制度下都不能享受自由,只能遭受压迫和欺骗。"②这种不平等从根本上来说是由不平等的经济社会关系造成的。具体而言,平等真实与否的关键在于是否存在剥削关系,因此若想实现真正的平等,只有"完全消灭""一个阶级剥削另一个阶级的一切可能性"③,也就是消灭私有制。他在对资产阶级平等进行批判的同时,不断完善社会主义平等的内容并将其付诸于实践。他的平等观"一向是指社会的平等,指社会地位的平等"④。这种平等体现在政治和经济上分别是权利平等和消灭阶级。⑤

(三)关于社会主义的平等

社会主义的权利平等区别于资产阶级平等,具有普遍性与真实性。首先,平等结果是惠及全体人民。俄国十月革命胜利后,列宁提出使"全体居民群众真正平等地、真正普遍地参与一切国家事务",⑥达到一定年龄的公民在政治上,有着平等和直接的选举权,信仰、言论、出版、集会、罢工和结社的自由权,以及监督控诉改选公职人员的权利。1918年苏俄宪法草案更是明文规定"对公民权利实行无差别的平等对待和保护"⑦。其次,加强法制建设为权利平等的实现提供重要保障。列宁十分关注法制工作建设,在他的指导下,苏维埃政权先后制定了两

---

① 李纪才:《列宁的平等观》,《科学社会主义》,2018年第2期。
② 《列宁全集》(第37卷),人民出版社,1986年,第411~412页。
③ 《列宁全集》(第35卷),人民出版社,1985年,第254页。
④ 《列宁全集》(第24卷),人民出版社,1990年,第393页。
⑤ 《列宁全集》(第24卷),人民出版社,1990年,前言第10页。
⑥ 《列宁全集》(第28卷),人民出版社,1990年,第111页。
⑦ 王建国:《列宁社会主义民主观的权利表达》,《法治现代化研究》,2020年第2期。

部宪法、一部宪法性质的权利宣言以及若干法典条例。①

(四)关于消灭阶级实现真正的平等

列宁认为,要想实现经济上的平等就必须消灭阶级。正如他批判资产阶级的平等时指出的,"在一个阶级剥削另一个阶级的一切可能性没有完全消灭以前,决不可能有真正的事实上的平等"②。因为只要存在阶级,就存在一个集团把另一个集团的劳动攫为己有的可能,就存在剥削。"只要还存在着市场经济,只要还保持着货币权力和资本力量,世界上任何法律都无法消灭不平等和剥削。"③所以他特别强调,不把平等理解为消灭阶级,平等就是一句空话。在这一观念的指导下,列宁在社会主义俄国实施了一系列消灭阶级、实现真正平等的措施。在《自由派教授论平等》一书中,他明确指出:"消灭阶级——这就是使全体公民在同整个社会的生产资料的关系上处于同等的地位……全体公民都同样可以利用公有的生产资料、公有的土地、公有的工厂等进行劳动。"④十月革命后,列宁发动土地国有化运动,颁发了一系列土地法令,废除了地主土地所有制,基本实现土地公有制。⑤1917 年通过的《关于银行国有化的法令》与《关于检查银行钢制保险箱的法令》对银行的资本所有权公有制进行改革。1918 年起草《被剥削劳动人民权利宣言》中明确规定废除土地私有,全部土地为全民财产,银行收归国有。

(五)关于民族平等

列宁继承了马克思、恩格斯关于民族平等的理论,并根据俄国民族众多、民族关系复杂的现实,提出了更丰富的适合俄国现实需求的民族平等思想。在1895 年列宁所拟定的《民族问题纲领》中,就已正式表述他的民族平等思想,"社

① 张述周:《列宁对社会主义法治国家建设的构想》,《当代世界与社会主义》,2007 年第 6 期。
② 《列宁全集》(第 35 卷),人民出版社,1985 年,第 254 页。
③ 《列宁全集》(第 13 卷),人民出版社,1987 年,第 124 页。
④ 《列宁全集》(第 24 卷),人民出版社,1990 年,第 392 页。
⑤ 杨谦、刘玉霞:《列宁土地思想及其当代价值》,《马克思主义理论学科研究》,2017 年第 4 期。

会民主党主张建立彻底民主的国家制度,它要求各民族一律平等,反对某个民族或某些民族享有任何特权"①。十月革命胜利后,他进一步提出民族自决、民族区域自治等政策。列宁将民族自决作为处理民族关系的基本原则,在十月革命胜利的当天就宣布"将保证俄国境内各民族都享有真正的自决权"②。要实现各民族真正的平等,就要消灭各民族间事实上的不平等,不仅要求消灭民族间的剥削和阶级,在法律上保障少数民族权利,更要以实际行动帮助弱小民族发展经济和文化,达到各民族在经济、政治、文化各领域的共同发展。

列宁的平等理论,不仅发展了马克思主义的平等理论,更因为其现实的政策取向而对中国等社会主义国家具有实践指导意义。今天中国在处理经济平等、社会平等、民族平等系列问题时,仍需要从列宁的平等理论中吸取养分。

四、毛泽东的平等理论

毛泽东的平等理论依托于人类解放、权利平等与劳动价值理论三重理论,涵盖政治、经济、社会多个层面,内容非常丰富。从具体表现上看,政治平等思想占据毛泽东平等思想的首要地位。

(一)政治平等思想

政治平等包括政治地位的平等与政治权利的平等。毛泽东引领的中国革命的目的就是建立人民政权,实现广大人民的政治地位平等。毛泽东始终关注不同身份的人民的政治地位情况。比如,他曾指出,如果妇女"没有政治地位,没有人身自由,她们的痛苦比一切人大"③,而"中国历代的农民……过着贫穷困苦的奴隶式的生活……地主对农民有随意打骂甚至处死之权,农民是没有任何政治

---

① 《列宁全集》(第23卷),人民出版社,1990年,第331页。
② 《列宁全集》(第33卷),人民出版社,1985年,第5页。
③ 《毛泽东文集》(第一卷),人民出版社,1993年,第240页。

权利的"①。对于党员与非党员的平等问题,"在各抗日根据地内,凡与我党共事的党外人员,在法律上是与共产党员完全平等的"②。即便是资本家,在新中国成立后也有一定的政治地位,"对资本家的安排主要是两个,一个是工作岗位,一个是政治地位,要通统地安排好"③。

　　在政治权利方面,毛泽东尤其重视人民政治表达权与政治参与权的发展,其目的在于推动人民参与管理国家事务。他曾主张"只要你满了十五岁,又只要你没有神经病,不论你是农人也罢,工人也罢,商人也罢,学生也罢,教员也罢,兵士也罢,警察也罢,乞丐也罢,女人也罢,你总有权发言,并且你一定应该发言,并且你一定能够发言"④,"全国人民都要有人身自由的权利,参与政治的权利和保护财产的权利。全国人民都要有说话的机会"⑤。在中国新民主主义革命已取得决定性胜利之后,他在《论人民民主专政》一文中,明确提出"对于人民内部,则实行民主制度,人民有言论集会结社等项的自由权"⑥。

(二)经济平等思想

　　经济平等思想是毛泽东平等观的核心内容。⑦其中,生产资料公有制是实现经济平等的必然前提,生产资料分配平等则是经济平等的重要结果。他通过广泛且深入的社会调查,认为农村中存在着惊人的不平等,农村人口的百分之七十是贫农。⑧在此情况下,推行土地改革,解决土地私有成为经济平等的首要任务。从实践上看,无论是土地革命战争时期以《井冈山土地法》《土地问题决议

① 《毛泽东选集》(第二卷),人民出版社,1991 年,第 624 页。
② 《毛泽东文集》(第二卷),人民出版社,1993 年,第 398 页。
③ 《毛泽东文集》(第六卷),人民出版社,1999 年,第 499 页。
④ 《毛泽东早期文稿》,湖南人民出版社,2008 年,第 467 页。
⑤ 《毛泽东选集》(第三卷),人民出版社,1991 年,第 808 页。
⑥ 《毛泽东选集》(第四卷),人民出版社,1991 年,第 1475 页。
⑦ 励维志、李安增:《毛泽东的社会主义平等思想探析》,《天津师大学报》,1998 年第 5 期。
⑧ 《毛泽东文集》(第一卷),人民出版社,1993 年,第 175 页。

案》为指导所开展的平田运动，还是解放战争时期依照《关于清算、减租及土地问题的指示》《中国土地法大纲》指示所普遍推行的"耕者有其田"的土改运动，都体现出平等甚至平均主义的色彩。新中国成立后，虽然生产力水平得以提升，但毛泽东对贫富分化问题极为担忧。1953年在他的主持下，开始了对农业、个体手工业、资本主义工商业的改造，以此实现生产资料公有制。其中，针对农村的经济不平等问题，毛泽东选择互助合作道路，"逐步地实现对于整个农业的社会主义改造，即实行合作化"①。农村互助合作形式也经历了早期互助组、半社会主义的生产合作社与完全社会主义的生产合作社三个阶段。人民公社是生产合作社发展到一定程度的产物，突破了后者规模小的局限，具有"一大二公"的特点，进一步提高了公有制程度。人民公社是集体所有制向全民所有制的过渡，其最终目的在于共产主义。

如果说战争时期的供给制的分配方式带有浓厚的平均主义色彩，那么按劳分配则是一定程度上对该分配制度的修正，从而实现实质意义上的分配公平。人民公社建设初期，以供给与工资结合的方式进行分配，农村刮起了"共产风"，公共食堂建设如火如荼。此种分配方式虽然降低了两极分化的风险，但却挫伤了农民群众的生产积极性，并未形成预想的人与人之间的平等关系。1959年2月，毛泽东在会议上明确提出，在公社发展的整个过程中，性质是社会主义按劳分配，而按劳分配并非按需分配，集体所有制也非全民所有制，应当检查和纠正平均主义和过分集中两种倾向。②总体而言，生产资料公有制的背景下实行按劳分配制度，在一定程度上保证了人们经济生活基本的平等，避免了两极分化。

(三)社会平等思想

社会平等是不对称社会关系的消失，并最大化避免人和人关系的对立和异

---

① 《毛泽东选集》(第六卷)，人民出版社，1999年，第437页。
② 《建国以来毛泽东文稿》(第8册)，中央文献出版社，1993年，第61~70页。

化。①在这种意义上,毛泽东付出了诸多实践,尤其在大跃进、人民公社化运动结束后,他发动以"阶级斗争为纲"为口号的"文化大革命",目的是解决干部腐化的问题,并消除阶层特权以调整人与人之间的关系,最终实现社会平等。②在政党之间的关系上,毛泽东也主张平等合作。在党的七大上,毛泽东提出对于中国共产党以外的政党,社会团体或个人都采取合作态度的观点。③新中国成立后,毛泽东更是认为党与党的关系:"不但过去如此,而且将来也可以如此,就是长期共存,互相监督。"④此外,毛泽东还十分关注男女平等,他既强调生产中男女工资待遇要平等,还注重保障妇女的参政权利。如他在分析妇女参政比例较少现状的基础上指出:"将来女同志的比例至少要和男同志一样,各占百分之五十。如果女同志的比例超过了男同志,也没有什么坏处。"⑤此外,他还提出"百花齐放,百家争鸣"方针推动文化的平等发展。教育普及和教育公平,也是毛泽东平等思想的重要组成部分。在青年时期,毛泽东就对教育有了清晰的认识,他提出:"从前的教育,是贵族和资本家的专利,一般平民,绝没有机会去受得……于是生出了智愚的阶级。"⑥因此,他在革命的不同时期都对教育格外重视,不断建立教育平台,完善教育形式,开展广泛的教育活动,扩大受教育群体。新中国成立后,毛泽东也多次强调对旧的教育体制、教学方法和方针进行改革,实现人人都有公平的受教育机会的目标。

(四)民族平等思想

作为一名马克思主义者,毛泽东一直把民族平等作为处理我国民族问题的出发点。1941 年,他在《陕甘宁边区施政纲领》中明确提出民族平等的主张,"依

①　沃尔夫、李旸、马宁:《社会平等:从马克思到当代西方政治哲学》,《国外理论态》,2020 年第 3 期。
②　粟丹:《毛泽东与邓小平的平等思想对构建和谐社会的启示》,《贵州社会科学》,2007 年第 5 期。
③　《毛泽东选集》(第三卷),人民出版社,1991 年,第 1062 页。
④　《毛泽东文集》(第七卷),人民出版社,1999 年,第 34 页。
⑤　《毛泽东文集》(第七卷),人民出版社,1999 年,第 151 页。
⑥　《毛泽东早期文稿》,湖南出版社,1990 年,第 338 页。

据民族平等原则,实行蒙、回民族与汉族在政治经济文化上的平等权利"①。他一贯反对和批判"大汉族主义",他曾分析:"历史上的反动统治者,主要是汉族的反动统治者,曾经在我们各民族中间制造种种隔阂,欺负少数民族。这种所情况造成的影响,就在劳动人民中间也不容易很快消除"②,"如果我们现在不抓紧时机进行教育,坚决克服党内和人民中的大汉族主义,那是很危险的"③,"我们着重反对大汉族主义。地方民族主义也要反对,但是那一般地不是重点"④。1957年在《关于正确处理人民内部矛盾的问题》中他重申:"无论是大汉族主义或者地方民族主义,都不利于各族人民的团结,这是应当克服的一种人民内部的矛盾。⑤"为此,毛泽东领导制定了一系列法律法规,从制度上为民族平等提供保障。如毛泽东等在讨论《中华人民共和国宪法草案》时指出:"民族自治地方的自治机关的形式,可以依照实行区域自治的民族大多数人民的意愿去规定。"⑥他不仅要求国内各民族间互相尊重与平等发展,在世界各民族问题上,他也提倡相互尊重与平等发展。他在会见尼泊尔首相时指出:"每个民族都有长处,都有缺点","要学习每个民族的长处,不管这些民族的大小"⑦。

五、邓小平的平等理论

邓小平青年时期在法国留学时就深受马克思主义的影响。他在 1926 年回国后,积极投身国内新民主主义革命,其间制定了一系列诸如奖勤罚懒、减租减息的具有平等色彩的政策。在新中国建设实践中,他继承了马克思主义经典作

---

① 《毛泽东文集》(第二卷),人民出版社,1993 年,第 337 页。
② 《毛泽东文集》(第七卷),人民出版社,1999 年,第 33~34 页。
③ 《毛泽东民族工作文选》,中央文献出版社,2014 年,第 180 页。
④ 《毛泽东文集》(第七卷),人民出版社,1999 年,第 33 页。
⑤ 《毛泽东文集》(第七卷),人民出版社,1999 年,第 227 页。
⑥ 《建国以来重要文献选编》(第 5 册),中央文献出版社,1993 年,第 498 页。
⑦ 《毛泽东文集》(第八卷),人民出版社,1999 年,第 158 页。

家的平等思想,并立足新中国的实际,对平等问题做了进一步的阐述,丰富了马克思主义平等理论。邓小平始终重视人民的政治利益与经济利益的获得,他的社会主义平等精神的实质为"共同富裕"。①

邓小平的平等观是政治、经济、社会、民族平等的有机统一。

(一)政治平等思想

邓小平着眼于中国的实际,提出"中国人民今天所需要的民主,只能是社会主义民主或称人民民主"②的重要论述。而为保障人民政治权利与政治地位平等的真实性,实现人民政治平等,就必须推动法制工作。邓小平清醒地认识到:"为了保障人民民主,必须加强法制。必须使民主制度化、法律化,使这种制度和法律不因领导人的改变而改变,不因领导人的看法和注意力的改变而改变。"③邓小平在法制建设上做了大量的探索,而推动法制建设的实践能够直接体现他的平等观。在邓小平的主持下,第五届全国人民代表大会第二次会议通过了新的选举法,扩大了直接选举范围,并确定了直接选举与间接选举相结合的选举方式,保障了人民的选举权和被选举权的平等,体现了社会主义民主的先进性与科学性。④1980年,邓小平在中共中央政治局扩大会议上提出,"公民在法律和制度面前人人平等,党员在党章和党纪面前人人平等。人人有依法规定的平等权利和义务"⑤。

在邓小平看来,政治平等的实现不仅在于发展民主、加强法制,更要改革党和国家领导体制中存在的弊端。⑥尤其要处理好改革开放后在领导干部中蔓延的特权现象。邓小平敏锐地发现,一些领导干部不把自己看做是人民的公仆,而把自己看做是人民的主人,搞特权、特殊化。妥善地解决这一问题,既是保证人

① 王彦坤、吴景双:《邓小平的平等观评析》,《科学社会主义》,2006年第2期。
② 《邓小平文选》(第二卷),人民出版社,1994年,第175页。
③ 《邓小平文选》(第二卷),人民出版社,1994年,第146页。
④ 贺文慧:《邓小平选举民主思想探析》,《改革与开放》,2017年第11期。
⑤ 《邓小平文选》(第二卷),人民出版社,1994年,第332页。
⑥ 徐锦贤:《邓小平公正思想论析》,《学海》,2006年第1期。

民当家作主、实现民主的需要,也是促进社会平等发展的关键环节。邓小平深刻分析了"特权"产生的原因,认为搞特权是封建主义残余影响尚未肃清的表现,与思想上不够重视、各项制度不健全、法制很不完备大有关系。①而领导制度、组织制度问题更带有根本性、全局性、稳定性和长期性。他指出:"官僚主义还有思想作风问题的一面,但是制度问题不解决,思想作风问题也解决不了","克服特权现象,要解决思想问题,也要解决制度问题"。②就此,邓小平提出以改革领导制度和干部制度,完善群众监督制度来清除特权问题。对于党内关系,邓小平主张:"不论是担负领导工作的党员,或者是普通党员,都应以平等态度互相对待,都平等地享有一切应当享有的权利,履行一切应当履行的义务。"③

(二)经济平等思想

邓小平经济思想十分全面,从中能体现出他的平等观。首先,邓小平坚持公有制为主体、多种所有制经济共同发展的制度。这为社会主义经济平等的实现提供制度保障。正是因为社会主义坚持全体社会成员共同占有生产资料,才能使共同富裕的实现成为可能。对此,邓小平就曾明确指出:"社会主义有两个非常重要的方面,一是以公有制为主体,二是不搞两极分化。"④在保障生产资料公有制,防止两极分化过大的基础上,打破平均主义的限制,推动经济的积极发展,就需要多种所有制经济共同发展,为共同富裕的实质平等提供有力支持。其次,邓小平完善了以按劳分配为主体,多种分配方式并存的分配原则。按劳分配与多种分配相结合的制度区别于平均主义,不再以单一的结果平等为要求,而是注重起点平等、过程平等与结果平等的统一。机会平等是按劳分配实行的前提,而权利平等则是机会平等的保障。最后,邓小平推行社会主义市场经济,为

---

① 《邓小平文选》(第二卷),人民出版社,1994年,第332页。
② 《邓小平文选》(第二卷),人民出版社,1994年,第328、332页。
③ 《邓小平文选》(第二卷),人民出版社,1994年,第331页。
④ 《邓小平文选》(第三卷),人民出版社,1993年,第138页。

实现共同富裕提供路径。一方面，邓小平明确辨析了计划与市场的关系，他指出："计划经济不等于社会主义，资本主义也有计划；市场经济不等于资本主义，社会主义也有市场。计划和市场都是经济手段。"①另一方面，邓小平强调社会主义市场经济仅是加快实现社会主义经济平等的一种方式，如同先进的科学技术、管理技能一样，"它为社会主义服务，就是社会主义的"②。

（三）社会平等思想

在市场规律的引导下，贫富分化问题难以避免。邓小平对此有深远的认识，他始终坚持的是形式与实质相结合的平等。平等的目标很明确就是实现共同富裕，具体方法是鼓励部分地区、部分人先富起来，以先富带动后富，最终达到共同富裕的目的。他明确提出："沿海地区要加快对外开放，使这个拥有两亿人口的广大地带较快地先发展起来，从而带动内地更好地发展，这是一个事关大局的问题。内地要顾全这个大局。反过来，发展到一定的时候，又要求沿海拿出更多力量来帮助内地发展，这也是个大局。"③而对一部分先富的人、地区，他强调要以税收政策为杠杆进行调节。④他提出先富起来的地区多交点税，支援贫困地区的发展，对于富人"也要有一些限制"⑤。共同富裕不是少数人的富裕，而是"所有的人都得益，没有太富的人，也没有太穷的人，所以日子普遍好过"⑥。共同富裕并非同等富裕也非同不富裕，而是以解放生产力发展生产力为根本，在达到一定生产水平基础上，保障人们的各项基本权利。⑦简言之，是在将蛋糕做大后，人们能够平等而非平均地享受发展成果。此外，邓小平还十分关注教育平等，他诸

---

①　《邓小平文选》(第三卷)，人民出版社，1993 年，第 373 页。

②　《邓小平文选》(第三卷)，人民出版社，1993 年，第 203 页。

③　《邓小平文选》(第三卷)，人民出版社，1993 年，第 277~278 页。

④　徐锦贤：《邓小平公正思想论析》，《学海》，2006 年第 1 期。

⑤　《邓小平文选》(第三卷)，人民出版社，1993 年，第 111 页。

⑥　《邓小平文选》(第三卷)，人民出版社，1993 年，第 161~162 页。

⑦　蒋政：《共同富裕新论——基于平等理论的分析》，《岭南学刊》，2014 年第 1 期。

多关于教育的论述与实践都体现了他对中国教育平等的重视。从"普及教育"的提出到恢复普通高校入学考试制度,再到扩展成人接受教育的机会,在邓小平平等思想的指导下真正推动了公民接受教育的平等权利。①在此过程中,邓小平也没有忽视少数民族文化教育的发展,他指出:"要尽快提高少数民族的文化水平。应在少数民族地区举办一些教育事业,动员一些人到那里去办学校。"②

(四)民族平等思想

在民族关系上,邓小平坚持以民族平等为发展的主基调。他认为各民族之间应该平等互助、团结合作、共同发展。③而要实现民族平等,必须先抛弃大民族主义,邓小平认为:"我们不能首先要求少数民族取消狭隘民族主义,而是应当首先老老实实取消大民族主义。"④要想消除两者的隔阂,更重要的是促进少数民族的发展,"要使他们相信,在政治上,中国境内各民族是真正平等的;在经济上,他们的生活会得到改善;在文化上,也会得到提高"⑤。邓小平将民族平等思想贯彻于工作之中,他一贯主张对于少数民族工作要因地制宜,具体来说,"就是在汉族地区实行的各方面的政策,包括经济政策,不能照搬到少数民族地区去,要区分哪些能用,哪些修改了才能用,哪些不能用。要在少数民族地区研究出另外一套政策,诚心诚意地为少数民族服务"⑥。邓小平在主持西南地区土地改革时,就一再强调一定要尊重少数民族的意愿,改革不能冒失,要分期分批分情况,而不是一刀切平均进行。⑦面对大部分少数民族支持在少数民族居住区实行减租、土改,而贵州苗族人反对的情况,邓小平深入调查,从实际出发推出了

---

① 吴明忠:《所有的劳动者都需要文化——邓小平教育平等思想初探》,《教育探索》,2001 年 7 期。
② 《邓小平文选》(第一卷),人民出版社,1994 年,第 168 页。
③ 郭学旺、贾绘泽:《邓小平政治整合思想探析》,《山西师大学报》,2007 年第 3 期。
④ 《邓小平文选》(第一卷),人民出版社,1994 年,第 163 页。
⑤ 《邓小平文选》(第一卷),人民出版社,1994 年,第 162 页。
⑥ 《邓小平文选》(第一卷),人民出版社,1994 年,第 167 页。
⑦ 庞昭:《建国初期邓小平西南民族工作探析》,《贵州社会科学》,2011 年第 3 期。

"凡是种的土地是汉人地主的,就实行减租、土改,而种的土地是苗族地主的,就不实行减租、土改,由他们本民族慢慢地采取协商的办法去解决"①的规定,最大程度维护了少数民族的利益。

作为经历过革命战争和社会主义建设时期,并主导改革开放早期进程的政治家,邓小平对平等的认识不仅受马克思主义的指导,更契合中国的实际,而且为新时代进一步解决中国的平等问题,进而形成新的平等理论奠定了重要的基础。

第二节　马克思主义经典作家平等理论的主要特征

一、平等的条件性

平等作为一种社会意识形态,是历史发展的产物,由社会存在决定。因此,平等诉求的提出与实现都有深深的时代特征,有具体的现实的条件。同时,平等是相对的和有限的,脱离条件的平等都是形式上的平等、不真实的平等。平等的条件性主要表现在以下三个方面:

(一)平等具有阶级性

平等的诉求和内容由一定历史时期统治阶级所决定,不同阶级平等观各有差别。马克思主义经典作家均站在无产阶级的立场,指出无产阶级的历史任务是消灭阶级,最终目标是实现个人全面而自由的发展。无产阶级对于平等的诉求实质内容也就是消灭阶级的要求。无产阶级关注的平等既是过程的平等也是结果上的平等,它不是将平等作为一种统治手段,而是将其视为共产主义社会完成后的社会状态。马克思主义经典作家对平等的讨论是建立在对现实社会的

---

① 《邓小平文选》(第一卷),人民出版社,1994年,第169页。

观察和认识之上。他们敏锐地发现并揭露了资产阶级在政治平等、商品价值平等口号掩盖下的经济不平等、社会不平等,并逐步分析不平等根源在于生产资料私有制。事实上,资产阶级的平等从根本上是为资产阶级利益所服务的,不可能放任工人阶级与其地位的平等。①在此基础上,马克思、恩格斯率先提出无产阶级通过专政,夺取政权建立共产主义,以真正实现平等。从列宁到毛泽东再到邓小平都在理论和实践中发展完善了无产阶级平等体系。

(二)平等具有历史性

平等的理念随时代变化而不断发展。马克思主义经典作家论述的平等理论处于动态发展的状态,绝不同于资产阶级所追求的"永恒的、不变的真理"。正如恩格斯所说:"平等的观念,无论以资产阶级的形式出现,还是以无产阶级的形式出现,本身都是一种历史的产物。"②平等在不同历史时期有着不同的体现。在原始社会,个人利益与集体利益高度一致,共同参与生产并享受成果,人与人之间是平等的关系。随着生产力的发展,出现了社会分工与产品分配的差异。③平等的覆盖面也从一开始的"在这些共同点所及的范围内"向"一切人,或至少是一个国家的一切公民,或一个社会的一切成员"转变。④同时,对平等的具体诉求也不再仅仅是政治上的,而是逐渐扩大到法律上、经济上乃至社会的方方面面。此外,即使是同一阶级在不同的历史时期平等观也不尽相同。⑤平等观总体是围绕着社会经济发展水平发生变动。

(三)平等具有相对性

马克思主义经典作家所考察的平等适用对象是真实的人,基本方法论是唯

---

① 白双翎:《马克思平等观的主要特征及现实意义》,《理论视野》,2017 年第 3 期。
② 《马克思恩格斯选集》(第三卷),人民出版社,2012 年,第 484 页。
③ 张宝:《论平等观念的历史性》,《理论建设》,2020 年第 4 期。
④ 恩格斯:《反杜林论》,人民出版社,1999 年,第 106 页。
⑤ 李纪才:《马克思恩格斯的平等理论与方法》,《思想理论教育导刊》,2017 年第 4 期。

物史观,观察的领域是政治经济社会。他们讨论的平等主要集中在政治、经济上,是人的社会地位与权利之间的关系,并非受自然条件限制的人出生的不平等和地区资源之间的不平等。后者只能通过资源的协调等方式来逐渐缩小这种不平等,而不能通过革命、立法进行消除。正如恩格斯所说:"在国和国、省和省、甚至地方和地方之间总会有生活条件方面的某种不平等存在,这种不平等可以减少到最低限度,但是永远不可能完全消除。"①值得注意的是平等与平均之间的界限。平均主义是不拘于现实经济与社会条件,超阶级超时代的抽象平等。②平等主义与平均主义关注点不同,前者针对结果上的均等分配,而后者则是机会与过程的平等。对于分配上的平等,在社会主义阶段只能通过按劳分配进行过渡,在生产力达到相当高度之后,才能实现按需分配的平等。平等实现的阶段性也恰巧说明在不同时期平等的概念都是相对的。

二、平等的多样性

平等是社会经济发展的产物,随着生产力的发展,平等的内容愈加丰富。平等的要求覆盖到经济、政治、社会、文化、生态领域各个方面。同时,平等是现实的、具体的,不同国家不同民族包括个人平等观也有所差别。平等的要求因此呈现出多样化的特征。而马克思主义作家有不同的际遇,对社会的观察不同,对平等的要求也就不尽相同了。

平等范围涉及面广,关系到社会的各个方面。正如恩格斯所说:"平等应当不仅是表面的,不仅在国家的领域中实行,它还应当是实际的,还应当在社会的、经济的领域中实行。"③马克思主义经典作家关注社会不同方面的平等。在经济上,马克思主义作家多从生产资料所有制和分配方式上入手。如马克思、恩格

---

① 《马克思恩格斯全集》(第19卷),人民出版社,1963年,第8页。
② 徐耀新:《社会主义平等与平均主义》,《南京师大学报》,1985年第2期。
③ 《马克思恩格斯选集》(第三卷),人民出版社,1995年,第448页。

斯的平等观主要体现在经济平等与政治平等上。他们揭露了资产阶级与无产阶级在社会经济地位上的巨大不平等,分析了不平等的根源,主张消灭生产资料私有制,无产阶级夺取政权,进入共产主义社会以按需分配取代按劳分配。邓小平结合中国的实际,提出了以公有制为主体多种所有制共同发展的经济制度,和以按劳分配为主体多种分配方式并存的分配制度。在政治上,着眼于人民政治地位和政治权利的平等,发展社会主义民主,使得全国人民能够平等地参与社会的政治生活中。同时,加强立法,通过法制对人民的政治平等加以保障。在社会领域,马克思主义经典作家关注教育、劳动、文化的这些机会平等发展,以及党际、民族、国家与个人、党员干部与民众之间的各类平等关系。可以说,平等要求在不同的领域都有具象的不一样的表述。

三、平等观念由社会经济基础决定

平等作为一种社会观念,从产生到实现程度与社会生产力发展水平息息相关。①马克思主义经典作家对平等的观察和研究始终建立在社会经济基础之上。

平等是生产力发展到一定阶段,生产关系随之变革的产物。平等观念具有历史性,不同历史阶段所涵盖的平等内容与要求不同,平等观念根本上是随着生产力的变化而发生改变。原始氏族社会的生产力十分低下,个人所参与的生产活动与集体活动高度融合,产品的分配也以集体为单位,个人利益与集体利益相统一。氏族成员在个人权利上平等。而在奴隶社会与封建社会,随着生产工具的改进、生产技术的提高,生产力逐步提升,一个人所能够生产的产品出现了剩余,私有制与社会分工产生,财富上的不平等加剧了人身不平等。正如马克思所说:"无论哪一个社会形态,在它所能容纳的全部生产力发挥出来以前,是决不会灭亡的;而新的更高的生产关系,在它的物质存在条件在旧社会的胎胞里

① 邹平林:《论马克思平等观的三重意蕴》,《马克思主义与现实》,2016 年第 6 期。

成熟以前,是决不会出现的。"①资产阶级之所以能以革命的方式摧毁封建统治,确立资本主义制度的根本原因就是当时经济发展水平与政治制度的不相匹配。具体而言,生产力的发展已经推动经济关系发生变化,而原有的政治制度不仅束缚经济而且与它相对立。腐朽的封建社会已经不适应这种生产力的发展,资产阶级高举"自由"与"平等"的旗帜夺取政权是顺应社会经济发展的需要。同时劳动者作为商品的持有者,需要在商品交换以及流通领域保持思想的自由和地位的平等,现代资本主义权利平等观念顺势而生。这也体现了资产阶级权利平等的阶级性,它的提出是为了维护资产阶级的利益,平等被当作一种手段。

平等的实现受到社会经济条件限制。马克思主义经典作家关注的是现实具体的社会,他们对平等有着清晰的认识。无论是在理论构建还是在参与或领导国家建设的实际过程中,马克思主义者都注意到受经济发展所制约的平等具有阶段性。即使在共产主义社会的第一阶段也不能完全实现平等。这是因为无产阶级此时虽掌握了生产资料,在政治上获得统治地位,改革了政治法律制度,但仍带着资本主义社会的色彩,由于生产力水平不足以生产出完全满足社会每个人生活需求的产品,个人分配仍被限制。只有生产力水平高度发达,取消社会分工,劳动不再仅作为谋生的手段而是成为人们的需要,个人得到全面而自由的发展时,平等才能得以完全的、彻底的实现。

---

① 《马克思恩格斯选集》(第 2 卷),人民出版社,2012 年,第 3 页。

第二章
习近平新时代中国特色社会主义思想的平等观

　　平等是社会主义的本质要求和核心价值，中国一直致力于为实现最广泛、最真实的平等而努力奋斗，并取得了举世瞩目的成就。进入新时代以来，随着社会主要矛盾的转化，一个在经济、政治、文化、社会、生态等各领域全面实现以人民为中心的新平等观在习近平新时代中国特色社会主义思想中孕育诞生。习近平总书记在庆祝中国共产党成立 95 周年大会上的讲话中指出："我们要顺应人民群众对美好生活的向往，坚持以人民为中心的发展思想，以保障和改善民生为重点，发展各项社会事业，加大收入分配调节力度，打赢脱贫攻坚战，保证人民平等参与、平等发展权利，使改革发展成果更多更公平惠及全体人民，朝着实现全体人民共同富裕的目标稳步迈进。"[①]新时代以人民为中心的平等观的主要内容，或者说其擘画的平等前景，充分展示于其中。

---

　　① 习近平：《在庆祝中国共产党成立 95 周年大会上的讲话》，《求是》，2016 年第 8 期。

第一节　中国现阶段面临的主要平等问题

新时代中国面临的平等问题主要源于两个方面：一是改革开放以来，在效率优先的发展过程中积累的一些社会问题；二是一些根深蒂固的、需要长期关注的平等问题在新时代的延续。这些问题大多数不是新时代才出现的，只是由于新时代对平等的要求更高，更迫切，因而受到了更为广泛的关注。

一、经济领域的平等问题

改革开放以来，中国在经济建设中取得了举世瞩目的成就，这与中国主动进行经济体制改革，以宏观调控引导经济走向和树立效率优先的发展理念刺激生产积极性等因素密切相关。快速现代化的赶超发展模式对解放和发展生产力、实现全面小康的目标具有重要的促进作用，但过度追求发展速度在一定程度上忽视了社会公平，导致了一些问题的长期积累。

(一)不均衡的发展导致机会不平等

机会平等要求在社会的所有领域，每个具有同样能力和志向的人，都不会受到他们出身的影响，都能平等的实现理想。①具体到经济领域，经济平等的前提是经济地位和经济权利的平等，强调人人都处于相同或相近的资源占有状况，有平等的参与经济活动的机会，这也是法律赋予公民的基本权利之一。由于不均衡的发展格局的影响，社会成员间的机会不平等现象仍然比较明显。

发展不均衡不是新中国才出现的，只是在改革开放以后国家整体发展水平大幅度提高的背景下，无论是东西部经济发展差距，还是城乡发展差距，都在一

---

① 　[美]约翰·罗尔斯：《正义论》，何怀宏等译，中国社会科学出版社，1988 年，第 69 页。

定程度上更加显性化了。相较于发达地区而言,发展较差的地区人均占有的经济资源份额较少,市场化程度较低,从事经济活动的机会也相对匮乏。举例来说,东南沿海等市场经济发展较好的地区,民众往往掌控着更多的社会财富,接触各类经济生产活动的机会也远多于偏远地区。这一问题在城乡对比中表现得同样突出。发展不均衡导致从事经济活动的机会存在先天差异,成为制约机会平等的根本因素。

此外,一些人为的限制流动的制度要素,也制约着机会平等的实现。以我国延续已久的户籍制度为例,按照行政区划、实施城乡分割的户籍制度有助于为政府制定经济计划和发展规划提供基础数据,合理配置各地劳动力,同时对协助公安部门打击犯罪、进行治安管理起到了巨大助益。但在市场经济的大背景下,当前施行的户籍制度成为限制城乡流动、地区流动的主要壁垒。人为切割城乡、地区的做法限制了流动人口在新的居住地的融入。流动人口往往难以享有与当地人一致的、能够开展经济活动的机会,使得经济机会平等难以落到实处。

(二)各类市场主体间竞争规则不平等

市场主体规则平等是指在市场经济运行过程中,任何市场主体的法律地位平等、竞争机会均等、权利与义务关系对等。国家的经济干预不得违背和破坏市场公平竞争原则,也不得给予任何一类市场主体不正当的竞争优势或劣势。[①]平等的市场规则有助于营造清朗有序的市场环境,是维持经济活动正常开展、激发各类经济主体活力的重要保障。

从我国建立起社会主义市场经济体制以来,完善市场规则,破除公平竞争的制度性障碍就一直是经济体制改革的重点。尤其在党的十八届三中全会确立了"市场在资源配置中起决定性作用"后,党和政府开始更为注重将国家干预经济的行为限制在不破坏公平竞争的前提下。为促进经济健康发展,党和政府长

---

① 刘大洪:《市场主体规则平等的理论阐释与法律制度构建》,《中国法学》,2019 年第 6 期。

期致力于营造良好的营商政务环境，通过去除不必要的规则障碍促进自由市场良性运作。但事实上，规则不平等现象仍未完全杜绝，主要体现在以下两个方面。

一是以公权力限制竞争（Government-Facilitated Restraints on Competition）[1]的现象依然存在。非国有企业、私人企业和个人参与经济活动存在种种准入门槛。随着市场经济的不断发展，非公有制经济在国民经济中的占比越发庞大，但隐形歧视依然存在，制度性壁垒尚未根除。中小企业、个人在从事经济活动中依然面临诸多不公正、不平等的待遇。即使从 2015 年开始，国务院就开展了意在减轻企业负担、优化营商政务环境的"放管服"改革，但现实中依然存在诸多制度性和程序性问题。地区之间的改革进程不一，对中小企业发展的重视程度不同；一些地区跨部门审批衔接不畅，审批权限不明，以及缺乏信息共享等问题屡见不鲜。由于服务型政府建设滞后、部分政府官员治理能力低下等因素限制，当前经济领域规则不平等的现象依然突出。这使得好政策难以落实，限制了大量非公有制企业的活力。

二是地域性规则不平等问题值得重视。一方面，地域性经济规则不平等表现在各地关于经济发展、市场投资和企业监管的约束性规则不明、条款不一上，甚至有些地方的经济政策存在朝令夕改的问题，缺乏稳定性。越是市场经济发达的地区，规则程序相对就越公开透明。而在一些市场经济比较落后的地区，即使政府在发展压力下面临着招商引资的重点任务，但仍存在着规则意识不足、程序透明度不够等规则不平等现象。另一方面，地方保护主义成为限制经济规则平等的重要表现。为追求本地区生产总值指数增长，部分地方政府官员不惜打压非本地的产品，形成严重的地方保护主义。源自地方利益的保护主义行为不仅分割了市场，让优胜劣汰、市场选择的经济规律无法发挥作用；同时也破坏了市场经济的契约环境。从全国的视角来看，地方保护主义实则是为图私利，人为

---

① Gal M S, Faibish I, Six Principles for Limiting Government-Facilitated Restraints on Competition, *Social ence Electronic Publishing*, 2007, 44(1): 69-100.

制造不平等的行径,是地方政府短视的表现。地方保护主义通常会运用法规、经济及行政等手段限制外部商品进入,封闭市场,达到本地利益最大化的目的。这种行为无疑会导致人才流失,加剧经济摩擦,进而影响全国商品的有序生产。[①]

(三)收入分配差距呈拉大趋势

收入分配差距拉大是经济发展结果不平等最直接的表现,也是形成诸多社会问题的根源。平等的收入分配格局并非意味着社会中的每一分子都必须获得相同的结果,更不等同于平均主义,[②]而是要求将分配差距限制在人民总体满意度较高的程度之内。否则,收入分配差距越拉越大,长此以往必然导致两极分化和贫富悬殊问题,最终危及社会稳定。

新时代我国收入分配不平等主要有两个表现:一是区域收入分配不平等越演越烈,导致城乡人均可支配收入、地区人均可支配收入差距逐年拉大。

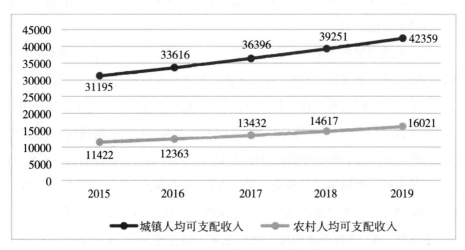

图 2.1　2015—2019 年城乡人均可支配收入

数据来源:2015—2019 中国统计年鉴。

---

① 冯梅、陈鹏:《我国地方政府经济行为的研究述评》,《经济问题》,2018 年第 2 期。

② [美]艾德勒:《六大观念》,郗庆华等译,生活·读书·新知三联书店,1998 年,第 180 页。

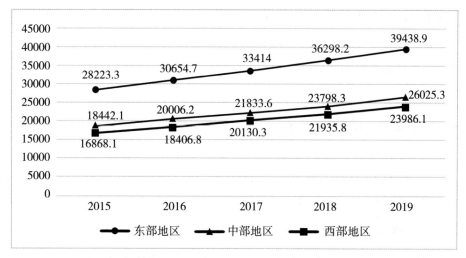

图 2.2　2015—2019 年东中西部人均可支配收入变化趋势
数据来源：2015—2019 中国统计年鉴。

由图 2.1、图 2.2 可知，无论是按照城乡划分还是按照区域划分，新时代我国在保证了人均可支配收入逐渐增长的同时，也面临着城乡收入差距拉大、东西部发展差距拉大的问题。区域性收入差距的扩大是经济飞速增长背后产生的结构性矛盾之一，不仅会导致内需不足，降低经济增速，还会引发严重的社会矛盾，贫富差距的区域对立会增添新的不平等问题。

二是社会公认我国出现了较为严重的贫富分化现象。一方面，随着市场经济繁荣发展，当前我国收入分配格局中资本所得占比不断提升。在市场经济繁荣和多种分配方式蓬勃发展的背景下，依靠出卖劳动力获得生产资料的普通工薪阶层收入占比降低，而资本积累日渐丰厚。另一方面，现有收入差距导致财产差距不断扩大，在缺乏财产税等再分配机制的背景下，财产代际转移导致财产差距的代际转移。这意味着收入差距扩大的基础持续存在，收入差距有进一步拉大的风险。

事实上，即使数据表明，我国在富者越富的背景下，并没有出现穷者越穷的现象。低收入者的收入也在持续增长，各种再分配政策不断完善，中国社会发展呈现出一定包容性,但当前贫富差距拉大是不争的事实。贫富分化如果越来越严重将导致人民被剥夺感增强和生活幸福指数降低,改革成果不能平等共享,存在引发社会稳定问题的风险。

二、政治领域的平等问题

新中国自成立以来,就通过宪法确立了人人平等的基本原则。尊重每个人的生存与发展权,并使其能够充分行使自身政治权利参与国家政治生活,是社会主义平等的前提与基础。在七十多年的治国实践中,中国共产党人为推进大众政治权利平等化做出了重要努力,但当前政治领域还是存在不平等的现象。具体来说,一是部分地区、部分群体的政治权利未能得到有效落实;二是特权思想、官本位思想等落后观念依然存在,破坏了政治身份平等。

(一)部分群体政治权利未能全面落实

我国宪法规定,公民凡年满 18 周岁,未被依法剥夺政治权利者,都平等享有一系列参与国家政治生活的权利。但在现实政治生活中,并非所有公民的政治权利都能得到有效保障。

首先,部分公民的选举权没有落实。选举权是当代民主的重要表现形式,是衡量政权民主程度、防止独裁专制的有效工具。为保障公民的选举权,我国制定了《中华人民共和国全国人民代表大会和地方各级人民代表大会选举法》,并进行多次修正,用于巩固和发展社会主义选举制度。2010 年 3 月通过的第五次选举法修正案规定了不分城乡地区的"一人一票"和"同票同权"制度,被认为是我国选举制度发展史上的重要里程碑。但即使在选举制度和党内民主不断完善的前提下,新时代政治领域中依然存在选举平等问题。

其一,部分地区民众缺乏行使政治权利的基本意识。在当前的选举制度体系安排下,我国被选举人和选举人缺乏比较直接的利益关联机制,大大减弱了选民的主动性,使一些选民怠于行使选举权。被选举人并不能较好地代表选民的切身利益,长此以往,一些公民难免形成选举"事不关己"的观念,导致政治冷漠,影响选举权的落实。其二,户籍制度的约束和不完善的选民登记制度也是阻碍公民实施选举权的重要原因。当前我国不存在全国统一的选民登记制度,各地政策差异较大。选民登记一般都是按选区为准、依照户籍属地的原则进行,但面对社会大流动背景下"人户分离"的常态现象,错登、漏登、重登的现象屡见不鲜,导致选举权存在落实不当的问题。其三,选举不规范的现象时有发生。在具体选举过程中(尤其是基层选举中),选举程序混乱,规则不透明的问题比较突出。受基层政治生态和制度建设的影响,历年由新闻媒体曝光出的贿选、胁迫选举等现象一直存在,选举权和被选举权的落实问题,是制约政治权利平等的重要因素。[1]

其次,我国的女性群体、残疾人等相对弱势群体行使政治权利过程中存在不平等现象。以女性群体为例,虽然法律规定人人都平等享有政治权利,但在现实生活中,与男性相比,女性行使政治权利、履行相关义务相对困难。一方面,即使当前女性可以通过担任人大代表、政协委员以及参加相关组织团体等途径实现政治参与,但参选成为人大代表、政协委员等标准过高、比例较小。国家机关中为女性留出的职务空缺本身就偏少,这从本质上反映出女性参与政治存在不平等问题。[2]另一方面,虽然部分女性能够进入党政部门工作,但多数被安排在边缘职位,话语权较弱。

(二)权力崇拜现象依然存在

公民无论从事什么职业,都一律平等,这是社会主义平等观的内在要求,也是规范与优化社会成员关系的基本理念,但权力崇拜观念还是诱发了严重的政治身份不平等问题。具体来说,主要是部分党员干部以公谋私,贪污受贿,依靠

---

① 姜瑞林:《选举权的平等保护》,《中国经贸导刊》,2010年第14期。

② 金卓、王艳利:《新时代我国新阶层女性政治参与的困境及对策研究》,《理论探讨》,2019年第1期。

职权营造高人一等的错觉,产生了恶劣的社会影响。

就权力崇拜的表现来看,一是官本位思想、特权思想泛滥。部分公职人员无视党纪国法,官僚主义作风严重,"脸难看,事难办,门难进",他们罔顾"人民公仆"的身份,大搞特殊化,将手中职权作为寻租的手段。面对该问题,党的十八大之后,党和政府以前所未有的力度进行反腐,但"老虎""苍蝇"屡打屡拍不绝。权力崇拜的第二个表现是潜规则大行其道。在权力崇拜的影响下,人情世故和亲情友情往往都被异化为权钱交易的砝码。[①]这就导致潜规则凌驾于正式制度之上,污染社会风气,导致政治生态的扭曲,严重破坏社会平等。

事实上,无论是特权思想还是潜规则的出现,都暗示着一种官员和普通大众的身份不平等。这种以权谋私的行为不仅脱离群众,导致干群关系恶化,同时通过借助政治身份不同人为制造不平等的行为,给政府公信力带来负面影响。

三、文化领域的平等问题

为满足人民群众日益增长的文化生活需要,改革开放四十多年来,全国公共文化事业费的投入从几亿元增长到如今每年的千亿元以上,我国公共文化服务在总量和发展水平上都取得了巨大进步。但文化领域同样存在着难以向全体社会成员提供均等化的公共文化产品和服务的问题,[②]同时,在市场化和全球化浪潮下,我国文化事业还面临着国外文化的冲击和侵略。

(一)文化发展和投入分布不均衡

文化领域的平等问题首先反映在文化投入的资金费用和文化产业布局的不均衡上。一般来说,地区的文化结构布局取决于当地经济发展水平,因此发达地区的文化产业投入能力和投入资金都远远超出欠发达地区。

---

① 王俊哲:《权力崇拜的成因及消解之策》,《领导科学》,2018 年第 25 期。
② 金桂兰:《习近平的文化平等观及其时代价值》,《马克思主义研究》,2019 年第 9 期。

表2.1　全国文化和旅游事业费按城乡和区域分布情况（2015—2019）

地域	2015(亿元)	2016(亿元)	2017(亿元)	2018(亿元)	2019(亿元)
全国	682.97	770.69	855.80	928.33	1065.02
#县以上	352.84	371.00	398.35	424.96	516.91
县及县以下	330.13	399.68	457.45	503.37	548.11
#东部地区	287.87	333.62	381.71	416.24	478.15
中部地区	164.27	184.80	213.30	232.71	265.31
西部地区	193.87	218.17	230.70	242.93	277.97
全国	100.0(%)	100.0(%)	100.0(%)	100.0(%)	100.0(%)
#县以上	51.7	48.1	46.5	45.8	48.5
县及县以下	48.3	51.9	53.5	54.2	51.5
#东部地区	42.1	43.3	44.6	44.8	44.9
中部地区	24.1	24.0	24.9	25.1	24.9
西部地区	28.4	28.3	27.0	26.2	26.1

数据来源：中华人民共和国文化和旅游部2015—2019年文化和旅游发展统计公报。

由上表可知，进入新时代以来，全国范围内对文化产业的投入更注重下沉到基层，县级及以下的投入占比超过50%，因此在费用投入上基本不存在城乡文化发展差异问题。但文化领域的东中西部区域性投入差距显著，东部的投入远远超过中西部。这就使得本就文化产业欠发达的中西部面临掉队的趋势，长此以往，形成区域性的文化发展不平等现象。

（二）来自发达国家文化侵略的威胁

除去国内文化发展存在区域不平等之外，文化领域的平等问题还表现在世界文化交流过程中，中国面临着来自发达国家文化侵略的威胁。每个国家、地区和民族的文化本应当是完全平等的，世界文化应当进行平等交流、平等对话，但当前，只有少数发达国家掌控着全球范围的文化话语权。这些国家通过影视作品、新闻媒体、书籍杂志等方式大肆宣扬本国的文化价值，以文化渗透的方式打压其他国家的文化，制造文化侵略。

文化侵略是较为隐性的，但这种侵略的危害并不亚于任何物质产品的倾销。当前世界范围的文化侵略,其本质是西方发达国家意图让后发展的民族和国家文化消融在单一西方文化中的渗透过程。在全球化和中国改革开放不断扩大化的背景下,面对国外文化作品的向内输入,即使我国拥有丰厚的文化底蕴,但由于缺乏有影响力的现代化文化作品,所以我国很长时间内只能选择被动接受。在现有的文化交流过程中,西方国家宣传自身价值观的行径无处不在,导致文化交流中存在着严重的平等问题。而随着信息化时代的到来,快速的交流方式进一步催生了文化侵略风险,就使得西方世界的文化霸权主义进一步扩张,[①]文化侵略是不费一刀一枪,但真正能溶解民族特殊性,毁灭民族自信的入侵行为,我们必须正视这种来自国外的不平等文化交流模式。

四、社会领域的平等问题

社会领域的平等问题往往根源于经济、政治领域,反映了当前民众最迫切的现实需求。新时代中国在社会领域面临的平等问题主要表现在以下三个方面:

(一)性别平等问题

性别平等问题在中国由来已久,中国传统思想中的男尊女卑、三从四德等观念都对女性造成了严重的压迫。新中国成立后,为消除性别歧视,实现男女平等,党和政府在废除了一切压迫女性的制度规定的基础上,进行了大量立法、宣传工作,并通过妇联等组织开展对受压迫、歧视女性的关爱救助。新时代,女性的基本权益得到了有效保障,社会地位、家庭地位明显提高,女性在社会建设中发挥着更大的贡献。但女性弱势地位逐渐改善的同时,性别不平等问题依然存在。

---

① 袁初明:《信息化背景下我国文化风险的防范策略》,《江西社会科学》,2016 年第 8 期。

首先,女性群体在就业过程中存在被歧视的现象。虽然我国法律一直都规定男女就业平等,且当前全国范围内的女性平均受教育水平已经高于男性,但现实中,女性的就业层次和收入水平依然偏低。很多性别差异对工作质量不产生影响的行业禁止女性应聘;即使是不限制性别的岗位,用人单位也往往倾向于招收男性员工,并对女性应聘者提出种种限制。近些年国家一直注重通过立法工作给予女性在生育、产假等方面更多的特殊权利,但真正依法落实的情况并不乐观。

其次,当前的整体社会舆论依然对女性不公。新时代,随着女性社会地位的提高,绝大多数女性不仅在家庭中需要承担生育、教子的角色,还必须兼顾自身的职业发展。在这样双重发展压力下,社会舆论对女性的要求还是明显高于男性。传统文化中落后思想对女性的禁锢并未完全消失,女性遭受家暴、歧视后常见的"受害者有罪论"等现象,都体现了舆论环境对女性的压迫。

最后,当前社会中出现的一批极端女权主义分子,成为性别不平等的新表现。女权主义运动出现的初衷在于号召社会关注女性弱势地位,追求两性平等和男女平权,但当前中国的女权主义已经很大程度上异化为"田园女权"和"极端女权"。中国的极端女权主义者往往以社交网络平台为依托,通过洗脑、道德绑架,甚至直接进行人身攻击的方式,物化女性,刻意扭曲两性关系,制造男女对立。"田园女权"从追求平权发展到追求女性特权,物化女性,宣传消费主义,造成了极为恶劣的影响,成为追求性别平等过程中需要解决的新问题。

(二)民族平等问题

维护民族团结,消除民族歧视,促进各民族平等交流和共同发展,是推进国家治理现代化的重大任务。新时代,我国在现有民族政策的基础上,持续推出一系列支持少数民族发展的举措,为争取和维护民族平等做出了重要贡献。我国已经基本建立起"平等团结、互助和谐的社会主义民族关系"①,当前存在的民族平等问题,主要源于各民族地区在经济发展上的差距带来的实质不平等。

首先,现阶段我国大部分民族地区经济发展水平较为落后,市场化进程缓慢。这就从根本上导致民族聚居地的公共服务水平落后,交通、通信、教育等资源贫乏,制约民族平等的实现。

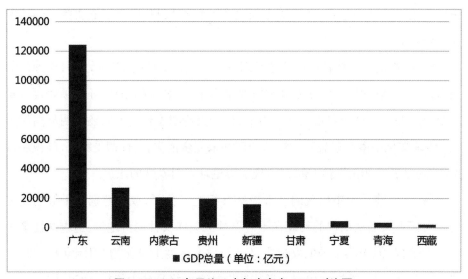

图 2.3 2021 年民族八省与广东省 GDP 对比图

数据来源:国家统计局数据整理,2021 年度分省 GDP 报表。

如图 2.3 所示,2021 年我国的五个民族自治区和少数民族分布最集中的贵州、青海、云南(简称民族八省区)的 GDP 总和甚至都低于广东一个省份。从历年数据来看,民族八省区的居民人均可支配收入一直都低于全国人均水平。经济上的落后制约了现实民族平等的进程,使民族地区的发展差距面临进一步拉大的风险。

其次,我国民族聚居区贫困问题突出。少数民族聚居区往往都在一些山大沟深、自然环境恶劣的场所,同时受种种历史因素影响,民族地区还往往遗留有大量贫困人口。

---

① 《习近平谈治国理政》(第二卷),外文出版社,2017 年,第 299 页。

表2.2 民族八省区贫困人口及贫困发生率

年份	贫困人口			贫困发生率		
	民族八省(万人)	全国(万人)	占比(%)	民族八省(%)	全国(%)	超出(%)
2012	3121	9899	31.5	20.8	10.2	10.6
2013	2562	8249	31.1	17.1	8.5	8.6
2014	2205	7017	31.4	14.7	7.2	7.5
2015	1813	5575	32.5	12.1	5.7	6.4
2016	1411	4335	32.5	9.3	4.5	4.8
2017	1032	3046	33.9	6.9	3.1	3.8
2018	602	1660	36.3	4.0	1.7	2.3
2019	119	551	21.6	0.79	0.6	0.19

数据来源:2012—2019年《中国农村贫困监测报告》,《中国统计摘要——2020》。

如表2.2所示,民族八省区无论是贫困人口数量还是贫困人口占比都很大。即使在新时代精准扶贫、大力度脱贫攻坚的背景下,贫困人口显著减少,但对比全国贫困人口和贫困发生率来看,当前民族地区的贫困问题仍然不容忽视。且当前党和国家扶贫、脱贫政策的制定和实施主要是针对具有普遍性的全国贫困地区,未能充分考虑到少数民族地区贫困原因的特殊性。[1]民族地区以"三区三州"(指西藏、南疆四地州、四省藏区和四川凉山州、甘肃临夏州、云南怒江州)为代表的深度贫困区的贫困问题未能完全解决,由此引发的不平等问题需要持续关注。

(三)弱势群体生存问题

推动实现"弱有所扶",不仅是新时代"七有"民生建设的重要目标之一,也是党和政府筑牢民生底线、增进民生福祉、追求社会平等的必要手段。从2014年国务院公布并实施《社会救助暂行办法》后,我国最低生活保障制度不断健全

---

[1] 王国敏、刘碧:《新时代少数民族深度贫困区精准脱贫:问题诊断与破解策略》,《福建论坛》(人文社会科学版),2019年第5期。

和完善,针对弱势群体的救助工作也逐渐受到政府和社会的重视。但当前,我国面临着弱势群体人数众多、社会救济制度尚不健全、社会救济面覆盖的广度和深度均有不足等问题。

首先,弱势群体规模庞大,结构复杂,分布广泛,为救助工作带来一定困难。一方面,残障人士、留守儿童、空巢老人等传统弱势群体数量不断增加。2019年我国残疾人数量达到8500万,[①]而随着老龄化社会的到来,孤寡老人等群体的数量也将持续增加。另一方面,随着经济发展进入新常态,劳动力市场和就业领域的变革带来社会风险和就业风险的增加。当前的在职劳动者尤其是从事体力劳动的低端劳动者的工作稳定性和工作薪酬待遇,将持续遭受生产力发展和科技进步的冲击,从而面临更大的失业风险。这都为弱势群体救助增添不稳定因素。2019年,城镇登记失业人数为945万人,今后的失业人群数量有可能会进一步增加。

其次,当前社会救济政策和救助方式不够完善。现有社会救济制度覆盖面不够广,且存在地区之间不统一、政策执行差距大等问题。东部地区的社会保障、社会救济政策相对执行较好,而西部地区,不仅弱势群体人数多,而且可用于救济的物资、经费也远远不足,地区发展差异导致社会救济难免出现不平等状况。此外,当前对弱势群体的救助方式较为单一。第一个表现是,当前我国的社会救助依然是政府主导、社会参与的救助制度体系。虽然在法律层面明确了各级民政部门的层级协作关系,但在实际操作中,常把民间力量隔绝在外,容易造成社会力量无序参与、单一政府力量难以应对的状况。第二个表现是,注重输血,不注重造血。很多地区在开展救助工作时存在一刀切的现象,直接派发米面粮油等生活品慰问,较少关注弱势群体的后续发展。

(四)公共服务分布不均问题

改革开放以来,中国经济建设取得巨大成就,但也相应带来了区域发展差

---

① 中国残疾人联合会:《2019年残疾人发展事业公报》,http://www.cdpf.org.cn/zwgk/zccx/tjgb/0aeb930262974effaddfc41a45ceef58.htm。

距拉大和城乡发展差距拉大等现实问题。由于传统地区性的公共服务建设基本依赖地方财政投入,因此地方基本公共服务建设状况与地方经济发展水平呈高度密切的正相关性。受地方财政收入差距的影响,某一地区在义务教育、公共卫生和基本医疗等基本公共服务方面的投入也存在差异。我国东西部之间,城乡之间的基本公共服务供给不均衡现象严重。

以城乡发展差距来说,新时代,党和政府不断加大对农村地区特别是贫困地区基本公共服务的投入力度,在医疗卫生、义务教育、社会保障和基础设施建设等方面做出了重要努力。但相较城市地区而言,基本公共服务的差距依然在逐年拉大,这一现象在教育与医疗两领域体现得尤为明显。在教育领域,虽然有九年义务教育的普及与国家财政对教育事业的各项补贴,但总体来看,乡村办学的教学资源和师资力量都无法与城市比肩。在撤点并校的大趋势下,甚至出现了农村学子上学越发不便等问题。在医疗卫生领域,某一地区医疗器械、专业人才的分布基本都集中在城市地区,农村医疗资源匮乏问题突出。①

而在教育、医疗等公共服务的差距之下,出现的是社会阶层流动受阻等问题。在先天性客观条件的差距下,社会纵向流动通道日渐狭窄,制度变革与调整的动力减弱。一方面,农村地区不具备城市高质量的公共服务,另一方面,大城市的高房价、高教育成本和生活成本,让农村人可望而不可及。公共服务差距拉大的后果导致阶层流动减弱,带来阶层固化,引发新的平等问题。

五、生态环保领域的平等问题

生态环保领域的平等问题源于人们在从事生产建设、社会经济活动过程中对环境的破坏,主要表现为不可持续的发展模式导致的代际发展不平等现象。从人类社会进入工业文明后,以资源换发展,以环境换增长的发展思路极大损

---

① 盛广耀:《中国城乡基础设施与公共服务的差异和提升》,《区域经济评论》,2020 年第 4 期。

害了生态平衡,粗放的发展方式产生了资源枯竭、污染严重等影响人类生存发展的弊端。对中国来说,新时代生态领域面临的平等问题既包括国内过度追求增长速度导致的环境恶化问题,也包括全球共同面临的生态问题。

(一)国内面临的可持续发展问题

过去的几十年里,中国的发展表现出普遍的重增长、轻环保的现实问题。在全力工业化、现代化过程中,粗放的发展方式对环境造成了巨大破坏。长期以来,中国经济发展方式过度粗放,依赖资源消耗,甚至以牺牲环境为代价。压缩式发展取得了举世瞩目的成就,但也导致发达国家上百年工业化进程中分阶段出现的环境问题,在我国已经面临着集中爆发的趋势。[1]

当前,我国以城市为中心的环境污染问题不断加剧,并随着城市化进程逐渐蔓延到农村中去。在一些经济发达、人口稠密地区,环境污染尤为突出,大气污染、水污染、噪声和废弃物污染等问题已经不容忽视。2019 年,在全国的 337 个地级及以上城市,有 180 个城市环境空气质量超标,合格率不到 50%,[2]这一问题在京津冀等存在重工业聚集的城市区域表现得更为严重。当然,随着新发展理念推行,高质量发展转型,环境污染问题已经明显好转。2022 年全国 339 个地级以上城市环境空气质量达标的为 213 个,占 62.8%。[3]

应当注重的是,受发展中国家实际发展需求和全球自然资源有限性的影响,发达国家"先污染,后治理"的老路在中国难以行得通。面对当前日益严重的生态问题,必须清醒地认知到环境恶化不仅制约着当代的经济发展水平、影响

---

[1] 田学斌:《实现人与自然和谐发展新境界——认真学习领会习近平总书记生态文明建设理念》,《社会科学战线》,2016 年第 8 期。

[2] 中华人民共和国生态环境部:《2019 年生态环境状况公报》,https://www.mee.gov.cn/hjzl/sthjzk/zghjzkgb/202006/P020200602509464172096.pdf。

[3] 中华人民共和国生态环境部:《2022 年生态环境状况公报》,https://www.mee.gov.cn/hjzl/sthjzk/zghjzkgb/202305/P020230529570623593284.pdf。

社会安定与公众健康，同时也是严重影响代际平等，乃至威胁中华民族生存与发展的重大问题。

（二）全球共同面临的生态问题

生态领域的平等问题具有深刻的全球性特征，气候变暖、冰川融化等问题直观地影响到全人类，这从根本上决定了中国无法独自面对环境破坏问题，也无法在全球环境变化中独善其身。要想真正实现生态领域的代际平等，就必须直面当前全球各国共同面临的环境问题，超出狭隘的民族国家视野，站在人类命运共同体的角度上，时刻关注全体人类的生存，注重可持续发展。

但在现实中，由于生态环境保护和传统经济增长之间的固有矛盾，在发展的压力下，大量国家并不重视，也不愿意将精力放在低碳减排和环境保护上，世界主要国家关于生态文明和环境保护的协定往往很难达成。2009 年召开的哥本哈根会议备受期望，但最终并没能达成具有法律约束力的协议声明。《巴黎气候协定》等全球环保类协定在一些国家随意退群、撕毁条约的背景下，根本不具备实际可操作性。全球环境治理并不简单是一个生态问题，更涉及国家利益博弈和国家实力较量，[①]在环境污染越发严重的背景下，如何达成全球环保共识，成为当前实现代际平等的新困境。

第二节　以人民为中心的平等观

以人民为中心的平等观秉承了中国共产党全心全意为人民服务的根本宗旨，着重强调了中国共产党领导下的人民主体地位，回答了"为什么人，由谁享有"这一根本性问题，在习近平新时代中国特色社会主义思想中占据了基础性地位。以人民为中心的平等观建立在新中国成立后党和政府持续推进实质平等

---

① 姚玉斐：《削减温室气体排放国际合作的博弈论分析》，《国际安全研究》，2010 年第 6 期。

的实践基础之上,是对马克思主义平等理论的继承与发展,对解决当前中国多领域出现的复合性平等问题,具有重要指导意义。

一、以人民为中心的平等观的内涵

作为一种价值理念,平等强调社会成员在社会关系、社会生活中享有同等的权利和发展机会,处于一种无差别的结果或状态。政治学概念上的"平等",是指一定范围的群体享有同等的人格、基础资源、基本权利和社会地位,如法律层面的平等、政治参与的平等、政治地位的平等,以及政治权利的平等。[①]但平等并不是一蹴而就的,平等的发展是一个历史进程,会因时代、国家、群体、发展程度等方面的差异,而具有不同的含义和内容。

中国共产党以实现人民的平等和福祉为最高理想和追求。党围绕平等这一目标展开了一系列实践,开创了中国特色社会主义平等事业。新时代,习近平总书记特别强调党的初心使命,进一步明确了以人民为中心的发展思想,将满足人民对美好生活的需要放在治国理政的核心位置。在这个过程中,以人民为中心的平等观也逐步形成。以人民为中心的平等观是与中国特色社会主义伟大事业相适应,能给广大人民带来更多机会与利益的平等观。具体而言,其内涵包括以下三点:

一是平等主体是最广泛的人民大众。在"谁与谁的平等"问题上,各个历史时期的主张是不同的。平等具有时代性,在阶级社会还具有明显的阶级性。不同历史时期的人在思考平等问题和制定政策时,出发点不同。是实现少数人的平等,还是多数人的平等,其中的差别是本质性的。以人民为中心,是从维护人民这个最大多数的利益出发,实现平等主体的最大化。将人民置于中心位置,是平等的最高境界。

---

① 俞可平:《重新思考平等、公平和正义》,《学术月刊》,2017年第4期。

　　二是满足人民的美好生活需要是最大的平等。平等涉及经济、政治、文化、社会、生态等领域,包含多方面的内容,但对普通大众来说,判断平等与否最直接的标准就是身边的人是否都过上了同等程度的幸福生活。在这一点上,社会主义制度作出了庄严承诺,新时代中国特色社会主义建设以满足人民对美好生活的需要为根本目标,并为此而持续努力。显然,以人民为中心不是一句简单的口号,而是在实践中要让每一个群众都过上美好生活。只有满足了所有人对美好生活的需要,整个社会才能实现最大程度的平等。

　　三是从人民的利益出发,不断拓展平等的内涵,满足人民群众多方面的需求。新时代以人民为中心的平等观中,群众的美好生活需要是一个总纲,此外还要从多个领域展开扎实的工作。在经济领域保障人民共享经济发展成果,在不断做大"蛋糕"的基础上,力求公平分配"蛋糕"。在政治领域充分保障人民当家作主的权利,为人民群众提供广泛的参与渠道,实现社会主义民主政治。在文化领域尊重和平等地对待文化多样性,保障人民享受高质量的文化产品和文化服务,全面提高人民的精神生活质量。在生态领域建立以人为本、人与自然和谐相处的绿色发展理念,保障绿色生态这一跨越代际的平等。

　　以人民为中心的平等观,既是对马克思主义平等理论中人民主体地位观点的继承和发展,又是对新时代中国特色社会主义建设实践的理论总结和升华。如果说中国社会主义平等观的建设进程中,此前因为各种原因而在实现最广大的人民群众的平等上还存在欠缺,那新时代以人民为中心的平等将是对这些欠缺的弥补和提升。以人民为中心的平等观是新时代中国共产党带领中国人民实现"两个百年"奋斗目标,建立人类孜孜以求的平等社会。

二、中国特色社会主义平等观的实践基础

　　中国共产党一直重视践行平等原则,并于新中国成立后逐渐建立起符合国情的中国特色社会主义平等事业。遵循着经济基础与上层建筑之间辩证关系的

规律,中国特色社会主义平等事业在某一时期所侧重的平等理念,是根据生产力水平动态变化和不断演进的。新中国成立伊始,党和政府以法律形式确立了人人享有平等的基本权利,并通过社会主义改造,在当时的历史条件下实现了初步的全民平等。改革开放确立了效率优先、兼顾公平的发展原则,更注重通过解放和发展生产力,为推进实现实质平等创造物质条件。生产力的发展和平等观念的发扬为以人民为中心的平等观出现埋下伏笔,中国特色社会主义平等观的演进始终立足最广大人民的现实需求,体现了生产力与生产关系的历史性统一、效率与公平的历史性统一。

(一)平等观从平均维度向公平维度的转变

新中国成立初期,为彻底废除伦理纲常的思想压迫和剥削制度的现实压迫,回应民众对平等权利的强烈诉求,党和政府在马克思主义平等理论的指导下展开了关于中国特色社会主义平等事业的探索。

一方面,新中国成立后,我国力求将人民权利平等原则贯穿于国体、政体和政治管理中,用政治实践证明了社会主义民主保障的是人民地位平等,表达平等、参与平等。①宪法确立了我国是"人民民主专政的国家",一切权利归属于人民,国家权力是人民群众平等生存,平等发展的有力保障。全国人民代表大会以比例代表制的形式实现了"让群众讲话,让人讲话"②的目标,保证了人民群众广泛参与国家事务管理。另一方面,党和政府通过土地改革等手段,彻底铲除了封建剥削制度,消灭了阶级剥削,通过生产资料的计划式分配保障了每个人最基本的生存权和发展权。这些制度体系和社会改革措施反映了中国人民对平等原则的不懈追寻,新中国废除了三六九等的地位差别,使人人平等的理念成为共识,初步勾勒出社会主义平等的基本格局。

---

① 《毛泽东文集》(第七卷),人民出版社,1999 年,第 207 页。
② 《毛泽东文集》(第八卷),人民出版社,1999 年,第 307 页。

但新中国成立初期倡行的平等观存在过度追求平均主义,忽视了效率与生产力发展的问题。这种平等观确保了民众最基本的权利,却不利于调动生产积极性开展社会主义建设。在物质条件匮乏、生产力落后的背景下,追求绝对平均只能导致共同贫穷, 这就严重限制了实质平等的实现和平等内涵的进一步扩展。以改革开放为节点,中国国家治理在对平等理念的理解中,开始摒弃平均的观念,更多注重保障公平,追求效率化生产活动。以发展来保障实质平等。

(二)从效率优先到注重成果共享的转变

以改革开放为节点,中国人民对平等原则的认识发生了重要变化。整个社会开始从追求绝对的平均主义,转向促进和发展生产力保障实质平等。这一时期,党和政府基于生产力和生产关系的高度阐述了社会主义平等,指明在平等理念深入人心,人民基本权益已经得到保障的背景下,实现共同富裕是社会主义平等的实质。[①]因此,如何将法律规定的形式平等转化为实质平等,并进一步推进中国特色社会主义平等实现纵深发展,成为改革开放后我国平等理念发展的重要任务。

改革开放后的国家治理中,党和政府尤为注重以效率优先为原则,刺激生产力发展。在这一阶段,中国将加强制度建设作为保障政治、经济和社会生活中民主与平等的根本手段。[②]一方面, 政府通过经济体制改革建立起市场经济体制,以平等的准入机制、多元化的分配方式调动各经济主体和生产要素的积极性。另一方面,在注重发展生产的基础上,通过二次分配、财税优惠等形式有效兼顾了社会公平。党和政府以"先富带动后富"发展理念构建社会主义市场经济体系,将做大"蛋糕"放在前,平均分配放在后。四十多年的改革开放发展历程中,中国特色社会主义平等原则的践行,既包括权利平等范畴下的一视同仁与

---

①　《邓小平文选》(第三卷),人民出版社,1993 年,第 265 页。

②　《三中全会以来重要文献选编》(上),人民出版社,1982 年,第 527 页。

机会平等下效率优先的共同发展,也包含了国家调控与社会再分配对基本公正的维护。

但随着改革开放进入纵深环节,在物质积累初具规模,社会生产已经较为发达的背景下,由于过度强调效率优先与经济增长,导致社会公平在一定程度上被忽视。贫富差距扩大显性化、发展不均衡、生态环境等不平等问题日渐突出,国家治理必须直面并重视中国快速发展背后产生的不平等问题。进入新时代以来,习近平总书记立足当前中国特色社会主义各领域发展取得的成就和出现的问题上,提出了以人民为中心的发展思想,强调要进一步加强对人民主体地位的重视。以人民为中心是新时代中国特色社会主义平等观的典型写照,作为中国共产党群众路线的传承与发展,是将社会主义平等落到实处,将发展成果合理共享的鲜明体现。

三、以人民为中心的平等观的主要维度

以人民为中心的发展思想,是中国共产党总结历史兴衰成败得出的重要结论,也是党全心全意为人民服务这一宗旨的坚持和深化。以人民为中心,是新时代中国共产党人牢记为人民服务初心,植根人民,依靠人民的具体体现。这一发展思想将最广大的人民群众作为治国理政的中心,贯彻于五位一体的社会主义建设中,体现了最全面、最深刻的实质性平等。

(一)关注从起点到结果全过程的经济平等

新时代中国特色社会主义经济建设面临着进一步发展生产力以及优化收入分配格局、保证社会公正两个方面的挑战,这就要求经济平等既要给予各类经济主体平等参与市场经济的机会,以公平的制度规则促进良性竞争;同时还要关注收入分配差距扩大影响社会公平的问题。新时代的经济平等是一种差序平等,代表了对发展和稳定的兼顾,同时还意味着经济领域从起点到结果的全

过程平等。

1.促进经济发展机会平等

促进新时代经济领域的发展机会平等,使每个公民都有均等参与经济活动的机会,是习近平总书记以人民为中心的发展观的重要内涵。经济领域的发展机会平等,意味着政府通过宏观调控,努力实现每个经济主体依法拥有平等使用生产要素的机会和平等参与市场竞争的机会,尤其是关注经济发展水平较差地区民众拥有平等从事市场经济活动的机会。

新时代,党和政府在帮扶落后、改善后发展地区公共服务、推动市场化建设等方面作出了诸多努力。正如习近平总书记在第十二届全国人民代表大会第一次会议上的讲话指出的:"生活在我们伟大祖国和伟大时代的中国人民,共同享有人生出彩的机会,共同享有同祖国和时代一起成长与进步的机会。"①让每个人都能发挥自身热量,投入社会生产和建设中,不仅是平等的体现,也是促进生产力发展的重要手段。

2.优化提升营商政务环境

优化提升营商政务环境的核心要义是推进实现经济领域的规则平等,通过建立公开、公正、透明的经济规则,推动多元化市场主体自由发展,促进市场经济良性竞争。这就要求,一方面,打击经济领域存在的潜规则和暗箱操作,消除权钱交易等破坏市场环境的行为;另一方面,通过深化经济体制改革,破除阻碍经济发展的制度性障碍。

党的十八大以来,党和政府将经济领域职务犯罪纳入反腐重点,有效遏制了以权谋私、假借职权扰乱市场活动的不当行政行为,为营造清朗公正的市场环境打下了良好的基础。从 2015 年开始,国务院提出"放管服"改革的概念,要求推进政府职能转变,厘清政府与市场的边界,将降低市场准入门槛、促进公平

---

① 习近平:《在第十二届全国人民代表大会第一次会议上的讲话》,《人民日报》,2013 年 3 月 18 日,第 1 版。

竞争、营造便利的市场环境作为行政改革的重点任务。在此基础上，习近平总书记表示"要对各类所有制企业执行同样标准，不能戴着有色眼镜落实政策"①，强调各类市场主体要依法平等使用生产要素、公平参与市场竞争。

据世界银行发布的《全球营商环境报告 2020》，我国营商政务环境的全球排名持续上升。这为不同市场主体发展奠定了良好的基础，有效促进了民营企业、私人企业的发展。尤其是中小企业和创业群体，它们作为经济主体迸发出强烈的创新潜力和市场活力，为我国的创新体系建设和经济体制改革贡献了更多力量。

3.促进收入分配平等

收入分配差距扩大是经济不平等最直观的后果，也是引发诸多社会矛盾、造成人民生活水平不断提升但部分民众总体幸福感下降的主要因素。党的十八大报告指出，"实现发展成果由人民共享，必须深化收入分配制度改革"。在"十二五"规划中，国民经济社会发展的主要目标被确立为"努力实现居民收入增长和经济发展同步、劳动报酬增长和劳动生产率提高同步，提高居民收入在国民收入分配中的比重，提高劳动报酬在初次分配中的比重"。党的十九大报告把"提高人民收入水平作为逐渐实现全体人民共同富裕时代目标"的重要内容。这都充分体现了以人民为中心的平等内涵和通过收入分配制度改革维护结果平等的趋向。

值得注意的是，促进收入分配平等，不是重复一次全盘国有化、计划式指令的平均主义。而是要通过调整现有收入分配制度，形成制度完善、调控有效、比例合理、关系协调的收入分配格局，将人民大众作为改革成果的主要受益者。政府要在不破坏市场积极性的前提下，进行宏观指导，完善初次分配机制，推行企业工资集体协商制度，形成反映劳动力市场供求关系和企业经济效益的工资决定机制和增长机制。在再分配环节上，政府更要注重分配公平和对收入短板群

---

① 习近平：《在民营企业座谈会上的讲话》，《人民日报》，2018 年 11 月 2 日，第 1 版。

体、地区的补偿,形成缩小收入分配差距的长效机制。

(二)推动实现多层面的政治平等

自新中国成立之初,党和政府就通过法律的形式确立了人人拥有平等的政治权利,无论从事什么职业,都具备平等的政治身份。新时代以来,随着国内外形势变化,我国政治发展的不断推进,习近平总书记在政治实践中对政治平等作出了与时俱进的新回应。

1.将公众参与落到实处

社会主义国家平等观与资本主义国家平等观的本质区别在于,社会主义平等观提倡的权利平等是属于全体人民的,可落实的权利;资本主义所谓的权利平等只是为资产阶级服务的。具体到政治领域来说,资本主义国家宣扬的全民普选、共同参与是建立在资本之上的金钱政治;而在社会主义中国,人人享有平等的政治权利是可落实的,人民可以通过种种渠道参与政治生活。正如习近平总书记提到的:所有中国人民都具有平等参与政治生活和社会管理的权利。因此,注重最广大人民政治权利的落实,也是习近平新时代中国特色社会主义思想政治平等篇的核心。

新时代实现政治平等的任务之一落在促进选举权和被选举权的落实上。党的十八大以来,党和政府通过两次修改选举法,完善选举程序,打击破坏选举的行为,有力地推动了人民群众自由行使民主选举的权利。此外,当前党和国家还致力于通过扩大民众政治参与的机会,推进政治平等。在重大决策、法律法规起草过程中,党和政府都注重广泛征求社会各界的意见,通过集中民智,群策群力,将民主集中制和权利平等落到实处,从而实现民众参与的扩大化。正如习总书记提出的"民心是最大的政治",加快落实全体民众的政治权利平等,保证平等参与,是新时代政治平等的重要体现。

2.加大反腐力度

我国社会依然存在着权力崇拜的现象,部分党员干部贪污腐化、以特权追求享乐,致使潜规则横行。腐败、公权私用导致社会不公,引起人民群众强烈不满,造成党和人民之间的隔阂,削弱政府的公信力,会严重损害政治平等。习近平总书记深刻总结道:"党面临的最大风险和挑战,就是来自党内的腐败和不正之风。"①因此,新时代政治平等最鲜明的特征表现在通过反腐行动,约束公职人员行为,用党纪国法、民主监督的方式限制特权。党的十八大以来,党中央高度重视反腐,不断加强制度建设,全面从严治党。反腐败斗争同样深刻体现出以人民为中心的特征。一方面,对腐败问题的重视体现了党为人民服务的宗旨,要求公职人员必须做到"心中有民、心中有戒"。另一方面,出台了一系列严格的规章制度,并在执行中鼓励人民群众平等参与对腐败的治理。杜绝权力崇拜还体现在纠正社会治理中诸如人情、关系等形形色色不平等潜规则。习近平总书记指出:"要引导群众遇事找法、解决问题靠法,逐步改变社会上那种遇事不是找法而是找人的现象。"②通过人民的监督,逐渐将权力关进笼子,用阳光透明的行政机制厘清政府职责,防止权力滥用,新时代的反腐反特权斗争取得了显著成效。

(三)维护国内外双重维度的文化平等

就新时代中国特色社会主义文化建设而言,民族文化平等已经基本实现,各民族文化拥有平等发展与平等交流机会。现阶段文化领域面临的平等问题,主要是不同地域文化投入不均衡,不能保证每个人都能平等地享有文化产品;以及中华文化与世界其他国家文化交流过程中,面临着遭受文化霸权主义侵略的风险。

1.立法保障人民的基本文化权益

习近平总书记认为,人民的基本文化权益应当受到法律制度的保障,要建立健全遵循文化发展规律、坚持社会主义先进文化发展方向、有利于激发文化

---

① 《习近平关于党风廉政建设和反腐败斗争论述摘编》,中央文献出版社、中国方正出版社,2015年,第8页。

② 《十八大以来重要文献选编》(上),中央文献出版社,2014年,第722页。

创造活力、保障人民基本文化权益的文化法律制度。2016 年 12 月,全国人大常委会通过了《中华人民共和国公共文化服务保障法》,为公共文化发展提供了强有力的法律保障。2017 年 11 月,全国人大常委会又通过了《中华人民共和国公共图书馆法》,为公共图书馆规范化建设、管理、运营及公民的基本文化权益提供了法律保障。这都是公共文化依法治理水平逐步提升的重要标志。

2.加大落后地区文化建设投入力度

为推进公共文化服务均等化,让文化发展成果惠及贫困地区群众、农民、少数民族、低收入者等,党中央、国务院启动文化精准扶贫的文化惠民工程,如流动图书车、百县万村综合文化服务中心工程、中西部地区送戏下乡项目等系列文化惠民工程。在中央号召、地方政府积极推进下,极大地丰富了中西部经济发展较为落后地区的文化供给。

3.与世界文化平等交流

文化平等要注重跨国文化交流的平等互利。现代化与全球化过程中西方文化的霸权地位是以损失人类文化的多样性丰富内涵为代价的,文化侵略与文化霸权同样也是危害中华文化持久繁荣的重要风险。习近平总书记指出:"我们应该维护各国各民族文明多样性,加强相互交流、相互学习、相互借鉴,而不应该相互隔膜、相互排斥、相互取代,这样世界文明之园才能万紫千红、生机盎然。"①

(四)加快落实多领域的社会平等

压缩式发展带来了诸多问题,并导致矛盾在同一时期面临着集中爆发的风险。在此背景下,党的十九大报告提出的三大攻坚战之一就是防范化解重大风险。正如习近平总书记指出的,"要通过创新制度安排,努力克服人为因素造成

---

① 习近平:《从延续民族文化血脉中开拓前进　推进各种文明交流交融互学互鉴》,《党建》,2014 年第 10 期。

的有违公平正义的现象,保证人民平等参与、平等发展权利"①。新时代,在多个社会领域,要通过深化改革,保障人民生存、发展权,进一步维护社会主义平等。

1.推动性别平等

性别平等是我国持久追求的平等权利之一,受旧社会封建余毒"重男轻女"思想影响,我国性别平等问题严重。新中国成立后关于尊重妇女、男女平等的号召与行动一直不断,但女性在就业、工作中遭受歧视的事件屡禁不止,男女比例失调问题也愈演愈烈,危害着人民的普遍利益。

党的十八大、十九大报告中都对促进男女平等,做好妇女工作进行了统筹部署。党的十八大报告首次将男女平等、保障妇女儿童合法权益列为一项国策。习近平总书记也多次强调要做好性别平等工作。2013 年 10 月,习近平总书记明确提出"要坚持男女平等基本国策,在出台法律、制定政策、编制规划、部署工作时充分考虑两性的现实差异和妇女的特殊利益,发挥妇女的伟大作用"②。2015年,习近平主席主持全球妇女峰会并发表重要讲话,呼吁消除对妇女一切形式的歧视和暴力行为。③ 2020 年 10 月,习近平总书记称,要将保障妇女权益上升为国家意志,④体现出推动实现性别平等,维护妇女合法权益的坚定决心。近年来,在党和政府的推动下,男女平等话题逐渐从政治宣言和战略规划细化为有目标、有内容的实质行动。妇联等相关组织在关爱偏远地区女性身心健康,解决女性在就业、休假、薪酬方面遭遇的歧视问题时发挥了重要作用,有效促进了妇女主体意识的增强。

2.加大对弱势群体的帮扶力度

以人民为中心的发展理念要求兼顾所有群体生存和发展的权利,因此通过完善社会保障体系、加大救济力度,帮扶弱势群体,让他们拥有平等发展,平等

---

① 习近平:《切实把思想统一到党的十八届三中全会精神上来》,《求是》,2014 年第 1 期。
② 习近平:《坚持男女平等基本国策,发挥我国妇女伟大作用》,《妇女研究论丛》,2014 年第 1 期。
③ 习近平:《促进妇女全面发展,共建共享美好世界》,《中国妇运》,2015 年第 11 期。
④ 习近平:《保障妇女权益必须上升为国家意志》,人民日报(海外版),2020 年 10 月 9 日,第 1 版。

参与的能力,也是新时代中国特色社会主义平等观的内在要求。就现状来看,义务教育落实、城乡医保合并,各种社保帮扶政策已经让我国的机会平等得以有效落实,但中国长期存在的贫困人口、特殊人群基数依然庞大,成为实现全面小康,追求全方位平等的制约因素。

2013 年 11 月,习近平总书记在湖南湘西考察时首次作出"实事求是、因地制宜、分类指导、精准扶贫"的重要指示。2014 年 1 月,中共中央办公厅规制了新时代扶贫工作的具体模式,推动了"精准扶贫"思想落地。2014 年 3 月,习近平总书记提出,要实施精准扶贫,瞄准扶贫对象,进行重点施策,进一步阐释了精准扶贫理念。2015 年,习总书记在云南调研时,强调坚决打好扶贫开发攻坚战,标志着精准扶贫工作的开始。到如今,精准扶贫工作通过"扶持对象、项目安排、资金使用、措施到户、因村派人安排、脱贫成效"的六个精准,及"扶持生产和就业发展一批,易地搬迁安置一批,生态保护脱贫一批,教育扶贫脱贫一批,低保政策兜底一批,广泛动员全社会力量参与扶贫"的发展模式,使中国已经基本消灭了绝对赤贫人口。政府采用国家保障、政策兜底的扶持方式,让社会底层人民能够平等地享有生存权和发展权。

"十三五"时期,我国社会保障事业也有了长足发展。社会保障扶贫成效显著,保障人数持续增加,保障维度不断多元,保障待遇水平也不断提高。党的十九大报告提出要按照兜底线、织密网、建机制的要求,全面建成覆盖全民、统筹城乡的可持续多层次社会保障体系。最底层人民的生活状况是对一个社会平等状况的最佳写照,因此努力完善社会保障体系,满足弱势群体的最基本需求,不仅符合以人民为中心的发展思想,同时也与全面建成小康社会的目标高度契合。

3.促进民族平等

民族平等是中国特色社会主义平等观不可或缺的组成部分,实现民族平等是我国国家治理面对的持久任务。新时代,民族平等问题的主要表现是各民族之间经济、文化发展差距不断拉大。

当前党和政府对社会民生问题的关注，为实现民族平等提供了良好的契机。经济平等是民族不平等的根源问题，也是当前民族平等问题中最深刻的表现。党和政府高度重视少数民族地区的经济发展，2014年9月召开的中央民族工作会议上，习近平总书记指出，民族地区与全国一道实现全面建成小康社会目标难度较大，必须加快发展，实现跨越式发展。近年来，依靠国家帮扶，以优惠政策照顾民族地区，成功加快了民族自治地方经济社会的发展水平，为改善民生，各族群众共享发展成果提供了有益的帮助。此外，在民族平等的推进中，做好"智""志"双扶，同时注重物质文明建设和精神文明建设的帮扶模式也取得了巨大成功。在民族地区群众立足发展特色，发挥自身优势，成功带动了一批人脱贫致富。当前，少数民族地区的市场经济不断发展，贫困人口和贫困率大幅下降，为推动民族平等的实质化作出了重要贡献。

4.提高公共服务均等化程度

长期以来，受不均衡不充分的发展、城乡二元化结构等因素影响，区域之间、城乡之间的基本公共服务不均等问题突出。就其表现来看，一是中西部地区的基本公共服务水平远低于东部地区；二是城乡之间的基本公共服务水平差异也越发显著。基本公共服务是国家为保护公民的生存和发展而提供的基本社会条件，其覆盖面和受益面包括了所有公民。强调基本公共服务均等化是社会平等的重要内涵，也是将平等这一概念真正落实到普通民众身上的具体体现。

新时代，我国尤为重视推动区域之间、城乡之间基本公共服务发展的建设。2017年，国务院发布《"十三五"推进基本公共服务均等化规划》，提出要"打破城乡、地区、行业分割"①。党和政府尤为关注城乡基本公共服务差距带来的社会割裂和不平等现象，党的十九大上提出了要建立健全城乡融合发展体制机制和政策体系，2019年发布的《中共中央国务院关于建立健全城乡融合发展体制机制和政策体系的意见》强调，建立城乡教育资源均衡配置机制；健全乡村医疗卫生

---

① 中华人民共和国中央人民政府：《国务院关于印发"十三五"推进基本公共服务均等化规划的通知》，http://www.ndrc.gov.cn/zcfb/zcfbqt/201703/t20170301_840204.html。

服务体系;健全城乡公共文化服务体系,完善城乡统一的社会保险制度;统筹城乡社会救助体系等,落实十九大部署。当前,中国城乡第一次实现了基本医疗保险制度的并轨,城乡居民赔偿标准的统一等历史性变革,有效推进城乡居民平等与城乡二元化结构从"剥削型"向"保护型"转变。[①]

(五)促进可持续发展保障代际平等

以人民为中心的平等观不仅关注当代人之间的平等,还进一步将平等的内涵纵深化,注重实现代际平等。代际平等的实质是资源的代际分配与共享问题,即资源应该在世代间进行合理的分配,当代人的发展不能建立在牺牲后代人发展机会的基础上,要注重代际之间的发展可持续。就新时代对保障代际平等的要求来看,一方面,要在未来的生产生活中注重生态文明建设,做好环保工作,抵制一切污染和破坏环境的行为。另一方面,要认识到环境保护是一个全球性问题,要发挥中国在国际社会的影响力,推动各国共同应对当前的生态问题。

1.绿水青山就是金山银山的可持续发展思想

我国一直都在提倡加快转变经济增长方式从粗放型增长向资源节约型、环境友好型的转变,尤其在新时代以来,各类环境问题在长期积累后呈集中爆发的趋势,关注代际平等,促进生态文明建设是当下国家治理中面临的重要问题。

党的十八大将生态文明建设纳入了中国特色社会主义事业五位一体的总布局。在 2013 年 9 月,习近平总书记提出,"既要绿水青山,也要金山银山""宁要绿水青山,不要金山银山"和"绿水青山就是金山银山",成为指导新时代我国生态文明建设,推动代际平等的重要保障。2014 年,全国人大常委会修订通过《中华人民共和国环境保护法》。党的十九大报告第一次将"树立和践行绿水青山就是金山银山"的理念写入报告,且在表述中与"坚持节约资源和保护环境的基本国策"一并,成为新时代生态文明建设的思想和基本方略。党和政府为保护

---

① 林辉煌、贺雪峰:《中国城乡二元结构:从"剥削型"到"保护型"》,《北京工业大学学报》(社会科学版),2016 年第 6 期。

生态环境作出大量努力,其根本目标就是通过实现可持续发展,保障代际平等。

2.推动各国重视环保问题

环境问题是人类发展中面临的共同挑战,具有深刻的全球性特征。因此,要想真正实现可持续发展,在做好本国生态文明建设同时,还要推动全球范围对环境保护的重视,这也是保障代际平等的另一要求。新时代,以习近平同志为核心的党中央尤为重视发挥中国在国际社会的作用,推动各国共同应对生态问题。2015年,习近平主席在气候变化巴黎大会的讲话中所提倡的凝聚全球力量,鼓励各方参与,携手构建合作共赢、公平合理的气候变化治理机制得到大多数国家的认可。[①]同时,他还强调,要在解决环境问题的过程中兼顾各国国情,讲求务实有效,为当前大部分后发展国家参与环境保护提供了可借鉴的道路。在2020年9月的联合国生物多样性峰会上,习近平主席进一步提出要站在对人类文明负责的高度,尊重自然、保护自然,[②]而坚持多边主义,增强责任意识的呼吁更体现了新时代中国促进生态保护,推动实现代际平等的努力。

四、以人民为中心的平等观的现实意义

以人民为中心的平等观是对唯物史观和中国共产党人执政为民宗旨的传承和发展。以人民为中心深刻体现了人民当家作主的地位,是推进实现最彻底、最广泛的实质平等的根本依据,具有重要的时代意义。

首先,以人民为中心的平等观是对已有的中国特色社会主义平等思想的继承与发展。以人民为中心的治国理政思想,是对七十多年来社会主义平等思想的高度总结与创新发展。无论是新中国成立后确立人人享有基本权利的平等,追求平均主义;抑或是改革开放后注重效率,通过发展生产力推动实现实质平

---

① 杜尚泽:《习近平出席气候变化巴黎大会开幕式并发表重要讲话》,《人民日报》,2015年12月1日,第1版。

② 鞠鹏:《习近平在联合国生物多样性峰会上发表重要讲话》,《人民日报》,2020年10月1日,第1版。

等,在不同历史条件下各有侧重点,但都立足于人民主体地位,是为最广大人民谋幸福、谋发展。新时代,习近平总书记在此基础上,提出以人民为中心的发展理念,既遵循了社会主义国家人民是历史主人的初衷,也为未来制度变革和治国理政过程中如何践行平等提供了良好的指引,体现了中国特色社会主义的一脉相承与伟大发展。

其次,以人民为中心的平等观是对人民群众渴望能在各个领域平等发展、平等参与,以及平等享有发展成果的最好回应。七十多年的社会主义建设成果丰硕,但也积累了大量涉及平等方面的问题。同时,由于经济社会不断发展和持续开放的社会格局,民众的平权意识趋于强烈。进入新时代后,必须立足当前的经济、社会条件,对平等思想的内涵进行继承和发扬。而秉承以人民为中心的治国理念,则是推进解决平等问题,满足大众需求的最佳选择。

最后,以人民为中心的平等是最广泛的、实质化的平等。在西方国家,形式平等只是特权利益的保护伞和寡头政治的合法伪装,而新时代中国特色社会主体的平等则更重视平等的真实性与有效性。近年来,我国通过服务型政府建设、国家机构改革等方式,基本保证了依法治国和制度化政府行政过程。通过回应社会诉求,加快立法,树立法治意识等方式维护了规则平等、权利平等。同时,我国还注重通过社会再分配、政府政策倾斜等方式促进实现实质平等。以人民为中心的发展思想意味着人民是国家建设的主人,人人都能平等地享有改革成果,这也是中国特色社会主义平等观的优越性所在。

第三章
中国特色社会主义的平等理论

平等是历史的,特定的历史阶段对平等的要求不同,自然也就会形成与时代相适应的平等理论。中国特色社会主义具有鲜明的时代特征,需要有从理论到实践的创造性贡献。中国共产党和中国人民以马克思主义为指导,充分考虑中国的国情并吸收借鉴人类文明的优秀成果,逐步形成一套关于如何认识平等、如何衡量平等、如何实现平等等一系列问题的理论观点和政策措施。在建设中国特色社会主义的进程中,关于平等的某个具体问题可能会发生变化,但作为整体的平等理论是一贯的,其源于实践又指导实践。

第一节　中国特色社会主义语境中平等的内涵

中国特色社会主义赋予平等以特定的内涵,其既是对中国传统思想文化中平等观念的继承和发展,又在一定程度上借鉴西方的平等思想。中国特色社会主义条件下的平等,其核心是体现社会主义的时代特征和本质要求。

一、对平等的理解

(一)平等的基本含义

在现代汉语词典中,"平等"一词指人们在经济、政治、文化等方面处于同等的地位,享有相同的权利。有关"平等"的含义,古今中外的思想家从不同的角度有着不同的分析。

在中国传统社会,一直就有关于平等的思想,如孔子提出了"天下大同""人人为公"的理想社会,"老有所终,壮有所用,幼有所长,鳏寡孤独废疾者皆有所养,……是谓大同"①。这里的"大同"是一种理想世界,实质上强调没有差别的人人平等、和睦相处、各有所得、各得其乐的美好状态,但受制于封建等级制的历史阶段,"大同"仅仅是一种最高理想。再如先秦思想家墨子主张"兼爱",反对儒家的"爱有差等",强调"爱无差等"。认为人虽然存在贫富、等级等事实上的不平等,但如果能够以包容的爱去对待他人,就可以超越事实上的不平等从而达到平等,即"兼以易别"②。其后在中国历史发展过程中,平等观念始终作为具有重要价值的政治目标和政治追求不断推动社会发展进步。"平等"一词作为明确具体的概念出现,主要在佛学经典中,"是法平等,无有高下,故名无上正等菩提"③。在佛学经典中,"平等"作为重要概念,主要强调"无差别"的平等。

在西方社会发展历程中,平等同样是重要的价值观念和政治范畴,思想家们也从不同的角度提出了自己看法。如在古希腊亚里士多德将平等进行分类:"所谓平等有两类,一类为其数量相等,另一类为比值相等。'数量相等'的意义是你所得的相同事物在数目和容量上与他人所得者相等;'比值相等'的意义是

---

① 《礼记·礼运》。

② 《墨子·兼爱》。

③ 赖永海:《金刚经·净心行善分》,中华书局,2010 年,第 93 页。

根据各人的真价值,按比例与之相衡称的事物。"①亚里士多德从分配平等的角度来阐述如何实现平等。此外,众多西方思想家对平等也作出了系统的论述,如卢梭《论人类不平等的起源》、马克思和恩格斯在其经典著作中对平等问题的论述、罗尔斯和诺奇克对不同正义观的争论、柯亨对马克思主义平等观创新性解读、沃尔泽主张的"复合平等观"等。

总体来看,在一般意义上来讲,平等是指社会成员在社会生活中处于一种无差别的结果或状态,享有同等的权利和发展机会。作为政治学概念的"平等",指人们享有同等的人格、基础资源、基本权利和社会地位,如法律上的平等、政治参与的平等、政治地位的平等、政治权利的平等。作为一种价值观念,平等是社会追求的价值、原则和道德理想,是人类的永恒追求,但平等观念的发展是一个历史进程,平等会因时代、国家、群体、发展程度、文化传统等方面的差异有不同的含义和内容。在社会发展的不同历史阶段,对平等含义的解读不能囿于某一学说或者观点,仅仅抽象地谈论平等概念,没有客观地反映出社会的阶级本质之前,一切论述都是空谈。因此,对平等问题的分析一方面需要掌握不同历史阶段平等观念的发展脉络,另一方面也要准确把握现阶段的发展现实和条件,才能在整体上和客观上反映出平等的真实含义,进而才能为达到"实现平等"的目标提供可操作的路径。最终,围绕"什么是平等"和"怎样实现平等"两个实质性问题的回答就显得尤为重要。

(二)平等与公平

在中国的语境中,平等和公平是极容易混淆的两个概念,在阐释平等问题之前,要厘清两者的含义和关系。如上所述,"平等"是指一种无差别的结果或状态。"公平"在现代汉语中,"作为一种道德要求的品质,指的是按照一定的社会标准(法律、道德、政策等)、正当的秩序合理地待人处事"①。

---

① [古希腊]亚里士多德:《政治学》,吴寿彭译,商务印书馆,1965年,第171页。

平等与公平既有区别又有联系。第一,平等是一个状态和结果的概念,平等要求达到"等同""无差别"的状态,更多的是一种理想,也即通过公平的程序达到平等的状态。公平则是一种追求、态度和努力方向,是一个程序和过程的概念。比如"我们要公平地处理社会关系",要求按照合理原则来分配社会资源和公共权利,并且根据相同的原则处理事情和进行评价,具有工具性和可操作性,更强调客观性。[②]第二,平等不一定是公平的,平等与公平不能画等号。按照平等原则解决不平等问题,结果不一定是公平的。如果忽视贡献大小而盲目地追求平等,即使达到了无差别的结果,但实质上是不公平的。第三,平等在内涵上是比公平更大范围的概念,公平是对一定历史条件下的平等的认同,平等是公平的理想境界。[③]面对当前所处的社会阶段和发展状况,实现平等需要一个漫长的过程,平等与公平在内容上有重合的部分,但是在社会仍然存在不平等的阶段,利用公平可以更好地解释、协调不平等问题。将平等列入社会主义核心价值观社会层面的重要内容,不仅因为平等是追求人类文明进步的价值追求,更是社会主义本质的内在要求和社会发展的现实需要。

二、平等的社会主义特质

平等原则是抽象的,但对平等的追求是历史的和具体的。在不同的历史阶段,平等具有不同的内涵和外延。人类社会经历了不同的社会形态——从原始社会到奴隶社会、封建社会,再到资本主义社会和社会主义社会的过程。

资本主义和社会主义都是对封建特权的否定,是人类社会进步的历史产物,两种社会形态在时间上和空间上是并存的,但是从历史发展的进程来看,社会主义是比资本主义更高级的社会形态。在生产力水平较为发达的基础上,两

---

① 夏征农主编:《辞海》,上海辞书出版社,2000 年,第 793 页。

② 俞可平:《重新思考平等、公平和正义》,《学术月刊》,2017 年第 4 期。

③ 洋龙:《平等与公平、正义、公正之比较》,《文史哲》,2004 年第 4 期。

者在生产关系方面的不同决定了对平等的追求也存在差异。

资本主义的平等追求的是少数人的和形式上的平等。首先,从经济基础的角度看,资本主义是建立在生产资料私有制基础之上的社会形态。资本主义虽然在推翻封建专制、推动历史进程中发挥了进步作用,但生产资料仍保留在少部分人的手中。这就决定了它是为维护私有财产和少数人的利益而存在的,多数人的利益很难得到保证。同时资产阶级利用经济地位优势掌握了部分特殊权力,从而控制了大多数人其他权利的行使,由此加深了不平等现象。其次,从资本主义对平等实现的真实程度来看,资本主义社会相较奴隶社会、封建社会,使公民能够享有更广泛的民主权利,但是其对平等的追求仅仅停留在法权上和形式上,对平等的论证仅仅停留在抽象的原则上,因此建立在私有制基础上的平等追求,其实质仍然是不平等。

马克思和恩格斯指出:"社会主义是资本主义和共产主义之间的过渡,而且社会主义需要有发达的资本主义作为基础才能实现。"社会主义主张整个社会作为整体共同拥有生产资料,即生产资料公有制,由此决定了社会主义是以实现全体人民的平等为目的的。同时,从社会主义对平等实现的真实程度来看,社会主义的平等是实际的。建立在平等的经济关系这一牢固基础上,社会主义针对如何实现平等有一整套阶段性的目标和方案。中国特色社会主义对平等的追求是实现人民群众的平等,是实际的和具体的平等,也是与时俱进不断发展以期实现最优化的平等。

三、平等的复合构成

平等是一个复杂的概念,它不仅关注价值分配的问题,也关注不同领域之间的价值关系问题。西方思想家沃尔泽将平等分为简单平等和复合平等,他认为平等存在于不同的领域,只要一个领域的差别不对另一个领域的差别形成支配和控制,那么建立在差别基础上的平等就是正义的,[①]"复合平等意味着任何处于某个领域或掌握某种善的公民可以被剥夺在其他领域的地位或其他的善"②。虽然沃尔泽的复合平等思想存在明显的局限性,但是为平等理论提供了一个新的解释。

　　平等在各个领域的具体表现形式不同。在经济领域,主要表现为市场各主体能够平等地利用社会资源, 能够有平等的机会参与自由竞争和实现发展;在政治领域,意味着人们享有平等的政治权利和政治地位。但是在现实生活中,不同领域的差别可能会跨越领域边界,导致一个领域对另一领域的支配,从而导致在该领域的差别越来越大,也即不平等问题严重化。

　　在中国社会,这种跨领域支配现象主要体现在两个方面。一方面,收入差距过大,会导致逐步积累的财富水平差距悬殊,进而会造成一部分拥有较多财富的人利用自己的优势地位干预政治生活,以维护自己的既得利益和争取获得更多的利益。③对在经济领域产生的差距如果不加以约束,一旦通过经济优势干扰政治领域,就会形成权力和金钱之间的相互影响,甚至对其他领域进行支配,进而导致更大的不平等。另一方面,在政治领域拥有一定权力和职务的官员,利用工作便利牟取私人利益是一种寻租行为,比如以部门和行业垄断、各种审批制度、对特定地区、特定社会集团等的"优惠政策"等,都有可能起到这种作用。综合来看,无论是经济领域对政治领域的支配,抑或是政治领域对经济领域的支配,都会产生权钱交易,如果任由其恣意而为,不仅会影响中国政治的健康发展,甚至会导致人们最基本的平等权利在金钱和权力面前的退却。因此,不仅要关注平等在各个领域的实现情况,还要关注不平等现象在不同领域的交互渗透问题;要明确各领域平等的边界,通过完善制度和严格法律约束,谨防出现腐败现象。

---

①　谢治菊:《沃尔泽的复合平等理论及对当代中国的启示》,《社会主义研究》,2012 年第 5 期。

②　[美]沃尔泽:《正义诸领域——为多元主义和平等一辩》,褚松燕译,译林出版社,2009 年,第 21 页。

③　朱光磊:《中国的贫富差距与政府控制》,上海三联书店,2000 年,第 288~289 页。

四、超越资本主义和民粹主义的平等

人们对平等的意识源于不平等的现实,社会形态和所处现实情况的差异会影响人们对平等内涵的理解和追求平等的方式,从社会发展的进程来看,中国特色社会主义平等将是超越资本主义和民粹主义的平等。

(一)资本主义的平等

在17、18世纪末,欧美等国家通过社会革命相继推翻了封建君主专制制度,建立起资本主义制度,扩大了人们的自由平等权利和意识,无疑具有历史进步性。但是,资本主义对平等的追求仍然是部分人的平等,并没有从本质上改变不平等的社会关系。其原因在于:

首先,资本主义的平等建立在私有制经济基础之上。"商品是天生的平等派"[1],但是在资本主义市场,由于在等价交换的过程中单个商品价值量的不同以及自由竞争导致结果的差异性,[2]这些过程到处都充斥着不平等,最终导致生产资料由部分人所占有。由此,建立在私有制基础上的平等仅仅是少部分人的平等,更多的还是对大部分人的不平等。这与封建社会时期不平等的本质无异,而仅仅是在法律上确立的形式平等,正如马克思、恩格斯所言:"决定了法律上的平等就是在富人和穷人不平等的前提下的平等,即限制在目前主要的不平等的范围内的平等,简括地说,就是简直把不平等叫做平等。"[3]其次,资本主义的平等是形式上的平等。资本主义认为人生来平等是一种自然权利,并将这种权利通过法律的形式得以确定,看起来公民们似乎拥有同样的平等权利,但是"平

---

① 《马克思恩格斯全集》(第五卷),人民出版社,2009年,第104页。
② 周仲秋:《马克思恩格斯平等思想研究》,《政治学研究》,2004年第1期。
③ 《马克思恩格斯全集》(第二卷),人民出版社,1957年,第648页。

等原则由于被限制为仅仅在'法律上的平等'而一笔勾销了"①。究其实质,资本主义所建立的经济基础决定了资本主义维护的是私有财产和少数人的特殊利益,大多数公民与少数资本家仍处于不平等的地位,因此这种建立在不平等的经济关系上"平等"的政治权利具有虚伪性和欺骗性。最后,在相当一部分西方学者那里,平等不过是一种抽象的原则,也即从"天赋人权"出发,对平等原则进行复杂的抽象论证,随时会受某种主观的倾向制约。这是基于唯心史观的论证,是通过自我意识来实现并认为平等是一种形而上的抽象思维。②因而,资本主义社会的平等往往是脱离实际的,其真实程度和广泛程度不足。

(二)民粹主义的平等

由于资本主义在本质上维护资本家的利益,所以在社会中存在着广泛而深刻的差距,为了掩盖和缓解这种差距造成的不平等现象,政府往往会通过一系列的政策来缓和可能出现的阶级阶层冲突。比如,巩固和扩大中间阶层、通过社会福利政策对处于社会底层的人们进行补偿等。这些企图平衡社会不平等现象的手段和方式所起作用的效果有限, 在不平等主体仍然是社会中的多数时,这些多数往往会在感受到某些极度不平等的情况和压力下,采取一些极端的做法来表达他们的不满和对社会不平等现象的愤恨,民粹主义现象便应运而生。

民粹主义作为一种政治思潮和社会运动,指的是一种平民化的倾向,极端强调平民群众的价值和理想,并主张依靠平民大众来对社会进行激进改革。③民粹主义自 19 世纪末出现, 先后出现了三次浪潮,在当今时代民粹主义再次复兴,例如,2016 年英国公投脱欧通过、美国总统大选中特朗普当选等现象,都与民粹主义浪潮的蔓延有关。这种运动是人们对倡导理想的平等与现实社会中极

---

① 《马克思恩格斯全集》(第二卷),人民出版社,1957 年,第 648 页。

② 刘乃源:《马克思平等思想的内在逻辑及其对西方平等观的超越》,《湖南师范大学社会科学学报》,2011 年第 3 期。

③ 俞可平:《现代化进程中的民粹主义》,《战略与管理》,1997 年第 1 期。

端不平等现象的强烈反差引起的一种表达不满的激进方式。因此对民粹主义的评价应从两个方面来看待,一方面,它作为一种以大众反抗为行为特征的政治现象,强调大众反对精英,参与主体主要为中下层民众。经济不平等日益深化和阶层固化是导致民粹主义全球性复兴的主要根源。因此,从价值观的追求来看,民粹主义体现的是大多数平民对现实不平等现状的斗争。另一方面,民粹主义强调民众的直接参与,强调对不平等现象的激进变革,大部分民众的集体行动会造成集体无意识,最终可能会导致"多数人的暴政"。

由此可见,民粹主义虽然主张追求大多数人的平等,但追求平等的方式是激进的、盲目的,追求到的平等也是暂时的、低水平的。激进的社会运动只会暂时缓解人们的情绪并通过出台政策满足人们的短期诉求。为了迎合大众不顾现实情况推行所谓的福利政策,结果只能是"两败俱伤"。民粹主义并没有意识到,实现平等是一个逐渐推进的过程,同样需要一定的客观条件。如果没有充分考虑到实现平等的过程性和条件性,一味追求平等结果只能是出现更大的不平等。

(三)社会主义平等

社会主义的平等是超越资本主义和民粹主义的平等。首先,社会主义的平等强调的是人民主体地位,是建立在生产资料公有制的经济基础之上的,而只有对生产资料的平等占有才能决定人民平等的地位。其次,社会主义平等是渐进的平等。由于受到生产力发展水平的现实,实行按劳分配的方式会导致事实上的不平等现象的发生,这是不可避免的,但当生产力达到高度发达的水平,社会财富极大丰富的共产主义社会时,随着个人全面自由的发展,才能实现"各尽所能,按需分配"的平等。在尚未达到共产主义发展阶段的社会主义时期,逐渐通过发展生产,缩小社会差距,以渐进的方式实现平等。总体来看,无论是实现平等的主体,还是实现平等的方式和路径,社会主义所主张的以人民为主体的、渐进的、实际的和具体的平等,都具有超越资本主义和民粹主义平等的优越性。

第二节 中国特色社会主义平等理论的时代特征

平等理论在不同国家、不同社会发展阶段具有一定的差异。中国特色社会主义平等理论是对马克思主义平等理论的继承与发展,是基于中国社会发展的现实和新时代发展的目标而存在的。因此,要深刻理解中国特色社会主义平等理论的内涵,就要在中国的语境和时代背景下,将平等理论看作一个具有时代性和历史性的过程,从更为广阔的角度加以考察和把握。

一、最广大人民群众:平等主体的广泛性

平等作为一个复杂的概念可以划分为不同的维度和类型,但平等作为一种意识,体现的是"人在实践领域中对自身的意识……表示人同人的社会关系或人的关系"①。因此,平等的主体是"人"。经过长期发展,随着平等意识的不断提高,平等的主体已经从哪些人享有平等权利,哪些人不享有平等权利,扩展到平等的主体是否广泛的问题。中国特色社会主义平等的主体是"最广大人民群众"。

首先,中国特色社会主义平等理论实现的是人民群众的平等。这里包含两个层次的内容:一方面,强调人民群众作为平等主体的原因,需要从其赖以存在的经济基础去分析。从理论上来看,生产关系是人在物质生产过程中结成的相互关系,对生产资料的占有方式是其核心,只有从生产关系的角度才可以认识到各种平等与不平等关系的利益主体。②因此,人民群众的平等关系和地位是由社会主义公有制这一经济基础所决定的。社会主义公有制是生产资料属于全体人民或劳动者集体所有的形式,在此基础上实现按劳分配、共同富裕、共同占有

① 《马克思恩格斯全集》(第二卷),人民出版社,1957年,第48页。
② 周仲秋:《马克思恩格斯平等思想研究》,《政治学研究》,2004年第1期。

生产成果,为基本特征的经济制度。①从现实中来看,中国特色社会主义的基本经济制度是以公有制为主体、多种所有制经济共同发展。公有制的主体地位决定了人民群众的主体地位,同时在社会主义初级阶段,鼓励非公有制经济发展既是提高生产力的时代要求,也是人民追求更高生活水平的需要。在新时代必须坚持"两个毫不动摇"的方针,才能使得人民群众既是社会财富的创造者,也是社会财富的享有者,真正做到"发展为了人民、发展依靠人民、发展成果由人民共享"。人民群众的平等地位才能够得到根本性的保证。

另一方面,作为平等主体的人民群众的概念和范围,即人民群众指的是哪一部分群体的问题应该明确。"人民群众"包含了"人民"和"群众"两个层面的意思,是两个集合名词的组合。"人民"具有非常广泛的含义,它在数量上代表了绝大多数,在性质上是与特权者和敌人相对的具有政治含义的概念,是推动人类社会历史进程的进步力量。"群众"在数量上同样指社会中的大多数人,同时也指从事物质生产实践的现实的人,既是一种数量上的集合概念,也是强调从事实际活动的人的个体性概念。因此,"人民群众"就是指一切对历史发展起推动作用的人们,是社会成员的大多数。"人民群众"是一个历史范畴,在不同时期、不同国家的概念是不同的,从整体来看其外延在不断扩大。青年马克思认为,人民群众指的是占社会人口大多数并且生活在社会底层的劳动群众,"真正的人民即无产者,小农和城市贫民"②。随着时代的发展,中国继承了马克思的群众观,赋予了"人民群众"更为丰富的内涵,它不仅指无产阶级,还包括农民阶级和其他劳动群众,也包括新的社会阶层。同时也赋予了人民群众重要的地位,强调它是社会物质财富的创造者、社会精神财富的创造者和社会变革的决定力量,党的十八大报告提出,"必须坚持人民主体地位"。由此,人民群众的概念和范围在中国特色社会主义时代背景下的含义,凸显了人民群众是实际上的平等主

---

① 白暴力、方凤玲:《人民主体论:中国特色社会主义政治经济学的逻辑起点》,《中国特色社会主义研究》,2017年第1期。
② 《马克思恩格斯全集》(第四卷),人民出版社,1958年,第220页。

体,明确人民群众的主体地位是逐渐实现平等化过程的重要前提。

其次,需要明晰对中国特色社会主义平等理论力图实现"最广大人民群众"中的"最"的理解。"人民群众"强调的是平等主体的范围问题,"最"强调的是实现平等的程度问题。这里要注意避免两个误解:其一,平等作为人与人的社会关系,人们对平等的追求源于现实生活中的不平等,实现平等是一个漫长的调试过程。因此我们不能简单地认为平等是一个可以通过短期的政策安排来解决的问题,实现平等是一个非常复杂的过程,不可操之过急。其二,绝对的平等是不存在的。平等涉及分配问题,但同时平等也是一种主观意识,由于时代发展的现状和个体方方面面的差异,在实现平等的过程中很难让每一个人都获得同样的感受,过度追求绝对的平等最终会陷入平均主义的误区,分配结果看似达到了平等,但却忽视了人的精神价值追求,从而使人们失去了创造性和积极性,失去了人类追求平等原本的意义。

结合中国的现实可以更好地理解这个问题,中国作为一个发展中的大国,在各方面存在着诸多的问题如贫富差距、城乡差距、区域差距等。改革开放以来中国的生产力水平不断提高,但是也要意识到中国仍处于并长期处于社会主义初级阶段这一基本国情,在这个生产力水平还尚未达到高度发达的阶段,不平等现象将在很长的时间内都会存在。因此,"最广大"强调的是就目前中国发展所处的阶段和发展状况下,尽可能地缩小差距,力图实现平等范围和质量的最优化。

二、初级阶段与百年目标:平等理论的时代性

平等具有时代性特征,中国特色社会主义发展的阶段和所处的时代不同,实现平等目标和方案也有所不同。在不同的历史时期,中国共产党始终坚持人民群众的主体地位,根据现实的要求提出不同历史阶段的奋斗目标和行动纲领。我国目前正处于社会主义初级阶段,中国共产党带领人民在探索如何更好

地实现平等的道路上不断探索和尝试,逐渐找到了符合当下国情和未来发展的实践路径,并根据现实发展状况不断调整实现平等的内容,主要表现为以下三个方面:

第一,始终坚持人民主体的地位不变,追求最广大人民群众的平等。在新中国成立特别是社会主义制度建立后,首先确立了人民主体的地位,明确平等的主体是人民群众,将人民主体和平等的地位以法律的形式确定下来,同时将平等理念贯穿到国家的制度设计中,确立了人民代表大会制度为我国的根本政治制度。这一制度的基本出发点就是要实现人民行使管理国家事务和自身事务的权力,保障了人民当家作主的地位,强调人民享有平等的政治参与权利。人民主体地位不会随着时代的变化有所改变,但明确要实现谁的平等,是实现平等的前提和基础。因此,随着时代的发展和推进,平等的时代性体现在主体方面,实现的是最广大人民群众的平等。

第二,调整平等与发展的关系,不断探索发展道路。新中国成立初期,在尚未实现物质丰富和生产力发达的时代,追求绝对平等的平均分配结果只能是"均贫",严重束缚了生产力的发展,也限制了人民生产的积极性,这是在追求平等的道路上理念和实践的认知错误导致的偏差。改革开放以来,解决人们的基本生活需要是社会发展的主要目标,人民日益增长的物质文化需要同落后的社会生产之间的矛盾是我国的主要矛盾,决定了目前的根本任务是集中力量提高社会生产力,于是"效率优先,兼顾公平""先富带动后富"等就成为这一时期的主要目标,大力发展生产力不仅为经济建设打下坚实的物质基础,也为实现更广泛的高质量的平等奠定了经济基础。[①]在初步取得一系列的经济成果,人民的生活水平有所提高的时期,人们对发展成果表现出更高的诉求,更加注重平等问题。党的十八大提出建设社会主义核心价值观体系,将平等作为社会层面的价值取向之一,这是中国特色社会主义的内在要求。党的十九大指出我们要努

---

① 徐珍:《新时代我国社会主要矛盾蕴含的平等问题探析》,《武汉大学学报》(哲学社会科学版),2019 年第 6 期。

力实现更高质量、更有效率、更加公平、更可持续的发展。中国特色社会主义进入了新时代,我国社会主要矛盾已经转化为人民日益增长的美好生活需要和不平衡不充分的发展之间的矛盾。在生产力极大发展、社会财富取得明显提升的阶段,更要在平等和发展之间找到平衡,即要通过完善社会主义市场经济体制,营造公平的社会环境,使得广大人民能够平等地享有发展成果,从而激发人民群众的创造性和积极性,促进社会进步。

第三,提出分阶段、具体的实现平等的路径。中国特色社会主义是连续性和阶段性相统一的过程,在不同的历史时期,党都会提出不同历史阶段的奋斗目标和行动纲领,"两个一百年"奋斗目标是对"三步走"战略目标的细化和发展,既是对当下国家发展状况做出的科学判断, 也是对未来社会发展的前瞻性把握。中国特色社会主义进入新时代,我国社会的主要矛盾已经转化为人民日益增长的美好生活需要和不平衡不充分的发展之间的矛盾,平等成为新时代人民美好生活需要的重要维度,这是社会主义的本质规定和新时代中国特色社会主义发展的必然要求所使然。党的十九大赋予了"两个一百年"奋斗目标新内涵,在实现第一个百年目标的基础上,提出分阶段、具体化的实现路径。中国特色社会主义平等的范围和程度将伴随着社会主义伟大事业的推进不断发展,虽然现阶段的不平等问题仍然存在,但是将不平等问题控制在适度的范围,不断增强人民群众的获得感、幸福感以实现平等的最优化是目前可以接受并适应具体国情的。实现中华民族伟大复兴的奋斗目标不仅是人民群众向往的美好生活的殷切期盼,也是不断促进社会发展,逐步实现平等的努力方向。

三、社会主义核心价值观

平等作为一种价值观念和道德理想,是人类社会的永恒追求。改革开放以后,随着社会主义市场经济体系的建立和完备,我国的经济发展取得了举世瞩目的成就,在人民生活实现从生活困难到解决温饱再到实现全面建成小康社会的目标的同时也会出现一些问题,例如,贫富差距、城乡差距、区域发展差距等问题。人们对平等的诉求已经不再局限于对物质财富的公平分配,还扩大到要求更广范围的平等。而且在国际方面,随着世界各国交流日益密切,在不同的思想和价值观的冲击和碰撞下,应该明确我国的价值观导向,明辨价值观的不同内涵,增强文化自信、道路自信。鉴于这些发展变化,党和国家继承和发展了马克思主义平等观,并将平等作为了在新的历史阶段提炼出的社会主义核心价值观的重要内容之一。

社会主义核心价值观是当代中国精神的集中体现,凝结着全体人民共同的价值追求。①其中,作为社会层面的价值取向之一,将平等纳入其中,是由社会主义的本质和社会发展的要求所决定的。一方面,平等体现了社会主义的本质特征。社会主义的平等要求在生产资料公有制基础上,实现共同富裕,从而实现人的全面自由的发展。中国特色社会主义作为社会主义的现实形态,能够在根本上保证人民群众真正掌握生产资料,保证人民群众享有真正的平等权利。另一方面,平等是社会发展的内在要求。当前我国正处于全面深化改革时期,在社会财富极大丰富的同时,不平等问题如果得不到重视和解决,将会打击人民群众的积极性和创造性,因此要在"做大蛋糕"和"分好蛋糕"之间寻求平衡。将平等作为社会主义核心价值观,既彰显了对平等的价值追求,又表明平等作为社会层面的价值取向,要切实关注平等问题,使平等落实到现实层面上来,以实现最广大人民群众的利益,以保证人民平等参与、平等发展权利,维护社会公平正义。"使发展成果更多更公平惠及全体人民。"②

作为社会主义核心价值观重要内容之一,倡导平等对中国特色社会主义建设意义重大。首先,有利于引导和规范社会成员的价值取向,起到正向的引导作用。社会主义核心价值观的提出为社会成员指引了方向,平等作为一种价值观

---

① 习近平:《决胜全面建成小康社会 夺取新时代中国特色社会主义伟大胜利》,《人民日报》,2017年10月28日。

② 习近平:《在第十二届全国人民代表大会第一次会议上的讲话》,《人民日报》,2013年3月18日。

念,在历史发展进程和社会变革激流中具有重要的推动作用,是力求改变不平等现状的进步观念。虽然实现平等的路径会有所差异,追求平等的结果有所不同,但是从整体来看,平等作为一种价值观念在推动历史发展和社会进步的过程中起到了正向的引导和促进作用。例如,在政治领域倡导平等,有利于人民群众积极参与政治生活,反对特权和腐败,真正成为管理国家和社会事务的主人;在经济领域倡导平等,能够使得市场主体享有平等机会、公平竞争,以实现共赢;在文化领域倡导平等,能够促进文化多样化、平等和谐发展。其次,有利于促进社会稳定,构建和谐社会。人们对平等的追求是从不平等的现实中产生的,有差距就会产生不平等,差距逐渐拉大就会激发社会矛盾,从而影响社会稳定。当前中国正处于全面深化改革、社会转型和发展的关键时期,在人们的生活质量有所提高,完成全面建成小康社会目标的阶段,平等的内容也逐渐丰富,人们对平等的追求和呼吁也日益高涨,人们期待享有平等的发展机会、能够共享社会发展成果。因此,将平等列入社会主义核心价值观,强调平等的重要性和价值,有利于促进人与人关系的良性互动,社会和谐稳定发展。同时在公平、稳定的社会环境中,更有利于提高社会成员生产的积极性、主动性和创造性。最后,有利于增强社会的凝聚力和向心力,增强中国的道路自信、理论自信、制度自信、文化自信。社会主义核心价值观是由中国特色社会主义的本质要求所决定的,虽然资本主义也倡导平等价值观,但是两者的内涵和本质特征是截然不同的。面对世界范围内的思想价值观念的交融碰撞,面对我国所处发展变化的历史时期,平等作为社会主义核心价值观的重要内容,是对目前中国发展实际和未来发展方向的精准概括和高度凝练,中国特色社会主义对平等的追求不仅仅停留在理论和法律上,更要追求不断实现最广大人民群众的实质平等,以达到实现人的全面自由发展和社会公平的目标。

第三节　中国特色社会主义平等理论的主要内容

平等的内涵是复杂的，中国特色社会主义平等理论的内容也必然是丰富的。鉴于此，这里主要从处理平等问题的基本原则、平等关涉的重点领域、平等理论的主要目标，以及保障平等实现的主要对策等方面展开论述，以形成一个相对完整的关于平等的理论认知。

一、原则：正确处理平等与发展、稳定的关系

中国特色社会主义平等理论要顺应中国发展的实际情况。由于平等具有时代性，不同阶段的平等具有特定的内涵，同时平等理论也在发展中不断丰富和完善。中国特色社会主义平等理论经过不断的探索和调整，在改革开放后，认识了"什么是社会主义"和"怎样建设社会主义"的问题，逐渐意识到实现平等并不是简单化的过程。一方面，平等并不是单维度和抽象的原则，平等涉及了人类生活的各个领域，包括政治领域、经济领域、社会领域等；另一方面，实现平等的过程不是一蹴而就的，必须充分考虑到平等与其他要素的关系，否则就会顾此失彼。因此，中国特色社会主义平等理论需要明确平等的原则和评价尺度。

在这个时代背景下，对平等问题的评价尺度主要有三个方面：平等、效率与稳定，即将平等、效率和稳定统一考虑，形成相对均衡的状态。由此，正确认识中国特色社会主义的平等理论应厘清并处理好三者的作用及其互动关系。其中，发展指社会发展的正向前进。平等指社会成员在社会生活中处于一种无差别的结果或状态，平等原则关注的资源和利益分配的结果。稳定指的是在一定时间范围内相对固定的状态，强调对矛盾和冲突的控制状况，稳定原则关注的是社会的和谐状态、政治稳定、社会稳定。要实现社会公正的目标就要建立起这三种

原则相互依赖、相互促进的关系,并在这三个维度之间达到综合平衡。①

首先,要正确认识平等、效率和稳定之间相互促进、相互依赖的关系。其一,平等与效率的关系。提高效率可以为社会提供丰富的物质资源,从而为平等的实现提供更大的、可操作的空间,只有把"蛋糕做大"才能使得人们享有更多的资源,为资源的平等分配奠定坚实的物质基础。同时,倡导平等可以激发人们工作的积极性,通过提供平等的权利、机会和资源,不断缩小差距,使人们具有获得感、参与感和安全感,才能促进效率的提高。其二,平等与稳定的关系。从社会形态的演进历程可以看出,人类发展的历史就是不断追求平等的历史,无数个时代和朝代的更迭就是人类对充斥着不平等的社会关系反抗斗争的结果,因此逐渐实现和发展平等会缓解各种社会矛盾,使得社会能够保持相对稳定的状态。同时,由于实现平等本身就是一个复杂且漫长的过程,社会稳定会为实现平等创造更好的时期和机遇,以确保平等实现的范围和质量都能够得到切实提高。其三,效率和稳定的关系。只有在社会稳定的环境下才能更好地进行社会发展和改革,为效率的提高提供好的环境条件。同时效率的提高可以增加社会财富,满足人们的物质需要,使社会生产和生活水平都得以提升,从而促进社会稳定。综上,三者之间是相互联结和相互促进的关系,共同构成促进社会发展的内在结构。

其次,平等、效率和稳定的实现程度要有界限。虽然三者之间是相互依赖、相互促进的关系,但是要使其发挥正向作用就要使三者保持相对均衡的状态,过度强调任何一方都会打破这种互动结构,从而引发社会危机。其一,如果过度追求平等,要求达到每个人无差别的结果和状态,不仅会削弱人们工作的积极性,而且会滋生"搭便车现象",形成好逸恶劳的社会风气,进而导致社会生产效率的降低。这样会降低人们的物质生活水平,激发社会矛盾,从而影响社会稳定。其二,如果过度追求效率,要求对社会各个领域的资源都充分利用,放任市

---

① 常健:《论社会公正的三维制衡》,《南开学报》(哲学社会科学版),2005 年第 1 期。

场经济自由竞争以追求利益最大化,就会导致社会资源的不平等分配,有不平等现象就会有追求平等的呼号和反抗,由此激发社会矛盾导致社会的不稳定。其三,如果利用严格控制社会矛盾的方式和手段实现社会的稳定,即使创造了相对稳定的社会环境,但往往会导致效率的降低并使社会失去活力,在这种情况下会出现特殊权力的扩大,进而形成更大的不平等。因此,可以发现三者之间既是同向促进的,也是互为边界的。要把握好三者实现的程度,不可过度追求其一而忽视其他,要力求在三者之间寻求综合的平衡。

最后,平等、效率和稳定是一个动态变化的结构。三者既是相互促进也是相互独立的,在不同的社会条件和时代要求下,会有一方作为主导因素来推动社会的发展,此时三者关系会呈现出不同的动态变化。中国经历了长期的实践和摸索,从新中国成立初期将平等作为优先项;到改革开放后,面临生产力低下、解决温饱问题时期而提出"效率优先、兼顾公平"的发展原则,将效率作为主导因素;再到目前强调"更加注重公平"。这是一个顺应时代发展的动态变化过程,由于在不同社会条件下占主导地位的要素不同,为保证不过度强调某一要素,超过实现程度的界限,就需要不断进行调整,以达到社会健康平稳运行。

综上所述,平等和效率并不是相互冲突的关系,不能一刀切更不能放任自由发展。为了实现社会公平的目标,达到"共同富裕"的美好愿景,要充分考虑并兼顾平等、效率和稳定三者,在历史发展进程中、在各自的限度和领域内,通过不断的发现和调试使得三者及其原则之间始终保持动态的平衡。

二、重点:有机统一的平等组合

中国特色社会主义平等理论不是抽象的和形式的平等,而是在各个领域中体现出来的具体的和真实的平等,正如恩格斯所指出的:"平等应当不仅是表面的,不仅在国家的领域中实行,它还应当是实际的,还应当在社会的、经济的领域中实行。"①随着历史的发展和社会的进步,新时代的平等理论所涉及的领域更为全面,包含了经济、政治、文化、社会和生态等领域的平等。平等的标准和要求是多样的,清晰不同领域内平等的标准和原则,实现有机统一的平等组合,是中国特色社会主义平等理论的重点。

(一)经济领域

中国特色社会主义制度是建立在生产资料公有制的经济基础之上的,根据马克思和恩格斯的设想, 只有在实现高度发达的生产力的基础之上的公有制,才能够达到平等和效率的有机统一。目前我国仍处在社会主义初级阶段,生产力水平尚未达到共产主义的要求,因此要选择与时代相适应的制度设计,才能够有利于经济的有效发展。

首先,我国的基本经济制度是以公有制为基础,多种所有制经济共同发展。以公有制为主体是中国特色社会主义的经济基础和根本保证,表明了生产资料由社会成员共同占有,社会成员享有真正的平等权利。同时,非公有制经济的存在有助于促进经济的发展,符合我国国情的现实需要。因此,各企业作为经济领域的主体,既要保证国有经济的平稳发展,也要支持非公有制经济的发展,坚持权利平等、机会平等、规则平等,要更好地激发非公有制经济活力和创造力。既要确保在经济领域各种所有制经济主体平等竞争, 不出现一边倒的倾向性,也要为不同所有制企业创造平等的竞争条件,营造有利于各企业平等竞争的市场环境。

其次,完善收入分配结构和制度,坚持实行以按劳分配为主体、多种分配方式并存的分配方式。建立合理的分配方式是实现平等的重要制度保障。平均主义虽然在一定意义上实现了平等, 但同时也打击了社会成员的积极性和创造性,容易导致不劳而获、搭便车等不利于社会发展的现象。在吸取经验教训后,

---

① 《马克思恩格斯选集》(第三卷),人民出版社,1995 年,第 448 页。

党的十三大提出了"以按劳分配为主体的前提下实行多种分配方式"。其后,又提出"按劳分配和按生产要素分配结合起来"。党的十七大报告指出,"把提高效率同促进社会公平结合起来"。党的十八大以来,党中央提出要全面深化改革,总体实现基本公共服务均等化、缩小收入分配差距。从总体上来看,一方面,强调在初次分配领域,要注重机会平等,促进各要素平等自由竞争,充分发挥市场的决定性作用,从而提高人们生产的创造性和主动性。另一方面,强调在再分配领域,要更加注重公平,通过国家税收、社会保障等调控手段,努力缩小初次分配所造成的差距;同时,要积极推动第三次分配发挥重要作用。合理调整和改善收入分配关系,有助于在促进发展的同时不断缩小差距,从而促进社会公平。

(二)政治领域

平等在政治领域是一项基本权利,人人都应享有平等的政治地位。人类发展的历史就是一个不断追求平等、争取政治平等权利的过程。政治平等指的是一切人都有平等的政治权利和政治地位,也就是每个人在表决和修订法律、参政议政、选举和被选举都具有同等的地位。[①]在中国特色社会主义的建设和发展过程中,政治领域平等的重点主要表现在以下两个方面:

首先表现为人民当家作主的主体性,并通过制度建设保障人民行使管理国家和社会的权利。中国特色社会主义赋予人民群众最高类型和最大范围的民主权利,并通过一系列的制度建设保证了人民群众可以不受出身、财富等限制,平等地享有选举权和被选举权,享有政治参与的权利。人民代表大会制度作为我国的根本政治制度,使人民可以通过自己选举代表来行使管理国家和自身事务的权力。不断健全和完善中国共产党领导的多党合作和政治协商制度、民族区域自治制度以及基层群众自治制度等基本政治制度,在各个方面鼓励和支持人

---

① 邓玉函、何为:《论社会主义核心价值观视阈下的政治平等》,《云南民族大学学报》(哲学社会科学版),2016年第4期。

民群众的政治参与、政治表达和政治监督的权利。

其次通过全面依法治国和政治体制改革保障发展人民的平等权利。只有通过一系列的制度规定,才能够切实地保障和实现人民当家作主。党的十七大报告指出:"依法治国是社会主义民主政治的基本要求,尊重和保障人权,依法保证全体社会成员平等参与、平等发展的权利。"①同时要坚持人民当家作主的主体地位,一方面要积极推进选举制度的改革和完善,健全参政议政机制,保障人民享有更广泛的平等参与国家政治生活的权利。另一方面,要通过完善监督体系,将权力关进制度的笼子,防止特权、腐败现象的滋生。

(三)文化领域

文化领域的平等主要表现为尊重文化的多样性,确保公民享有平等的文化权利。改革开放后,我国重新确立了"百花齐放、百家争鸣"的"双百方针"。党的十七大提出"推动社会主义文化大发展大繁荣",党的十八大指出要"扎实推进社会主义文化强国建设",关注文化平等问题。一方面,将平等作为社会主义核心价值观的核心内容,强调通过教育引导、文化熏陶、时间养成等方式,内化为人民的精神追求,外化为人民的自觉行动。②同时赋予平等以中国特色社会主义新时代内涵,在世界文化碰撞中增强中国的文化自信。另一方面,保障人民享有平等的文化权利。党的十九大报告指出,要推动文化事业和文化产业的发展,完善公共文化服务体系,深入实施文化惠民工程,丰富群众性文化活动。③

(四)社会领域

社会领域的平等强调社会公共资源的合理分配,要让发展成果更多更公平

---

① 胡锦涛:《高举中国特色社会主义伟大旗帜　为夺取全面建设小康社会新胜利而奋斗——在中国共产党第十七次全国代表大会上的报告》,《人民日报》,2007年10月25日。

② 金桂兰:《习近平的文化平等观及其时代价值》,《马克思主义研究》,2019年第9期。

③ 习近平:《决胜全面建成小康社会　夺取新时代中国特色社会主义伟大胜利——在中国共产党第十九次全国代表大会上的报告》,《人民日报》,2017年10月28日。

地惠及全体人民。从我国当前发展的实际来看,构建社会领域的平等重点主要表现为以下三个方面:

第一,大力发展教育事业,促进教育平等。教育平等是实现社会公平的起点,[①]强调最大限度地保障人民受教育的权利,通过普及九年义务教育,完善高考制度实现机会平等,同时加大对贫困地区和农村地区的教育资源的投入,缩小受教育水平差距。

第二,完善就业政策,注重发展职业教育,积极推动实现人民普遍享有平等的就业机会。在大力发展社会主义市场经济的同时,也要保障就业者的权益,一方面要积极改善就业环境,实施积极的就业政策,保障各地区群众能够享有更多的就业机会。另一当面,在考核录用时应消除就业歧视,对待弱势群体有相应的政策性扶持,同时摒弃特权和"走后门"等现象,按照公平竞争、择优录用的原则以实现平等。

第三,完善社会保障体系,建立健全全覆盖多层次的社会保障体系,使全体人民共享改革成果。党的十九届四中全会提出,要完善公共服务体系,推进基本公共服务均等化、可及化。其核心是保障人民群众能够享有得到公共服务的机会,有助于平衡差距,促进社会和谐稳定。

(五)生态领域

生态领域的平等强调人们要用平等的价值观来处理人与自然、环境的关系,体现的是一种可持续发展。面对当前生态环境严峻的现状,维护生态平衡,强调人与自然和谐发展的平等观逐渐形成。党的十八大将生态文明建设纳入中国特色社会主义事业的总体布局中。习近平总书记强调:"绿水青山就是金山银

---

① 张卫、鲍磊:《平等的阶段性特征及当前我国促进社会平等的重点领域》,《中南民族大学学报》(人文社会科学版),2016年第4期。

山"，"我们决不能以牺牲生态环境为代价换取经济的一时发展。"①改变了唯GDP论发展的观念，倡导走绿色、生态的可持续发展之路。同时，注重生态环境的代际平等，主张自然资源、环境资源等应在各代之间合理分配和利用，以满足各代人生存和发展的需要。

三、目标：平等基础上的社会公平

中国特色社会主义平等理论在回答了"谁的平等"即平等主体的问题，还应该明确"如何实现平等"即平等的实践目标、路径和步骤等问题。根据目前中国所处的时代阶段来看，在尚未达到生产力高度发达、社会财富极大丰富的共产主义之前，实现绝对的平等是不现实的。在无法实现无差别平等的现阶段，平等只能是一种相对平等，但这种相对平等并不是无序的，而是要坚持公平的原则和程序。平等与公正作为社会主义核心价值观中社会层面的重要内容，从当前中国实际发展情况，应明确现阶段实现平等应达到怎样的程度尤为重要。

首先，平等与公平是两个角度的概念，但是两者又有共同之处，可以相互促进、互为补充。从理论上来看，平等与公平都是人类普遍的价值追求，但平等与公平侧重的角度不同。平等强调无差别的状态和结果，侧重于对人们地位及其相互关系的一种事实描述，主要表达的是人们的思维和利益获得的等同性。公平则更强调程序和过程，侧重于对人与人之间地位及相互关系的评价，主要表达的是人们对人与人之间经济利益关系的合理性认同。②两者所产生的结果并不是相同的，按照公平的原则和程序进行资源分配，其结果可能是平等的，也可能是不平等的。同样，按照平等无差别原则来分配资源，结果可能是公平的，也可能是不公平的。从历史来看，改革开放前的"大锅饭"就是一味追求绝对平等，

---

① 习近平：《论坚持人与自然和谐共生》，中央文献出版社，2022年，第40页。
② 洋龙：《平等与公平、正义、公正之比较》，《文史哲》，2004年第4期。

而忽视公平的现象,最终陷入了平均主义误区,实质是一种不公平。①同时,平等与公平也有共同之处,一方面,公平与平等都有平衡差距的作用;另一方面,平等是一种理想境界,在尚未达到共产主义时,只能使用公平来解释不平等问题,因此在中国特色社会主义发展过程中,实现全社会范围内的无差别的绝对平等是不可能的,只能对不同人群差别对待,以实现相对公平,才是实现了社会公平。

其次,实现平等基础上的社会公平是应追求的理想目标或状态。目前中国仍处于社会主义初级阶段,在生产力水平提高和经济迅速发展的同时,会出现差距从而产生不平等现象,对待不平等现象不应盲目追求无差别的平等,这既不符合时代发展的要求,也容易陷入"绝对平均主义"的误区。因此,应该将平等的结果与公平的过程相结合,在力求最大限度实现平等的基础上,合理地调节社会资源和权利分配的一系列规则、制度和程序,从而实现社会公平。由此,既不会因追求绝对平等损害拥有多数资源的群体,打击生产积极性和主动性,也可以使拥有少数资源的群体得到基本的保障,并在此基础上逐渐提高,从而实现"帕累托最优"。例如,在经济领域,如果社会能够用最少的损失达到最大限度的收入平等,从而达到平等与效率的最佳组合,就是公平的分配。②

四、保障:综合性的对策组合

中国特色社会主义平等不仅是历史的、具体的而且是实际的,需要一系列制度和政策安排以保证社会平等的推进。实现平等是一个渐次推进的过程,只有构建多领域、多层次的综合性对策方案,才能从制度上和实践中发展和保障平等。

---

① 俞可平:《重新思考平等、公平和正义》,《学术月刊》,2017 年第 4 期。
② 蔡继明:《公平、平等与效率:何者优先,何者兼顾》,《学习论坛》,2014 年第 10 期。

（一）实现平等的发展性对策

相对不平等将长期存在,但是平等的时代性决定了平等的实现程度将伴随着中国特色社会主义事业的建设共同推进。因此,不仅要求扩大实现平等的范围,还要促进平等的高质量发展,这就需要通过某些政策促进社会发展生产、提高人民的平等观念,将现有的平等成果保持在稳定的范围内。发展性政策是将提高民众的福利水平作为根本目标,强调政府通过各种资源投入,发挥管理、服务和协调作用,构建以提高增量、优化质量为目的,增进人民福祉的政策体系。[①]进入新时代,我国社会主要矛盾已经转化为人民日益增长的美好生活需要和不平衡不充分的发展之间的矛盾。因此实现平等的程度已经不仅仅局限于解决温饱问题,当前阶段满足人民美好生活的需要才是最大程度的平等。实现平等的发展性政策主要体现为以下三点:

第一,要始终坚持发展、创新发展,为实现中国特色社会主义平等提供经济基础。平等的实现是创造价值和分配价值相统一的过程,不平等问题产生的重要原因是资源的稀缺。坚持发展是实现平等和提高平等质量的重要基础,只有做大"蛋糕",才能有更多的资源和成果供人民共享,实现共同富裕。从目前来看,我国已经进入了高质量发展阶段,发展的不平衡不充分问题仍然存在,但是发展中的矛盾和问题主要体现在发展质量上。[②]党的十九大强调:"发展是解决我国一切问题的基础和关键,必须坚定不移把发展作为党执政兴国的第一要务。我们要适应中国特色社会主义进入新时代的新要求,紧扣社会主要矛盾的新变化,顺应人民对美好生活的新期待,推动实现高质量发展。"[③]"十四五"规划和2035年远景强调要"改善人民生活品质,提高社会建设水平"和"协调推进全

---

① 葛道顺:《"十四五"时期构建全面发展性社会政策的思考》,《人民论坛》,2020年第36期。

② 人民日报评论部:《坚持新发展理念,加快构建新发展格局》,《人民日报》,2020年12月24日。

③ 习近平:《决胜全面建成小康社会　夺取新时代中国特色社会主义伟大胜利——在中国共产党第十九次全国代表大会上的报告》,《人民日报》,2017年10月28日。

面建设社会主义现代化国家",通过制定相关发展性政策来促进经济、教育、文化、人口等社会物质要素的高质量发展,不断推进经济持续向好,为改善人民美好生活的物质要素,提高社会建设的水平提供坚实的物质基础。

第二,要建立高质量的公共服务体系。我国的社会事业是由政府主导兴办建立的,在新的发展时期要加快社会事业进程,构建高质量的公共服务体系。一方面,要转变政府职能,建设服务型政府,提高社会管理和公共服务的质量,协调社会关系,提供更加优质的公共服务,以服务促进公平,以服务平衡差距,[1]公共教育、公共卫生、就业服务、环境服务等方面都是提升人民生活品质和实现全面现代化国家建设目标的重要政策内容,也是实现高质量的平等的重要内容。另一方面,各种社会力量广泛参与,通过公益行动、志愿服务等社会力量的参与,不仅有助于带动社会生产发展活力,加快公共服务体系的构建和完善,也有利于形成政府治理与社会互动的良性发展秩序,营造有利于促进平等的社会氛围。

第三,建立和完善保障平等的制度和法治体系。中国特色社会主义平等离不开制度保障。在经济领域,坚持完善社会主义基本经济制度,坚持以公有制为主体、多种所有制经济共同发展,在推进国有经济优化发展的同时,也要健全中小企业的发展制度,使各种所有制主体能够依法平等地使用资源、公平地参与竞争。坚持以按劳分配为主体,多种分配方式并存的分配制度,完善公平的竞争制度,保障市场能够高效公平的运行。在政治领域,要始终坚持人民代表大会制度作为我国的根本政治制度,保证人民通过全国人民代表大会和地方各级人民代表大会行使管理国家和自身事务的权力,享有平等的选举权和被选举权,实现人民群众当家作主。坚持和完善我国的基本政治制度,要坚持各民族一律平等,通过完善民族区域自治制度,保障少数民族的合法权益。在文化领域,要坚持社会主义核心价值观引领的文化建设制度,明确平等价值观在中国特色社会

---

① 朱光磊等:《服务型政府建设规律研究》,经济科学出版社,2013年,第323页。

主义中的内涵,坚持文化自信。在社会领域,建立全方位多层次的社会保障制度,保障人民的就业、教育、医疗、养老等方面的基本公共服务制度体系。在生态领域,要建立健全生态文明保护制度和破坏生态环境的惩戒制度。

中国特色社会主义平等需要法治保障,司法机关是维护社会公平正义的最后一道防线。在经济领域,要完善社会主义市场经济法治体系,营造公平竞争的市场环境,通过完善市场机制,制定科学合理的市场规则,打破行业垄断、进入壁垒和地方保护,提高企业的生产效率和竞争力,使得各要素能够享有平等的机会生产发展。政府在尊重市场规律的基础上,通过改革激发市场活力,用法律法规规范市场行为。同时,要积极推进司法体制改革,对市场主体间产生的纠纷进行合理公正的裁判,对不平等的规则和行为进行有效的防范和纠正。在政治领域,要保证人人享有平等的政治权利,健全法律面前人人平等的保障机制。坚持男女平等、残健平等在法律规定上的权利能够真正落实,推动立法、执法和司法机制建立健全,切实保障弱势群体利益。保障公民的选举权和被选举权,要不断完善选举法和健全选举程序,使公民享有平等参与政治的权利和地位,切实保障人民当家作主的权利得以实现。反对一切特权和腐败现象,通过建立和完善法律法规,将权力关进制度的笼子里,做到"有法必依、执法必严、违法必究",同时要健全全方位的监督体系,以保证权力运行的公开、公正、透明。在社会领域,要完善公共法律服务体系,确保司法公正和高效,让人民群众真实感受到公平正义。在文化领域,要保障文化事业蓬勃发展,将平等作为社会主义核心价值观的重要内容融入法治建设之中,实现法治与德治相结合。在生态领域,要完善对破坏生态环境行为的监督、诉讼和司法体系,落实对生态环境破坏和惩罚的法律法规。总而言之,就是要坚持"人民主体地位",通过制度和法治体系确保人民群众的各项社会权利能够落实。

(二)实现平等的包容性政策

中国特色社会主义的平等维护的是最大多数人的利益,因此在制定政策时既要保证平等惠及范围的最大化,又要保证人民既有利益的稳定,使发展成果人人共享。包容性发展反映的是福祉在全社会的生产过程和公平分配的一种状况,是提升弱势身份人群的能力、机会和尊严,以及参与社会的进程。①包容性政策强调政府对弱势群体发展的保护,是一种兜底性政策,构建以实现资源的均等化和可及性为目的的政策体系,强调均等化就要承认差距的客观性和合理性,但要把差距控制在合理的限度内,强调可及性要求在当下现实能力可承受的范围内,尽可能地缩小差距,达到实现平等范围的最大化。主要有以下三点对策建议:

第一,缩小城乡差距,农业农村优先发展,加快推进农业农村现代化。党的十九大提出“实施乡村振兴战略”,为指导“三农”问题提供了基本路径。自改革开放以来,始终在不断调整城乡关系,从“以农促工,城市优先”到“以工业反哺农业,缩小城乡差距”,目前已进入“促进城乡融合,构建新型城乡关系”的新阶段。乡村振兴是一个系统推进的实践过程,是解决不平衡不充分发展的战略举措,也是实现农村地区内生性发展的战略举措。②通过发展“互联网＋农业”等渠道增加农民收入、推进农业供给侧结构性改革,加快面向小农户的社会化服务,改善农村供水、供电、信息等基础设施,健全乡村治理体系,加快实现农业农村现代化。2021年的中央一号文件指出,要把全面推进乡村振兴作为实现中华民族伟大复兴的一项重大任务,举全党全社会之力加快农业农村现代化,让广大农民过上更加美好的生活。③

第二,协调区域发展,平衡地区差距。党的十九大报告指出,实施区域协调发展战略,“加大力度支持革命老区、民族地区、边疆地区、贫困地区加速发展,强化举措推进西部大开发形成新格局,深化改革加快东北等老工业基地振兴,

---

① 葛道顺:《包容性社会发展:从理念到政策》,《社会发展研究》,2014年第3期。

② 王立胜、刘岳:《乡村振兴战略:新时代农业农村工作的总遵循》,《红旗文稿》,2018年第3期。

③ 《中共中央国务院关于全面推进乡村振兴加快农业农村现代化的意见》,《人民日报》,2021年2月22日。

发挥优势推动中部地区崛起,创新引领率先实现东部地区优化发展,建立更加有效的区域协调发展新机制"[1]。推动区域协调发展,是解决发展不平衡问题的内在要求,目前东西部经济发展差距随着区域协调性的持续增强已有明显改善,但也出现了新情况:经济增速上呈现"南快北慢",地区发展动力极化现象日益突出,东北地区、西北地区发展相对滞后等问题。针对以上问题,党中央提出,要统筹发达地区和欠发达地区发展,推动欠发达地区加速发展,建立联动机制,促进先富带后富。为破除地方保护主义,要深化户籍制度改革,加快实现城镇基本公共服务常住人口全覆盖,促进资本跨区域有序流动。同时,要加强区域间基础设施、环保、产业等方面的合作,健全区际利益补偿机制,逐步实现基本公共服务均等化,加快建立医疗卫生、劳动就业等基本公共服务跨区域流转衔接制度等。

第三,缩小贫富差距。贫富差距问题是社会主义初级阶段和改革开放过程中不可避免的问题,具有一定的必然性,适度的差距会在一定程度上刺激社会成员生产的积极性,但较高的贫富差距则会带来隐性危机。过大的贫富差距不仅会严重制约经济的发展,而且会使社会产生"仇富"心理。缩小贫富差距需要从两个方面入手:一是通过税收加大对高收入群体的调节力度,完善税收法规体系,对逃税、漏税的行为严格审查,确保相关法规执行到位。二是通过社会保障、社会救助等方式,提高社会福利水平,保证低收入者尤其是特别困难的群体能够共享社会发展成果。2020 年底我国已经实现全面脱贫,但相对贫困仍然存在,要继续关注困难群体,巩固脱贫成果,确保低收入群体收入提高的速度不低于经济增长的速度,不断缩小与高收入群体的差距。[2]

———————

① 习近平:《决胜全面建成小康社会　夺取新时代中国特色社会主义伟大胜利——在中国共产党第十九次全国代表大会上的报告》,《人民日报》,2017 年 10 月 28 日。

② 曾宪奎:《新时代我国需求侧改革的内涵、背景及重点内容分析》,《当代经济管理》,2021 年第 7 期。

（三）实现平等的综合性对策

为实现范围广、质量高的平等，不仅需要提高整体水平和缩小差距的政策共同推进，也要尽可能考虑其他对策方案，表现为以下两点：

第一，正确理解新时代社会主义平等价值观的内涵。作为一种价值观念，对平等内涵的不同理解或者理解偏差都会影响平等的实现。实现平等不仅需要良好的社会制度、丰富的物质等客观条件，也需要人们能够对平等的价值观有清晰的理解和认知，建立在良好的社会生活之上的良好观念，才能共同促进社会向好发展。一方面要打破"平均主义""等级观念"等旧的价值观；另一方面要引导人们正确理解新时代社会主义平等价值观的内涵，摒弃"拜金主义""利己主义"等畸形价值观。要培育和践行社会主义平等观，营造平等的氛围，让平等融入到精神文明建设和思想道德建设的全过程，才能使平等内化于心，又要通过实践，树立平等典范，积极发挥人民群众的主体作用，让平等外化于行。①通过加强宣传教育，加强思想道德建设和科学文化建设，提高人们的综合素质；利用信息技术加强舆论引导，调整舆论环境，通过多种形式和多种渠道来加强精神文明建设；同时可以通过树立廉洁勤政、心系群众的典型，充分发挥表率作用，带动广大人民群众在生活、学习中自觉践行平等价值观。

第二，技术进步能够促进平等的实现，同时也要谨防带来的不平等问题。科学技术的进步对社会发展的赋能显著提高，在数字时代，信息的传播速度加快，接收的信息资源呈爆炸式增长，信息资源可以在互联网平等共享，人人都可以成为自媒体，截至 2020 年底，我国网民规模达 9.89 亿，互联网普及率达 70.4%②，但同时仍有一部分群体并未享受到互联网带来的丰富资源和便利。如果不采取积极的应对方案，新的不平等问题就会出现。因此，针对技术进步带来的影响应

---

① 龚东阳：《培育和践行社会主义平等观的价值和路径》，《东南大学学报》（哲学社会科学版），2015年第 S1 期。

② 《第 47 次中国互联网络发展状况统计报告》，中国互联网络信息中心，2021 年 2 月。

该谨慎对待,一方面,要通过基础设施搭建,力求互联网在规模上全覆盖,保证人人平等享有互联网资源。另一方面,加强网络治理和网络监管力度,建立良好的网络环境,完善网络治理的法律法规并建立相应的惩戒机制。

第二篇

西方平等理论的基本内容和主要特点

第四章
近代及以前西方的平等思想

西方平等思想经历了一个漫长的发展过程，从古希腊罗马时期到近代，在人类发展的不同历史阶段，思想家们对平等思想进行了不同角度的阐述，平等思想的内涵和外延不断得到拓展。平等思想已经成为西方政治文化的一部分。从对西方平等观的历史追溯中探讨平等理念的演变，有助于人们理解应当追求什么样的平等，这种平等如何实现。

第一节　古希腊罗马时期的平等思想

古希腊是西方文明的发源地，也是平等思想的发源地。古希腊城邦最显著的特征是小国寡民。城邦之间在政治、军事上彼此独立，但经济上密切联系，商品经济发达，文化繁荣，产生了诸多的思想家，包括苏格拉底、柏拉图、亚里士多德等，他们对平等问题做了思想史上最初的思索。

一、公民政治权利平等思想

古希腊城邦最本质的特征在于，它们的社会政治结构是公民的自治团体。

古希腊城邦内部由三个身份集团构成——奴隶、无公民权利的自由人和自由公民。①他们在城邦权力体系中的地位截然不同。广大奴隶没有自己的独立人格，依附、从属于主人，是奴隶主有生命的财产，为主人从事生产劳动或充当家庭仆役。奴隶主可任意支配、处罚、出卖，甚至处死他们。从法律上来讲，奴隶是没有政治身份和政治权利的，不属于城邦成员，不能进入公共生活领域，奴隶地位与主人的关系属于家庭事务，属于"家政学"范畴。自由人主要包括妇女和自由的外邦人。外邦人是不具有本帮血统因而没有公民身份的自由人。他们没有政治权利，不能参加城邦的公共生活和宗教祭奠，也不能占有土地。占人口半数的妇女，即公民的配偶和女性后代，也是自由人，和外邦人一样没有政治权利。自由公民的本质特征在于享有政治权利，他们属于一种特殊的身份团体。一般来说，自由公民父母双方都是希腊自由人的男子才能获得公民身份。公民被视为一个封闭的学员团体、宗教团体和政治团体。外邦人、妇女和奴隶被排除在外。从本质上说，城邦就是自由公民的自治团体，是公民在法律之下分享权利和义务的政治体系。②

城邦政治是多元化的。一是城邦主权实体的多元化，二是城邦政治制度的多元化。亚里士多德曾经指出，雅典的政治制度共经历了 11 次重大的变革。各城邦政治制度演进的途径是多种多样的，大约经历了王政时代、贵族政治、僭主政治、民主政治等阶段。古希腊城邦制度是一系列政治改革的产物。城邦政治改革促进了平民地位的上升，也促进了当时民主制度的建立。但是古希腊城邦的民主仅限于公民范围内，是非常狭隘的民主。

城邦制度从原始氏族社会的公众会议、氏族军事首领与氏族长老裁判议事会的传统组织方式开始，经过长期演变和两次重大改革，最终确立为由公民大会、500 人议事会、执政官、将军和法庭组成的一套规范制度。在雅典公民大会上，20 岁以上男性公民均可参加，由 500 人会议中一专门委员会召集，每年分为

---

① 徐大同：《西方政治思想史》（第一卷），天津人民出版社，2005 年，第 40 页。

② 徐大同：《西方政治思想史》（第一卷），天津人民出版社，2005 年，第 41 页。

10 期,每期召开 1 次(后增为 4 次),讨论、解决城邦重大问题,如战争与媾和、粮食供应、选举高级官吏、终审法庭诉讼等。

城邦制度在梭伦改革、克里斯提尼改革和伯里克利改革三次改革中得以确立。其中,私有财产的出现,氏族社会内部的阶级分化、阶级矛盾和冲突,是推动城邦制度演变发展的真正动力。梭伦改革发生在公元前 594 年。梭伦改革解除了城邦公民中下层贫民的土地债务,将土地无偿归还给原有主人,并禁止同一城邦人之间的奴隶和奴役买卖;废除了贵族在政治上的世袭特权,代之以财产法定资格;首创了陪审法庭制度,促进了当时的司法民主化。梭伦改革确立的以公众参与城邦政治生活为内容的一整套政治制度,包括公民大会、"四百人议事会"、公职选举、公民陪审制度等,成为整个希腊世界中民主制的象征。亚里士多德曾高度称赞梭伦改革使"人民有了投票权利,也就成为法律的主宰"①。

梭伦离职后,雅典陷入三种贵族势力权力争夺中。公元前 510 年,克里斯提尼在贫民的支持下战胜贵族,当选为雅典城邦的执政官。随后,克里斯提尼开始了雅典民主政治发展史上著名的第二次改革,史称"克里斯提尼改革"。克里斯提尼改革打破了以往按氏族划分的选举制度,确立了按公民居住地划分选民的新的选举方法;建立了五百人议事会;组成"十将军委员会",统帅雅典军队;采用"贝壳放逐法"决定对那些危害城邦的人是否采用驱逐出境、10 年内不允许回归城邦等惩治。克里斯提尼改革后,"权力在民"和"轮番为治"的民主政体在雅典城邦基本确立。

伯里克利改革把奴隶制民主政治推向顶峰。公元前 461 年至公元前 429 年,伯里克利担任雅典城邦的执政官,使雅典民主政治的发展达到了高峰。他执政时期削减了贵族会议和执政官的权力。为了保证一般公民都能担任国家公职,他制定了公职津贴制度,规定除大将军外,所有担任公职的人员每日都可得到政府的津贴,公民大会和公民法庭中的人数大为增加,大大提高了公民参政

①　[古希腊]亚里士多德:《雅典政制》,日知、力野译,商务印书馆,1959 年,第 39 页。

的热情。采用公职津贴制度,使全体公民不论贫富贵贱都能参加公民大会和法庭陪审的活动,更是为下层公民更民主的参与政治创造了有利的条件。《在阵亡将士葬礼上的演说》中,伯里克利将雅典城邦的民主政治概括为:政权是在全体公民手中,而不是在少数人手中。解决私人争执的时候,每个人在法律上都是平等的。雅典城邦民主制度是建立在公民平等关系基础上的,这种平等关系首先是公民在法律面前的人人平等,其次是公民参与政治生活的机会平等。他讲道:"让一个人负担公职优先于他人的时候,所考虑的不是某一个特殊阶级的成员,而是他的真正才能。任何人,只要他能够为国家有所贡献,绝不会因为贫穷而在政治上湮没无闻。"①这正是雅典城邦民主制度所具有的"权力在民""轮番为治"原则的体现。在伯里克利时代,作为最高权力机构的公民大会可以决定城邦的任何事情,从某种意义上讲,公民可以平等地参与政治生活,从形式上达到了法律上的平等。

城邦民主政治的形成有其特殊原因。一是特定的历史条件。古希腊社会较高的经济水平和独特的地理环境,推动希腊许多氏族部落在步入文明后能迅速地走上商品经济的道路。二是工商业经济的迅速发展为希腊社会提供了巨大的物质财富,使得古希腊城邦民主政治有了基本物质前提,能够为公民阶层从事政治活动提供生存保障。三是有一个较长的和平时期,没有发生激烈的内外部冲突,使得民主能充分发挥。但城邦民主政治是非常狭隘的民主政治权利,仅限于公民享有,占人口大多数的奴隶、外邦人和妇女都被排除在外。民主权利只是公民集团的特权,这种特权成为当时政治腐败、社会动乱的隐患。因此,与今天的民主政治思想相比,古希腊城邦民主政治是一种落后的政治体制,公民政治权利平等在当时也只是一种理想状态。但其民主思想表达了一般公民的政治追求,对后世西方的民主观念有积极影响。

---

① [古希腊]修昔底德:《波罗奔尼撒战争史》,谢德风译,商务印书馆,1960年,第130页。

二、柏拉图的分工正义理论

公元前 5 世纪中叶希波战争之后,希腊城邦民主制度达到鼎盛,雅典成为希腊政治和文化中心。发达的民主制度和活跃的公民政治生活,使希腊学术研究从自然界转向人类社会,特别是人和人之间的社会关系、社会组织和风俗习惯伦理规范等。柏拉图是第一个有系统的政治学著作传世的思想家。在《理想国》中,柏拉图探讨了个人正义和城邦正义。柏拉图认为人生来就是不平等的,这是其正义观的逻辑起点。关于城邦的构建,柏拉图认为:"之所以要建立一个城邦,是因为我们每个人不能单靠自己达到自足……我们邀集许多人住在一起,作为伙伴和助手,这个公共住宅区,我们把它叫做城邦。"①这意味着,城邦的产生是由于人有多种需要,而自身又无法同时满足这些需要,所以需要聚集在一定区域内的人互助,城邦因此产生。同时,简单的人群聚集不能被视为城邦,聚集的人群必须互相需要对方,通过相互满足而成为伙伴和助手,聚集的人群也因此成为一个相互满足对方需要的社会共同体。

柏拉图指出,分工是社会划分为阶级的基础。柏拉图将城邦中的人按照分工划分为供养者、卫国者、治国者(统治者)三种,并进行了一系列规定。柏拉图对三种人经济地位的规定:供养者和卫国者作为第一、二两个等级,不准拥有私人财产,也不准收藏金银,生活由第三等级的治国者(统治者)供给。第三等级可以拥有私人财产,也可收藏金银,但限制财富数量。对三种人的道德品质的规定:供养者应有节制之德,卫国者应有勇武之德,统治者应有智慧之德。对三种人按照神意铸造不同阶级的规定,即"在供给者(农民和其他技工)身上加的是铁和铜","在(军人)身上加入了白银","在有些人的身上加入了黄金,这些人因而是最可宝贵的,是治国者(统治者)"。②

---

① 徐大同:《西方政治思想史》(第一卷),天津人民出版社,2005 年,第 153 页。

② [古希腊]柏拉图:《理想国》,郭斌和、张竹明译,商务印书馆,1986 年,第 128 页。

柏拉图从不同角度论述了这种等级划分的合理性。他认为个人是城邦的缩影，城邦是个人的扩大。他强调，一个人灵魂与美德的要素，与城邦要素之间是同构的。一个人的灵魂中包含理性、激情和欲望三个要素，理性在价值上无疑属最高层次，欲望属最低层次。相应的，在城邦中也包含这三个组成部分。哲学家最有智慧，代表着国家的理性；生产者从事粗鄙的经济活动，谋衣谋食，代表着欲望；而军人处于两者之间，代表着激情。一个有德性的人应该是理性居主导地位，统率激情，控制欲望，这是人的灵魂的最佳状态。一个城邦也该由哲学家领导着军人统治生产者，这是城邦最理想的秩序。

在《理想国》中，柏拉图提出城邦中"存在三种阶层，一个人应属于其中某个阶层，并且这种划分取决于先天的因素"。他认为，如果每个人各行其事，即当生产者、护卫者和统治者在城邦里各做各的事而不相互干扰时，便有了正义，从而也就使国家成为正义的国家。柏拉图指出："木匠做木匠的事，鞋匠做鞋匠的事，其他的人也都这样，各起各的天然作用，这种正确的分工乃是正义的影子——这也的确是它所以可用的原因所在。"[①]柏拉图坚持认为，每个人都应"恰如其分，各司其职"，让每个人处于"适宜"的状态，在城邦中找到自己的位置。唯有当某一个阶级的人超越了自己的职责去做了别的阶级的人该做的事时，才会出现不正义。这样一来，权力和特权的不平等便成为可能。也就是说，柏拉图承认人的天赋不同会使人们从事不同的职业，从而拥有不同的社会地位。柏拉图承认这种差异存在的合理性，并且认为正义则在于保持这种差异性，维持这种不变的秩序。

柏拉图不仅是古希腊，而且是整个哲学、政治学和法学史上最杰出的思想家之一。尽管他认为每个人天生适合于某种分工，不同等级的人是由不同元素构成的，宣扬赤裸裸的不平等的自然正义观，但柏拉图也反对不平等的现实。在《理想国》中他提出，妇女在权利与机会上应该与男子平等的。柏拉图不是从绝

---

① ［古希腊］柏拉图：《理想国》，郭斌和、张竹明译，商务印书馆，1986年，第133页。

对平等上来理解平等的,而是从正义的平等即可能的、合理的平等上来理解平等的。这些应视作柏拉图对古代平等思想最杰出、也是最重要的贡献。

三、亚里士多德的分配正义理论

柏拉图之后,亚里士多德将平等与"正义"紧密联系在一起,提出了分配正义理论。亚里士多德认为,平等不是绝对的,绝对平等不仅不现实而且本身也是不平等的。他指出:"笼统地说,对他人的公正就是平等。不公正就是不平等……既然不公正在不平等中,那么,公正性和公正就出现在平等中。"[1]可见,在亚里士多德看来,平等是公正的本质,公正必然存在于平等之中,没有平等,也就没有公正可言。但是,他并不认为在任何条件下的平等都可以等同于公正,平等即公正这一判断应当是有条件的。为了强调平等等于公正的条件性,他特别指出:"公正者是否要对交往中的每一个人都给予平等呢,不……相反,依据其价值来对待和每个人的交往,这才被认为是绝对公正。"[2]

在政治权利的分配过程中,亚里士多德所持的并非绝对数量上的平等观,而是比值平等观。他认为:"所谓平等有两类,一类是数量相等,另一类是比值相等。'数量相等'的意义是你所得的相同事物在数目和容量上与他人所得者相等;'比值相等'的意义是根据各人的真价值,按比例分配与之相衡称的事物。"[3]他反对苏格拉底所主张的城邦的完全划一,认为"政治权利的分配必须以人们对于构成城邦各要素的贡献的大小为依据"[4]。他认为,能够参与分配的主体包括合法公民、对城邦负有一定职责或做出一定贡献的人、贵族等,而奴隶是没有资格参与分配的。分配的对象除包括无形的荣誉、地位、官职、权力、权利等,还包

---

[1]　[古希腊]亚里士多德:《政治学》,吴寿彭译,商务印书馆,1983 年,第 132 页。
[2]　[古希腊]亚里士多德:《政治学》,颜一、秦典华译,中国人民大学出版社,1999 年,第 167 页。
[3]　[古希腊]亚里士多德:《政治学》,颜一、秦典华译,中国人民大学出版社,1999 年,第 167 页。
[4]　[古希腊]亚里士多德:《政治学》,颜一、秦典华译,中国人民大学出版社,1999 年,第 168 页。

括有形的财物、土地,甚至包括奴隶。如果对不同的参与分配的主体实行平均分配,相同的人分得了不相等的事物,而不相同的人反而分得了相等的事物,那么不仅会导致和加剧社会成员与统治者阶级的矛盾,而且会导致和加剧统治集团内部的矛盾,造成社会混乱和争斗,危及城邦的秩序和社会的和谐稳定。因此,在分配中不能实行平均主义的原则,而只能实行有差异的平等原则,即按"各取所值"的原则进行分配。根据这个原则,相同的人可以获得相等的份额,不相同的人则获得不相等的份额。

亚里士多德的分配正义理论把"价值或才德"或不同人之间"价值或才德"的对比关系作为利益和政治权力分配的依据,即不同的人之间由于"价值或才德"的不同,利益分配的数量也应该不同。从表面看,似乎利益的分配与人与人之间的社会地位等级无关,但实际上并非如此。因为只有拥有财产或出身高贵的阶级或社会阶层,才能享有良好教育、担任社会公职的机会,以及从事文学、艺术、哲学和其他高贵社会活动的条件,并由此而获得较高的"才德"或天赋能力,而广大平民则没有这样的机会和条件,奴隶就更没有了。既然导致人的天赋不同的原因是获得知识、经验的条件不同,即接受教育和训练的条件不同,那么对不同的人应实行不平等的分配就不会是公正的。如果这个原则是公正的,它必须建立在一定前提下,即人们的天赋获得条件是平等的。但这个前提在等级社会中是不可能存在的。在严格的等级社会中,不同等级的人在享受教育、获得知识、增长经验等方面的后天条件是截然不同的。因此,对天赋不同的人应实行不平等的分配这个看似公正的原则,实际上并不一定就是公正的。

亚里士多德所提出的"正义的形式原则",即把分配中的正义看成是比例上的平等,而不是数量上的平等,对于后来社会分配理论的发展具有重要的意义。他认为,若是一个政体中缺少了中产阶级,穷人在数量上占绝对优势,那么内乱很快就会发生,共同体也将归于解体。[1]实现社会平等目标的关键,在于大力发

---

① 徐大同:《西方政治思想史》(第一卷),天津人民出版社,2005年,第320页。

展中间阶级,减少穷人的数量(穷人越少,政府也越容易对他们进行救济)。这对于现代国家收入分配政策和社会资源(如教育资源等)分配政策的制定,具有重要的参考价值。

四、斯多葛学派等基于自然法的平等思想

斯多葛学派突破了当时城邦世俗观念的限制,在奴隶制盛行的时代,第一次提出了普世性的自然主义平等思想。该学派认为,每个人包括奴隶都应该平等地享有某种程度的人类尊严、尊重和权利。斯多葛学派基于共同理性提出的自然主义平等思想,是对基于种族等级平等观的颠覆。后来,不论是中世纪神学的上帝面前人人生而平等,还是资产阶级所确立的法律面前人人平等,都间接地传承了斯多葛学派的平等思想。斯多葛学派的主要代表人物包括巴内斯、塞内卡、爱比克泰德、马可·奥勒留、克里斯普等。

斯多葛学派关于平等的观点主要集中于以下三点:

一是公民权利平等。斯多葛学派所说的公民比亚里士多德所言的公民外延更广,即"世界公民"。斯多葛学派在小国寡民的城邦文化瓦解的时代背景下,提出了"世界城邦"的全新观念。如,斯多葛学派学者马可·奥勒留提出,我们不应该说"我是一个雅典人"或者"我是一个罗马人",而应该说"我是一个宇宙公民"。同时,他从人性的理性平等推导出了作为公民的平等。他在《沉思录》中指出:"如果是这样,那么,命令我们做什么或者不做什么的理性也将是共同的;如果是这样,那么法律也是共同的;如果是这样,那我们就都是公民。"[1]从而,他得出了"基于自然法,每个公民在法律面前都是平等的"思想观点。

二是奴隶地位平等。在奴隶制普遍盛行的时代,斯多葛学派独树一帜地将平等原则适用于奴隶,因为奴隶和其他人一样都是神的儿女。"主人与奴隶都是

---

① [古罗马]奥勒留:《沉思录》,何怀宏译,中央编译出版社,2008 年,第 123 页。

自然产生的,行走在同一天空下,呼吸着同样的空气,主人应对奴隶和善,奴隶应为主人服务。"①著名的晚期斯多葛学者爱比克泰德就是奴隶出身,出于自己的人生经历和体验,他的哲学总体现着对于自由平等的追求。他说:"我们都来自于神,神是人类之父也是众神之父。那么,人就永远不会看贱自己。"②斯多葛学派强调人首先应当明白自己是神的儿子,而且有神赐予的理性,因而每个人身上都具有神性,这是人能战胜自身和世上的各种限制和罪恶,赢得自由、平等、高贵和善的根据。

三是两性关系平等。在古希腊,男性是社会的中心,女性是男性的附庸或社会的配角,女性处于被排除在城邦之外的地位。例如,在古希腊政治法律中女性是没有财产继承权的。女性虽然可以拥有财产,但不能完全支配财产,她们永远不能成为财富的真正拥有者和管理者,而只能成为男性传递财产的输送者。她们是连接自己的父亲、丈夫和儿子这根男人链条上的"沉默的链环"。但是,在斯多葛学者眼里,一切人天生都是平等的,不论男人还是女人,都平等地分享着理性。基于正义和理性,女性权利来自于自然法,而不是人们自行制定的规定。

西塞罗是罗马共和国末期著名的政治家和思想家。他在斯多葛学派自然法思想的基础上,提出了法权层面的平等观念。罗马帝国后期奴隶地位逐步改善,妇女地位不断提高,在一定程度上都是基于他的平等思想。也正是从西塞罗开始,政治哲学开始成为"所有人的政治哲学"。正是在自然、理性的基础上,西塞罗把人类社会看做一个人人平等的共同体,在这个共同体中,人们都有形成理性和美德的潜在素质。③但是,他也看到了人在财富和禀赋方面的差别,并由此坚持了其与财产相一致的等级观,而且把这种等级制度看作是另一种真正意义上的平等或正义。他的自然平等的思想,对后世产生了深刻的影响。特别是他关于"法律面前人人平等"思想的阐述,在促进罗马法发展的同时,也为罗马帝国

---

① [苏]涅尔谢相茨:《古希腊政治学说》,蔡拓译,商务印书馆,1991年,第68页。

② [苏]涅尔谢相茨:《古希腊政治学说》,蔡拓译,商务印书馆,1991年,第70页。

③ [古罗马]西塞罗:《国家篇 法律篇》,沈叔平、苏力译,商务印书馆,1999年,第12页。

的发展奠定了重要的政治哲学基础。

城邦民主政制的形成有其特殊原因,包括其特定的历史条件、较高的经济水平、独特的地理环境和一个较长没有发生激烈的内外部冲突的和平时期(与民主相对立的暴力强制不能充分发挥)。但古希腊的民主是非常狭隘的民主政治权利,仅限于公民享有,占人口大多数的奴隶、外邦人和妇女都被排除在外。这种民主是奴隶主的民主,不是全民的,有相当大的局限性。柏拉图和亚里士多德生活的时代是人们之间等级制度鲜明,且这种等级制度被认为是合理的时代。他们的理论和政治主张在他们所生活的时代印下了深刻印记。尽管柏拉图说"我们建立这个国家的目标并不是为了某一阶级单独的幸福,而是为了全体公民的最大幸福",亚里士多德也说"所有的法律都是促进所有的人的共同利益",但他们所说的"全体公民"或"所有的人",只是用金、银铸成的统治者和军人阶层,或"那些出身高贵、由于有德性而最能治理的人,或那些在其他某个方面最有能力的人",并不包括平民,更不包括奴隶。因此,从本质上说,他们所提出的分工正义和分配正义理论是对当时城邦制度基本社会关系的描述,其根本目的是为了维护这种基本的社会关系的延续。柏拉图、亚里士多德所生活的时代是奴隶制基础上的城邦小国时代,"其中最多只有三十分之一的人享有自由。无论他们何等伟大,在这样的环境里,他们无法上升到人类平等观念的高度"。斯多葛学派的平等思想突破了狭隘的城邦视野,进入了一个更高的层次,扩展到了家庭领域。西塞罗则将政治哲学领域的平等观念引入到法哲学领域,从而使其具有了法权上的意义,并在一定程度上奠定了罗马帝国的政治哲学基础。

第二节　中世纪的平等思想

中世纪(大约自 400 年起到 1400 年止),相较于古希腊和罗马时期,宗教使哲学与社会及政治事务之间的关系更加紧密。基督教成为被压迫者和征服者的代表,主张更加"绝对和深刻"的平等,认为上帝创造了每一个人,所有人都体现了上帝创造这个世界的目的。在这个意义上,所有人无论是从尊严,还是生命价值上看,都拥有绝对的平等。当基督教成为罗马帝国国教之后,其本质上发生了变化,平等和民主的精神消失了,并逐步沦为了统治阶级的工具。奥古斯丁提出,"世人无平等, 统治与服从是家庭和国家的需要。奴仆必须忠诚地服侍主人"。阿奎那提出,"人生而不平等,奴役和统治是神的安排。基督教徒对世俗政权负有服从的义务"。①

一、神学平等思想

中世纪,基督教在西欧的意识形态中居于统治地位,在解决社会成员间政治、经济和文化关系时,在延续古代人类社会产生的部落成员资格平等的思想观点基础上,逐步形成了上帝面前平等和基督徒身份平等的思想。②

(一)上帝面前的众生平等

在基督教中,存在着一个最高的神——上帝,他君临宇宙和整个人类社会。在基督教看来,一方面任何神之间的关系表现为主从关系,是完全意义上的不平等。另一方面基于所有人类和上帝之间的从属关系,可以认为世间人与人之间是平等的。因为在上帝眼中,所有人类是没有任何差异的。正如《旧约·创世记》中指出上帝创造了人类,这就是人类是生而地位平等最有力的证明。

人都是上帝用同样的泥土所造的,所以从人的物质属性来看,人在上帝面前是平等的。③卜伽丘曾在《十日谈》中描写过这么一幕,11世纪初,一位奴隶主释放一个奴隶时说:"我们皆是从土造出来的。"从这个意义看,奴隶主和奴隶虽然在社会身份、地位、权利等方面有差异,但是其物质构成是一样的,都是上帝

---

① 江丽丽:《论西方平等思想的发展轨迹》,《通化师范学院学报》,2007年第3期。
② 赵文洪:《中世纪西欧的平等观念》,《世界历史》,2004年第1期。
③ 赵文洪:《中世纪西欧的平等观念》,《世界历史》,2004年第1期。

用一样的泥土造成的,这是没有任何差别的。此外,卜伽丘在此基础上,进一步提出面对创造人类的上帝,"我们人类是天生一律平等的……"①。

上帝给予了所有人类亚当和夏娃这一对共同的祖先,所以从古代等级制度强调出身和血缘的角度来看,每个人之间也是平等的。中世纪英国社会改革家和思想家约翰·保尔认为,所有人都是亚当和夏娃的后代,贵族和平民从血统来看是平等的,贵族们没有任何理由认为他们天生就高人一等,天生就是平民们的主人。②虽然在中世纪西欧很多国家都长期存在着贵族与平民不平等的现实,但人们在阐释和追求平等时,都认为平民与贵族作为亚当和夏娃的后人,他们的血统是一致的,拥有相同的祖先。

上帝在用泥土塑造人类的时候,每个人都是按照上帝自身形象塑造的,所以每个人在形式上也都是平等的。基督教神学认为,人的物质属性、出身、血缘以及形式上的平等,即所谓的"众生平等",是神造人时候的旨意和最初精神。在最初上帝造人的伊甸园中,人是平等的,即便是人格和精神层面,上帝也没有规定人和人之间或者男人和女人之间谁更高级。这种上帝造人最初始的众生平等的旨意和精神在现实中表现为"自由"和"自然法"。③由此可以看出,上帝是通过自然法赋予世界上所有人初始阶段自由基础上的平等。也就是说,根据自然法,所有人享有外在的自由,同时拥有内在的自由意志,所以众人理所应当就是生而平等的。此外,上帝面前的平等还体现在不同宗教信仰之间的人是平等的,每一个人在上帝安排的其自身命运面前是平等的。④

(二)基督徒身份的平等

随着基督教在西方社会上的流传和普及,社会中绝大多数人都成了基督

---

① [意]卜伽丘:《十日谈》,方平、王科一译,上海译文出版社,1980年,第357页。

② [德]比尔:《英国社会主义史》上卷,何新舜译,商务印书馆,1959年,第26页。

③ DLE,Medieval political ideas,*Political Science Quarterly*,1955,60(3).

④ J. H. Burns,*The Cambridge History of Medieval Political Thought c.350–c.1450*,Cambridge University Press,1988.

徒,所以一方面作为上帝子孙的人是平等的,另一方面作为拥有基督教信仰的教徒是平等的。

《圣经》罗马书十二章五节中讲道:"我们这许多人,在基督里成为一身,互相联络做肢体,也是如此。"①可以看出,肢体虽然各自分工不同,但是他们之间的关系是平等的。基督是神圣的,所以他身上没有低贱的部分。基督徒作为基督肢体的共同身份,他们之间也就拥有了平等的地位。在基督教中,不会存在"你是我的"这种说法,因为无论是贵族还是平民,一旦信仰了基督,接受了洗礼,成了基督徒,他们就成了基督的肢体,所有基督徒作为基督的肢体、上帝的子孙,地位是平等的。

《圣经·新约·马可福音》中讲道:"凡尊行神旨意的人,就是我的弟兄姐妹和母亲了。"②这体现了在信仰上帝面前的众人是平等的观念。《圣经·约翰福音》中讲道:"我是你们的主,你们的夫子,尚且洗你们的脚,你们也当彼此洗脚。我给你们作了榜样,叫你们照着我向你们所做的去做。"③这反映出,基督和其弟子这种不同身份地位的人,以及弟子之间这种同等身份地位的人,作为上帝的信徒,他们的地位是平等的。

《使徒行传》第二章(信徒的共享生活)中讲道:"信的人都在一处,凡物公用,并且卖了田产、家业,照各人所需用的分给各人。"④可以看出当时在基督教徒之间,财产是实行公有的。这也体现了基督教徒彼此之间身份的平等。

二、社会地位和民族宗教的平等思想

原始时代部落成员中所可能形成的平等观念,既不是基于宗教的教义,也

---

① [法]加尔文等:《罗马书注释》,赵忠辉、宋华忠译,华夏出版社,2011 年,第 98 页。
② 《圣经·新约·马可福音》3:31—35。参考文献中有西方圣经的一般按此种方式标注。
③ 《圣经·约翰福音》13:14—15。
④ 《圣经·使徒行传》2:44—45。

不是源自什么理论。这种部落成员资格平等的观念,作为一股涓涓细流,浸润着中世纪的西欧社会,对封建制度、城市民主制度、庄园制度等都产生了一定的影响。应当看到,西欧封建社会是在根本对立和不平等理念上建立起来的。它既存在着身份等级的不平等,也存在着法律面前的不平等。不平等的理念,如等级歧视观念、对奴役制度的认同以及对异族异教的歧视等,影响更为深远。[①]

等级制度的本质就是歧视,体现的是不平等。在中世纪,西欧人与人之间存在着很多方面的差异,而这些差异又都成了歧视的直接诱因。英国规定,没有公共职务的人,例如商人、手工业者为下等人。残疾人甚至不允许写信。居住在农村的人因为没有城墙护卫,就无法拥有像城市一样的尊严,相比于城市人会受到歧视。

中世纪早期普遍存在农奴制,中晚期变为了奴隶制。《圣经》出埃及记中讲道:"你若买希伯来人作奴仆,他必服侍你六年,第七年他可以自由,白白地出去。"在中世纪基督教看来,虽然他们希望奴隶主更加善良,但是本质上并不反对奴役制度。

《旧约·申命记》第二十三中讲道:"你借给你弟兄的,或是钱财,或是粮食,无论什么可生利的物,都不可取利。借给外邦人可以取利,只是借你弟兄不可取利。"这种对外邦人的区别对待,本质上体现出不平等的观念。在中世纪最主要的歧视一方面表现为对犹太人的歧视,另一方表现为对殖民地人民的歧视。

三、阿奎那自然正义和实在正义的平等思想

中世纪神学思想最大的特色就是把一切事物的根源都归结为上帝,因为上帝是万能的。阿奎那在秩序论中指出,上帝造出来的人生来就是不平等的。[②]人

[①]　赵文洪:《浅析中世纪西欧不平等与奴役的观念》,《史学理论研究》,2004 年第 4 期。

[②]　《阿奎那政治著作选》,马清槐译,商务印书馆,1963 年,第 79 页。

生而不平等有两种形式,一种不平等是由于性别、年龄乃至体力和智力上的差别所造成的,这种不平等在人类无罪状态之前就长期存在着。另一种不平等是人类在犯罪之后才产生的,仆人对主人的服从是奴隶式的。一方面仆人为了主人的福利最大化而表现出对主人的服从,另一方面主人通过各种形式的统治方式管理着为自身福利而屈从于他们的仆人。而这种统治或者服从秩序是基于统治者和被统治者的福利一致,从这个角度上来认识,这种秩序是人类社会发展的一种必然要求。①

阿奎那将正义定义为"一种习惯,依据这种习惯,一个人根据永恒不变的意志使每个人获得其应得的东西"。阿奎那认为正义应当是神圣与理性的一致。在他看来,人世间的正义秩序应当是上帝、自然和政治三大秩序的统一。他认为正义可以分为自然正义和实在正义两种。按照阿奎那自然正义理解,一个人拿出来多少东西,就应当获得多少东西。这种自然正义被认为是阿奎那平等思想最集中的体现。但是阿奎那并没有在自然正义的基础上进一步明确平等应当遵循的原则,只是从思辨的角度阐述了自然正义。按照阿奎那实在正义的理解,人们可以通过协议或者共同的意愿让不违反自然正义的所有事情都具有法律上的意义或价值。人们既可以通过私人间的协定,也可以通过社会统治阶层的命令,来实现实在正义。

阿奎那认为自然正义对应着上帝的永恒法,而实在正义是自然正义所确定的自然法。②阿奎那从"原始正义"出发,拓展出自然正义,表现为个人必须遵循社会的普遍正义。在实在正义的领域,社会上出现人与人之间的各种交往或交易的问题,甚至出现违背道德或者法律的行为。从这个角度来看,正义可以被划分为分配的正义和交换或矫正的正义。因为每个人的地位存在差异,所以需要不同的东西分配给不同的人,由此产生分配正义。阿奎那认同亚里士多德的看

---

① 徐大同:《西方政治思想史》(第二卷),天津人民出版社,2005 年,第 287~290 页。

② M. Oakeshott,The Foundations of Modern Political Thought,*The Historical Journal*,1980,23(2),449–453.

法,在分配正义观念中蕴含的平等并不是一种机械的平等,这种平等是按一个比例实现的。在分配正义中,这个比例是以事物的重要性为依据的。以分配正义观来看,一个人对社会的贡献越大,地位越高,那么他就应当获得更多的财产。同样为了解决人与人之间在交往或者交易过程中产生的违反道德或法律的问题,产生了交换或矫正正义。按照交换或矫正正义来看,一个人当他犯错并损害了他人利益的时候,他自身需要接受惩罚,以使得因他受损的人得到补偿,而他自身获得的不当利益得到矫正。

交换正义直接导出了公平价格问题,而公平价格问题涉及生产、交换、消费和分配等各个环节,从这个角度来看,阿奎那关于公平价格的观点属于市场经济制度范畴。①从商品价格学说的理论角度来看,阿奎那认为交换应遵循同等性原则。从商品价格实践角度来看,阿奎那认为公平价格属于实现问题。阿奎那认为正义就是要确保“同等性”,“所谓正义行为就是对从他人那里获得的任何物品给予一种公平价格”,“正义就是一种平等性”,“正义仅仅存在于那些完全平等的东西之间”。从这个角度来看,公平价格问题成了一个如何准确的公正的衡量一个商品价值的问题。为此,阿奎那提出“效用原则”和“成本原则”。从效用原则来看,商品交易是买卖双方为了共同利益而建立的。商品交易的双方都应本着契约精神按照商品效用或者价值对等的原则进行交换活动,这体现出商品交易的平等性。②从成本原则来看,阿奎那在《神学大全》中不仅仅考虑保障公平正义的制造商品的劳动成本,还提出在计算成本的时候要考虑运输、存储以及商品在各个环节中可能存在的风险,这其中也体现出一些劳动的平等性。阿奎那基于效用原则和成本原则的公平价格论超越了古希腊和罗马时代对经济问题分析仅停留在政治学和伦理学框架下分析的惯例,体现出一种新的经济学态度和立场。阿奎那基于商品交换的同等性表面上看是对交换所用物品的平等,本

---

①　参见段德智:《试论阿奎那公平价格学说的理论基础和基本维度及其现时代意义》,《晋阳学刊》,2010 年第 4 期。

②　Thomas Aquinas, *Summa Theologiae*, London, Cambride University Press, 2016.

质上体现着物品交换背后人与人之间的平等。此外,阿奎那还认为政府对于市场的干预可以被看作是政府解决交易中出现不平等现象的一种有效方式。

阿奎那认为法律正义的首要目的是促进社会的公共福利,所以法律才被人们所遵守并发生效力。人类制定法律不是为了某个人的特殊利益,而是为了保护所有人的公共福利,所以法律必须以公众的普遍利益为出发点,以提高全社会公共福利为目标。从法律为了所有人的公共福利来看,公民在身份上是平等的。从法律分配义务的多少来看,公民在义务承担的内容上也是平等的。

阿奎那继承了亚里士多德在政体理论上的思想,认为根据宗旨的不同可以将政体分为正义和非正义两大类。阿奎那认为:"如果一个自由人的社会是在为公共谋幸福统治者的治理下,这种政治就是正义的。相反地,如果社会的一切设施服从于统治者的私人利益而不是服从于公共福利,这就是政治上的倒行逆施,也就不再是正义的了。"①在正义的三种政体中,阿奎那认为君主制是最好的政体,这与其神学政治观的认识是一致的,也是纯粹神学政治推理的必然结果。在中世纪,人民都认为上帝创造了宇宙万物,万物之秩序都体现着上帝的意志。因此,社会作为宇宙的一部分,必然也就服从"一对多"的统治和被统治的关系。这也是阿奎那认为人生而不平等观念的认识基础。

阿奎那将"公共幸福"(公共福利)看作是一个国家正义的现实目标。但是他认为个人的幸福不能等同于公共幸福,统治者不能有超出公众的幸福。统治者没有高于臣民的幸福,体现了君臣之间在公共幸福享有权上的平等。统治者为了所有人的公共福利来征税,体现了征税主体一致性的平等。此外,为了实现社会公共幸福的正义,从征税目标的角度来看,这是一种为保证所有人享有同等的资源或者说是幸福目标的平等。

---

① 徐大同:《西方政治思想史》(第二卷),天津人民出版社,2005 年,第 292~294 页。

第三节　近代资产阶级的平等思想

西方近代从时间段来看,是指从 16 世纪文艺复兴时期到一战前。进入文艺复兴时期后,各种思想如雨后春笋般应运而生,其中关于平等的思想也在不断地丰富。这个时期的平等思想主要有以自然法为依据的平等思想,代表人物有霍布斯、伏尔泰和卢梭;以法的精神和社会契约论为依据的平等思想,代表人物有孟德斯鸠;功利主义的平等思想,代表人物有爱尔维修、边沁、约翰·密尔;空想社会主义平等思想,代表人物有傅里叶、圣西门、欧文。资产阶级革命时期的平等思想主要有美国杰斐逊的平等思想和法国资产阶级革命时期勒鲁的平等思想。

一、文艺复兴以来和启蒙运动时期的平等思想

(一)以自然法学说为依据的平等思想

以自然法为依据的平等思想认为,自然创造人类之初,人就是本来平等的,更加强调平等是人与生俱来的权利,这与古希腊时期"公民权利平等思想"与中世纪时期"上帝面前人人平等"的思想一脉相承,但更强调自由和平等是"天赋人权"。持有这种观点的思想家有霍布斯,他是从自然法产生的条件和人的本性出发来描述平等的。霍布斯提出,人的自然属性是这样的:如果没有某种强制力对人们加以约束的话,每个人彼此之间都互不信任,相互恐惧。霍布斯认为,他所指出的这一人类本性是"所有的人根据经验都知道的,没有人能够否认的原则"[1]。在国家产生之前,人类生活在一种自然状态中。在自然状态下,人人都是平等的,这种平等体现在每个人的脑力与体力实际上是相当的,因为没有人弱

---

[1]　Thomas Hobbes, *De Cive*, The English Version, p.32.

到不足以威胁强者的安全,也没有人强到足以对付其他一切人。每个人对同一事物都具有同等的权利,甚至对彼此的身体也是一样。既然人们的权利是平等的,而且人人只顾保全自己的利益。因此,当人们同时想占有某物而不能共有或分享时,则必然成为仇敌,每个人企图伤害他人的利益来达到自己的目的。由此,霍布斯得出了自然状态是"一切人反对一切人的战争"状态的结论。①

霍布斯的平等学说在自然法的基础上也进行了深化,霍布斯认为自然创造人类之初,人本来是平等的,表现在人类身体和心灵的能力上的平等,同时,相等的时间可以使人们在同样从事的事物中获得相等的经验和智慧。"由这种能力上的平等出发,就产生达到目的的希望的平等。"这就是说,"人们由于能力上是相同的,也就希望由同等机会去占有和享用相同的事物"②。霍布斯认为人类才智的平等和能力的平等是引起人类为追求平等而斗争的主要原因。霍布斯是"人性本恶论"者,他认为人类最初处于一种没有国家、没有统治权、没有私有财产、没有"你的"和"我的"之分的自然状态;由于人性邪恶变为一种极为可怕的、恐怖的、人与人互相残害的敌对状态。因为人是自私的,在人类的天性中便存在着维护自身利益的现象,导致人们互相斗争;而且由于人类是生而平等的,人类才智的平等和能力的平等是引起人们争斗的另一原因。他提出,"自然使人在身心两方面的能力都十分相等,以至于有时某人的体力虽然明显比另一个人强,或是脑力比另一人敏捷,但这一切加总在一起,也不会使人与人之间的差别大到使这人能要求获得人家不能像他一样要求的任何利益,因为就体力而言,最弱的人运用密谋或者与其他处在同一危险下的人联合起来,就能具有足够的力量来杀死最强的人"③。他认为,由于人们的能力和智慧的平等,就产生了达到目的的希望的平等。在达到这一目的的过程中,彼此都力图摧毁或征服对方,直到对方没有力量足以危害自己为止。

---

① 徐大同、高建:《西方政治思想史》(第三卷),天津人民出版社,2005 年,第 222 页。

② 陈金全:《法律思想史纲》,成都科技大学出版社,1998 年,第 208 页。

③ 俞可平主编:《西方政治学名著提要》,江西人民出版社,2001 年,第 340 页。

伏尔泰是 18 世纪法国启蒙运动最杰出的启蒙思想家之一,享有"启蒙运动之父"的称号,伏尔泰也是从自然法理论出发,主张自由是人的自然权利。在他看来"一切享有各种天然能力的人,显然都是平等的"①。并且,依照自然法,"成为自由的人,在自己周围只有平等的人……"②。因此,伏尔泰认为"人人自由,人人平等,一人的真正生活,即自然生活,就是这样"③。在《共和思想》一书中,他再次强调"我们生而平等,我们一直拥有着这种平等"④。由此可见,伏尔泰所说的平等首先是人身平等。此外,在理论上伏尔泰还把平等延展到公民的权利平等,他认为所有人都拥有平等的公民权利,法律面前人人平等,就像英国那样,"一个人并不因为他是贵族或牧师,就能免交某些捐税"⑤。伏尔泰从理论上论证了人的平等,认为从"应然"的角度来强调人人都拥有人身平等、公民权利平等和法律面前的平等。但是,他也强调这些平等在现实生活中往往很难实现,尤其是经济上的平等,因为本性"喜欢财富、统治和快乐",人们之间不能平等相处;社会分工以及人的能力差异也会造成事实上的不平等;有时不平等不仅对社会无害,还为社会所必需。⑥因此,"平等既是一件最自然不过的事,同时也是最荒诞不经的事"⑦。

伏尔泰批判卢梭提出的人类社会不平等起源于私有制的观点,由此我们可以看出伏尔泰的平等思想带有很大的局限性。他尤其关注经济上的不平等问题,他认为"在我们这个不幸的星球上,生活在社会里的人们不可能分成两个阶级:一个是支配人的富人阶级;另一个是服侍人的穷人阶级。这两个阶级又分成上千个阶级,这上千个阶级又有一些不同的细微差异"。他认为这种差异与不平

---

① 《马克思恩格斯选集》(第三卷),人民出版社,1965 年,第 356 页。

② [苏]沃尔金:《十八世纪法国社会思想的发展》,杨穆等译,商务印书馆,1983 年,第 36 页。

③ 段立新:《西方不同时期平等理念评析》,《内蒙古民族大学学报》(社会科学版),2006 年第 3 期。

④ 徐大同、高建:《西方政治思想史》(第三卷),天津人民出版社,2005 年,第 326 页。

⑤ [法]伏尔泰:《哲学通信》,高达观等译,上海世纪出版集团,2005 年,第 35~36 页。

⑥ 徐大同、高建:《西方政治思想史》(第三卷),天津人民出版社,2005 年,第 326 页。

⑦ Francois Voltaire, Philosophical Dictionary, French:Penguin Classics,1984,p.92.

等不仅客观存在,而且还是合理的。在他看来,财产的所有权是一切自然权利中最根本的权利,是神圣不可侵犯的。据此他提出,公正的社会秩序是以自由和私有制为基础的,人们可以向往平等,但人们不可能要求现实的平等,更不应该采取行动来实践平等。从这里可以看出,他的平等思想中并不包括财产的社会地位的平等,他提出的关于平等的思想是值得批判的。

卢梭是18世纪法国启蒙运动中极具影响的小资产阶级政治学家和文学家。作为出身平民的思想家,他有更多的机会目睹社会的黑暗与不平等,因此平等问题成为其政治思想的核心主题之一。他信奉天赋人权学说,认为人类最初处于自然状态时人人是自由平等的,这是天赋的权利。"他把人类的不平等分为两类,一类是自然的或生理上的不平等,即由年龄、体力、健康以及智慧差异引起的不平等,这种不平等是与生俱来的,与人类社会相始终。另一类不平等是社会或者政治上的不平等,即一些人由于损坏别人而得以享受特权,譬如:比别人更富足、更光荣、更有权势,或者甚至叫别人服从他们"①。卢梭认为,由于前一种不平等的"自然性",就没有必要追溯其根源,前后两种不平等之间没有任何实质上的联系。他认为,怀疑这一点等同于"所有发号施令的人是否一定优于服从命令的人,在同样的人们之中,他们的体力或智力,才能或品德是否总和他们的权势或财富相称"②。由于自然的不平等在自然和社会中都会存在,而第二种不平等却只在社会状态中出现,因此卢梭更关注于第二种不平等,关注人类何以从自然状态过渡到社会状态,不平等又是何以在这一过渡中产生的。③

卢梭对私有财产充满了憎恶,因为它带来了社会的不平等,指出只有私有财产的确立才导致不平等的产生,但是这种不平等却是人类历史发展的一种必然趋势。"很明显,那时一切事物已经发展到不能再像以前那样继续下去的地步了,这种私有观念不是一下子在人类思想中形成的,它是由许多只能陆续产生

---

① [法]卢梭:《论不平等》,张雁深译,商务印书馆,1982年,第70页。
② [法]卢梭:《论人类不平等的起源和基础》,李常山译,商务印书馆,1997年,第70页。
③ 徐大同、高建:《西方政治思想史》(第三卷),天津人民出版社,2005年,第408页。

的先行观念演变而来的。"①在这一点上,卢梭的思想充满了唯物主义的意味。随着私有财产与私有观念的出现,人类进入充满财富差异、社会等级的社会状态,由于此时每个人的等级和命运不仅是建立在财产多寡和每个人有利于人或有害于人的能力上,而且还建立在体力、聪明、技巧、才能、功绩等种种性质上。这样"自然的不平等,不知不觉地随着关系的不平等而展开了"。也就是说,社会状态的到来,自然的不平等开始转变为社会的或政治的不平等。战争、冲突和灾祸也会由此而产生。正向卢梭所说的"一方面是竞争和倾轧,另一方面是利害冲突,人人都时时隐藏着损人利己之心;这一切灾祸都是私有财产产生的后果,同时也是新产生的不平等的必然产物"②。

卢梭提出了著名的不平等发展三阶段说。第一阶段,社会形成之初,国家形成之前,社会分裂为穷人与富人两大阵营,财富的不平等出现。最初人民对财富的理解还停留在土地和家畜等能够占有的实物财产之上,随着私有财产的不断积累和私有土地的不断扩大,有一天大家一定会发现,私有土地已经占据了视野内的土地,而要想获得更多的土地只能从别人手中掠夺——巧取豪夺正是实现这一目的的最佳途径。那些由于软弱或懒惰而错过了获取财产机会的人们成了穷人,他们的生活没了着落,面前只有两种选择:一是靠抢劫度日,二是接受富人的奴役。而富人一旦尝到了富有的快乐,便开始了毫无节制的征服和掠夺。强者与强者之间,强者与弱者之间,便产生了无休止的冲突。冲突带来了动荡与混乱,新产生的社会状态迅速让位于可怕的战争状态。为了摆脱这种悲惨的境地,必须为新的社会确立某种公正与和平的规则,必须有一个至高无上的权力和明智的法律来治理。于是,人们出于保障自己的自由与安全的目的,建立了政府,制定了法律。③

第二阶段,随着政府与法律的确立,出现了统治与被统治的关系,政治的不

---

① [法]卢梭:《论人类不平等的起源和基础》,李常山译,商务印书馆,1997年,第84页。

② [法]卢梭:《论人类不平等的起源和基础》,李常山译,商务印书馆,1997年,第125页。

③ 徐大同、高建:《西方政治思想史》(第三卷),天津人民出版社,2005年,第410页。

平等浮出水面。随着政府的建立,统治者便利用手中的权力,不惜使用一切手段来维护自己的特权与利益,剥夺被统治者平等自由的自然权利。在这种情况下,一些充满野心的权贵将职位逐渐掌握在自己手中,以建立稳固的统治。由此,世袭制取代了选举制。这一后果会导致"已经成为世袭的首领们,逐渐习惯于把官爵看作自己的家产,把自己看做国家的所有者,而起初他们只不过是国家的官吏,这样他们就慢慢习惯于把他们的同胞视作奴隶"①。

第三阶段,国家专制权力确立,社会不平等产生。原本合法的权力变成了专制的权力。在专制权力下,臣民除了君主的意志以外没有别的法律,君主除了他自己的欲望以外没有别的规则。善的观念与正义的原则在这个时期变得无影无踪,这不是平等的顶点,也不是其他各个阶段最终要达到的阶段,这个阶段只有出现新的变革才会使政府完全瓦解,或使它再次接近于合法的制度时才能终止。②在总结社会不平等发展的三个阶段时,卢梭强调"富人和穷人的状态是被第一个时期所认可的;强者和弱者的状态是为第二个时期所认可的;主人和奴隶的状态是为第三个时期所认可的"③。从表面上看,卢梭在描述不平等状态的升级,从经济的不平等到政治的不平等,再到社会的不平等,但实际是体现着他对平等的辩证思考。他对不平等起源的挖掘,对不平等发展的描述,对革命暴力的辩护,对法国大革命产生了很大的影响。

在《人类不平等的起源和基础》一书中,卢梭还提出了要根据社会契约建立共同体并消除不平等的思想。他认为,社会契约"以道德和法律的平等来代替自然所造成的人与人之间的身体上的不平等;从而,人们尽可能在力量上和才智上不平等,但是由于约定并根据权利,他们却是人人平等的"④。因此,生命、自由和社会契约构成了其平等思想的主要内容:生命、自由是天赋权利,社会契约是

---

① [法]卢梭:《论人类不平等的起源和基础》,李常山译,商务印书馆,1997年,第141页。
② 徐大同、高建:《西方政治思想史》(第三卷),天津人民出版社,2005年,第411页。
③ [法]卢梭:《论人类不平等的起源和基础》,李常山译,商务印书馆,1997年,第141页。
④ 《西方哲学原著选读》(下卷),商务印书馆,1982年,第3页。

这种权利在社会共同体中的存在形式；这种社会契约并没有摧毁自然的平等，反而是以道德与法律的平等来代替自然所造成的人与人身体上的不平等，从而尽可能在力量与才智上实现平等，——按照约定并根据权利，他们都是人人平等的。[①]在此基础上，卢梭提出的人民主权学说，在西方世界平等理论和实践中发挥了积极作用；此外，他还提出了实现人类平等的制度性设计，即建立民主制。

（二）以法的精神和社会契约论为依据的平等思想

孟德斯鸠是法国启蒙时期的著名思想家。他的平等思想建立在民主政体和法律保障基础之上，他认为在民主政体中，法律应建立平等、培养俭朴，因为真正的平等才是国家的灵魂，而俭朴保持着平等，两者对于民主政治来说须臾不可丢。孟德斯鸠认为，"在民主政治下，爱共和国就是爱民主政治；爱民主政治就是爱平等，爱平等就是爱俭朴。每个人既然都应该有同样的幸福和同样的利益，那么也就应该享有同样的欢乐，抱有同样的欢乐，抱有同样的希望……在民主政治下，对平等之爱使人们只去追求唯——种愿望和唯——种快乐。这种愿望和快乐就是在对国家服务方面使自己超过其他公民"[②]。各种平等的原则要用法律加以确认，这样才能维持平等的精神和风尚，而一旦法律不健全，不平等就会降临。孟德斯鸠认为，从自然状态过渡到社会状态后就会出现不平等，只有依靠法的理性才能维持人类的平等。他提出，自然状态下的人类过着和平的生活，但当人类迈进社会后，他们之间的平等就消失了，战争状态就开始了。这种战争状态包括国与国之间的战争状态和人与人之间的战争状态。这两种战争状态使人与人之间的法律建立了起来。在国与国之间出现了国际法；在治者与被治者之间出现了政治法；在公民之间出现了民法。一般地说，支配着地球上所有人民的法律，就是人类的理性；每个国家的政治法律和民事法律应该只是把这种人类

---

① 参见俞可平主编：《西方政治学名著提要》，江西人民出版社，2001年，第152页。

② 郑慧：《中西平等思想的演进与差异》，《武汉大学学报》（哲学社会科学版），2004年第5期。

理性适用于本国的情况。①法律才是保证公民平等和自由的主要依靠,它可以保证社会的正常秩序和良好的社会关系。

(三)功利主义的平等思想

功利主义的代表人物有克洛德·阿德里安·爱尔维修、杰利米·边沁、约翰·密尔。

18 世纪启蒙运动时期,爱尔维修用求乐避苦的人性主张来反对封建束缚和禁欲主义,并从理论上对利益原则进行了较为系统的阐述,他们是近代功利主义者的先驱。爱尔维修认为,真正的正义必须以公共利益为准绳,"要行为正直,就应当仅仅倾听和信任公共的利益,而不要听信我们周围的人,个人利益通常总是使他们利令智昏的"②。一个正直的人,必须把灵魂的高尚与思想的明智结合起来。例如,当一个君主选派一个官吏的时候,既要公正又要明智,要知人善任,选派真正的人才,这才是公正。公正就是"公共的人道"。爱尔维修强调,坚持"公共的人道"有时对个人来说是残酷无情的,为了维护这个原则,常常必须牺牲个人的一切温情甚至个人的人道温情。例如,当一只船长期漂泊,饥饿逼迫人们以抽签的方式来决定必须杀死某些人,以便把食物留给其他人的时候,一些人被毫不犹豫地杀死了。"这只船就是每一个国家的象征;为了公共的幸福,一切都变成了合法的,甚至变成了道德的。"③

边沁对法国革命时代甚至是整个资产阶级革命时期所提出的自然法、自然权利以及社会契约论持批判态度。在他看来,如果按照这些理论的逻辑和发展,必然造就一种无政府状态,它承认政府在社会生活中具有一定的权威和发挥的作用。此外,他明确了政府活动的目标,在他看来,政府的主要任务是实现大多数人的最大幸福。边沁在《民法典原理》中指出,社会的幸福在于满足四个次级

① 俞可平主编:《西方政治学名著提要》,江西人民出版社,2001 年,第 133 页。
② 《十八世纪的法国哲学》,商务印书馆,1979 年,第 461 页,第 595 页。
③ 马啸原:《西方政治思想史纲》,高等教育出版社,1997 年。

目标:生存、安全、富裕、平等。因此,平等内涵于功利主义原则之中。边沁认为立法的目标在于平等,平等也是获得最大幸福的必要条件,不过他还看到"平等发展的强劲势头威胁着财产的安全,必须避免这种趋势"。因此在安全和平等发生冲突时,就应当保留前者。他反对财产公有,强调政府要通过法律保护私有财产,并把它和法律看成"同生共死的",而且把财产安全视为是获得最大幸福的重要条件。[①]

约翰·密尔(John Stuart Mill,1806—1873)提出,功利主义倡导社会最大多数人的最大幸福,因此要求人们在追求自身个人利益的时候,必须关心他人的利益。同时功利主义强调平等和公平。密尔指出,在人与人组成的社会中,"除了主奴关系外,要想不以全体利益为立场,显然是不可能的。平等人所组成的社会,只有共同承认所有人的利益都是平等的,才是正确的。在一切文明时代,除了专制的君主以外,每个人都有与之平等的人,并且不得不与一些人在平等条件下生活"[②],而且时代的每一次进步,都在进一步地促进着社会人与人之间的平等,并使人们养成习惯:要想完全忽略他人的利益是不可能的。密尔认为,社会文明的进步和政治的改进,都在排除人与人之间、阶级与阶级之间的利益冲突,都在促进着人们权利的平等,并消灭"特权的不平等",社会中由于存在特权的不平等,大部分人的幸福实际上是被忽视的。密尔强调,功利主义者虽以幸福为标准判定行为之正当,但功利主义者所指的幸福,绝非仅是个人自己的幸福,而是指社会"一切相关人"的幸福,因此功利主义者要求人们要在他自己的幸福和他人的幸福之间做到"严格公平"[③]。

(四)空想社会主义的平等思想

空想社会主义批判资本主义,幻想建立高于资本主义制度的理想社会,客

---

① 徐大同、吴春华主编:《西方政治思想史》(第四卷),天津人民出版社,2005年,第32~33页。

② 周辅成主编:《西方伦理学名著选辑》(下卷),商务印书馆,1987年,第260页。

③ 马啸原:《西方政治思想史纲》,高等教育出版社,1997年,第612页。

观上反映了无产者的利益和要求。它是一种和不成熟的经济关系与不成熟的阶级关系相适应的不成熟的社会主义理论,其代表人物有圣西门、傅里叶、欧文。他们对于平等提出了不同的观点和思想。

克劳德·昂利·圣西门(Claude-Henri de Rouvroy,Comte de Saint-Simon,1760—1825),法国人。他在社会主义思想史上第一次把人类历史划分为五个阶段:原始社会、古希腊罗马奴隶社会、中世纪神学和封建社会、破坏神学和封建体系的时代、实业制度社会。圣西门设想的理想社会是实业制度社会,他主张实行一切人都应劳动的原则,强调无论是富人还是穷人,都应尽劳动义务。虽然有体力劳动和脑力劳动之分,但劳动是每个人应尽的义务,对每个人来说劳动是一个平等原则,同时圣西门强调劳动是人们应有的一种权利,他主张"最可靠和最迅速的手段来保证生产者大众经常有工作"①。离开具体措施和手段,劳动权利就是一纸空文。此外,他认为,资本主义社会的弊端是由于财产分配的不均,社会分成了三个阶级:第一个阶级是由学者、艺术家等自由思想者所构成的阶级;第二个阶级是由有产者所构成的阶级;第三个阶级是由有平等理想的人所构成的阶级。不同的阶级因为占有财产的数量不同,形成了不同的社会地位,而且富有者能够支配贫穷者,这当然是一个需要消灭的不平等的社会。相反,实业社会是完全建立在平等原则上的理想社会,这个理想社会的特征是否定特权、肯定平等、崇尚知识和实业,而且实业是政治权力的基础。圣西门认为,"政府应由两个阶级分掌:一个阶级以管理社会的精神福利为目的;另一个阶级则负责调整社会的物质福利。他认为平等是指每个人在社会中的地位和收入决定于他们的才能和贡献,他把一个人能否按才能和贡献得到与其相称的地位和收入视为社会是否平等的标志。②按照圣西门的这一观点,平等不是源于人的自然性,而是人的社会性;平等不是指人们对财富的均等占有,而是指在社会生活中和

---

① [法]圣西门:《圣西门选集》(第二卷),商务印书馆,1962 年,第 294 页。

② 吴忠民、王海玲:《社会公正论》,中共中央党校出版社,1980 年,第 59 页。

获取财富的过程中相同的社会环境和际遇条件，即相同的起点、提供同等的竞争条件、一样的机遇。这就从根本上改变了传统平等思想的认识方法，并赋予平等以新的含义。①

让·巴普蒂斯·约瑟夫·傅里叶（Baron Jean Baptiste Joseph Fourier，1768—1830）是法国思想家。恩格斯曾说，傅里叶最了不起的地方表现在他对社会历史的看法上。②他的平等思想主要体现在新的产品分配模式上，他既不主张平均分配，也不主张单纯的按劳分配，二是主张按劳、资、才的比例分配。"劳"即每个人在法郎吉（傅里叶设想的理想社会的基本单位是法朗吉，每个法朗吉由 1600 到 2000 人组成，占地约 1 平方千米；每个法朗吉又可分为若干个谢利叶）参加的各种生产劳动；"资"是建立法朗吉时所付出的资本；"才"是每个人所可能具备的科学或艺术的技能。这种分配制度，其积极之处在于使每个人都有最低限度的收入分配，同时还有从其他方面获得分配的可能，这就打破了以往空想家的绝对平均主义和禁欲主义，因而有其进步意义；但是其按资分配部分以股本的形式保留了私有制，以股息的形式保留了剥削。不过，这种分配制度可以使富人和穷人都能够获得各自满意的收入，也算是实现了人们在财富分配上的平等权利。傅里叶从一个新的视角提出了新的分配模式，而这种模式更加贴近实际，空想性日益减少，特别是在社会主义初级阶段更有现实意义和可行性。③傅里叶认为只有在法朗吉中才能实现社会平等。他提出，"谢利叶系由年龄、性格、知识、财产状况等方面都不相等的人所组成的。谢利叶的成员必须这样加以选定，就是说要形成从富人到穷人，从学者到无知者，从青年到老年人等不平等的对比和许多阶梯，不平等的阶梯面和对立面愈大，谢利叶便愈吸引人们来参加劳动、创造福利和提供社会和谐。当为数众多的谢利叶作为正常结构发生作用的时候，其中每个谢利叶都要划分为各种不同的小组"。显然在作为基本的生产和生

---

① 钟宜：《简论三大空想社会主义者的平等思想》，《探索》，1994 年第 4 期。

② 《马克思恩格斯选集》（第三卷），人民出版社，1995 年，第 727 页。

③ 徐大同、吴春华主编：《西方政治思想史》（第四卷），天津人民出版社，2005 年，第 248 页。

活组织的法朗吉中,传统的分工不复存在了,人们可以根据自己的兴趣选择不同的工作岗位,即在农业劳动与工业劳动之间,或者在脑力劳动与体力劳动之间自由地转换,当然这样的劳动就是一种享受而非仅仅是谋生的手段。傅里叶的平等思想也强调性别的平等。他提出要重视妇女权益,妇女解放是其社会管理思想中的重要内容。他认为在和谐的制度里,妇女在各个方面都应该是独立的,而不是男子的奴仆,甚至可以成为男子的对手。女性有获得从支配一个乡直到支配全地球的权力的机会。傅里叶认为妇女解放是社会问题,妇女解放是衡量社会解放的尺度,这一思想直接为科学社会主义所继承。[①]

罗伯特·欧文(Robert Owen,1771—1858),威尔士人,现代人事管理之父,人本管理的先驱。他彻底批判了资本主义私有制,并提出了平等、共产和集体劳动这一著名的三原则。他提出的理想社会的基本组织是劳动公社。劳动公社是以公有制为基本的经济制度的生产和消费的组织,而每个劳动公社由 300 到 2600 人组成。欧文认为,"这种社会的成员将通过简易、正常、健康和合理的工作,生产出满足消费欲望还有余的为数极多的剩余产品,因此可以让每个人都随便到公社的总库去领取他们需要的任何物品"[②]。也就是说,通过社会成员的劳动,劳动公社拥有了大量的剩余产品。因此,公社就可以实行按需分配的原则。他认为,由于公社有无穷的财富,因此人人都可以从公共仓库中领取他所需要的一切。欧文是明确提出"按需分配"主张的人。在这种情况下,由于每个人都获得了充分满足自己需要的生活必需品,人们自然就不会再积累财富,相应地在理想社会就不可能存在财富分配不均的现象,人与人之间平等的社会关系也就建立了。

---

① 徐大同、吴春华主编:《西方政治思想史》(第四卷),天津人民出版社,2005 年,第 249 页。

② [苏]维·彼·沃尔金等:《论空想社会主义》(中卷),郭一民等译,商务印书馆,1980 年,第 166 页。

二、资产阶级革命时期的平等思想

(一)美国资产阶级革命时期的平等思想

美国资产阶级民主革命时期关于平等思想的代表性人物主要是托马斯·杰斐逊(Thomas Jefferson,1743—1826)。他非常重视权利的平等性。他认为,权利如自由之光普照,绝非惠及少数富人,即"人生下来并不是背上装着马鞍,也不是得天独厚的少数人理当穿着皮靴,套着靴刺,堂而皇之地骑在它们背上"①。杰斐逊将权利平等视为共和制的原则,认为每个公民在人身、财产及其管理上都有平等的权利是共和的"真正基础",而"共和制最佳的原则就是使所有的公民具有平等的权利"②。正是从自然权利的角度出发,杰斐逊找到了政府存在的基础与原则。他认为,政府的原则是建立在人的权利的基础之上的,正是为了保卫权利,人民才诉诸建立政府。政府的目的是保证每一个社会成员的不可剥夺的权利,保证这些权利不受暴力的侵害,增进他们的安全与幸福。对社会契约论要求公民交出部分权利的说法,杰斐逊不以为然,"说我们进入了社会反而放弃了自然权利,这纯属无稽之谈"③。

(二)法国资产阶级革命时期的平等思想

法国资产阶级革命时期平等思想的主要提出者,是哲学家皮埃尔·勒鲁(Pierre Leroux,1797—1871),他在《论平等》一书中提出的关于平等的观点,主要体现在以下三个方面:

一是平等是自由和博爱的基础。勒鲁提出,法国大革命恰当地把自己的政

---

① 武志军:《托马斯·杰斐逊》,辽宁人民出版社,2002 年,第 696 页。

② Thomas Jefferson, Reply to the citizens of Wilmington, 1809. Thomas Jefferson, *The Writings of Thomas Jefferson*, Vol.16, p.336.

③ 徐大同、高建主编:《西方政治思想史》(第三卷),天津人民出版社,2005 年,第 480 页。

治目标归结为自由、平等、博爱三个词,这三个词是密切联系而不可分割的,有其内在的逻辑关系,是三位一体的。这三个词体现了人类的三种情感,即知觉、感情与认识;"自由"体现知觉,"博爱"体现感情,"平等"体现认识。作为行动的人,需要自由;作为感情的人,需要博爱;而作为有智慧、有认识的人则需要平等。他提出,平等是自由与博爱的基础,人之所以能够拥有自由的权利是因为他们是平等的,也因为他们认识到人类是平等的。他强调,"如果你们问我为什么要获得自由,我会告诉你们因为我有这个权利,乃是因为人与人之间是平等的。同样,如果我承认仁慈和博爱是人在社会中的天职,那是因为我思想上考虑到人的本性是平等的"①。"我还要再强调一遍,哪里没有平等,哪里就没有自由。"②勒鲁充分肯定和称赞了卢梭关于平等的理论,他认为在卢梭的论述当中,平等几乎构成完整的理论学说,卢梭的每一篇著作都是建立在人类平等的基础之上的。他认为,在卢梭看来,公民的平等本身只是人类自然平等的一种形式和必然结果。他批评伏尔泰等人把卢梭当成"诡辩家",反对嘲笑卢梭的言论和著作,把反对卢梭的言论称为"为暴君效劳的虚伪和谎言"③。勒鲁把"合三为一"与"三位一体"绝对化,认为人类自身及人类社会都具有三位一体的特点,"人按照上帝的形象塑造,他像上帝一样,也是三位一体"④。例如人的知觉、感情、认识是三位一体;力量、爱情、智慧是三位一体;个人、家庭、社会是三位一体;家庭、财产、城邦是三位一体;公民、官员、国君是三位一体。因此,他认为自由、平等、博爱也必然是三位一体。

二是原则的平等与事实的平等之间存在着"天壤之别"。勒鲁认为,财富不平等是社会不平等产生的主要原因,原则的不平等和事实的不平等存在着非常大的差别。法国大革命过后,平等作为原则和信条已经深入人心、家喻户晓,不

---

① [法]勒鲁:《论平等》,王允道译,商务印书馆,1991年,第14页。
② [法]勒鲁:《论平等》,王允道译,商务印书馆,1991年,第38页。
③ [法]勒鲁:《论平等》,王允道译,商务印书馆,1991年,第6页。
④ [法]勒鲁:《论平等》,王允道译,商务印书馆,1991年,第263页。

仅在信念上已经确立,而且在法律上已被认可。但是,原则与实际是背离的,原则上的平等与事实上的平等之间存在着天壤之别。第一,在军事领域,组织军队的原则是平等的,公民都要平等地服兵役,每个士兵都可以成为法兰西共和国军队的元帅。但事实上,富人的子弟可以依靠家族的财产和特权,像旧制度下的贵族那样"从学校毕业就成为天生的军官,或者至少可以享受一种专门教育,为他们的升阶晋级铺平道路"。反之,手工业者和葡萄园工人的儿子,无论他们的才能如何卓越,也无论他们的天赋和勇气如何恢宏,但是他们始终只能充当一个"无名小卒","平等事实上并不存在,但好的原则已经宣布,并为人们所公认"[1]。

第二,在政治领域,人民平等地掌握国家的主权是公认的原则,宪法和法律都是以全民的名义制定的,但在实际社会生活中它的贯彻却遇到了极大的阻力。法国大革命后,很快出现了法兰西第一帝国和复辟王朝,人民主权至上的原则一再被推翻,虽然第三等级再次依靠人民取得胜利,但在他们内部又涌现出热情的"贵族学者",认为立法权和政府只属于他们少部分人,而不属于人民,因而多数人未得到平等的政治权利。法律虽然以全民的名义制定,但却是用"虚构代替事实"以避免权利的失效。

第三,在思想领域,法国大革命宣告了建立在精神平等、智慧平等基础上的思想自由、言论自由、信仰自由、宗教哲学自由,但在现实生活中,这一切仍是谎言。创作自由受到法律的限制,信仰自由受到有形无形的迫害,劳动者整天忙于生计,工人变成了机器的一部分,既无时间也无精力去参加精神领域的活动,于是"思想自由、表达思想的自由、宗教自由在一个三千万人口的国家中只适用于几百人或者几千人,我看这就是不平等。在一个十万人中只有一个人享有这种特权的法国城市,用'奴役'这个词比用'自由'这个词更恰当"[2]。勒鲁认为,在当时的法国,思想自由、表达思想的自由、宗教信仰自由,对绝大多数人来说是毫

---

① ［法］勒鲁:《论平等》,王允道译,商务印书馆,1991年,第264页。
② ［法］勒鲁:《论平等》,王允道译,商务印书馆,1991年,第38页。

无意义的,"这只是一种无法实现的权利,一种毫无效果的前在力"①。

第四,在经济领域,法国大革命确立了农、工、商业的平等自由竞争原则,但实际上存在的却是可怕的不平等。"因为只有一小撮人占有劳动工具。其他人不得不在悲惨的境遇下沦为工业奴隶。"勒鲁尖锐地批评法国社会,说工人在与牲畜、机器争夺工资,仿佛是一群被解除武装和被绑架的人听任另一群拥有优良武器装备的人的肆意宰割。劳动市场和工业中的自由景象非常类似土伦苦役犯的监狱。

第五,在司法领域,法国大革命宣告在司法方面贫富一律平等,但在现实中穷人的孩子与富人的孩子受教育的机会却不平等,许多穷人由于贫困和无知成为罪犯,受到刑律的"平等"制裁。"有一个社会,那里的人只要一犯罪就会落入法网或宪兵手中,那就是穷苦阶级。还有一个社会,那里有些人几乎犯有种种的罪行,但他们可以不受刑法的处分,或者至少不必害怕它,那就是富人阶级。"②他指出,现实社会的司法是极不公正的,一个穷人做了小偷,被判苦役;但富人们经常偷漏税,进行无耻的经营,进行非法的牟利,进行无休止的赌博,甚至投机倒把、买官卖官、拉拢选票、贪赃枉法、出卖国家利益,却都可以不受惩处。勒鲁解释说,即使穷人和富人可以打官司,穷人仍处于极不平等的地位,他说"在诉讼中从来得不到关于穷人的权利不至于丧失的保证。我认为所有下面这些情况都会给穷人带来不平等,如诉讼程序中的千百种骗局,诉讼所需的昂贵费用,以及富人手下拥有的忠仆、律师、公证人、执法吏和一大批专门从事诉讼的人员为富人阶层出力并提供方便"③。

第六,在社会领域,平等被认为是调节一切公民私人关系以及友谊、爱情的基本原则,但实际上存在的却仍然是不平等。他说"爱情如同正义,它的实质就是平等"。或者说"为了实现平等,爱情应该具有正义的圣洁"。诗人、小说家都在

---

① [法]勒鲁:《论平等》,王允道译,商务印书馆,1991年,第40页。

② [法]勒鲁:《论平等》,王允道译,商务印书馆,1991年,第29页。

③ [法]勒鲁:《论平等》,王允道译,商务印书馆,1991年,第34页。

歌颂爱情的平等,并让一个可怜的穷人青年娶了一位美丽的公主;但在现实生活中,穷人和富人在这个方面却无法平等。穷人的女儿渴望通过婚姻摆脱贫困,她们放弃爱情,把财富和奢侈作为追逐的目标,于是穷人把女儿作为交纳给富人的一种"贡品"。勒鲁强调,出身门第、财富、土地以及我们生存的一切物质条件的占有,阻碍着这种平等的实现。他提出,在当时的法国社会中,不仅爱情不能平等,男女也不能平等,而男女平等又是爱情平等的基础。在现实社会中,一些人把妇女解放诬蔑为一种"暴乱",一些人把妇女从属于男人看作是神的旨意。甚至像密尔顿这样的英国著名思想家也认为妇女是一种自己无法到达上帝那里的"下等人",他认为"夏娃只有通过亚当才能认识上帝;在他们共同奔向上帝的过程中,他们两个人中唯有亚当是向导和明灯;只有亚当才属于上帝,而夏娃直接属于亚当,并通过亚当属于上帝"①。在现实生活中,妇女不能和男子一道接受教育,不能和男子一道平等地参与科学、艺术和工业活动。勒鲁批驳了男女不能平等的观点,并大声疾呼"妇女应该在男子帮助下和男子一道站起来,男人也应该在妇女帮助下和妇女一道站起来,而绝不要把两性之间的共同事业分割或区别开来。男人和女人不是两个不同的个体,而是一个个体的两个方面,爱情使其彼此契合和联系"②。他还强调,如果社会的艺术、科学和工业活动有妇女的参加,将会获得新的很大的进步,就像几个世纪之前,这些活动由于解放了农奴,有农奴的参加而取得了巨大的成绩一样。

勒鲁提出,人类具有不可分割的知觉、感情和认知这三个过程,三者彼此渗透,缺一不可;与之相应的是自由、平等、博爱三种权利,他指出"在这三种权利的每一部分中,我们都看到了被宣告为人类共同守则的平等;平等是我们今天应坚持的唯一的合理原则和唯一的正义标准"③。然而,"现实"和"权利"却存在着尖锐的对立,平等的权利在现实社会"完全是虚假的外表,骗人的幻景。人们

---

① [法]勒鲁:《论平等》,王允道译,商务印书馆,1991年,第54~55页。
② [法]勒鲁:《论平等》,王允道译,商务印书馆,1991年,第47页。
③ [法]勒鲁:《论平等》,王允道译,商务印书馆,1991年,第59页。

得到的只是不平等。我到处看到的是刺眼的不平等现象,野蛮的专制主义和可耻的奴隶制度"①。他还借用古罗马诗人吕克莱丝的话,"不必到世界以外寻找地狱,地狱就寓于社会之中"②。

三是人类要经历各种连续不同的认识阶段。在达到平等之前,人类要经历三个不平等阶段,即家庭等级制度阶段、国家等级制度阶段、财产等级制度阶段。皮埃尔·勒鲁对人类关于平等的认识历史进行了全面的回顾,他指出古代人只承认"公民的平等",不承认"人类的平等"。一切政治思想家从亚里士多德到孟德斯鸠,都只懂得把"事实"上升为"权利"。在古代,人们热爱自由,但没有追求过平等。古人常常谈到平等,但还远远不能成为一种理想的目的。他认为,耶稣是西方的神圣,是社会等级的摧毁者,耶稣最早赋予人类社会以平等,因为宗教从本质来说是倡导人类的团结,而平等正是宗教的一个方面。基督教对平等作出了贡献,但勒鲁认为基督教源于摩西法典教派,即埃塞尼教派,它不能超越埃塞尼人的科学与实践。耶稣之后人类继续前进,经历了家庭等级制度、国家等级制度、财产等级制度三个不平等阶段,人类的平等终于逐渐地从堵塞它的多种障碍中走出来,"在摧毁或者准备摧毁封建制、所有制有关的第三种形式的等级阶层同时,人类平等以另一种面貌表现出来,它既包括个人也包括他的同胞,而且把他们的利益集中在同一法权之中,这才最终称之为平等"③。勒鲁认为,促使西方社会发展的一切事物,都是按照个人生命发展的规律而演变的,人的生命过程可分为童年、青年、壮年、老年。自由相应于西方社会的童年;博爱相应于它的青年;平等相应于它的壮年。童年有知觉而无怜悯,青年有感情而缺乏认识,只有壮年才与理智相适应。勒鲁认为,自由是一种权利,博爱是一种义务,"而平等则是他的权利与义务赖以建立的一种学说",而且"平等"概括了人类迄今为止所取得的一切进步,也可以说概括了人类过去的一切生活。他充满感情

---

① [法]勒鲁:《论平等》,王允道译,商务印书馆,1991年,第60页。
② [古罗马]吕克莱丝:《论自然》,出版社不详,第60页。
③ [法]勒鲁:《论平等》,王允道译,商务印书馆,1991年,第242~243页。

地说,平等代表着人类已经走过的全部历程的结果、目的和最终事业,为了平等目标的实现,启蒙者前赴后继,人类为它洒下过多少汗水,经历过无数苦难,人们终于认识到"要确立政治权利的基础,必须达到人类平等,在此以前则没有权利可言"①。

---

① 　马呼啸:《西方政治思想史纲》,高等教育出版社,1997年,第465~466页。

第五章
西方现代的平等思想

　　本章主要概括总结自 20 世纪初以来,特别是二战后西方现代的平等思想。一是新自由主义的平等思想,代表人物有罗尔斯、德沃金;二是保守自由主义的平等思想,代表人物有哈耶克、弗里德曼、诺齐克;三是社会民主主义的平等思想,代表人物有托尼、托马斯·迈尔,以及社会民主党的平等思想;四是资本主义改革与政治思想多元发展中的平等思想,包括非理性主义关于平等的思想与论点,女权主义关于平等的思想与论点,生态主义关于平等的思想与论点,新马克思主义的平等思想、复合平等思想。

第一节　新自由主义的平等思想

一、罗尔斯的公平即正义思想

　　约翰·罗尔斯(John Bordley Rawls,1921—2002)在创作的《正义论》中探讨了平等自由、公正机会、分配份额、差别原则等问题的解决方法。①一个社会应该依

───────────

① ［美］罗尔斯:《正义论》,谢延光译,上海译文出版社,1991 年,第 5 页。

据什么样的原则来分配基本权利、义务和物质的利益,是社会政治哲学家探讨的焦点问题之一。在这个问题上,西方现代思想中主要有两派不同的主张,一派是"契约论",另一派是"功利论"。契约论在17、18世纪占统治地位,但从18世纪末开始,功利论成为占主导地位的理论。功利论把最大多数人的最大幸福作为评判社会政治法律制度和政府活动的根本标准。在罗尔斯看来,这很容易为了社会多数人的利益而侵犯个人的正当权利,因而他反对功利主义者漠视社会中的少数人的基本利益, 认为社会应该在优先考虑最恶劣环境和最差情况下,再最大限度地实现个体的利益。"最低的最大限度"体现了罗尔斯对社会中最少得利者的最大考量。他认为,偏重"最大多数"而忽视少数,实际上是肯定了为最大多数人而牺牲少数人的利益,这损害了人的平等自由权利,违背了正义原则的本质要求。罗尔斯坚持权利(Right)优先于善(Good)的义务论伦理观,认为公正(正义)是社会的首要价值。但是什么样的分配原则是公正或正义的,这个原则又是怎样得来的呢?

　　为了获得这个原则,罗尔斯提出了一种新的契约论。他首先设计了一个纯粹假设的原初状态,即一种自由社会的代表模式。这种状态有以下三个特征:一是在这种状态下,每个人都不知道自己在社会中的地位、阶级出身、天生资质和自然能力的限度,也不知道他的善的观念、心理特征和社会的经济政治状况等。二是在这种状态下,为选择正义原则而参加订约的各方都是平等的。三是参加订约的各方也都是理性的。他认为在上述条件下,人们最有可能或最有理性的选择方法是按照游戏理论中的最大的最小值规则来选择,即选择那种其最坏结果和其他选择对象的最坏结果相比是最好结果的选择对象。这一规则排除了功利主义的以最大利益总额为目标的选择对象。按照最大的最小值规则来选择,其结果必然是下述两个正义原则:第一原则是每个人对于所有人所拥有的最广泛平等的基本自由体系兼容的类似自由体系都应有一种平等的权利;第二原则是社会的和经济的不平等应该这样安排:使他们在与正义的储存原则一致的情况下,适合于最少受惠者的最大利益,并且在依据于机会平等的条件下职务和地位向所有人开放。①

　　罗尔斯的第一原则是平等自由原则,也即强调以上各种基本自由作为权利对每一个公民来说都应该是平等的。他的第二原则是机会平等原则和差别原则的结合。如果说第一个原则是支配社会中基本权利和义务分配的原则,那么第二个原则是支配社会和经济利益(主要包括权力、地位、收入和财富)分配的原则。第一种分配是人人平等的,但第二种分配由于无法做到完全平等,所以只能保证机会的公平与平等。机会的公平与平等是针对保守主义的机会平等原则而言的,机会平等的核心是"前程为人才开放",这种平等是以平等的自由权利和自由的市场经济为先决条件的。罗尔斯认为,这只是一种形式的机会平等,因为它除了承认平等的自由权利之外,没有保证一种平等的或相近的社会条件,结果资源的最初分配总是受到自然和社会偶然因素的强烈影响,如人的才能、天赋、社会地位、家庭、环境、运气等偶然因素都会造成个人努力与报酬的不平等。在他看来,这种分配方式是不合乎正义要求的,他主张前程为人才开放,再加上机会的公平平等原则的进一步限定,也就是说"各种地位不仅要在一定形式的意义上开放,而且应使所有人都有平等的机会达到它们",以便尽量减少社会因素和自然运气的影响。②为了实现这一点,他主张自由市场不应该是放任的,必须由以公正为目标的政治和法律制度来调节市场的趋势,保障机会公平与平等所需要的社会条件。③在罗尔斯看来,不平等的能力和天赋,都不能成为不平等分配的理由,因为这些因素在很大程度上依赖于幸福的家庭,而这些条件不是每个人都具有的,为此他主张用"差别原则"来纠正这种不公正。按照这一原则,任何人的自然才能都应看成一种共同的资产,一种共享的利益。因此,"那些先天有利的人,不论他们是谁,只能在改善那些不利者的状况的条件下从他们的

---

① ［美］罗尔斯:《正义论》,何怀宏、何包钢、廖申白译,中国社会科学出版社,1988 年,第 97 页。

② ［美］罗尔斯:《正义论》,何怀宏、何包钢、廖申白译,中国社会科学出版社,1988 年,第 68 页。

③ 马德普主编:《西方政治思想史》(第五卷),天津人民出版社,2005 年,第 55 页。

幸运中得利"，这就是所谓的"差别原则"。①因而《正义论》的突出贡献在于正义原则的提出。该原则为社会基本结构的设计确定了一个合理的标准。罗尔斯的主要观点如下：

第一，正义是社会各种制度的首要美德。

罗尔斯的正义论是在传统社会契约论和道德理论的基础上，逐步发展起来的一种新的理论，其理论明显区别于功利主义理论思想观。在罗尔斯看来，功利主义等理论不能对人类道德生活做出合理的解释。因而罗尔斯提出要建立一种"支配我们正义感的原则"，其理论关注点是社会的幸福如何得到公正公平的分配。罗尔斯认为，正义是社会政治和道德生活中的首要价值，它处于优先地位。正义论追求的最高理想是促进社会基本结构的正义，而非幸福的最大限度或最大利益。正义理论的研究基础是社会基本结构，强调制度的正义性是社会基本结构性质的最高价值目标。在罗尔斯的正义论看来，"公平的正义"才是正义的基本前提。"公平的正义"的核心内容是指，在一个正义的社会里，公民的权利和自由具有确定性、平等性和不可侵犯性，不能因为少数人的更大自由损害、牺牲多数人的自由，也决不能因为少数人的更大利益损害、牺牲多数人的利益。而且"公平的正义"所保障的权利和自由不应该屈从、受制于政治交易或社会利益的权衡。

罗尔斯认为，社会正义原则不仅是个人行为选择的标准，更是社会制度分配人们的基本权利和义务以及各种利益的标准。因为，社会是人类必需的合作形式。而在社会合作的利益分配过程中，每一个人都以自我为中心，为自己打算，都想从社会整体的大盘子中获得更多的利益。一方面，每个人都希望并要求社会合作，另一方面又会有个体利益要求的差异，由此产生利益冲突。在这种情况下，需要一定的原则或理论来规范人们在社会合作中进行利益选择行为，以减少社会利益产生的冲突。这个规范就是社会正义原则。社会合作的前提应该

---

① ［美］罗尔斯：《正义论》，何怀宏、何包钢、廖申白译，中国社会科学出版社，1988 年，第 292 页。

是"相互共容",以公正一致和行之有效的方式达成效率目标,以及合作模式的稳定性。缺乏稳定的社会合作往往也将是缺乏正义和效率的直观体现。社会合作本身要求每一个公民享有的权利和利益必须与他承诺的义务和职责一致。罗尔斯把社会公民所承担的义务、职责,他所享受的权利和利益统称为公民的"基本利益"。

在罗尔斯看来,正义论的前提是有不平等的存在,社会正义原则应该首先考虑到这些不平等。他认为人类社会既存在着利益的一致,也存在着利益的冲突。公正是人类社会的基本价值理念,平等是千百年来人们孜孜以求的社会理想。①利益冲突是由于人们大多认为追求较大份额的利益要比追求较小份额的利益好。为了取得基本的权利和义务、各种利益分配的一致意见,就需要社会正义原则进行调节。于是就引出必要的正义原则,以正义的原则来恰当地划分利益的社会安排。换而言之,人类社会的合作是基于人们的利益一致而采取的必要行为选择。社会合作是解决利益冲突的重要手段,合作中的利益冲突更加凸显了正义原则的必要性。在罗尔斯看来,私有制和公有制对正义原则都是开放的,都能满足它们。自由市场经济是可以在社会主义制度框架下同步发展的,如社会主义自由市场经济。②因此,自由市场经济不是资本主义制度或私有制经济发展下的独有特征。罗尔斯甚至认为,正义论本身并不偏爱社会主义制度或者资本主义制度中的哪一种。一个国家决定选择哪种制度体系,应该以该国特定的历史、制度发展和民族环境发展为依据。③因此,正义论优于功利主义之处在于,正义论所倡导的"公平的正义"更大程度上反映了人类社会发展的"本质特征",而非功利论坚持的"最大程度的善"。正义论作为一种道德规范和社会行为选择理论,在公共政策制定过程中可以有更大的实践性和可操作性。

---

① 李焱:《罗尔斯〈正义论〉中的机会平等思想》,《哈尔滨师范大学社会科学学报》,2016 年第 6 期。

② John Rawls, *Political liberalism*, New York:Columbia University Press,1996,8.

③ 李新廷:《从起点的平等到结果的平等:读罗尔斯〈正义论〉》,《武汉科技大学学报》(社会科学版),2014 年第 2 期。

　　第二,人的平等和自由是第一位的。

　　罗尔斯将自由平等权利、公平竞争的机会和财产视为人类的三种不可侵犯、不可剥夺的基本权利和利益。其中,前两种权力都不可转让,只有第三种权利可以转让,即财产权。但是,由于人们本身的种族、阶层、体能、智力等差异,现实中本就存在社会不平等状况,不同的人处于生活中的不同位置、层次,最后常常造成优者更优,劣者更劣的局面。①罗尔斯认为,个体能力上的差异具有偶然性。但是如果以个体能力作为社会分配工作、职务和社会财富的标准,那么社会的财富在其初次分配完成时期就会受到这种偶然因素的极大影响。以能力为机会的分配标准并不能排除自然和社会偶然的因素,容易导致"精英统治",使实际上的机会不平等越拉越大。因此,必须对其加以适当的限制。然而限制不是消灭或简单否定,而是进行合理的调节。其基本方式是:首先,应该明确人的自由、平等的权利,这是保证每个个体在人格、尊严上平等的基本前提;其次,社会应该为每一个个体提供公平竞争的氛围和机会,以此促进个体通过自身努力缩小社会不平等之间的差距;最后,社会上的不平等现象不可能完全消失,但这种不平等应该是在社会全体成员可承受、可容忍的范畴之内。这就要求利用社会规则给处于劣势地位的每一个人带来利益,以平衡这种不平等。罗尔斯认为,社会不平等在道德上是不公正的。为此,正义论提倡要最有利于最不利者,而且机会完全自由地开放,没有歧视,没有封闭。因此,罗尔斯倡导的正义的社会必须是充分地保障每一个个体自由平等权利的社会。

　　正义论的创新更多地表现在正义的第二原则上,即用普遍可以接受的、可容忍的利益结果和机会均等来限定社会的不平等。罗尔斯强调,民主的平等应该是社会机会向社会每一个人开放,无论社会个体的出身、种族、社会地位、体能、智力等究竟如何。②差别原则承认社会个体在体能、智力、才干等方面的差异,以及由此产生的社会经济财富分配不均结果的存在,但不能由此漠视以上

---

　　① 林龙:《对罗尔斯代际正义论的审查》,《广西社会科学》,2015 年第 6 期。

　　② 吴忠民:《论机会平等》,《江海学刊》,2001 年第 2 期。

偶然因素引发的社会机会分配上的不平等现象。民主的平等承认人的先天能力的差异,但它要求解除各种束缚人们能力发展的社会限制,尽力消除造成人们才能差异的社会根源和环境。如何避免由于自然的不平等和社会偶然性可能造成的社会、经济的不平等呢? 罗尔斯提出两点:一是在物质和精神财富的分配上使处境最不利的人都能得到好处,改善每个人的地位;二是各种职务、职位在机会均等和合理的条件下对所有人开放,并且好的职位必须在合理的竞争中才能够获得。罗尔斯指出,"虽然财富和收入的分配不要求是均等的,但它必须是对每个人都有利,而且同时领导岗位和指挥的职务必须是所有人都可以得到的"①。

第三,要顾及处于社会最不利地位的人们。

罗尔斯认为,合作、效率和稳定三者是衡量社会正义与否的重要因素。罗尔斯并不一般地否定效率原则,但效率原则必须以公正原则为前提。②在社会财富或利益的分配中,必须首先求得公正,在公正平等的基础上再求得效率。因此罗尔斯提出必须寻找一种既合乎正义原则又有效率的分配原则, 这种原则就是"最低的最大限度原则"。罗尔斯的正义论总是关注最少得利者的利益和地位,并以此衡量社会是否公正。罗尔斯的理论反映了其对社会最少得利者的偏爱,反映了其想通过社会再分配或补偿机制使社会每一个成员都趋于平等的最初始的愿望。其正义论的基本要求是:正义、合理的社会分配制度不应该以牺牲少部分人的权利和利益来满足另一部分人的权利和利益。在社会竞争和社会资源分配过程中,应该首先保护弱势群体的利益。社会公平分配的衡量标准不应该取平均值或大多数人的基本情况,也不是少数具有优势的得利者,而应该是处于社会最不利地位群体和弱势群体的最大利益满足程度。它不仅能满足"对所有人都有利"的要求,而且也在满足优越者的同时,给最劣者带来较大的利益,

---

① 戴桂斌:《罗尔斯的正义原则述评》,《河南大学学报》(社会科学版),1998 年第 3 期。
② 吴忠民:《论机会平等》,《江海学刊》,2001 年第 2 期。

"对处于最不利地位上的人最有利"①。

二、德沃金的资源平等思想

罗纳德·德沃金（Ronald Myles Dworkin，1931—2013），美国著名哲学家、法学家，他提出了一种自由式平等（liberal equality）观，其基本理念是：政府必须关心和尊重人民。他认为，自由不仅不会与平等冲突，而且来自平等这个更根本的概念。②德沃金竭力主张自由和平等是一致的，他说："作为基本的政治美德，自由与平等不会冲突，因为除非假定了自由的在位，甚至不能界定平等，在现实世界中，用损害自由价值的政策不可能在平等方面得到改进。"③德沃金在以下两个概念之间做了区分：一是政府把所有人当作平等的来对待（treat as equals），二是政府平等地对待所有人（treat equally）。前者说的是有权获得平等的关心和尊重，后者说的是在资源、机会等的分配中得到相等的东西。德沃金主张的平等是前面一种，他认为这种平等更为基本，是建构性的，而第二种是派生性的。这种区别在以下例子中可以看得很清楚：两个地方都遭到水灾，如果救灾物资有限，把两个灾区的人当作平等的来对待就应当对灾区给予更多的救济，而不是平均分配。④在 1986 年出版的《原则问题》一书中，他只是提到"类似大致平等的这样一个原则：资源和机遇应当被尽可能平等地分配。从而对无论什么有用事物的平均分配将有益于满足每个人的抱负"⑤。但在 2002 年出版的《至上的美德：平等的理论与实践》中，他已经以一条最为抽象的平等原则为起点研究自由主义平等观了。具体而言，这条抽象平等原则规定了"政府必须采取措施改进每个公

---

① 卫知唤：《异质的正义体系："基本善"与"可行能力"再比较》，《社会科学辑刊》，2015 年第 4 期。

② Ronald Dworkin, *Taking Rights Seriously*, Cambridge, Mass：Harvard University Press，1977，P.272.

③ Ronald Dworkin, *Taking Rights Seriously*, Cambridge, Mass：Harvard University Press，1977，P.276.

④ Ronald Dworkin, Liberalism, in Michael J, Sandel（ed），*Liberalism and its Crtics*, New York：New York University Press，1984，PP.62–63.

⑤ ［美］德沃金：《原则问题》，张国清译，江苏人民出版社，2005 年，第 253 页。

民的生活,必须给予每个成员的生活以平等的关切"①。在后来出版的《民主是可能的吗?——新型政府辩论的诸原则》和《刺猬的争议》两本书中也做了相关研究。根据德沃金的观点,"自由主义平等观"是一种平等的关切,这种平等的关切是政治社会至上的美德。"没有这种美德的政府,只能是专制的政府"②。具体来看,这种平等包括资源平等和政治平等两部分内容。

德沃金倡导的分配平等不是幸福的平等,而是资源平等。他所倡导的资源平等是指私人所有的一切资源方面的平等,达到资源平等的标准是必须通过他所谓的"记录检验"。他以下面的假设来说明自己的想法:设想一艘船在海上失事,人们落难在一个荒岛上,为了平等地分配物资并使每一个人最终满意,他们的办法是对每一件物品都搞拍卖。这样就能通过嫉妒检验,因为虽然不同的人对自己的所得满意程度不同,但不会嫉妒别人的所得。对于天生残疾障碍者应该给予照顾,可以把他们的残障视为拥有负值的资源,在平等分配时把这一点纳入计算,使他们的所得多于一般人。③他在证明幸福的平等在大多数情况下不适用时,首先承认这种主张初看起来在直觉上是有道理的。他认为所谓平等,应该是人们感到幸福或自己的满意程度是一样的,而不是银行账号上有相等的数字。

德沃金在讨论民主制度的基础上论证了政治平等理论。他认为,讨论政治平等问题必须在民主制社会中进行,关于这一点是不存在争议的,真正存在争议的问题是哪一种民主形式最适合一个政治平等社会。德沃金在《至上的美德:平等的理论与实践》一书中区分了两种民主观,即分离民主观和依赖民主观。前者提供的是一种入口检验,即民主本质上是一个平等分配政治决策权的问题;后者提供的是一种出口检验,即民主本质上是一套产生公正结果的机制。分离

---

① [美]德沃金:《至上的美德:平等的理论与实践》,冯克利译,江苏人民出版社,2003年,第207页。

② [美]德沃金:《至上的美德:平等的理论与实践》,冯克利译,江苏人民出版社,2003年,第1页。

③ Ronald Dworkin, What Is Equality? Part 1: Equality of Welfare, *Philosophy and Public Affairs*, Vol. 10, No.3, 1981, pp.191-243.

民主观颇为流行,几乎人人都认为民主意味着合格的成年人有着平等的投票权,其原因在于多数原则被视为民主的灵魂。尽管分离民主观如此流行并且有着突出的优点,但它的纯粹形式不可能获得成功。相反,我们要么支持一种吸收了分离民主和依赖民主两者之特点的混合民主观,要么支持一种纯粹的依赖民主观。具体原因:政治平等理论可以区分为作用的平等和影响力的平等。德沃金认为,由于分离民主观所要求的权力平等只能被理解为影响力的平等,而影响力的平等与平等主义社会所主张的强烈关心结果公正以及强烈关心每个人以平等的分配决策参与政治等目标相冲突。所以分离民主观是不可取的,从而为作用平等而不是影响力平等提供重要位置的依赖民主观才是我们要坚持的民主观。①综上所述,德沃金在《至上的美德:平等的理论与实践》一书中通过区分作用的平等和影响力的平等,提出了分离民主观和依赖民主观,并指出基于作用的平等的民主观才能支持政治上的平等。提出这一观点后,他并没有停止思考,在《刺猬的正义》一书中,他及时发现并修正了原有理论中所存在的问题,从三个方面对政治平等重新进行理解,即平等的感召力、平等的影响力和共同体把人们作为平等者来看待。②

德沃金提出政府将其公民作为平等的人来对待的共享理念。德沃金指出,根据对上述共享理念的不同回答,可以区分两种不同的平等理论。第一种平等理论认为,政府必须在公民的良善生活问题上保持中立,因为一个社会的公民在生活观上存在着不同,假如政府因某种理由而视某种生活观优于另一种生活观,那么它就无法将他们作为平等的人来对待。自由主义者所采纳的就是这种理论所主张的平等观。第二种平等理论认为,政府不能就此保持中立,因为将一个人作为一个平等的人来对待意味着这个人希望以对他是善的或真正智慧的

①　[美]德沃金:《至上的美德:平等的理论与实践》,冯克利译,江苏人民出版社,2003年,第207~237页。

②　杨国庆:《认真对待平等权》,社会科学文献出版社,2016年,第587页。

方式来对待他。保守主义者往往采纳的是第二种理论所主张的平等观。①在区分了这两种平等理论之后,德沃金已经触及了自由主义者对待共享平等理念的看法,即只有政府在公民善良生活的问题上保持中立,才能够做到把公民作为平等的人来对待。但是,他的这种看法是笼统的,也就是政府在公民良善生活的问题上保持中立,仍然是一个有待进一步明确的问题。通过这两种理论的区分,德沃金认为基于中立的自由主义不能摆脱道德怀疑论的指责,也不能为反驳功利主义和经济不平等的其他当代辩护提供有力证据,但是基于平等的自由主义则没有这些缺陷。德沃金因此认为,只有基于平等的自由主义才能更好地解释政府为什么在公民良善生活问题上保持中立。具体而言,这种自由主义不仅相信这样一种传统的自由主义原则——政府不应当强制执行私人道德,而且同时相信这样一种经济制度——在其中没有一个公民应当更少享有共同资源,以便其他人可以占有他被剥夺的份额。②

第二节　保守自由主义的平等思想

一、哈耶克的平等思想

弗里德里希·奥古斯特·冯·哈耶克(Friedrich August von Hayek,1899—1992)在经济学领域的观点属于自由主义思潮的范畴,在政治学领域的观点则属于保守主义。1960年哈耶克出版了代表作《自由宪章》,20世纪70年代出版了三卷本的《法律、立法和自由》,1988年出版了最后的著作《致命的幻想》。哈耶克被认为是20世纪影响力最大的自由主义思想家和坚定的自由主义捍卫者,在其六

---

① [美]德沃金:《原则问题》,张国清译,江苏人民出版社,2005年,第249~251页。
② [美]德沃金:《原则问题》,张国清译,江苏人民出版社,2005年,第267~268页。

十余年的学术生涯中,他对各种形式的计划经济、集体主义、社会主义进行了不遗余力的批判。

哈耶克的平等思想是建立在"效率"和"自由"基础上的。他认为自由竞争的市场经济制度是最有效率的,只要自由市场机制充分发挥作用,每个人都能按照自己的收入和意愿进行交换,生产资料和劳动就能够被安排到社会需要的部门中去,从而实现资源的有效配置。在哈耶克批判的国家干预主义思潮中,最主要的是他所谓的社会主义思潮,他认为"社会主义意味着废除私有企业,废除生产资料私有制,创造一种'计划经济'体制,在这种体制中,中央的计划机构取代了为利润而工作的企业家"①。他把计划经济等同于集体主义,把社会主义看作集体主义的一种,其他如共产主义、法西斯主义等都是集体主义的表现形式。②在哈耶克看来,计划经济和国家干预是对市场机制的否定。他认为,平等确实是应当努力争取实现的生活目标,但由中央权力机关所进行的分配不仅不能实现平等的目标,而且还会牺牲效率。哈耶克还提出,为了实现实际的机会平等,政府必定会控制所有的自然的环境和人文环境,并且必定会致力于至少提供给每一个人以同等的机会,政府在这些做法上越是有成就,那么以下这种合法的要求就变得越强烈,即要求按照同一原则必须撤出至今仍保存的障碍,或者采取对至今仍处于比较有利地位的人加上额外的负担的办法来补偿这种办法。这种做法将会持续下去,直到政府原原本本地控制了一切可能影响任何人的生活的环境。而这样一来,也会破坏自由市场经济调节经济和促进资源有效配置的作用,从而降低经济效率。

哈耶克从自由主义与社会主义的角度区分正义和社会正义。他认为,人们对社会正义的诉求,严重威胁了当代社会中的自由。他把社会正义有时又称为分配正义,并把它视为社会主义的核心价值。社会主义者之所以主张实行计划经济,其主要目的就在于实现财富的公平分配。他指出,社会正义是正义观念被

---

①　[英]哈耶克:《通往奴役之路》,王明毅译,中国社会科学出版社,1997年,第37页。

②　徐大同、马德普主编:《西方政治思想史》(第五卷),天津人民出版社,2005年,第72页。

滥用的结果,而且是与正义本身相对立的,自由主义与社会主义在价值观上的一个重要区别就是正义与社会正义的区别。哈耶克指出,社会正义这个术语通常都是被当作分配正义加以使用,分配正义是不适于市场经济的。因为在市场经济条件下是不可能实行集中分配的,在没有人实行分配的地方,就不可能有分配正义。在他看来,在市场经济中只存在"自发秩序",它可以自由调整市场中提供商品和服务之行为的规则及交换正义,而不是分配正义。

哈耶克反对公平分配,认为市场机制造成个人收入的不平等是完全合理的。他认为,社会正义的要求实际上就是物质平等或结果平等,而这种平等与法治是不兼容的。因为法治要求是在一般性规则面前形式上的平等,而结果平等的主张既然要使不同的人产生同样的结果,那就必须给予人们不同的待遇。所以,这种"旨在实现公平分配的重大理想的政策,必定会导致法治的破坏"[1]。此外,追求结果平等的社会正义要求与市场秩序也是格格不入的,市场秩序是靠一般性行为规则来维持的,如果人们强行把某种结果平等或分配正义的要求加在市场秩序上,自发的市场秩序就会逐渐被政府控制一切的全权体制所代替。[2]哈耶克虽然也认为有必要缩小人们之间的收入差距,但他反对通过市场以外的方式来强制实现收入和财富的均等,因为市场经济是根据每个人提供的生产要素和贡献的多少来支付报酬的。人是有差异的,他们所创造的收入本身也是有差别的,人为的缩小它们之间的差别只会打击人们努力工作的积极性,使社会效率受到损失。

哈耶克反对过分追求机会平等。他提出,在现行的市场秩序中,不同的个人所具有的初始机遇是不同的,因此对机会平等的要求或对平等的起始条件的要求有其合理之处,政府为每一个人提供最低收入保障的措施也是正当的。但他反对过分追求机会平等,认为这会不必要地增加政府权力。他认为法律的目的应当是平等地改进所有人的机遇,一个好的社会是随机挑出的任何人都有可能

---

① [英]哈耶克:《通往奴役之路》,王明毅译,中国社会科学出版社,1997年,第79页。

② 徐大同、马德普主编:《西方政治思想史》(第五卷),天津人民出版社,2005年,第83页。

获得尽可能多的机遇的社会,而不是所谓真正实现机会平等的社会。①

二、弗里德曼的平等思想

米尔顿·弗里德曼(Milton Friedman,1912—2006),美国经济学家,他反对凯恩斯的政府干预思想,宣扬自由市场经济优越性,强调市场机制的作用,从而最终实现平等。他提出"在一个自由市场的社会里,收入分配的直接道德原则是,'按照个人和他拥有的工具所生产的东西进行分配'"。这个原则和另一个在道德上看来似乎是可取的原则即均等待遇的原则之间,在一定限度内"并不是相互矛盾的。按照产品计酬可能是必要的,以便得到真正的均等待遇……有必要通过市场所决定的报酬的不平等来得到全部报酬的平等或待遇的平等"。也就是说,按照所生产的产品数量对劳动者和其他生产要素的所有者分配报酬,虽然会导致他们所分得的报酬的绝对数量可能存在差异,甚至会存在巨大的差异,但作为分配的尺度或标准是同一的,因而是平等的。如果说所分配的报酬的差异的存在是一种不平等,那么这种不平等恰恰反映了分配尺度或标准的平等。

(一)强调机会平等,反对结果平等

在分配关系上,弗里德曼反对必须由政府干预才能实现的结果平等,而主张与自由观念相一致的机会平等。弗里德曼认为:"在过去的半个世纪里,这种思想观念已经左右美国的发展方向。从地方到联邦,各级政府的规模都在扩大,权力都在扩张;同时,权力和权限不断从地方政府向中央政府转移。政府逐渐承担起了收入再分配这一任务,打着保障、平等的旗号,从一部分人手中拿出钱来转发给另一部分人。"②

---

① 徐大同、马德普主编:《西方政治思想史》(第五卷),天津人民出版社,2005年,第83页。
② [美]米尔顿·弗里德曼、罗丝·弗里德曼:《自由选择》,张琦译,机械工业出版社,2014年,第9页。

(二)解释了机会平等与自由

关于机会平等与自由的内涵,弗里德曼认为,平等的含义不是固定不变的,而是随着时代的变迁而变化的。在美国建国之初的早期岁月里,"平等"意味着在上帝面前人人平等,"自由"意味着个人可以自由地左右自己的生活。《独立宣言》所表达的这一理念是为反对奴隶制而提出的。美国的南北战争消灭了奴隶制,于是越来越多的人把平等理解为"机会平等"。对于什么是机会平等,弗里德曼认为,任何人都有权运用自己的各种资源去追求自己的目标而不受任意的干涉。

(三)阐释了机会平等与结果平等的关系

按照机会平等的原则,"每个人都有得到自由的平等权利",但不同的人为其生活的社会所做的贡献是不同的,因而所获得的物质成果也是不同的。弗里德曼说:"自由主义者在一方面会严格区别均等权利和均等机会,而另一方面,严格区别物质的均等或成果的均等。他可能欢迎自由社会迄今比任何其他社会趋于具有更多的物质的均等这一事实。但是,他会把它看作自由社会的合乎理想的副产品之一,而不是它存在的主要理由。"[①]弗里德曼这里所说的"物质的均等"是指作为经济发展最终成果的社会成员在社会财富的占有均等;"成果的均等"是指作为社会再生产过程的一个环节的分配的均等,即与机会平等相对的结果平等。

(四)阐释了机会平等与公平的关系

在弗里德曼看来,结果平等强调的是公平,而公平这个词的含义更为含混不清,要想给它下一个精确的定义是非常困难的。如果要用"公平"准则来衡量人们的所得,那么公平不公平是很难说清楚的。"如果'公平'不再意味着'完全同一',那它就不是一个客观标准了……若要保证人人都得到一份'公平的份额',

---

① [美]米尔顿·弗里德曼:《资本主义与自由》,张瑞玉译,商务印书馆,2004年,第198页。

那么就必须由某个人或一群人来决定多大的份额才算是公平的;而且他们必须把自己的决定强加给别人,对其超过'公平份额'的那一部分予以没收,转给那些所得不足'公平份额'的人,即'损有余而补不足'。"①在这种情况下,人们的收入不再由其劳动生产的状况来决定,而是由"公平"原则来决定,他们之所得不再是生产劳动的成果,而是按"公平"原则分给他们的"奖品"。弗里德曼认为公平分配原则存在一系列无法解决的问题:"如果人之所得都要由'公平'准则来决定,而不是由其劳动生产来决定,那么发给他们的'奖品'又从何而来呢?在此人们从事工作和生产的能力从何而来呢? ……我们又靠什么来保证人们接受分配给他们的任务,并尽心竭力地完成任务呢?显然,只有靠暴力强制和恫吓。"②

弗里德曼关于平等的思想,其实是片面强调效率而忽视公平,尤其是公平对效率的反作用的结果。首先,社会合作组织,离开社会成员之间的合作,任何人都不可能获得较多的收益。从这个意义上说,收入较多的社会成员有义务帮助那些收入较少、维持正常生活有困难的社会成员。其次,只有维护这个合作组织的稳定与和谐,社会成员的利益才能得到有效保护和不断增加,如果社会成员之间的收入差距过大,以至于有些社会成员的生活陷入困境,这个合作组织就很难保持稳定和和谐,社会成员尤其是富裕的社会成员的利益就很可能受到损失。

三、诺齐克的平等思想

罗伯特·诺齐克(Robert Nozick,1938—2002)是美国哲学家、伦理学家,他用"持有正义"的理论批判"分配正义"理论,用大量的篇幅批驳了罗尔斯提出的"差别原则"这种分配正义要求的体现。罗尔斯认为,分配正义问题是由社会合作带来的,这是因为合作能给每个人带来比独自生活更大的利益,因此大家都愿意进行合作。但是由于每个人都想从合作的利益中获得较大的利益份额,所

---

① 〔美〕米尔顿·弗里德曼、罗丝·弗里德曼:《自由选择》,安强等译,商务印书馆,1982年,第163页。

② 〔美〕米尔顿·弗里德曼、罗丝·弗里德曼:《自由选择》,安强等译,商务印书馆,1982年,第164页。

以才有必要提出正义原则来进行调节。对此,诺齐克进行了反驳,他认为如果在
不合作状态中某人偷了别人的东西,在这里谁对那些东西拥有权利是非常清楚
的,所以这正是可以运用正确的正义原则即远离原则的时机,但即使在合作状
态中,只要每个人依据自己的权利自愿进行交换,就能自动实现正义的分配,而
无需明确分离和鉴别共同产品中每个人的贡献,也不需要什么另外的分配模式
和原则。只要通过自愿交换,每个人都能达到一种大致得到自己边际贡献的效
果。另外,在普遍的合作体系中,才智较低者一般与才智较高者相比,根本不需
要通过差别原则使他们得到更大利益;否则,将挫伤才智较高者与才智较低者
之间合作的积极性。[①]

　　诺齐克提出,依据以下三条思路可以构建比现实生活更好的乌托邦社会,
从而实现更好的平等。第一条思路:人是有差别的,因此没有理由认定只能有一
种共同体作为所有人的理想。第二条思路:既然所有社会政治价值不可能同时
实现,那么就应当使它们可实现的机会平等,就应当允许各种各样的共同体作
为选择对象出现,让每个人都能够选择那些最符合自己价值观念的共同体,而
不能厚此薄彼。第三条思路:人是复杂的,其相互联系也是复杂的,因而不可能
有一种最好的共同体,只能有一些较好的共同体。换句话说,即使有一种对所有
人都是最好的共同体,也只能通过多种实验和筛选而获得。[②]

第三节　社会民主主义的平等思想

一、托尼的平等思想

　　理查德·亨利·托尼(Richard Henry Tawney,1880—1962)是英国经济史学

---

① 徐大同、马德普主编:《西方政治思想史》(第五卷),天津人民出版社,2005年,第83页。
② 俞可平主编:《西方政治学名著提要》,江西人民出版社,2001年,第416页。

家、社会批评家,他对于平等问题有独到的见解。

(一)平等而不"等同"

托尼强调的平等,实质上是指人的天赋各异但道德价值平等,他提出,"平等对待不是等同对待,它不是以相同的方式来对待不同的需要,而是要施于平等的对待,以保证不同的人以最合适于他们的不同方式来满足各自不同的需要,就像医生给不同体质的人开不同的养生之方;教师用不同的课程开发不同类型的智能一样"[1]。此外,托尼强调"平等一词的含义不止一个,它既意味着一种事实上的理解,又可以表达一种道德意义上的见解。一方面,从总体上看人的特性和智力的天赋都是近似的;另一方面,就个人来看,人们在才能和资质方面又存在着差异。但作为人来说,他们又是平等的,因而要受到重视和尊敬"[2]。"仅就第一个方面而宣称人人平等显然是站不住脚的……事实上,除了机会和环境有着很大的不同外,个人在天赋方面和依靠教育来发展自己的能力方面也存在着广泛的差异。"[3]在他看来,平等不是天赋或所得平等,而是社会和经济环境、制度和作为人而需要的生活权利平等。事实上,一些人和某些群体相对于别的人或群体来说,可能在天赋上处于劣势地位,"但不能因此而给予他们更少的重视,不能在法律地位、健康以及经济的安排等社会控制方面机遇不平等对待"[4]。托尼认为,社会越是平等地尊重和对待所有成员,当他们作为人的基本需求满足之后,对不同群体和个人的特别需求机遇不同的对待就会越大。因此,他所倡导的平等并不是一种数学上的平等或待遇的同一,而是建立在道德价值基本原则基础上的平等对待,是"一种文明手段的普遍扩散",他所追求的是消除不平等的限制,扩大自由,使社会所有成员都得以充分发展,并缩小社会下层与上层

---

①　R.H.Tawney, *Equality*, George Allen & Unwin Ltd, 1931, p.52.

②　R.H.Tawney, *Equality*, George Allen & Unwin Ltd, 1931, p.46–47.

③　R.H.Tawney, *Equality*, George Allen & Unwin Ltd, 1931, p.47.

④　R.H.Tawney, *Equality*, George Allen & Unwin Ltd, 1931, p.52.

之间的距离。托尼认为,承认天赋差异,遵从平等的原则,乃是人的义务的基础,是秩序、权威和正义的基础;对于平等的信仰意味着所有人有要求作为人的权利。为此,托尼特别强调,任何社会建构都应如此设计,即不管人们掌握的权力大与小,所有社会成员都能够平等地充分发挥自己所拥有的才干,这样的社会才是合乎平等价值要求的社会,才会增进社会的福祉。[①]

(二)明确了平等社会的目标

在西方政治思想中,平等概念有两种基本用法:一是指本质上平等,即人是平等的动物;二是指分配上的平等,即人与人之间应在财产分配、社会机会或政治权力的分配上较为平等。平等理论常常用本质上的平等来证明分配上的平等,但托尼认为,平等只是从道德价值上对人类所做的一种评价,而不是经验的事实。他既坚持人的平等性,又特别强调平等原则下各显其能和各得其所的公正性,这使得他的平等思想具有区别于其他平等理论不同的鲜明特色。从一定意义上讲,他的平等理论比较深刻地反映了一定历史条件下平等所应有的规律要求,但在一定程度上又表现出了个人主义的立场,具有一定程度的自由主义成分。他虽然强烈反对资本主义经济造成的不平等,但是他的平等理论始终是在尊重资本主义传统和秩序的前提下展开的,这又使他的平等理论具有一定的局限性。

托尼要实现的平等社会,实际上是一个既按照资本主义经济秩序运行,又充分体现自由、平等、公正原则去构建和谐有为的社会。托尼认为,平等是一个社会的福祉和社会所要努力实现的目标,富有是一个经济福祉和经济所要努力实现的目标。实现这两个目标并不是什么不合逻辑或不可思议的事情,但是把更多的钱放进缺钱人的口袋的做法是不能改善社会和经济关系的,也不可能实现经济和社会发展目标。托尼借用密尔的话"没有人贫穷,就不会有人欲求富有"[②]。社会政策应该直接增加平等,但不能压制个人资质和才干的自由发挥,而

---

① 徐大同、吴春华主编:《西方政治思想史》(第四卷),天津人民出版社,2005年,第675页。

② R.H.Tawney, *Equality*, George Allen & Unwin Ltd, 1931, p.49.

应该通过大量的平等举措"来促进人们的多样性得到充分展示,并使人们的应得之份得到充分实现"①。为此,他为平等社会设计了一个明确目标:"在那里,经济功能所导致的必然差异与大量的经济和社会平等同时并存。在这样的社会中,当个人的工作和收入发生变化时,他们的生活环境不会发生变化,仍然享受类似的保健和教育待遇,都能够平等地按照不断变化的能力谋取相应的岗位,彼此之间自由通婚,都平等地免受由于贫穷而变得更加窘迫的危险,都平等地享有无经济压迫的安全。"②

(三)提出构建平等基础上的民主

托尼认为,虽然政治民主的形式已经得到普遍接受,但判断一个社会是否是真正民主的社会,"最根本的不是看它的政治制度和政体形式,而要看它的经济和社会结构"。据此,托尼把当时的民主社会形态分成两种类型:一类是经济作用力和社会阶层分散,阶级差异小且影响力弱;另一类则相反,大多数人在经济上几乎没有任何自由,社会成员等级落差大,经济和文化的差异突出。这两种类型都有可能选择代议制、普选制和责任政府,都有可能被正当地称为民主。但这两类民主有着"精神和品质上的深刻不同"。前者的阶级差别基本上不起作用,它不仅包含了大量的政治民主成分,而且包含了大量的社会民主成分;后者的"阶级差别无处不在,这些差别会在实际中造成很大的破坏",它"是民主的,但同时又是社会经济的寡头政治"。③

为此,托尼认为,民主必须以社会经济平等和自由为基本前提。他强调,经济上存在强烈反差的条件不改善,社会经济地位的不同造成广泛的等级差异的物质环境不消除,就不会有平等和自由,就会存在寡头政治,就不会有真正的民主。他还指出,作为政治民主本质的公民权利和政治权利,不能与社会条件和经

---

① R.H.Tawney, *Equality*, George Allen & Unwin Ltd, 1931, p.87.

② R.H.Tawney, *Equality*, George Allen & Unwin Ltd, 1931, p.87.

③ R.H.Tawney, *Equality*, George Allen & Unwin Ltd, 1931, p.98.

济实力的极不平等长期共存。民主要么必须摒弃资本主义专制,将其权威扩展到经济领域, 要么就必须经历道德的瘫痪和堕落。①为了使真正的民主得到实现,托尼极力主张社会"选择平等",并使公民获得真正的自由。在他看来,经济上的不平等不仅包含经济地位的不平等,同时还包含社会地位的不平等。这种不平等造就了等级结构中"上层"的特权与专制,"不仅导致纵容一个阶级,而且还导致压迫另一个阶级",更为严重的是"会产生一种专制与奴性的精神文化"②。他认为,民主不只是个政治问题,而且还是个经济条件和社会环境的问题,它必须使社会的每个成员,不论他的出身、工作或社会地位如何,不只是形式上的拥有,而且实际上平等地拥有同样的安全感和独立精神。社会和经济政策以及制度安排等,要削弱经济上和社会地位上存在的明显差别,将少数人的特权转化为多数人的平等与自由的机会,把平等和自由延伸到民主的实际中去。③

(四)提出实施以平等为准则的改良

托尼认为,现代社会由于缺乏道德理想而处于"病态",要实现真正的平等、自由、民主和社会的文明和谐,不仅要有一个与之相匹配的外部社会经济结构和制度,而且要有一个与目标相关的道德理想和运行准则。因此,他提出了一套改良现实社会的方案。

一是要确立平等的道德价值准则。他把确立平等的道德价值准则看成是改良现代社会的首要前提,并认为"现代社会的问题是比例的问题而不是数量的问题,是正义的问题而不是物质财富的问题"。现实社会秩序不和谐的基本原因在于社会和经济生活缺乏共同的价值平等道德准则,社会成员之间存在社会条件和社会权力的严重不平等。在他看来,首要的是要认真建立一种与平等和自由原则相一致的社会秩序,而这种秩序的建立"并不是由不可改变的法律决定

---

① 徐大同、吴春华主编:《西方政治思想史》(第四卷),天津人民出版社,2005年,第677页。

② R.H.Tawney, *Equality*, George Allen & Unwin Ltd, 1931, p.38.

③ 徐大同、吴春华主编:《西方政治思想史》(第四卷),天津人民出版社,2005年,第678页。

的,而是由对社会起着支配作用的价值、利益、喜好和理想决定的"。因此,构建文明社会首先要转变社会群体之间在经济地位、权力、环境、教育甚至生活本身等方面体现鲜明的不同差别的错误观念,消除那些倾向于强调与扩大此类差别的社会制度与经济安排的错误心理。

二是要改善经济和社会结构,消除等级差别,铲除特权和专制。托尼认为,这才是改良社会的基本手段。他强调,等级差别"既不是文明所不可或缺的条件,也不是文明开化人类的特征"。建设文明社会,就是要全力"铲除"等级差别、特权和专制得以形成的根源。为此,托尼不但提出对某些工业实行国有化,强调最主要的是让"所有人都能够获得各种财产,并改变财产的非文明本性,只让其在市场上的独自处置权保留外,其余特权全部消除"①。而且还主张以按收入比例收税和支付公共事业花费为主要手段,调节个人之间收入过于悬殊,扩大对劳动人民的社会服务,并采取措施和制定政策,让"所有人都能够进入各个领域就业"②。他相信通过这些努力,"个人之间财富的不平等虽然还在,但已经失去往日的锋芒。阶级间的不平等将会随着产生和维护它们的法权的消失而消失,社会的等级分化也会随着经济束缚的解除而消解"③。

三是加强文化教育。托尼认为,加强文化教育是改良现实社会的重要一环。"一个社会需要一个共同的文化",处于改良的过渡时期则"更加需要一个共同的文化"。因为在这样的氛围中,需要共同的信仰和信念,更需要责任和义务,还需要一种特有的品质和精神。他强调,当人们不愿意再被当作工具而被视为目的时,美好的目标就会实现。由此,托尼把教育视为推进这一事业的重要手段。在托尼看来,不但要对劳工进行实现他们权利和义务的教育运动,而且还要向热爱自由与渴望自由的公民普及这种教育,至少广泛普及初等教育,中等教育也要沿着这一方向作出更大努力。托尼主张通过扩大福利服务来深化和推进教

---

① R.H.Tawney, *Equality*, George Allen & Unwin Ltd, 1931, p.127.

② R.H.Tawney, *Equality*, George Allen & Unwin Ltd, 1931, p.126.

③ R.H.Tawney, *Equality*, George Allen & Unwin Ltd, 1931, p.127.

育文化建设,在他看来,社会福利的实行可以改变社会心理,而改变了社会心理
又会作为一个永恒的力量来推动社会经济结构变革;反过来,改变了社会经济
结构又会坚定人们进一步变革社会的决心。

托尼的社会改良方案实质上是以平等、自由、"功能"为社会与经济的基本
运行准则,通过对社会成员的重新道德化和社会经济结构的改良,来实现社会
的文明与进步。他特别强调的是以平等取代阶级差别、特权与专制;以自由取代
物质与精神条件的限制,以团结合作、整合的社会与经济结构取代无序混乱、各
谋其利的权力与权利。[①]

二、迈尔的平等思想

托马斯·迈尔(Thomas Meyer)是德国社会民主党基本价值委员会副主席,德
国基根大学和多特蒙德大学政治系教授,德国社会民主党理论智囊及该党著名
的社会民主主义问题专家。迈尔提出,2008 年全球金融危机对欧洲地区造成的
冲击并未明显消减,经济复苏乏力、失业率高企、环境压力增大等问题持续存
在,新的政治、经济、社会问题也层出不穷,给欧洲带来巨大困扰。在此背景下,
民众更加渴望平等、公正,要求对资本主义的制度性缺陷进行调整,对生态环境
保护和人身安全保障也提出了更高要求。他认为,只有更多关注广大民众的福
祉,更多地关注公平、公正、环境保护等问题,才有可能转"危"为"机",转变德国
社会民主党相对于其他政党的独特优势正在逐渐丧失的被动状态。

迈尔指出,民主原则重要,如何实践民主原则更重要。德国社会民主党为了让
多元民主付诸实践,一贯主张并坚持了三个要点:一是社会自觉权。社会是多元
的,是由不同个体组成的共同体。每个个体都有平等选择权,因此每个个体都应有
自我负责意识。二是社会参与权。民主是要让大多数人都能参加到立法的过程中。

---

① 徐大同、吴春华主编:《西方政治思想史》(第四卷),天津人民出版社,2005 年,第 682 页。

一个社会或国家不能由一群精英或某些政治群体来决定政策、规定制度,而应该由大多数人来参与决定。三是公民社会的公共空间。不同利益能够以公开的方式进行讨论,就是公民社会的公共空间。不同利益之间进行公开的、充分的讨论,会使各项政策具有比较好的社会基础。这三个要点构成了社会民主政治的重要基础。①

迈尔强调要有公正的程序正义或者说公正的程序。这样就能够在有限的时间里,容纳尽可能多的公民的参与,使得能够形成一个对社会有约束力的政策,才能够得到公信,获得公信力。一个公民社会之所以能够成功恰好仰仗于这样的政治的多元性,通过政治的多元主义它才能获得持续的基础。因此,我们可以看出,托马斯·迈尔追求的民主与公平正义具有一定的联系。

三、社会民主主义政党的平等思想

社会民主主义是"西方社会主义的主要形态"②,是西方国家政治生活中的左翼思潮之一。代表这一思潮或意识形态的主要是各国的社会民主党(有的称"社会党""工党"或"民主社会主义党"等)。社会民主主义政党在欧洲国家中普遍有着执政的经历,也有着较为系统的关于平等的思想理论。

第一,提出了社会中的不平等问题的表现。

德国社会民主党于 1989 年通过的《柏林纲领》中,对现实社会的一些弊端进行了揭露和批判。纲领指出,"我们社会的基本特征是,存在着旧的和新的特权,收入、财产、机会的分配不公使社会分化为两部分。一部分人支配他人,而另一部分人受他人支配,其自决权和政治参与权也因此受到限制,这种情况也影响了在政治和国家事务中意愿的形成"③。除了这种不平等以外,《柏林纲领》还

---

① 《德国社会民主党理论家托马斯·迈尔论民主》,观察者网,2011 年 11 月 18 日。

② [英]吉登斯:《第三条道路:社会民主主义的复兴》,郑戈译,北京大学出版社,2000 年,第 4 页。

③ 《德国社会民主党基本纲领》(1989 年 12 月 20 日柏林党代表大会通过),弗里德里希·艾伯特基金会中文版,第 29 页。

揭示了男女之间依然存在的不平等：在现实社会中，居主导地位的文化依然打上了男子的烙印；关于男女社会平等的宪法规定仍然没有成为现实；妇女仍日益陷入贫困，她们在接受培训和从事职业方面依然受到歧视；妇女在经济、科学和艺术、政治和新闻媒介领域仍然受到冷落；在家庭中，男人依然把私人领域里的事情，把家务劳动和教育子女推给妇女；妇女继续成为男人施暴的牺牲品。

第二，更加重视收入平等和机会平等。

依据社会民主主义者的观点，公正主要意味着平等的自由，即人人都有平等的权利。这种公正要求法律面前人人平等，要求参加政治和社会生活的机会平等，以及享受社会保障的机会平等，同时也要求男女的社会平等。除此之外，它还要求在收入、财产和权力的分配方面实现更多的平等，要求在接受教育、培训和增进文化素养方面有更多的平等。在社会民主主义者看来，这一切公正要求都是建立在所有人都具有同等的尊严这一基础之上的。

收入和财产的差别问题，是社会民主主义的平等观中涉及的一个重要问题。在社会民主主义者看来，这种差别既不是自由的前提，也不是自由的必然结果。它只有在对改善一切人的自由机会有所贡献，而这些贡献又能获得人们的自由赞赏的同时才是正当的。《法兰克福宣言》曾经批评资本主义的剥削使人分裂成对立的阶级，认为"社会党人的目的在于消灭剥削，以谋求自由和正义"[1]。德国社会民主党 1989 年通过的基本纲领还提出，经济的发展"应该有助于实现共同富裕"[2]。在社会民主主义者看来，每个人享有平等的生活机会的公正权利，必须借助国家的权力手段才能获得。但是对于什么是"机会平等"，人们历来持有不同的观点，在英国社会主义同盟编著的《二十世纪的社会主义》一书中，区分了两种机会平等的社会含义。第一种含义是，具有相同才能的人应该享有相同的机会，不

---

① ［英］《民主社会主义的目标和任务》编著，见高放等主编：《当代世界社会主义文献选编》，1964年，第 341 页。

② 《德国社会民主党基本纲领》（1989 年 12 月 20 日柏林党代表大会通过），艾伯特基金会中文版，第 50 页。

论其出身或处境如何。例如,他们是否可以受到他们所想要受到的教育或者是否可以获得他们所追求的职业,都应该取决于他们的品质才能,而且仅仅取决于他们的品质才能。第二种含义是,具有不同才能的人应该被给予不同的机会,但是这些机会,从他们在一生中都有可能各尽所能的角度来说,仍然是均等的。①

在《二十世纪的社会主义》的作者看来,迄今为止支配着社会主义思想的是这两种含义中的第一种。这种含义的平等要求是针对社会划分为各个阶级而言的。由于不同的阶级的出现,具有相同才能的人却没有相同的机会。在资本主义制度下,有产阶级所享受到的机会,无论在哪一方面都优越于无产阶级。一向不断鼓舞着社会主义者为之斗争的是一个没有阶级的社会,在这个社会里,这些机会只要人们能够充分利用它们,就都能得到。因此,阶级差别的消灭是衡量平等是否实现的尺度。②而且还认为,仅此不够,还必须有第二种尺度,即第二种含义的机会平等,因为即使一切阶级差别被消灭,人们生来的种种不平等仍将存在,社会必须承担义务来满足每个人的要求,在一生中都能获得一个平等的机会。这些不平等现象不可能消除,但是我们可以不让它们变成社会差别的根源。③

第四节　资本主义改革与政治思想多元发展中的平等思想

第二次世界大战结束后,伴随着资本主义改革的进程,各种新兴的政治思潮不断兴起,相应也赋予了平等更深、更广的内涵。深入研究当时政治思想多元化发展中各种有代表性的平等思想,对于把握西方平等思想的发展历程,理解其全貌具有重要意义。

---

① ［英］社会主义同盟编著:《二十世纪的社会主义》,孟长麟译,商务印书馆,1964年,第22页。

② 1989年的《德国社会民主党基本纲领》仍把"消灭阶级社会"作为目标之一。

③ 马德普、刘训练:《当代西方政治思潮》,中国人民大学出版社,2013年,第105页。

一、非理性主义关于平等的相关思想与论点

非理性主义的发展和 1848 年以后的欧洲革命，特别是德国社会的变革联系在一起。以叔本华、尼采为代表的唯意志主义和以柏格森为代表的直觉主义构成了 19 世纪末 20 世纪初两大非理性主义的主干。特别是尼采对于平等的观点更为独特，即"人类是不平等的"①。如果存在平等，就是人类最大的不公平。封建社会的不平等是建立在血统和世袭爵位上的。而尼采的不平等是建立在人的心理素质基础上的。按照这种认识，人类就有弱者和强者；有激情的人，也有毫无意志的人；有充满了创造力的人，也有凡夫俗子。由于人类社会本身是由这些强弱不等的人组成的，决定了人类社会存在着等级，存在着上等人和下等人，存在着统治者和被统治者。以人的心理素质和价值作为基点，尼采把人类社会的历史发展看成是一个不平等发展的历史。他曾经指出，权力意志有一个不自觉的阶段，又叫个人主义阶段。当个人觉得已经足以摆脱一种超强的社会权力时就极力使自己自由，同时又本能地把自己与每一个个人平等看待。但是随着强力意志的发展，人们达到了某种程度的独立后，就会有进一步的要求，必将按他们的强弱程度不同而分化；个人不再无条件地把自己与同类平等看待了，人们总是相互竞争，要求成为出类拔萃者。在这种竞争中，由于人们的力量不同，从而产生出分化，形成了不同集团，这样人类虽以人人平等来看待自己，最后却走向到了社会等级的划分，等级制度由此形成。

人是不平等的，这种不平等在尼采的思想中具体表现为三个方面：首先，人处于不同的等级中。按照尼采的认识，社会中的第一等级是"超人"，他们是统治者；第二等级是法律的执行者和保卫者；第三等级是"凡夫俗子"，是天生受人统治的人。等级制度只是生命本身的最高规律。上等人要维护自己的地位，就要向

---

① ［德］尼采：《查拉斯图特拉如是说》，楚图南译，文通出版社，1947 年，第 106 页。

下等人宣战。这些人都是"中毒的泉水,污秽的梦,生命之面包上的虫蛆"①。尼采所处的时代,既是西方走向垄断的时代,也是西方国家无产阶级起来争取自由民主权利的时代,同时也是资产阶级国家民主制度出现新的变革的时代。在人民为争得民主而奋起斗争的时候,尼采站在维护头等人统治的立场上对其大加攻击,说人民群众"图谋当主人",想要确立"下等人的统治"。因此下等人的争民主是上等人的地狱。为此,尼采提出上等人有必要向群众宣战,可见其等级理论充满了对人民的仇恨。其次,性别的不平等。尼采从权力意志出发,认为女子的意志比男子弱,因此男子统治女子是天经地义的。他认为男女天性不同,男子刚毅,女子柔弱;男子以好斗为美德,女子以温柔为美德;男子的任务是统治,女子的任务是服从。在尼采的思想中表现出来的大男子主义已经发展到疯狂和野蛮的程度。②最后,种族不平等。由于人的权力意志是不平等的,将这种思想推广到民族上,尼采坚持不同民族也是不平等的。在世界民族之中,有优等民族,也有劣等民族,优等民族是世界的统治者,劣等民族要被优等民族统治,甚至劣等民族应该被灭绝掉。尼采这里所说的优等民族首先是白色人种的民族。他认为在白色人种的民族中,唯有雅利安民族和日耳曼人具有最强的权力意志,因此只有他们能够担当统治世界的任务,成为世界的主人。尼采的思想为德国垄断资产阶级的军事扩张和殖民主义奠定了思想理论基础。③

二、女权主义关于平等的相关思想与论点

女权主义是西方新兴的政治思潮之一,20 世纪 60 年代赫然崛起。它以两性关系为政治研究的中心议题,反对性别歧视、压迫、剥削,以追求两性的平等和妇女的解放,对自由主义、保守主义等以男性为主题的其他各种政治思潮形成

---

① [德]尼采:《查拉斯图特拉如是说》,楚图南译,文通出版社,1947 年,第 113 页。

② [德]尼采:《查拉斯图特拉如是说》,楚图南译,文通出版社,1947 年,第 113 页。

③ 徐大同、吴春华主编:《西方政治思想史》(第四卷),天津人民出版社,2005 年,第 552 页。

了挑战和冲击。西方女权主义的创始人沃斯通克拉夫特具有自由派倾向,这个流派在 19 世纪比较活跃,重要的代表人物有英国政治理论家 J.密尔,美国妇女 S.富勒,E.斯坦顿,有影响力的著作有《女性的奥秘》《怀疑论的女权主义者》《性别、正义与家庭》等。女权主义的主要思想和论点有:

(一)承认两性角色和分工差别,反对性别歧视

女权主义运动坚持"男女有别"的原则,给两性分配了截然不同的角色。理性的桂冠一般戴在男士的头上,他们具有勇敢、自信、开放、进取、宽容等一系列优点;而女人则被带上"冲动、容易感情用事"的标签,并强调她们具有懦弱、轻浮、琐碎、偏狭、封闭等一系列缺点。自由女权派不接受上述观念,她们认为男人能够做到的事情,女人也能够做到。社会舆论对两性的不同理解实属男性的产品,甚至成为排挤、压制妇女的借口,正如密尔所说"现在被称之为妇女的天性明显地是认为的事——在某些方面是强制压迫的结果,在另一些方面是不自然的刺激的结果"①。

(二)更加强调女性与男性的平等

女权主义更加理性地提出,执着地追求性别平等或者性别争议(Gender Justice),因此而得名为"平均女权主义"(Equal Rights Feminism)。她们甚至认为除了生理构造之外,两性在能力、责任、命运、活动方式等其他方面没有区别。②她们反对对妇女的任何歧视,要求摆脱"贤妻良母"的传统角色,突破家庭这个私人领域的限制,进入在传统上由男人把持的公共领域,渴望享受与男性同样的个人理性选择,以及法律、政治、经济和社会的各种人权、待遇机会,在同样的市场规则下进行平等的、公平的、公开的竞争,以取得自我的发展和自我价值的实现。例如在教育方面,自由女权派一向反对传统的、带有歧视性的性别隔离制

---

① [英]密尔:《妇女的屈从地位》,王秦、汪溪译,商务印书馆,1996 年,第 274 页。
② 徐大同、马德普主编:《西方政治思想史》(第五卷),天津人民出版社,2005 年,第 361 页。

度,要求男女两性实行内容一致的混合教育,以充分发掘妇女的潜能。"不仅男女两性的德行,而且两性的知识在性质上应该是相同的,即使在程度上不相等。"①在就业方面,强烈要求公共部门和私人企业对男女两性一视同仁,决不能出现因为性别原因而排斥妇女。她们相信妇女的解放还能让男人摆脱养家糊口和保卫祖国的重负,从而解放妇女自身,真正实现男女平等的目标。

(三)提出了自由女权主义的正义观

女权主义从性别的角度对罗尔斯的正义论进行了批判,并提出了一种自由女权主义的正义观,推动了该学派的理论发展。理查兹和欧金指出,首先是罗尔斯的逻辑起点——"无知之幕"不符合当时资本主义社会的性别现实。《正义论》以契约论方法假设的社会基本单位——个人,都是男性,而西方的家庭结构没有体现正义原则,女性的利益遭到系统化否定。因此,一个性别公开的社会,不得不对生育、养育和其他家务劳动进行基金的重构,在良性家长之间公平地分配利益、责任和负担,使一向受排斥的女性成员得到充分的自我发展机会,实现男女两性机会平等。其次,妇女儿童等社会群体必须包括在罗尔斯"最少受惠者"的范畴之内,妇女的家务劳动迄今为止得不到任何报酬,完全应该根据"差别原则"给予资助。例如由政府资助幼儿的养育,实行更加灵活的工时等。此外,理查兹、欧金等自由女权主义者还从政治文化的角度强调,家庭和性别的正义与整个社会的正义是密不可分的,家庭关系和性别关系的性质直接影响社会的性质,儿童在家里受到的熏陶更是先入为主,甚至留下伴随终生的痕迹。由此可见,理查兹和欧金并没有全盘否定罗尔斯的新自由主义哲学,而是批判《正义论》中存在的理论缺陷;她们重构家庭关系的主张也明显地超越了传统自由主义政治不干预私人领域的基本原则,既表现了现代自由女权运动的自我革新,又反映出她们所面临的理论困境。②

---

① 徐大同、马德普主编:《西方政治思想史》(第五卷),天津人民出版社,2005年,第362页。

② 徐大同、马德普主编:《西方政治思想史》(第五卷),天津人民出版社,2005年,第365页。

三、生态主义关于平等的相关思想与论点

生态主义又称绿色政治,是 20 世纪 70 年代形成于欧美发达资本主义国家的一种新兴政治思潮。生态主义是以人类共同利益为着眼点,以保护生态环境为特色,以人权公正和民主为基点,以非暴力为根本途径,以建立和谐、民主、公正的生态社会为奋斗目标的,涉及生态经济、民主人权、社会公正、国际和平安全、人类未来发展等方面内容的政治思想体系。1980 年 1 月,世界最大、最成功的德国绿党的统一组织宣告成立,绿党的四大政治原则是生态优先、人权公正、基层民主、非暴力,这也是生态主义的政治原则。[①]

生态主义不限于探讨环境保护、和平等任何个别问题,而是希望根本改造工业资本主义的现行政治,以全面解决环境保护、和平等一系列社会问题。生态主义强调社会平等和公正,主张保护所有遭到排斥的弱者,包括妇女、老人、移民、同性恋者、少数民族等。他们指出,西方工业资本主义社会通过"主流文化"歧视、压制各种非主流文化,正在消除天然的社会多样性。例如,在历经几百年的现代化过程中,北美印第安人等许多土著民族已经逐渐受到强制同化,惨遭灭绝的厄运。再如,在工业资本主义的商品经济环境里,妇女受到的剥削格外沉重,职业妇女的工资比男性低得多。此外,生态主义已经意识到,由于"零增长"政策所必然产生的冲击,如失业、物价波动,甚至一定程度的经济萧条难免成为富人转嫁危机的对象。因此政府必须采取一定政策,以确保穷人和各种弱者不至于沦为绿色变革的牺牲品。[②]

生态主义提出的社会正义原则是相对于生态优先原则提出来的,是对生态优先原则的补充和完善。它要求人们学会珍视地球,这样也就自然会珍视地球

---

① 余科杰:《西方生态主义及其对我国的警示和影响》,《中国特色社会主义研究》,2001 年第 1 期。
② 徐大同、马德普主编:《西方政治思想史》(第五卷),天津人民出版社,2005 年,第 344 页。

上的所有人,而珍视地球上的所有人即意味着奉行社会正义。生态主义的社会正义观主张每个人、每个社群、每个民族都有权享有就业、获取社会报酬和生活的机会。社会正义不单强调公平地分配物品,还要求平等地分享教育、住房、保健、文化娱乐、个人和社群自由表达以及平等地分配政治权利。科尔曼(Daniel Coleman)提出,"按照最理想的状态说,在一个实现了社会正义的社会里,没有人会损人利己地追求地位或者聚敛财富,因为大家都充分认识到全体的福祉会促进个人的福祉,而反之亦然"①。

在德国统一之后,原西德绿党由于担心自己难以跨越5%的进入联邦议院的门槛,联合了原东德绿党和一系列原东德基层政治力量组成"90联盟",形成了德国绿党的大致架构。今日绿党的全称也是"联盟90/绿党"。绿党也关注女权和草根民主、多元文化主义等主题,绿党注重女权的平等政策也获得了民众的支持。在2018年11月的一次民调中,绿党成为女性选民最欢迎的政党。绿党为了凸显年轻与开放的形象,在其"双党魁"体系中挑选了年轻的女性贝尔伯克作为2021年德国总理候选人。

四、新马克思主义关于平等的思想

亚力克斯·卡利尼克斯在代表作《平等》中论述了不平等现象并提出了自己关于平等的观点。在"今日的不平等"一章中,他详细地描述了当今世界的不平等现象,并把随着社会发展,不平等所展现的新特征一一展示出来,同时对一些他所不赞成的观点进行了反驳。这些观点主要分为三个部分:

第一部分阐述了一个不平等的世界里的不平等问题。卡利尼克斯引用了大量经济数据与历史文献来说明当今世界尤其是发达国家中存在的贫困与不平等现象,用具体的调查数字描述了我们所处的这个世界的不平等,以期引起人

---

① 马德普主编:《当代西方政治思潮》,中国人民大学出版社,2013年,第259页。

们"把贫困和不平等看成是困扰人口中最贫困的少数人的诸多问题来正视"①。他指出,传统观念认为不平等现象是由于贫富差距引起的,但是如何定义贫困则是一个时代问题。例如拥有挡风遮雨的棚子对于中世纪的农民来说习以为常,而在今天则被视为贫困。因此平等与不平等之间存在着一个无法考量的限度。卡利尼克斯认为,这种限度不应由财富的差距来衡量,尤其是现代社会中大多数人比前代人更能享受物质上的便利,人们的绝对生活标准大幅度提高,而相对经济地位出现恶化。这种现象在一个富裕者收入一直比贫穷者收入增长得快得多的经济国家里尤为明显。因而,就平等的实现而言,左派更赞成收入平等,认为缩小贫富差距就能实现平等。右派则试图打发掉不平等问题,或为此辩护。卡利尼克斯则强调了第三条道路的公平理论——机会平等,让"底层的人的生存机遇,或者大多数人的生存机遇,在稳步地改善"。

第二部分主要阐述了经济发达国家里的贫穷与不平等。卡利尼克斯主要集中对以美国和英国为代表的发达国家贫穷与不平等的事实揭露。19 世纪末以来,在一些发达国家走向自由市场资本主义经济发展道路的过程中,富裕家庭财富大比例增长的前所未有的势头与贫困家庭平均收入下降趋势形成鲜明对比,二者之间收入的比率逐年增加,工资差距逐步扩大,有些学者将这种现象归为"涡轮式资本主义"发展的结果。

第三部分通过对看待对不平等事实不同态度的驳斥说明不平等是事关重大的。新自由主义者支持无限制的资本主义经济,他们或者将不平等的原因归为个人凭借自身的才智和能力在市场环境下竞争的结果,或者将不平等的事实解释成为"国家插手干预市场运作的不正常结果"。还有人将不平等归因于人类遗传基因的不同,甚至还有学者直接认为不应该纠结于贫富之间的不平等问题,认为这个问题已经过时,因为大多数人的生存机遇已经改善。卡利尼科斯坚决反对这些观点,他引用博比奥的观点,认为将平等问题对个人问题的关注转

---

① [英]卡利尼克斯:《平等》,徐朝友译,江苏人民出版社,2003 年,第 354 页。

向到对国际社会问题的关注上,争取平等的斗争才刚刚开始。在这里卡利尼科斯通过高度赞扬罗尔斯及其《正义论》在自由主义政治哲学中的重要作用,并由此确立了自己在本书中的问题探讨方式——既要有哲学观念又要坚持社会经济分析,同时指出将平等自由主义作为本书主要的分析对象,以及试图揭露其与资本主义制度存在之间的矛盾所在。

卡利尼科斯提出,资本主义社会之所以会出现此种问题,是由于资本主义社会在法律上将其成员都看成自由和平等的主体,而这与资本主义社会本身的社会经济不平等现象之间发生了冲突。因此对平等的追求是必然的,而且会推动一系列举措的发生来消除不平等,也就是可以这样说,不平等是社会进步的动力所在。在此基础上卡利尼科斯进一步论述了财产民主制度,他认为天赋的差异会带来报酬上的不平等,给天赋高的人高报酬会"激励"他们创造更大的物质收益进而辐射到最无优势的人身上。也就是说,在差别原则下的不平等是合理的。此外,卡利尼克斯借助南希·费雷则的观点展开,认为不平等有两类:分配的不平等和认同的不平等。第一类主要涉及跟政治经济的不平等,第二类主要是指文化的不平等。在这里,无论是将二者分开对待还是分析二者之间的关系,都能得出结论:差异没有否认平等。

五、复合平等思想

迈克尔·沃尔泽(Machael Walzer,1935—)是美国政治哲学家,他提出的"复合平等观"的核心内涵如下:一是不同的物品具有不同的社会意义;二是物品的分配应当根据物品的社会意义及不同的分配标准来进行;三是每一种物品都有一个各自发挥其作用并显示其社会意义的领域,物品不能跨领域进行流通和交易;四是物品按照自主分配的原则,肯定会造成一定程度的垄断,但是只要保证物品不跨界流通,这个社会就是公平的。譬如,财富在经济领域发挥其意义并造成垄断,沃尔泽认为是可以接受的。但如果出现一个人因为拥有财富,并以财富为工具进而占有权力和教育等其他物品的现象,这便是沃尔泽所极力反对的社会不平等。①

第一,区分了简单平等与复合平等。

"简单平等是一种简单的分配状况,它是这样论述的:如果我有 14 顶帽子而你也有 14 顶帽子,那么我们是平等的。如果帽子是占支配性的物品,那就要好得多,因为这么一来我们的平等就延伸到社会生活的全部领域。但是我们只不过是有同等数量的帽子,帽子不太可能永远是支配性的。平等是人们之间的复杂关系,这种关系的媒介是我们制造、共享,再到我们之间分配的东西,但这并不等同于占有。因此,平等要求反映社会物品分配标准的多样性。"可以认为,几乎没有人能够在权力、经济、学术等各个领域都取得成功,"也没有人能在每一个分配领域都成功,因为有一些领域是与成功的想法不相干的。在复合平等的条件下,不大可能有孩子继承其成功。总的来说,最有成就的政治家、企业家、士兵将是不同的人,而只要他们得到的好处并不自动带来其他好处,我们就没有理由害怕他们的成就","对支配和控制的批判指向一种不固定的分配原则。不应该把社会物品 X 分配给占有某种其他物品 Y 的人,仅仅因为他们占有 Y 而与 X 的意义无关"。②

第二,提出了四种不同向度的复合。

"理论复合",即马克思主义平等理论与西方其他平等理论的复合。马克思主义的理论优势是全面地、联系地看待问题,其从内在形式上就表现为一种复合理论;而西方平等理论的优势则在于细致地把握事物的重点和新变化,而且西方理论对论证过程和论证逻辑的要求很高;这里的复合就是要把两种理论的优势结合起来。

---

① Michael Walzer, *Spheres of Justice : A Defence of Pluralism and Equality*, New York : Basic Books, 1983, pp.1–20.

② Michael Walzer, *Spheres of Justice*, A Defence of Pluralism and Equality, New York : Basic Books, 1983, p.18, p.20.

"要素复合"，即权利平等、机会平等、资源平等、能力平等、差别原则五种要素的复合。这种复合认为，平等问题的实质性解决并不能仅仅依靠某一种要素；仅仅将讨论停留于究竟应凸显哪一种要素是没有意义的。这种复合强调平等的多向性，力图将西方平等思想的精华都囊括在这一复合平等之中。复合平等观中的要素之间并不是无序的排列或组合，而是具有一定的逻辑关系。其中权利平等、机会平等、差别原则、资源平等更多是结构性因素，即这些要素力图为行动者——少数民族及其成员提供一种平等的政治、经济和社会结构；而能力平等是行动者因素。

"层级复合"，即个体层级的平等和群体层级的平等的复合。权利平等和机会平等更多表现为个体平等，差别原则和资源平等更多表现为群体平等的特征，而能力平等则兼具个体和群体两种平等的特征。个体平等与群体平等是相辅相成的，个体平等是群体平等的前提和基础，群体平等则是个体平等的重要保障。个体平等更多从个体的公民权、社会机会和个体能力等方面来实现，群体平等则更多从群体的身份、特殊倾斜性政策、群体资源和群体能力等方面来保障。

"向度复合"，即纵向平等历史向度和横向平等平面向度之间的复合。纵向平等力图保证各民族特别是少数民族在进行历史比较时，不会感到当前的状况比历史上的状况差，而横向平等则试图实现在某一时间点更主要是指当下要使得各民族都感觉到自身没有受到不公正的待遇。

第三，提出不同社会资源应在不同的人群中分配。

在沃尔泽的理论中，分配正义是相对于某个特殊社会群体而言的，他认为正义原则自身在形式上是多元的，不同的社会资源应该按照不同的理由、不同的程序并在不同的人群中进行分配。每一种社会资源都有其自身的正义规范，而这些规范在不同的领域里是自主的。因此，正义的分配不能采取以往所提倡的简单的平等，而应该采取复合平等的原则。所谓"复合平等"，就是指没有一种普适的原则来实现平等，而应该根据事物的社会意义来进行分配，它可以在某一领域被掌握有某种"善"（即有价值的东西）的公民拥有，但是这个公民并不能用它在其他领域与其他事物进行支配。也就是说它不试图使所有的社会物品平等化,而只是设法确保在一个范围的相对平等。虽然没有一种普适的原则来指导对正义的分配,但是沃尔泽认为自由交换、应得和需要是符合这个永无定论的原则。

沃尔泽指出,所有这些困难都来源于将垄断当作分配正义的中心问题。一个复合平等的社会,是允许不同的社会物品可被垄断性的拥有,但却没有特定的物品能够普遍地转换。复合平等并不比简单平等更稳定,但是它将向更为分散、具体的社会冲突形式开放,对物品的转换性进行抵制,在更大的程度上是由人们在自己的能力和控制范围内进行而不是采取大规模的国家行为。他所提倡的复合平等是通过分配正义标准的多元来实现的,他指出:"任何一种社会善 X 的人都不能这样分配:拥有社会善 Y 的人不能仅仅因为他拥有 Y 而不顾 X 的社会意义占有 X。"①这个原则将引导我们去研究社会物品的意义,从内部去考察不同的分配领域。自由交换、应得、需要这三个原则是经常被论证为分配领域的力量,都有自己适用的范围和界限,它们只是其中的一部分而非全部。沃尔泽最终得出一个结论:"只要我们开始辨别不同的社会含义并划出不同的分配领域,那么我们就开始了一项追求人人平等的伟大事业。"

---

① [美]沃尔泽:《正义诸领域:为多元主义语平等一辩》,褚松燕译,译林出版社,2002 年,第 23 页。

第六章
对西方平等思想的认识

西方平等思想经历了一个漫长的发展过程,其内涵不断丰富,外延所涉及领域不断扩大。随着西方经济社会的发展,其平等思想逐渐成为西方社会基本价值体现,成为其民主制度的重要基础,成为人类平等思想的宝贵财富。但是西方平等思想主要是基于资产阶级观念的视角,不可避免具有一定的历史局限性。

第一节　西方平等思想的发展是一个历史过程

从历史发展逻辑来看,西方平等思想经历了从古希腊罗马时期自然法状态下的权力平等,到中世纪"上帝面前的人人平等",再到资产阶级革命以来确立的"法律面前人人平等"。从理论与实践相结合角度来看,平等内涵逐渐从最初的"起点平等"到"机会均等",进而拓展到了人们在社会生活领域方方面面的"权利平等"。

一、平等的思想内涵不断丰富

从历史进程来看,古希腊罗马时期自然法状态下的政治权力平等思想是逻辑起点,这是基于人的不平等状态下对平等的探讨,并从自然法角度寻找平等的根源。比如,古希腊城邦决策主要是由公民大会讨论决定。在公民大会中,每个公民是平等的,但这种平等指的是城邦内部公民之间的平等,是少数人之间的平等,奴隶和外邦人得不到平等的待遇。柏拉图的分工正义论将人划分为治国者(统治者)、卫国者、供养者,在承认人的天赋差异条件下,将人划分为不同等级,并且认为正义则在于保持这种差异性,维持这种不变的秩序,为统治阶级权力获得找到合理的政治诠释。①直到罗马时期,斯多葛学派把自然与正义结合起来,认为人们之间由自然造就的平等代表着宇宙最高的善。斯多葛学派认为:"除了智慧高低的差异外,无论贫富贵贱,任何人一律平等"②,从而为平等奠定了自然的基础。西塞罗则继承并发扬了斯多葛学派的思想,他要求"把奴隶视为人而不是物",并提出自然平等的思想前提是普遍、永恒的自然法则。他强调人之所以具有平等的权利,是因为每个人都有作为人的尊严。古希腊罗马时期的平等是一种自然法状态下对人的平等权利的探索,是人类平等思想的起源。

在中世纪,基督教神学平等观与斯多葛学派关于每个人都有作为人的尊严和享有平等的权利的理念找到了共通性而得到认可。基督教神学强调"上帝面前人人平等",即人人都是上帝的子民,个人作为一种普遍的存在是超越特殊群体的,在上帝面前人人平等。基督教神学平等观对古希腊罗马时期的等级社会进行了彻底否定,有助于个人平等思想的萌芽和普遍主义的形成,为近现代资本主义法律面前人人平等思想奠定了基础,具有一定的超越性,但因个人与上

---

① 徐大同:《西方政治思想史》(第一卷),天津人民出版社,2005年,第156页。
② 徐大同:《西方政治思想史》(第一卷),天津人民出版社,2005年,第465页。

帝不能直接沟通,必须通过教会等组织进行传递,使个人思想具有一定的依附性和从属性。

到了近现代时期,随着社会文明的发展,社会主体对享有同等社会地位,享有同等权益的追求逐渐提高。启蒙思想家卢梭等人提出了"法律面前人人平等"的口号,并作为正式规定写入 1789 年的《人权宣言》,平等作为人类文明进步的重要标志和社会公正的评价标准由此正式被确立。"法律面前人人平等"的本质是社会主体对社会权利平等追求的结果,即在道德面前,人们在社会中处于同等的地位;在法律面前,人们在经济、政治、文化等方面享有同等的权利并承担同等义务。社会权利平等承认社会主体之间的差异,认为每个人作为社会的一员都享有同样的权利和自由,都有权按照自己对生活的理解来追求自身的幸福,而不是按照某一个统治的模式来生活和工作。因此,国家在法律制定过程中应遵循"人人享有的基本权利应该完全平等""人人享有的非基本权利应该比例平等"的基本原则,使所有公民在法律面前平等,都享有广泛相同的权利。

从理论与实践相结合角度来看,平等内涵从最初社会主体要求的"起点平等",发展为人的"机会均等",最终拓展到人们生活领域方方面面的"权利平等"。"起点平等"来源于西方思想家们对人生而有别的反思。洛克强调:"自然状态有一种为人人所遵守的自然法对它起着支配作用……任何人就不得侵害他人的生命、健康、自由和财产。"[①]萨托利认为:"平等起点的概念提出了一个完全不同的基本问题及如何平等的发展个人潜力。"如,要注重社会主体发展潜能的教育机会平等,要强化公民受教育权平等的法律救济,切实保证教育平等的落实。"起点平等"试图构建一种公平的竞争环境,它不仅要求保障每个人都享有生命权、健康权和受教育权,还要求遵循正义原则进行适度的政策倾斜,而且政府有重要的责任和义务来维护这种平等。但"起点平等"并不能解决社会分化以及资本主义社会贫富差距问题,达不到最终的事实(结果)平等。自由主义思想

---

① ［英］洛克:《政府论》(下),叶启芳、瞿菊农译,商务印书馆,1964 年,第 56 页。

家们开始对"起点平等"等思想进行批判,认为社会主体得到的唯一平等应该是机会平等,即每一个人在市场竞争和其他场合都享有同样大小的参加机会、被挑选的机会、获胜的机会。一个理想的社会应该建立尊重并保护上述这一切的原则、制度或机制。哈耶克认为,机会平等理论着眼于自由竞争,有利于提高社会运行效率,促进社会资源配置的合理化。从哲学角度来讲,机会平等作为一种价值标准促进了社会文明发展。平等,作为一种价值判断标准和尺度,不是一种毫无意义的摆设。平等基本的价值就在于能够保障公民权利的实现,并在人们生活的各个领域得以体现,以公民权利的扩大和保障机制的健全和完善为标准,使公民权利不断向纵深拓展,涉及人类活动的各个领域。近现代平等的内容不断丰富,在社会各个领域的体现更加广泛,也更加具体和直接,其本身所具有的动能也就逐渐发挥出来了。

二、平等所涉领域不断扩大

由于人类活动领域的广泛性和多样性,以及各种社会关系的丰富性,人们所追求的平等是多方面的。依据人类活动的基本领域,可将具体的平等划分为经济平等、政治平等、社会平等等,这些具体的划分是相对的,既相互区别,又相互联系;既相互渗透,又相互作用,共同构筑了平等的有机整体。

(一)政治平等

作为一种社会权利,政治平等摆脱了专制统治和政治压迫,是废除等级特权后在社会政治生活中公民或公民组织享有和受到保障的平等政治权利。政治平等意味着在形式上承认公民一律平等,承认大家都有决定国家制度和管理国家的平等权利,同时也必须承担平等的社会义务。

在现实生活中,公民的政治权利同公民的其他社会权利一样,是由国家宪法和法律来规定和保障的。离开了法律的规定和保障,政治平等也就成了一纸空文。"公民在法律面前人人平等"是资产阶级革命时期,资产阶级针对封建特权提出的口号。平等思想是卢梭政治思想的核心。他从国家建立的目的角度,阐述了政治社会中人人平等的思想理念。卢梭认为:"人们尽可以在力量上和才智上不平等,但是由于约定并且根据权利,他们确实是人人平等的","所有平等的个人,都具有不可剥夺的、与生俱有的权利。人们为了维护这种个人的权利,才组成政治社会,即国家","基本公约并没有摧毁自然的平等,反而是以道德与法律的平等来代替自然所造成的人与人之间身体上的不平等;从而人们尽管在力量和才智上不平等,但是由于约定并且根据权利,他们却是人人平等的"。①《世界人权宣言》指出:"人人生而自由,在尊严和权利上一律平等。人人有资格享受本宣言所载的一切权利和自由,不分种族、肤色、性别、语言、宗教、政治或其他见解、国籍或社会出身、财产或其他身份等。"②但西方资产阶级推翻专制统治制度,确立起自己的统治之后,"法律面前人人平等"的原则并未真正实施,因为资产阶级掌握着国家政权和生产资料所有权,他们根本不可能在法律上规定平等的政治权利。但西方思想家们对政治权利内容的探讨值得借鉴。

政治平等权利主要包括以下四方面:

第一,管理国家的权利。包括直接参与国家的管理,参与国家事务和社会事务的管理,参与讨论国家重大问题及有关决策的制定,或以间接的形式通过自己选出的代表组成国家机关来行使权力,决定国家大事。

第二,选举权和被选举权。这两项权利是公民参加国家管理行使国家权力的重要标志。公民不分民族、种族、性别、家庭出身、职业、宗教信仰、教育程度、居住期限,都有选举权和被选举权。国家对选举权的实施提供必要的物质保障,对暴力威胁、欺骗、贿赂等非法手段破坏选举或者妨碍选民自由行使选举权或被选举权者,追究刑事责任,并给予法律制裁。

---

① ［法］卢梭:《论人类不平等的起源和基础》,黄小彦译,译林出版社,2019 年,第 65 页。

② 常健、殷浩哲:《人权概念的不断丰富和发展——兼论〈世界人权宣言〉的历史意义和中国对人权事业的重要贡献》,《红旗文稿》,2018 年第 22 期。

第三,监督权与罢免权。监督权包括批评权、建议权、申诉权、控告权和检举权。罢免权是指公民在法律规定的范围内,对自己选举出来的代表和国家工作人员,如果发现有不称职的,可以随时依法予以撤换或罢免。

第四,政治自由权。政治自由是公民自由表达思想,发表意见,进行正当的社会活动和政治活动,参与管理国家的自由权利和重要手段。公民只有平等地享有这样的权利,才能保证他们在国家政治生活中积极充分地表达自己的意愿,切实参与国家大事的讨论,影响国家的决策和国家事务的管理。

(二)经济平等

经济平等是一切平等的基础,只有经济上实现平等,人类才能摆脱一切社会关系的奴役,最终成为自己和社会关系的主人。卢梭强调:"财富上的重大不平等损害政治平等","私有制所导致的不平等是人类所有不平等的根源和基础"。[①]

自空想社会主义出现以来,思想家们都把经济的不平等看作是人类不平等的起源和基础。这从反面揭示了,在人类诸多平等之中,经济的平等具有基础性的意义,然而却又是最难达到的理想目标。只要私有制和私有观念继续存在,经济的平等就只能是经济不平等的一种理想化的注脚,或者只是要求改变经济不平等的一种美好愿望。

经济平等主要体现在以下三个方面:

一是社会主体生产资料占有上的平等。生产资料所有制是所有经济活动的基础,经济平等首要体现在生产资料占有上的平等,否则其他经济平等都无从谈起。人类历史上出现的所有不平等现象,其根本原因就在于占有生产资料的不平等,即一少部分人掌握生产资料所有权,而绝大多数人被剥夺了生产资料,由此导致了阶级压迫和阶级剥削。因而,要消灭不平等,必须在生产力高度发展

---

① 武体江:《论卢梭的不平等思想》,《思想政治课教学》,2021 年第 2 期。

基础上消灭社会主体生产资料占有上的不平等。

二是劳动的平等。劳动既是公民的权利，也是义务。劳动的平等源于对生产资料占有上的平等。生产资料实现平等占有后，劳动者才能按照各自能力获得劳动的平等权利，在劳动中既是直接生产者，又是主人，享有参与管理和决策的权利。

三是平等地分配劳动产品。平等地分配劳动产品是事实平等范畴的内容。随着生产力高度发展和人的全面发展，劳动的分配方式将实行"各尽所能，按需分配"，即按照社会和每个人的需要自觉的分配，实现真正公民权利事实上的平等。

同时，经济平等还包括各社会主体，特别是经济主体享有平等的权利，承担平等的义务，遵守平等的规则，进行平等竞争等内容。

(三)其他平等

1.教育平等

教育平等实质上是教育权利平等，指的是公民具有通过学校和其他教育设施和途径，平等地学习文化知识和专业技能，提高文化素质、政治素养或业务水平的权利。边沁认为，教育是实现个人幸福和他人幸福的工具。边沁强调："没有理由让一个性别比另一个性别享受较少的幸福。"[1]他提倡男女教育平等，主张所有儿童不分性别都应当有接受与其地位和近况相适应的教育的机会。边沁呼吁普及初等教育，甚至设想建立一所理想中的功利主义示范学校，不论宗教信仰家庭贫富如何，所有的儿童都可以入校学习。《联合国人权宣言》宣告："不论社会阶层，不论经济条件，也不论父母的居住地，一切儿童都有受教育的权利。"[2]国家应当采取相应的措施，尽可能地减少乃至消灭教育不平等现象。同时，要保障特殊教育的发展，为残疾人提供帮助和便利。

---

① 文学平:《马克思对功利主义的批判及其伦理归属》,《学术界》,2021年第1期。
② 孙平华:《〈世界人权宣言〉研究》,北京大学出版社,2012年,第12页。

2.男女平等

男女平等是一种人格平等、权利平等和机会平等。尽管柏拉图的分工正义理论认为，每个人天生适合于某种分工，不同等级的人是由不同元素构成的，宣扬不平等的自然正义观。但在《理想国》中，他承认妇女在权利与机会上是与男子平等的。他并不否定男女之间的性别特点和差异，要求男女从事同样的工作，承担同样的责任。男女平等包括政治上的平等权、文化教育平等权、劳动平等权、婚姻家庭权利平等。实现男女平等并不是将妇女完全纳入一个以男性为标准的结构框架内，而应更多地关注事实上的、结果上的平等。按照事实平等原则给予妇女特殊照顾，特殊保护。只有这样，才能不仅实现妇女与男子形式上的平等，最终还能达成妇女与男子事实上的平等。如果没有这样的保护或优惠，男女平等权利就难以实现。

3.民族平等

民族平等是指各民族不分区域大小、人口多少、发展程度、风俗习惯和宗教信仰，都具有同等的地位。马克思强调："古往今来，每一个民族都在某些方面优越于其他民族。"①每个民族都丰富了人类文化宝库，为人类历史的发展做出了自己的贡献。尽管在社会历史发展中，民族之间存在着大小、发达与不发达等差别和事实上的不平等，但不存在着优劣之分，各民族是平等的。

第二节　现代西方平等思想的主要特征

西方平等思想主要来源于西方社会对人的存在、人的价值的思考，是西方国家人与人之间关系的基本准则和国家构建的基本政治理念之一。把人作为目的，尊重人是其平等思想的核心，认为人是生而平等的，是无差异的；同时，其强调公民在法律上的平等，公民政治权力、经济权利的平等等。这些思想不断促进

---

① ［德］马克思：《资本论》，郭大力、王亚南译，上海三联出版社，2009年，第56页。

了西方公民权利的扩大。

一、平等是西方社会的基本价值

作为西方社会的基本价值,平等价值的确立,来自对人文主义、人本主义或人道主义的精神追求,来自对人的存在的思考,对人的价值、人的生存意义的关注,以及对人类命运的把握与探索。罗尔斯说,"正义是社会的首要价值"。康德提出,"平等是人的基本美德"。普罗塔格拉强调,"人是万物的尺度,每个人具有公平、诚实与其他政治德行"。

平等作为西方社会的基本价值,是西方国家处理人与人之间关系的基本准则。早在古希腊和古罗马时期,亚里士多德就认为,公平就是不偏不倚。伯里克利认为,"法律对所有人都同样的公平"。基督教神学家们认为,只有天上之国(上帝之国)才是绝对的、普遍的公平;地上之国则只有相对公平,爱上帝是公平美德之源。上帝的公平是一切存在事物善恶的标准,与地上之国的公平就是遵守秩序,各守其志,和谐一致。到了近现代,由于社会分化,在生产和交换领域,贫富差别分化加剧,社会不公现象屡出不穷。自由主义思想家们以生存、自由、财产等个人权利观念作为道德原则的假定,他们理解的一切人会得到唯一平等就是过程公平,包括机会均等、按劳分配等。在自由主义者看来,这种平等是最大限度地扩大个人的行动自由,尤其是在经济领域中获得经济成果和经济价值的自由。罗尔斯把平等定义得更为具体。他认为:"平等是人们的最基本权利。"即使在社会份额上分配不平等,也要通过"机会均等"和"结果均等"来缩小这种差距。

平等作为西方社会的基本价值,是西方国家构建的基本政治理念。黑格尔指出:"现代国家必须具有共和主义之头脑、宪政之骨架、平等之心脏,自由之血液、民主之强健的肌肉。"[1]其中,平等与自由被视为衡量现代国家的重要维度,

---

[1] 葛广天、褚远辉:《论〈黑格尔法哲学批判〉导言的历史地位和当代价值》,《哈尔滨学院学报》,2021年第7期。

贯穿于现代国家发展的始终。黑格尔认为,"自由"并不是国家的最高理念,而是一种在现代化过程中贯穿始终的历史理念以及"自由精神"。"现代国家"必须以"所有人都平等"为最高理念,并使国家保持着朝"所有人都自由"的理想社会发展。平等具有现实性、实体性、前提性与基础性,自由具有目的性、精神性、扩展性与进步性。国家是历史发展中的国家,平等是自由扩展之中的平等,贯彻"平等"理念的国家必然走向历史的自由彼岸,而"所有人都平等"的结果就是"所有人都自由"。①

二、平等意味着无差别

西方思想史中平等理念最本质的内容是"把人当作目的和对人的尊重"。平等权对所涵盖范畴内的人而言,在条件相同或相等的情况下,平等意味着同样情况同样对待,不应有差别,这在历史上是统一的。不管是城邦制下的公民平等,还是上帝面前的人人平等,以及近代的人生而平等,这些不同的平等思想中共同体现的都是对平等享有者的尊重,每个人具有同等的价值,没有谁更高贵,人人都要享受同样的尊重。

在整个西方历史发展历程中,平等观念涉及的主体和内容都经历了很大的变化。从主体来看,由一部分人的平等到了所有人的平等。抽象个人观的建立也为所有人的平等奠定了形而上学基础;从内容来看,古希腊和中世纪时期,主要基于道德和宗教思想,平等作为人们的一种理想追求,西方近代的平等观侧重于政治、经济与社会各个领域的具体实践。在不同的历史时期,人们所主张的平等原则以及背后所支持的理论依据都是不同的,然而在这些不同的表象下,相同的本质就是:把人当作目的和对人的尊重,这也是平等理念最核心的内容。史蒂文·卢克斯强调:"人的尊严或尊重人这一思想是平等思想的核心。同时,基于

---

① 杨宝富:《理性的历史性与历史的合理性》,《云南大学学报》(社会科学版),2021年第4期。

人们作为个人的固有尊严而尊重个人的原则,把人当作目的,构成了人类平等思想的基础。平等的基本内涵也就体现为,所有的人都是值得尊重的,都应受到一样的待遇。平等的这种理念把历史中不同的存在联系起来,使其在历史发展中保持了统一性。

近代西方资产阶级平等观适应了资本主义经济发展的客观要求,是反对封建等级制度的思想武器,具有历史进步意义。在近代,西方国家把平等作为一个法律原则, 即法律规则应该同等地适用于社会中进行有关活动的所有成员,而且除非有充足的和明显的理由,任何人不得被豁免或区别对待。法律面前的平等指所有的人,除有明显和特殊的理由外,必须视为拥有平等的获取和享受权利、有平等的法律义务和责任的主体。主张实行法律改革的人们认为,平等原则是扩大选举权的范围、扩大妇女权利、实现男女平等、民族平等的理论根据。基于此,近代西方国家不断通过立法、选举等方式来适应社会发展,以法治建设、制度调整等方式来维护公民的平等权利。

三、平等是现代西方民主制度的前提和基础

古希腊得益于早期平等思想的发展, 也由于其特殊的地理环境等客观因素,在人类历史上最早建立起了直接民主制。进入近代历史时期以后,因为平等思想的蓬勃发展,也伴随着城市的发展和工业社会的来临,又形成了现在的西方代议民主制。

直接民主制遵循西方早期平等思想的理念,主张公民直接参与城邦治理。①直接民主制并不认同通过选举产生代表进而形成议会的方式来管理国家。直接民主制认为只要是享有政治权利的公民形成了多数人支持的决议就应具有最高的权威,并应作为最终的决议。城邦和公民之间具有同一性。早期的城邦被视

---

① 范进学:《论民主的实现形式》,《文史哲》,2002 年第 1 期。

为公民的共同体,公民作为城邦的主人拥有行使民主和政治的权利,所有事关城邦的重大议题都应该由公民集体决策。但是随着平民对权利的追求,个人自由缺失,雅典城邦民主最终还是走向了灭亡。这恰恰体现了早期西方平等思想从人生而平等沦为服务统治阶级工具的不平等历史演变过程。①因此,亚里士多德认为民主政体是最坏的政体之一,公民应该作为集体而非个人拥有至高无上的权利。在亚里士多德看来,多数人的意见并不能代表平等,政治权谋家可能会通过各种手段诱导民众,导致产生多数专制,从而产生看似平等来践踏平等本身。由此可以看出,希腊城邦民主的灭亡恰恰证明了纯粹民主具有脆弱性。②

　　代议民主制认为,个人应该是自由平等的,由此可以将西方现代政府制度理解为强调自由主义平等思想的产物,而非传统民主原则的产物。③西方学者多数认为民主并不等同于共和。④因为民主往往建立在遵循多数原则的基础上,但是多数并不等于全体。共和制要求的是共同体的共同利益,它包括多数人和少数人的共同利益,要求同时维护二者的利益。同时,西方学者大多认为西方现代政治追求的是自由平等而不是平等。自由平等就是要求公民权利不能受到侵犯,这就要求对国家和政府的权利予以限制。因为政府的权利如果无法得到制约,它便可以借用维护公共利益的说法,来侵害公民的基本权利,这就会让民主成为专制。此外,西方学者大多认为宪政主义的原则体现并保护了自由平等。个人主义认为公民的自由是其个人最重要的权利之一,本质上反映的是人与人之间的平等关系。自由主义则认为社会应该是多元的,只要个人自由不损害他人的自由就应当得到保护,从而实现人与人之间的平等关系。西方学者大多认同自由平等是民主的前提,而民主就是要保护个人的自由平等,宪政正是为服务

---

① 任端平、宋凯利:《从古代雅典看直接民主制的局限》,《公法研究》,2002 年第 10 期。

② 刘伟:《卢梭直接民主制理论的内在困境及其启示》,《南京理工大学学报》(社会科学版),2007 年第 4 期。

③ 郭继兰:《走出直接民主的困境》,《哈尔滨工业大学学报》(社会科学版),2009 年第 11 期。

④ 陈炳辉:《直接民主与间接民主》,《现代哲学》,2006 年第 1 期。

这个目标而做出的制度设计。①

从希腊城邦的直接民主到现代社会的代议民主的演变过程,正是西方平等思想发展转变过程。在这个演变过程中,主权在民的平等价值得以传承,与此同时,西方民主同平等、自由、共和以及宪政等政治概念相互交织,成为现代西方政治中自由的话语体系。

四、平等思想的丰富促使公民权利的不断增长

西方社会弘扬人的价值,强调保障所有公民在法律上享有平等的权利。恩格斯认为抽象的权利是荒谬的,毫无意义的。随着西方平等思想的不断丰富,平等通过公民在各个活动领域所获得的权利而得以表现。古典自由主义的西方思想家强调自由至上,相对来说限制权利,认为个人权利优先于国家,公民之间具有平等的道德地位。②新自由主义的西方思想家强调平等至上,强调平等与自由的统一性,从而有了公民政治权利、经济权利的平等。社群主义的西方思想家强调多元正义,提出复合平等理论,以期实现公民在社会权利和生态权利等方面的平等。

公民在经济上享有平等的权利是其实现政治权利、社会权利乃至生态权利的基础。自由主义承认人是有差别的,一方面认为公民可以通过劳动获得收入并享受相应的福利,另一方面认为各种资源可以通过国家或者市场实现平等分配。这在很大程度上保证了西方广大民众劳动平等和分配平等这些最基本的经济权利。功利主义认为所有人都是同质的无差别的,所以每个人的效用或者福利的损益也都是同样重要的,经济上的平等在现实社会中就是追求福利上的平等。③这在一定程度上保障了西方社会弱势群体的基本经济权利。经济权利上的

---

① 陈炳辉:《卢梭民主思想新论》,《厦门大学学报》(哲学社会科学版),2013 年第 5 期。

② 胡水君:《权利政治的流变》,《清华法学》,2007 年第 3 期。

③ 王新生:《马克思正义理论的四重辩护》,《中国社会科学》,2014 年第 4 期。

平等最终还是要依赖于生产资料所有制上的平等,但在西方社会,生产资料掌握在少数人手中,因此不可能实现所有人真正意义上的经济权利平等。

政治权利平等最初是为了摆脱政治压迫和专制统治而产生的。政治权利的平等主要体现在管理国家的权利、选举权和被选举权、监督权和罢免权、各项政治自由权等方面。古希腊时期基于平等思想提出的城邦体制,实质上是以公共事务的表述体现公民政治权利上的平等。正如柏拉图所说,建立国家是为了全体公民的幸福。罗马法学派提出的"法律面前人人平等",为公民在政治权利上实现平等奠定了基础。文艺复兴运动后,西方学者普遍认为"天赋人权",这成为公民享有平等政治权利最根本的保障。[1]在英国资产阶级革命和法国大革命之后,人人享有平等权利成了一项最重要最基本的政治原则。此后西方政治制度和政治组织的发展演变都是基于"天赋人权"和"人生而平等"等思想而来,公民政治权利的平等是为了公民基本权利服务的。政治权利的平等本质上是阶级内的政治平等,因此西方社会政治权利的平等也只能是为其少数处于统治地位的资产阶级服务。

社会权利是一个复杂的综合性概念,主要包括性别和教育等各个方面的权利。性别权利的平等主要是指公民在享有权利和履行义务方面不应受到性别的影响。虽然柏拉图在《理想国》中就认为男女应该是平等的,但是妇女在漫长的历史发展中一直处于依附地位,法律意义上的男女平等是近代以来才得以实现的。教育权利的平等主要是指公民通过各种途径,平等地学习文化知识和专业技能,提高文化素养和个人能力水平的权利。教育权利的平等更多体现着机会上的平等,例如沃尔泽提出的基础教育要面向所有公民就是为了确保教育起点的平等。从复合平等思想来看,教育是能够最终实现平等的目标。

生态权利的平等在种际伦理的视角下,探寻人类与生态系统中其他所有生存者之间共有的生存和发展权利。随着西方平等思想的发展,这种生态权利平

---

① 刘练军:《作为政治修辞的天赋人权》,《南京师大学报》(社会科学版),2020 年第 5 期。

等的对象已经扩展到生物圈所有存在的物种和物体。从生态权利平等的角度来看，生态系统中所有的生物元素和非生物元素都拥有平等的价值。人类和其他生物或非生物体都具有相同的价值和权利，因此人类应该担负起保护生态环境的重任。

第三节　对西方平等思想的评价

在历史长河中，西方平等思想不断得到丰富与拓展，随着研究的不断深入，平等理念已经融入现实生活，从抽象走向具体，从理论走向实践。但是，西方平等思想发起之源还是为了维护资产阶级统治者的利益，不可避免地存在着理论缺陷，也难以实现人们所希望的真正的平等。

一、西方平等思想是人类平等思想的宝贵财富

西方平等思想流派众多，体系丰富。他们从哲学、政治学、经济学、伦理学、社会学等方面对平等思想进行了深入的探讨。总体看来，西方学者在研究平等思想的时候，大多将平等与个人权利、自由、民主、公平正义以及法治联系在一起。近代以来，西方学者以平等为追求，认为应该确保公民的地位和权利平等，由此实现公民个体的自由，并认为平等与自由是人类最为基本的政治诉求。进入现代，平等从单一口号变成了社会政治制度的价值追求。西方学者开始从平等的视角出发探求社会制度的公平正义。西方国家普遍将公民地位和权利的平等作为宪政原则。机会平等也逐渐为大众普遍认同，可以说平等理念已经融入现代社会并成为人类社会的基本特征。随着对平等的深入研究，越来越多的西方学者开始关注如何实现平等，进而开始探索平等的量化手段。这也体现出西方学者对平等思想的研究正从抽象走向具体，从原则和必然变化为现实和理性的发展。

总体看来,西方平等思想最值得借鉴和发扬的主要包括起点平等、机会平等和结果平等。①起点平等主要是指社会成员在生存、发展和竞争等各个方面应该平等地享有利用社会资源的机会。起点平等是机会平等和结果平等的前提和基础。因为如果公民在起点上不平等,那么无论机会多么平等,也不可能会有结果平等。机会平等是指每一个公民在步入社会之后,在参与、获取及选择被选择等各个方面都应该拥有同等的机会,且这种机会不因为自然禀赋、家庭出身、身处环境等具体因素而受到影响,任何人在机会面前都应该是平等的,不能多占或者损失任何机会。所谓结果平等并不是指结果等同,西方学者所认为的结果平等是要通过制度或者法律等政府调节方式,在基本公共福利上人与人之间的差距不应过大,应该保障其趋向于均等化。结果平等并不等同于平均主义,即便是马克思也认为按劳分配是一种公平的分配原则。因为存在公民间享有的个人禀赋等因素的差别而产生的分配结果不平等,也是和社会生产力水平发展相适应的结果。只是为了确保不产生巨大的贫富差距,政府应该通过其分配政策,对这种结果进行调整。马克思认为从广义上来看结果平等就是要各尽其能,按需分配,实现人的自由全面发展,最终步入共产主义社会。

二、西方平等思想是推动西方社会进步的思想武器

从人类发展历程来看,为了建立平等的社会,人们进行了艰苦卓绝的伟大斗争。从古希腊孕育产生的特权者平等到近代发展的众人生而平等,从数量平等和比值平等到权利平等和法律面前人人平等,平等思想推动社会进步,已成为西方社会前行的重要思想武器。

古希腊、古罗马时期孕育了平等思想。在古希腊时期,毕达哥拉斯学派最早提出公民间的平等,认为无论正义还是真理都是为了确保公民间达到相互平

---

① 王立:《论德沃金的平等观》,《吉林大学社会科学学报》,2008 年第 1 期。

等,从而使得平等在法律上有了意义。[1]亚里士多德从伦理道德范畴明确提出平等思想,认为公民都具有平等的人格,最稳定的政体是构建于数量平等和比值平等基础上的政体,提出废除终生制,倡导选举轮任制。斯多葛学派批判了柏拉图和亚里士多德等人关于人自然不平等的思想,认为众人生而平等。罗马学派强调法律面前人人平等,为西方社会后续发展进步奠定了法律基石。

中世纪平等思想发展进入低谷。中世纪早期,基督教认为上帝造人,所有众人拥有绝对平等。但是到了罗马帝国末期,内部爆发全面危机和外部蛮族攻掠,中世纪进入"黑暗时代"。基督教沦为统治阶级的工具,平等精神消失,"世人无平等""人生而不平等"等观念逐渐产生。尽管如此,在中世纪平等思想的发展过程中,依然形成了民权意识、民族国家意识、公共权力意识、法制意识、公民意识和宪政意识等具有近代性质的政治意识。具有近代特征的政治观念开始形成,可以说西方近代社会的根源是深深扎根于中世纪时代的历史之中的。

文艺复兴时期平等思想得以蓬勃发展。文艺复兴运动提倡的人道主义平等观为西方社会后续的人类平等思想奠定了基础。"天赋人权论"的提出构建起全面系统的平等思想体系。基于生命、自由和社会契约构成的人民主权学说对西方社会的平等理论与实践产生巨大影响。文艺复兴时期平等思想发展的最大突破在于,不仅强调人类的自然平等,还提出政治上的平等。为确保实现人们在政治上的平等,主张探索建立民主政府和全体男性公民参与的普选。民主制度就是要确保人与人之间的平等,不仅包含社会地位的平等还包括权利的平等,而法律是保障权利平等的重要措施。掘地派还将平等思想进一步拓展到了经济领域。文艺复兴时期平等思想的蓬勃发展推动了宗教改革运动。

资产阶级革命时期开始反思平等思想。这个时期强调人从出生就具有平等的权利,公民的权利来源于社会,并且依靠法律和国家机构得以实现。随着英法两国的资产阶级革命,公民拥有平等权利逐渐成为一项基本的政治原则。随着

---

[1]　[苏]涅尔谢相茨:《古希腊政治学说》,蔡拓译,商务印书馆,1991 年,第 116~117 页。

革命的胜利,资本主义制度得以建立,资本主义经济也在曲折中发展,思想家们开始反思批判自然法学派的平等思想,并且逐步将平等思想运用到更加具体、更加现实的领域。平等就必须拥有财产,这成为资本主义经济发展的思想源泉之一。公众权力的平等而不是财产的平等,最终产生了民主,另一方面因为众人权力都是完全平等的,所以众人也都是完全自由的,这成为资本主义民主政治发展的思想源泉之一。此外,自由和博爱的价值理念也都是基于资产阶级革命时期的平等思想发展而来的。

空想社会主义发展了批判资本主义的平等思想。为了消除剥削,建立没有资本主义弊端的理想社会,空想社会主义者认为平等不仅在权利和财产方面,还需要体现在劳动和分配等方面。为了消除阶级压迫,空想社会主义者认为平等不应仅限于政治和经济权利方面,还需要体现在社会地位方面。他们主张消灭阶级特权和差别,最终消灭阶级本身。此时的空想社会主义者已经认识到了无产者是平等制度的捍卫者,为此他们提出实现公正、公开、全民参与的直接选举制度,以确保无产者在政治上享有平等的地位和权利。为了消除资本主义的种种弊端,空想社会主义者提出实行生产资料的公有制,消灭阶级和剥削,实行按需分配的真正平等社会制度。空想社会主义的平等思想反映了广大底层劳动人民和无产阶级的权利诉求,但总的来说是一种不成熟的无产阶级平等思想。

20世纪西方资本主义不断发展和丰富平等思想。20世纪的西方政治哲学家将平等作为社会发展进步的核心问题,将自由和平等放置在极端重要的地位,强调充分的平等才能保证充分的自由民主。除去以往的法律面前人人平等,开始强调机会平等,认为国家和政府应当为机会平等提供保障。至此,20世纪西方资本主义将平等发展为政治权利的平等,社会地位的平等以及机会平等。相对以往各个历史时期,20世纪西方资本主义在强调机会平等的前提上,认为经济上的收入和财富的分配可以是不平等的。他们认为机会平等不代表结果平等,但应当尽可能将这二者统一协调起来。人类对平等的追求是一个永无止境的过程,就像人类对自由的渴望一样。

可以看出,平等思想已经成为西方政治文化中不可获缺的内容。随着西方经济社会的不断发展进步,平等思想也已经成为西方政治制度的基本价值和内在原则,成为西方社会进步的重要思想武器。

三、西方平等思想的历史局限性

西方平等思想是西方学者基于资产阶级的观念视角,为了维护阶级统治,缓和社会矛盾,探寻解决"西方之乱"而提出各种思想、理论和观点。因此西方平等思想不可避免地存在资产阶级历史的局限性。

(一)个人主义的世界观

西方社会长期的历史发展形成了强调个人、鼓吹自由的个人主义世界观。[①]西方习惯于在个人权利和自由的视角下来分析探讨所有问题,西方平等思想也不可避免是在这种个人主义世界观下形成发展起来的。例如,西方平等思想突出保护个人权利的自由而形成的权利至上平等思想,实质反映出的是极端的个人主义和自由主义。以罗尔斯为代表的西方学者强调个人自由的平等,认为人的自由是前提,在这个基础上才能考虑人与人之间的差别。此外,西方平等思想认为基于市场的自由原则,人们才能自由地在市场上进行交易从而实现资源的平等分配。从马克思主义的角度来看,人不是抽象的而是现实的,人生活在现实社会的各种关系之中,因此从个人主义和自由主义角度演绎出的平等观点必然有失偏颇。

(二)非历史主义的方法论

西方学者在研究平等思想的时候,总是人为地设定一些理论假说和前提,而这些假说和前提往往在现实社会中又是不存在的,所以西方平等思想不可避

---

① 袁永和:《对西方个人主义价值观的几点思考》,《西南民族大学学报》(人文社科版),2005 年第 7 期。

免地是在非历史主义的方法论下形成的。①例如西方学者往往假设人是完全理性的,所有人都是凭借完全理性进行平等的选择,然而现实已经证明了人的行为除受到理性驱使以外,还不可避免地受到感性因素影响,人的行为在很多时候都是有限理性的。西方学者通常还假设市场是以一种理想化的状态存在,拥有充分的市场信息和完全的竞争。然而现实生活中,市场信息不可能是充分的。由于信息的不对称,即便市场拥有充分的信息,人也不可能获取充分的信息。因为存在垄断甚至寻租,自由完全的竞争事实上是不存在的。从这个角度来看,即便西方学者的论证逻辑非常严密,但是假说仍是非历史主义的,由此论证得出的平等思想必然是不符合历史真实性的。

(三)片面的资产阶级意识形态

现代西方公平思想虽然流派纷呈,观点各异,反映着不同社会阶层的思想与要求,但在实质上皆是资产阶级的意识形态,其目的是为了维护西方资本主义社会的稳定,化解市场经济下两极分化引发的社会冲突,力图缓解资本主义经济危机或延缓其爆发的周期。②尤其在今天的西方社会,国家最高权力被特定集团所掌控着。西方学者大多强调自由,认为平等是以自由为基础的,但过分强调自由不可避免会导致社会的不平等。为了确保平等,必然会牺牲一些个人所谓的"自由权利"。西方学者认为在市场经济中,个人自由权利是至高无上的。但是由于市场经济的自发性弊端,必然会导致市场的失灵,加剧贫富差距,从而使得人与人之间更加的不公平,最终造成今天的"西方之乱"③。西方公平思想基于个人主义的世界观和非历史主义方法论,存在着理论上的缺陷,是资产阶级的意识形态,是一种虚伪的平等。在理论与实践中必然产生一定的消极影响,对此应当保持清醒的认识。

---

① 莫伟民:《论福柯非历史主义的历史观》,《复旦学报》(社会科学版),2001 年第 3 期。

② 侯惠勤:《意识形态的历史转型及其当代挑战》,《马克思主义研究》,2013 年第 12 期。

③ 苏长和:《对抗式制度体系导致西方之乱》,《理论导报》,2018 年第 1 期。

第三篇

经济发展中的法律平等保护

第七章
平等的法律基础与现实挑战

平等是一个重要的法律范畴。关于平等的法律保障,最新出台的《中华人民共和国民法典》以《宪法》为依据作出了相关规定。民法将宪法上的平等条款具体化,是宪法精神和价值的延伸和体现。习近平总书记的多次讲话也强调了"平等"作为社会主义核心价值观之一的重要性。习近平总书记在党的十九大报告中明确指出,"要树立宪法法律至上、法律面前人人平等的法治理念";2020 年 9 月 22 日,他在第 75 届联合国大会一般性辩论上发表重要讲话时强调,推动各国权利平等、机会平等、规则平等;2020 年 10 月 1 日,在联合国大会纪念北京世界妇女大会 25 周年高级别会议上,他强调男女平等是中国的基本国策。实现实质平等允许差别对待,但这种差别对待应当具有合理依据且在合理的程度以内,以免造成"反向歧视"。平等在我国当前面临的挑战主要包括男女平等、教育平等以及人工智能时代出现的新问题等。

第一节　法律上的平等

一、平等在宪法上的性质

法国《人权宣言》第一条写明："人生来就是而且始终是自由的,在权利方面一律平等。社会差别只能建立在公益基础之上。"我国《宪法》第三十三条第二款也明确规定:"中华人民共和国公民在法律面前一律平等。"平等的法律含义,又称"法律上的平等""法律面前的平等"或"法律面前人人平等",是指公民依照法律的规定,在相同条件下所享有的平等的法律地位。它要求在情况相同之时,人们应受到法律的平等保护,具有相同的权利和义务。尽管在现实中人生来具有先天性差别,但人的尊严是人之为人最基本的权利,从而在自由人格的形成和发展上每个人都应该享有平等的权利。平等既是一项宪法基本原则,也是一项基本权利。作为一项基本原则,平等要求国家必须平等地保护每一个个体;作为一项基本权利,个人有权据此要求国家平等对待。

(一)作为宪法原则的平等

我国《宪法》第五条第五款规定:"任何组织和个人都不得有超越宪法和法律的特权。"作为宪法原则的平等强调国家平等对待个人,主要体现在法律适用的平等和法律内容的平等。法律适用的平等,指法律适用"无例外",平等地将法律适用于每一个公民,具体表现为:对任何公民的合法权益都应当依法保护;对任何公民的违法犯罪行为,都平等地依法追究。习近平总书记指出:"进一步实现社会公平正义,通过制度安排更好保障人民群众各方面权益。要在全体人民共同奋斗、经济社会不断发展的基础上,通过制度安排,依法保障人民权益,让全体人民依法平等享有权利和履行义务。"①无论一个人的地位高低以及财富多少,其在法律面前均一律平等。从国外的情况看,法律内容的平等,指法律规定本身对所有公民一视同仁, 立法者不能制定违反平等原理或平等原则的法律。日本《宪法》规定:"所有国民在法律上平等,不得因其种族、信念、性别、社会性的身份或门第而在政治、经济或社会的关系上受到歧视。"②德国《基本法》的相关规定更为具体:"任何人均不得因其性别、血统、种族、语言、故乡及门第或其信仰、宗教或在政治上的见解,而接受不利或特权。"③在德国和日本的宪法学界,"法律面前人人平等包含法律内容平等"已成为通说。④

(二)作为宪法权利的平等

根据我国《宪法》的规定,公民平等权具有下列含义:第一,平等权的主体是全体公民,它意味着全体公民法律地位的平等。排除性别、身份、出身、地位、职业、财产、民族等各种附加条件的限制,所有公民均是平等权的主体。国家对每个公民"不偏袒""非歧视"。第二,平等权是公民的基本权利,是国家的基本义务。公民有权利要求国家给予平等保护,国家有义务无差别地保护每一个公民的平等地位;国家不得剥夺公民的平等权,也不能允许其他组织和个人侵害公民的平等权。第三,平等权意味着公民平等地享有权利履行义务。平等不能和特权并存,平等也不允许歧视现象存在。第四,平等权是贯穿于公民其他权利的一项权利,它通过其他权利,如男女平等、民族平等、受教育权平等而具体化。平等权是我国公民的一项基本权利,保护公民的平等权是宪法的要求。⑤第五,权利保护和权利救济平等。任何人的权利受到侵害时,都有权获得平等的法律救济。

---

① 习近平:《在武汉主持召开部分省市负责人座谈会时的讲话》,《人民日报》,2013 年 7 月 25 日第 1 版。

② 日本《宪法》第十四条第一款。

③ 德国《基本法》第三条第三款。

④ 吴恩玉:《论立法平等——以和谐社会的构建为视角》,《法治研究》,2007 年第 5 期。

⑤ 教育部考试中心:《全国硕士研究生招生考试法律硕士(非法学)专业学位联考考试分析》,高等教育出版社,2020 年,第 102~103 页。

不能因为当事人保存证据的意识不强或缺乏取证能力、交不起诉讼费用、请不起律师等原因导致其无法获得平等的司法救济。[①]

党的十八大以解决人民最关心、最直接、最现实的利益问题为着力点,提出逐步建立以权利公平、机会公平、规则公平为主要内容的社会公平保障体系,努力营造公平的社会环境,保证人民平等参与、平等发展的权利。[②]平等是社会主义法律的基本属性,是社会主义法治的基本要求。坚持法律面前人人平等,必须体现在立法、执法、司法、守法各个方面。任何组织和个人都必须尊重宪法法律权威,都必须在宪法法律范围内活动,都必须依照宪法法律行使权力或权利、履行职责或义务,都不得有超越宪法法律的特权。"任何人违反宪法法律都要受到追究,绝不允许任何人以任何借口任何形式以言代法、以权压法、徇私枉法。"[③]

二、平等的法律特征

第一,平等不等于"平均"或"结果平等"。任何时候任何社会,绝对平均都是做不到的,同时,绝对平均从社会效果来看,也是有害于社会发展的。平均思想是指对生产的最终成果进行平均分配的思想,核心是要求社会财富划分等份的均匀分配。具有平均思想的人要求的是结果平等,他们忽视了和谐社会"各尽其能,各得其所"的要求,看不见每个人都要劳动,更看不见每个人的贡献大小,只强调个人收入的平均分配,这恰好是收入分配的最大不公。这是一种乌托邦式的空想,在一定程度上会阻碍和谐社会的发展。《宪法》第六条第二款规定,"国家在社会主义初级阶段,坚持公有制为主体、多种所有制经济共同发展的基本经济制度,坚持按劳分配为主体、多种分配方式并存的分配制度"。和谐社会讲平等是权利和机会的平等,并非社会财富和收入分配的平均。要承认社会成员

---

① 张文显:《法治与国家治理现代化》,《中国法学》,2014 年第 4 期。

② 《中共中央关于全面深化改革若干重大问题的决定》,人民出版社,2013 年,第 3 页。

③ 习近平:《加快建设社会主义法治国家》,《求是》,2015 年第 1 期。

的合理收入分配差距,有了差距,才有竞争;有了竞争,才有动力;有了动力,才能发展。①应该要科学地认识平均和平等的本质差别,不应将二者混为一谈。换言之,有些不平均恰恰体现了平等,而有的平均反而是不平等,客观事实非常复杂,切忌一概而论。

第二,平等要求排除一切特权。特权是指基于特殊身份或社会关系而对一部分人所给予的特殊对待。区别对待会导致特权和歧视,所以必须保持在适当的范围内。适当的区别对待是维护和实现社会平等所必需的,是实质平等的体现,如对一些老年人或残障人士提供物质上的帮助。但实质平等只是一种对形式平等进行修正和补充的原理,不能替代形式平等。在人身自由、精神自由、人格尊严以及投票权等政治权利方面,就应该适用于无差别对待的形式平等。一般情况下,只有社会出现严重的贫富两极分化,传统民法根本无法解决时,具有公法属性的宪法才能通过在一定领域的干预实现实质平等,进而恢复市民社会所期待的人与人之间的相对平等的地位。习近平总书记指出:"任何组织和个人都不得有超越宪法和法律的特权。"②党领导人民制定宪法和法律,党也必须在宪法和法律范围内活动,各级党组织和全体党员要带头尊法、学法、守法、用法。"党纪面前没有特殊党员,国法面前没有特殊公民,无论权力大小、职务高低,没人能当"铁帽子王",只要破坏法纪、践踏法纪,就必然会受到党纪国法的严惩。"③任何组织和个人都不得有超越宪法法律的特权,绝不允许以言代法、以权压法、逐利违法、徇私枉法,一切违反宪法和法律的行为,必须予以追究。

第三,平等具有绝对性。平等的绝对性对应的是形式上的平等原理。当平等作为一种个人意识存在或作为社会规范的价值指引时,平等是应然状态、具有绝对性。平等的价值指引现代立法确定平等分配权利的方式,为一切社会成员发展提供同样的起点,并保证一切社会成员拥有机会均等的生存发展空间。人

---

① 杨洛桑、成飞:《平等不等于平均》,《理论研究》,2006 年第 2 期。
② 《习近平在首都各界纪念现行宪法公布施行 30 周年大会上的讲话》,共产党员网,2012 年 12 月 4 日。
③ 本报评论员:《任何人都没有超越宪法法律的特权》,《人民日报》,2015 年 6 月 12 日。

们从而不断地感受到平等对于维护主体的独立地位和自由权利的重要意义,逐渐认可平等的真实性。①它是一种趋向普遍、绝对的理想平等观念在制定法中的投射。借用德沃金的一句话来说,平等"旨在使原则高于实践,以指明通往更美好未来的最佳道路"②,使不平等得到最大限度的克服。宪法上的平等即为应然意义上的平等。即使事实上人与人之间存在差异,宪法也规定在规范上应该达到一种平等的状态。例如,在现代法律中,一切社会成员都分享着一个共同的称谓——"公民",这就确认了一切人在享有权利和承担义务上的先天无差别性。在这一点上,人生而为公民,不需要而且排除任何条件即具有法律资格,这是法律平等绝对性的首要表现。③

第四,平等具有相对性。平等的相对性对应的是实质上的平等原理。法律总是涉及到对社会成员的分类和对行为的分类,类与类之间必然存在差异,而差异则意味着不平等,也就是说只在同一类中才存在平等。④哈耶克曾指出:"从人们存在很大差异这一事实出发,我们便可以认为,如果我们给予他们以平等的待遇,其结果就一定是他们在实际地位上的不平等,而且,将他们置于平等地位的唯一方法也只能是给他们以差别对待。"⑤在现代法律中,尽管"公民"作为一种资格具有绝对性,而"公民"在生命发展的不同阶段的权利又具有相对性。认识法律平等的绝对性与相对性具有十分重要的意义。片面强调绝对性的恶果是滑向平均主义,片面强调相对性则会取消平等。片面强调绝对性将导致只讲公平不讲效率,严重阻碍人们主观能动性的发挥,进而阻碍社会生产力的发展和人民生活水平的提高;片面强调相对性则会为政府或强势集团的恣意横行提供

① 闫国智:《现代法律中的平等——平等的主体条件、法律平等的本体及价值》,《法学论坛》,2003年第5期。

② [美]德沃金:《法律帝国》,李常青译,中国大百科全书出版,1996年,第367页。

③ 闫国智:《论法律平等理论之重构》,《政法论丛》,2002年第2期。

④ 闫国智:《现代法律中的平等——平等的主体条件、法律平等的本体及价值》,《法学论坛》,2003年第5期。

⑤ [英]哈耶克:《自由秩序原理(上)》,邓正来译,三联书店,1997年,第104~105页。

借口,最终导致政治上的极权主义和经济上的两极分化。

三、平等的原理

平等有两种原理,一种是形式上的平等,一种是实质上的平等。形式上的平等是近代宪法所确立的一种平等原理,指以法的形式承认抽象的个人在法律面前一律平等,在法律权利和义务上给予相同的对待,都应该获得平等的机会。[①]所以形式上的平等又称为"机会平等"或"机会均等"。但形式上的平等原理只能适用于抽象化的个人,不论及出身、职位、学历、等先天性或后天性的差异。一旦人被具体化,个人之间就肯定出现差别,从而带来事实上的不平等。形式平等在人们对平等的理解和伸张中是不可或缺的,但这丝毫不意味着它是充分的和具体的,形式平等并不能确保实质平等。[②]由于一些特定人群在具体情况方面与其他人群存在着事实上的差异,因此如果仅有形式上的平等,则可能导致出现实质上的不平等,比如增大贫富悬殊。于是,由于出身等情形被迫处于弱势地位的个人可能愈发成为弱势群体。由此,对形式平等的保障,有赖于实质平等原理的补充。

实质上的平等是宪法确立的平等原理,指国家根据不同主体的不同属性采取不同的方式对待,即确保各个主体的个人发展所必须的前提条件进行实质意义上的平等保护。[③]国家在实质上为公民提供平等发展的条件,缩小由于仅有形式平等造成的差距,其目的是为了实现实质上的平等。因此,实质上的平等又被称为"条件平等",但又不同于"结果平等"。近代以来的平等要求和平等主张逐步走向具体化和实质化,人类社会在实质平等方面的进步主要通过相对固化在法律制度中的权利来体现。比如美国宪法确立了平等的公民身份,逐步取消了由种族、性别等以自然血缘为基础的歧视,确立了种族平等、男女平等原则,并

---

① 林来梵:《宪法学讲义》(第三版),清华大学出版社,2018 年,第 379 页。

② 王元亮:《论形式平等与实质平等》,《科学社会主义》,2013 年第 2 期。

③ 林来梵:《宪法学讲义》(第三版),清华大学出版社,2018 年,第 381 页。

进而实现了没有财产等资格限制的选举权。①1919 年的德国魏玛宪法规定了财产权的受制约性,规定了劳动权、生存权等社会基本权,其目的就是为了克服形式意义上的平等,以实现实质意义的平等。但实质平等的伸张也有它的局限,不存在完全的或彻底的平等,人们的实质平等要求应该有所节制。卢梭早就意识到了这一点,他认为一种最高的智慧就是"把一个国家里的平等和不平等以最接近自然法则并最有利于社会的方式加以适当的调和,从而既能维护公共秩序又能保障个人幸福"②。

运用实质上的平等原理就需要对人群进行合理分类。考虑到形式上的平等可能导致的事实上的不平等,国家针对具体情况和实际需要,对特定的人群在经济、社会、文化等方面与其他人群存在着事实上的差异,根据理性的、合理的、正当的决定,采取某些适当的、合理的、必要的区别对待的方式和措施,为实现实质上的平等而采取的措施,从而在实质上为公民提供平等发展的条件,缩小由于仅有形式平等造成的差距,其目的是为了实现实质上的平等。③现代国家立法正是基于上述理由,承认公民在法律面前一律平等的同时,从特定个人或特定群体的差异出发,规定了社会保障、福利补贴、政策优惠等。如我国《宪法》第四条在确认民族平等权的同时,规定"国家根据各少数民族的特点和需要,帮助各少数民族地区加速经济和文化的发展",并且"各少数民族聚居的地区实行区域自治",其目的就是缩小因形式平等造成的差距,最终实现实质平等。

---

① 王元亮:《论形式平等与实质平等》,《科学社会主义》,2013 年第 2 期。

② [法]卢梭:《论人类不平等的起源》,高修娟译,上海三联书店,2009 年,第 1 页。

③ 张千帆:《西方宪政体系》,中国政法大学出版社,2004 年,第 276 页。

第二节　平等的法律保障

一、保障平等的法律依据

中国《宪法》是保护平等的首要法律依据。第一,平等权的主体是全体公民,它意味着中华人民共和国公民在法律面前一律平等。[①]第二,平等权是公民的基本权利,是国家的基本义务。[②]首先,公民有权利要求国家给予平等保护,国家有义务无差别地保护每一个公民的平等地位;其次,国家不得剥夺公民的平等权,也不能允许其他组织和个人侵害公民的平等权。第三,平等权意味着任何公民都享有宪法和法律规定的权利,同时必须履行宪法和法律规定的义务。平等不能和特权并存,平等也不允许歧视现象存在。[③]第四,平等权是贯穿于公民其他权利的一项权利,它通过其他权利,如男女平等[④]、民族平等[⑤]、信仰宗教平等[⑥]、受教育权平等[⑦]而具体化。平等是社会主义核心价值观之一。2018 年《宪法》第五修正案将"社会核心价值观"写入宪法。此外,新制定的《英雄烈士保护法》《国歌法》《民法总则》《公共文化服务保障法》《电影产业促进法》《网络安全法》《慈善

---

① 《宪法》第三十三条第二款:"中华人民共和国公民在法律面前一律平等。"

② 《宪法》第三十三条第四款:"任何公民享有宪法和法律规定的权利,同时必须履行宪法和法律规定的义务。"

③ 《宪法》第五条第五款:"任何组织或者个人都不得有超越宪法和法律的特权。"

④ 《宪法》第四十八条第一款:"中华人民共和国妇女在政治的、经济的、文化的、社会的和家庭的生活等各方面享有同男子平等的权利。"第二款:"国家保护妇女的权利和利益,实行男女同工同酬,培养和选拔妇女干部。"

⑤ 《宪法》第四条第一款:"中华人民共和国各民族一律平等","禁止对任何民族的歧视和压迫"。

⑥ 《宪法》第三十六条第二款:"任何国家机关、社会团体和个人……不得歧视信仰宗教的公民和不信仰宗教的公民。"

⑦ 《宪法》第四十六条:"中华人民共和国公民有受教育的权利和义务。国家培养青年、少年、儿童在品德、智力、体质等方面全面发展。"

法》《国家安全法》和新修订的《公务员法》《广告法》《公共图书馆法》《教育法》等也把"社会主义核心价值观"这一命题写入法律文本。社会主义核心价值观的 12 个核心概念,除了"敬业""友善",其他都直接写入了法律文本。除命题和概念入宪入法外,社会主义核心价值观的具体内容和要求,也都比较充分地体现在宪法修正案和新制定、新修改的法律之中。

《民法总则》作为《民法典》和民事法律体系的理论和制度基石,作为社会生活的百科全书,在第一条就开宗明义地规定:"弘扬社会主义核心价值观",并把平等、公正、诚信、和谐、环保等作为基本原则加以规定。习近平总书记指出:"《民法典》在中国特色社会主义法律体系中具有重要地位,是一部固根本、稳预期、利长远的基础性法律。"[1]在《民法典》编纂过程中,科学立法要求坚持正确的政治立场,坚持以习近平新时代中国特色社会主义思想为指导,在立法目的和价值取向上旗帜鲜明地弘扬社会主义核心价值观。社会主义核心价值观融入《民法典》,其明显的表现为第一条、第二条、第四条、第十四条等的规定。民法的性质是私法,是调整平等主体的自然人、法人和非法人组织之间的人身关系和财产关系。[2]民事主体在民事活动中的地位平等[3],在民法所调整的人身关系中,主体之间虽然存在性别、年龄上的差别,在其他社会关系中存在职业、职务的差别,但民事主体在民事法律关系中法律地位是平等的。

在民事权利关系中,自然人的民事权利能力平等。[4]民事权利能力的内容既包括民事主体取得民事权利的资格,也包括民事主体承担民事义务的资格。法律所赋予公民的民事权利能力一律平等,不因民族、性别、年龄、职业、健康状况、受教育程度、财产状况、宗教信仰等而有任何差别,任何公民不能以自己的意志改变民事权利能力的内容和范围。任何自然人在法律上不分尊卑贵贱、财

---

① 习近平:《充分认识颁布实施〈民法典〉重大意义,依法更好保障人民合法权益》,《求是》,2020 年第 12 期。

② 《民法典》第二条:"民法调整平等主体的自然人、法人和非法人组织之间的人身关系和财产关系。"

③ 《民法典》第四条:"民事主体在民事活动中的法律地位一律平等。"

④ 《民法典》第十四条:"自然人的民事权利能力一律平等。"

富多寡、种族差异、性别差异,其抽象人格都是平等的。《民法典》以规则等形式贯彻了社会主义核心价值观的要求,如专门对作假、欺诈、胁迫、恶意串通、损害他人权益等行为作出否定性规定。因此,民事主体从事民事活动时,应当正当行使民事权利并履行民事义务,不实施欺诈和规避法律的行为,在不损害他人利益和社会利益的前提下平等追求自己的利益。

对于私人主体,民事主体的财产权受法律平等保护;[①]与国家、集体的物权受保护程度一样,私人的物权也受法律平等保护。[②]《民法典》明确规定,"私人物权受法律平等保护"具有现实意义,有助于改变私人物权在经济社会活动中保护不足的情况。随着我国经济社会的迅速发展,民众累积的个人财富越来越多,如何从法律上保护私有物权,让民众的获得感和安全感得到进一步安放,也成为社会越来越关心的议题。事实上,物权平等保护原则是民法平等原则在物权法中的细化,即使未出现"平等",也是条文应有之义。在以往的经济社会实践中,个人和国有企业、集体企业发生民事纠纷时,由于并未有效地贯彻物权平等原则,容易导致私人权利受损的情形。如今,《民法典》明确平等的特征,有利于从形式平等走向实际平等,形成共识、避免歧义,亦体现立法态度。这也意味着,今后个人和国有企业等各种民事主体在市场经济活动中产生民事纠纷时,双方都拥有同等的法律保护地位。这对于此前我国法律体系强调公共利益,个人利益保护不足的思路,也是一种平衡。[③]

我国实行婚姻自由、一夫一妻、男女平等的婚姻制度。[④]男女双方结婚之后,夫妻之间的平等权也受到《民法典》的保护。夫妻双方都有各自使用自己姓名的权利。夫妻双方都有参加生产、工作、学习和社会活动的自由,一方不得对另一方加以限制或者干涉。夫妻对抚育未成年子女有平等的权利和义务,夫妻双方

---

① 《民法典》第一百一十三条。

② 《民法典》第二百零七条。

③ 卞开星:《"私人物权平等保护":民法典为财产权撑腰》,《新京报》,2020 年 5 月 21 日。

④ 《民法典》第一千零四十一条:"婚姻家庭受国家保护。实行婚姻自由、一夫一妻、男女平等的婚姻制度。保护妇女、未成年人、老年人、残疾人的合法权益。"

平等享有对未成年子女抚养、教育和保护的权利,共同承担对未成年子女抚养、教育和保护的义务。夫妻具有相互忠实义务,夫妻应当互相忠实,互相尊重。①同时,夫妻在婚姻关系存续期间所得的财产也受到《民法》的平等保护。夫妻对共同财产有平等的处理权。②在继承关系中,《民法典》第一千一百二十六条规定,"继承权男女平等"。"同一顺序继承人继承遗产的份额,一般应当均等",但"对生活有特殊困难又缺乏劳动能力的继承人,分配遗产时,应当予以照顾"。③该规定就是形式上平等为主,实质上平等为补充的典型体现。

我国实行社会主义市场经济,保障一切市场主体的平等法律地位和发展权利。④市场经济作为一种经济机制,其内在要求,就在于通过运行的自主性、平等性、竞争性和有效性来配置资源。平等价值观作为社会主义核心价值观的重要内容,建立在社会主义基本经济制度之上,体现在社会主义市场经济运行之中。社会主义市场经济平等观包含市场经济平等观与社会主义平等观的两重维度。科学把握社会主义市场经济平等观的两重维度既增强了社会主义平等价值观的说服力和吸引力,又对培育和践行社会主义平等价值观具有重要意义。习近平总书记在主持召开民营企业座谈会时强调,"打破各种各样的'卷帘门''玻璃门''旋转门',在市场准入、审批许可、经营运行、招投标、军民融合等方面,为民营企业打造公平竞争环境"⑤。市场经济中的竞争、风险和规则机制对每个市场主体都是平等适用的,参与市场竞争的成员均需遵循同等的运行规则。社会主义市场经济必须遵循市场经济的一般规律,因此社会主义市场经济平等观首先

① 《民法典》第一千零五十五条、第一千零五十六条、第一千零五十七条,第一千零五十八条:"夫妻在婚姻家庭中地位平等";"夫妻双方都有各自使用自己姓名的权利";"夫妻双方都有参加生产、工作、学习和社会活动的自由,一方不得对另一方加以限制或者干涉";"夫妻双方平等享有对未成年子女抚养、教育和保护的权利,共同承担对未成年子女抚养、教育和保护的义务"。

② 《民法典》第一千零六十二条。

③ 《民法典》第一千一百三十条。

④ 《民法典》第二百零六条:"……国家实行社会主义市场经济,保障一切市场主体的平等法律地位和发展权利。"

⑤ 习近平:《在民营企业座谈会上的讲话》,人民出版社,2018年,第14页。

表现为市场经济平等观,市场经济平等观包含机会平等与规则平等两方面内容。

在把社会主义核心价值观融入地方法治的实践中,各地进行了许多有益探索和创新。例如,自 2015 年起,天津、昆明、贵阳、银川、青岛、无锡等城市先后制定了《文明行为促进条例》,倡导文明行为,治理不文明行为,提升社会文明程度。这些条例通常都在第一条把"为了培养和践行社会主义核心价值观"作为立法宗旨和目的。上海市人大常委会通过的《上海市急救医疗服务条例》(2016 年 7 月)、《上海市食品安全条例》(2017 年 1 月)、《上海市社会信用条例》(2017 年 6 月)等地方性法规,创造性地把社会主义核心价值观融入其中,积累了可复制可推广的立法经验。再如,2018 年 11 月 23 日,江苏省人大常委会通过《南京市国家公祭保障条例》。该条例对凝聚民族精神、激发爱国热情、弘扬社会主义核心价值观发挥了积极作用。

二、合理区别对待的成立要件

平等的逻辑最终只能还原到平等的这一形式原则。[1]形式平等是近代宪法确立的平等理念。它将社会中的"人"抽象化,却不顾现实中的"人"。由于先天与后天的因素而导致的强弱之分,只是保障人们在自由竞争中的机会平等。这一原则支持的首先是形式平等和形式正义,其实质就是按规则办。一个不按照规则治理的社会要么是一个极度混乱的社会,要么是"丛林规则"当道的"强权即真理"的社会,而这将会是一个充满了任意、专断和暴政的社会。按规则治理是人类理性的必然要求,比如《汉谟拉比法典》,它虽然明确承认并保护奴隶主的权利,但在当时的社会条件下,相对于不按照任何规则,而由任意和专断统治的社会来讲,无疑是一个重大的进步——明确的规则好于无规则。因为规则的作用在于防止对同一规则在面临不同对象时的任意的和专断的解释,而只能做出

---

① Hart,H.L.A,*The Concept of Law*,Oxford University Press,1961,p.155.

符合规则的解释。①平等的形式原则只能解决一种平等观的"形式"问题,即一种平等观是否合乎形式逻辑和形式正义的问题,所保障的是形式平等,而不是实质平等。

实质平等是近代以来(尤其在 20 世纪)兴起的新型平等观念。它从人人生而不同的个体差异出发,对弱者给予差别对待和特别保护,从而实现事实上的平等。实质平等是以形式平等为基础的,对形式平等的缺陷和不足予以完善与补足,因而是形式平等的一种发展形态。在宪法解释学意义上,"法律上的平等原则,就其本意上而言,并无禁止法律上所有差别之旨趣。法律上之差别本身,即使从个人主义之理念看来,亦未必全然为恶"②。宪法上的平等权规范并没有禁止那些具有特定的合理依据的差别。所谓法律面前一律平等,从形式平等上看其主旨在于禁止不合理差别,而从实质平等上看其主旨是承认合理差别。考虑不合理的差别和合理的差别是判断平等权是否受到侵害或平等原则是否违反的关键。

所谓不合理的差别就是我们所言的"歧视",指的是没有"合理依据"的差别,其中主要包括根据民族、种族、性别、职业、出身、宗教信仰、受教育程度、财产状况等事由所采取的法律上的差别或歧视方式。差别肯定是根据某些标准设定形成的,如果做出差别对待的标准是不合理的,那么差别本身就是不合理的。我国《宪法》第三十四条就列举出了禁止差别对待的事由,但该条所列举的并没有穷尽所有不合理差别事由的情形。区别差别是否合理还有待于在个案中进一步判断。所谓合理差别,即根据平等原则,主要是根据实质上的平等原则,在合理程度上采取的具有合理依据的差别。从合理差别的定义中,我们也可以看出宪法对平等保护的两个技术性考量:确定差别是否是基于合理依据做出的;为了达成一个正当的目的,差别化的程度是否在合理限度之内? 判断依据是否合

---

① 参见王元亮:《论形式平等与实质平等》,《科学社会主义》,2013 年第 2 期。

② 参见韩大元、林来梵、郑贤君:《宪法学专题研究》,中国人民大学出版社,2008 年,第 340 页。

理主要看这种依据是否属于"禁止性差别事由"。如果不属于,一般来说这种差别就是合理的。合理程度的标准则是看差别的程度是否超出目的之所必需。如果超出了目的之所必需,就可能构成反向歧视。

三、检验合理区别对待的具体方法

原则上讲,国家对于所有的公民应当采取无差别的对待,尤其是不得将宪法规定的那些禁止性区别对待事由如种族、性别、家庭出身、宗教信仰等作为法律上差别对待的事由,除非存在进行差别对待的合理依据。前面提到,论证区别对待是否构成歧视主要参照两个标准:第一,是否具有区别对待的合理依据;第二,区别对待的手段是否在合理限度之内。在实践中,我们主要适用比例原则判断这两个方面的问题。比例原则已经成为大陆法系和英美法系国家宪法和行政法上的一个黄金原则,在我国也不例外。比例原则不仅是法治国家的重要原则,而且还蕴含了现代人权理念,要求国家在追求正当性目标的过程中尽可能尊重公民的基本权利。在行政法上,比例原则要求行政主体实施行政行为应兼顾行政目标的实现和保护相对人的权益,如果行政目标的实现可能对相对人的权益造成不利影响,则这种不利影响应被限制在尽可能小的范围和限度之内,二者有适当的比例。德国行政法学家奥拓迈耶曾将比例原则誉为行政法中的"皇冠原则"。我国台湾地区著名行政法学者陈新民教授认为,比例原则是拘束行政权力违法最有效的原则,其在行政法学中所扮演的角色,可比拟"诚信原则"在民法中居于"帝王条款"之地位,所以吾人称比例原则是行政法中之"帝王条例",当不为过。

回顾比例原则的产生和发展,其最初的含义是指警察权力的行使只有在必要时才能限制人民的权利,也即警察在对人民作出任何不利之处分时,都必须以侵犯人民权利最小的方式为之,比如 1923 年奥拓迈耶在《德国行政法》第三版中认为,"超越必要性原则即违法的滥用职权行为"①。更广泛一点讲,比例原则的涵义可以从不同方面加以探讨。宪法意义上的比例原则,是指任何对人民权利的限制都必须有"公共利益需要"这一前提。宪法意义上的比例原则的确立,其意义在于,不仅在个案情形上限制基本权利的法律规定必须有公共利益需要之前提,而且在立法目的上,如果没有公共利益需要而限制人权,则会产生立法违宪的问题。②在具有目的性和脆弱性的公民权利与具有手段性和扩张性的国家权力之间,比例原则此时起到一个平等作用。

总的来说,比例原则的内涵具体包括:妥当性原则、必要性原则、比例性原则。妥当性原则要求国家立法或行政机关限制平等权的手段必须有助于实现宪法所允许的正当目的。所谓宪法认可的正当性目的其实就是社会需求,但社会需求不完全等于民众意愿或公共舆论,而必须是经过立法机关审查的真实需求。例如在男女退休年龄不同的问题上,立法机关的初衷是为了更好地保护女性,但一些女性工作者则认为男女退休年纪不同是对女性的一种歧视。可见,什么是宪法认可的限制平等权的正当性目的是具有争议的。我国《宪法》第五十一条规定:"中华人民共和国公民在行使自由和权利的时候,不得损害国家的、社会的、集体的利益和其他公民的合法的自由和权利。"该条款实际上为限制平等权提供了宪法所许可的条件,即只有为了实现国家利益、集体利益、社会利益时,国家立法或行政机关才能限制公民的平等权。国家利益一般指的是中华人民共和国政府所代表的全国性利益,属于政治范畴,同时也有别于公共利益。公共利益主要是由社会成员享有的实际利益,不等同于社会利益。社会利益具有功利性和排他性,不一定代表公共利益。③

各国学者对公共利益的界定也不尽相同。在德国普遍的一种公共利益观是,公共利益为不确定的多数人所享有的一种利益,同时将对国家社会有重大

---

① [德]奥拓迈耶:《德国行政法》,刘飞译,商务印书馆,2002年,第93~95页。
② 黄学贤:《行政法中的比例原则研究》,《法律科学(西北政法学院学报)》,2001年第1期。
③ 韩大元:《宪法文本中"公共利益"的规范分析》,《法学论坛》,2005年第1期。

意义的目的作为论定公益概念的要素。[1]也有一些德国学者认为公共利益就是公共福祉,是权利主体符合尊严的施展自由的外部条件的总和。在日本,学者普遍认为公共利益应该是个人利益的集合,强调基本权利互相之间冲突的实质性平等原理。在英美国家,公共利益更多的指代公共政策,指被立法机关或法院视为整个国家和社会有根本相关性的原则和准则。[2]在中国,有学者认为公共利益在绝大多数情形下被用来指代政府可正当追求与实现的目标,一般泛指某些影响所有人并受到普遍承认的利益,如健康、安全、国防、环境等;[3]也有学者认为,公共利益包括"集体性公共利益如安全需求、互惠交换性的公共利益以及补偿性的公共利益"[4]。鉴于公共利益本身是一个较为抽象的概念,在不同国家中表现出不同的特点,所以有学者提出界定公共利益的具体内涵和外延极其困难且并无必要。既然国家基于人且为了人而存在,其唯一的任务就是保护个人利益。脱离个人利益的就不是公共利益。[5]因此,国家也不得简单地以国家利益高于一切为由粗暴地限制个人的平等权。

必要性原则要求,当存在若干个同样能够达到正当性目的的手段可供选择时,国家立法或行政机关必须选择对平等权限制强度最小的手段,即使该手段可能并不能最大化达成国家追求的目的。必要性原则的审查目的在于保护公民不沦为国家实现目标的手段和工具。以用人单位不予录用乙肝病毒携带者的案件为例。必要性原则要求国家限制基本权利的手段必须有助于达到所追求的目标。限制录用的合理目的可能是为了保护其他工作人员的身体健康。但如果仅仅是因为应聘者携带了乙肝病毒就禁止录用为公务员,该手段是否为达成目的

---

①　陈新民:《德国公法学基础理论》(上卷),法律出版社,2010年,第235页。

②　韩大元:《宪法文本中"公共利益"的规范分析》,《法学论坛》,2005年第1期。

③　张千帆:《"公共利益"的构成——对行政法的目标以及"平衡"的意义之探讨》,《比较法研究》,2005年第5期。

④　薛冰:《个人偏好于公共利益的形成——兼论阿罗不可能定理》,《西北大学学报》(哲学社会科学版),2003年第4期。

⑤　陈征:《国家权力与公民权利的宪法界限》,清华大学出版社,2015年,第13~14页。

的同时又是对平等权限制强度最小的手段呢? 乙肝病毒仅通过性行为、血液和母婴传播。在普通的办公环境下或普通的工作关系中,乙肝病毒携带者一般不可能通过上述三种形式传染给其他的公职人员。因此,以法律法规等形式全面禁止录用乙肝病毒携带者为公务员的手段,对达成保护其他工作人员身体健康的目的并没有实际作用,进而也难以在宪法的规范层面论证该手段符合必要性原则。

比例性原则要求,国家立法或行政机关即使选择了符合妥当性和必要性原则的手段,该手段也不得过度地限制公民的平等权,即所采取的手段与所追求的正当性目的之间不能显失均衡。对公民基本权利限制程度或损害程度越大,国家所欲达成的目的就必须具有越高的宪法价值。以规定女性55岁退休为例。要求女性55岁退休的立法目的可能是为了更好地保护女性权益。该目的是《宪法》第四十八条所许可的,符合妥当性原则。但是否能经得起必要性原则的审查呢? 如果该女性从事的工作是体力劳动,从女性的身体状况考虑可能让其提前退休是对女性作为特殊群体加以保护。如果该女性从事的工作并非体力劳动,可能一部分女性就不会感觉55岁退休是在保护自己的权益,反而认为受到国家的歧视。该限制手段部分地实现了保护女性的目的。从比例性原则来看,要求从事非体力劳动工作的女性必须在55岁时退休对其平等权的侵害可能就显失均衡。这些女性可能并未感觉无法胜任工作,要求其提前退休还会使其收入减少,于是她们更希望得到形式上的平等对待。

比例原则在行政法上要求行政机关执行职务时面对多个可选的方法,应尽可能选择最少不良作用者。损害最小原则是指行政机关在可以采用多种方式实现某一行政目的的情况下,应当采用对当事人权益损害最小的方式。即行政机关能用轻微的方式实现行政目的,就不能选择使用更激烈的方式。行政机关采取的措施和手段应当必要、适当。行政机关实施行政管理可以采用多种方式实现行政目的,应当避免采用损害当事人权益的方式。"最小不良作用"即对公民、对社会造成的损害最小,如果以国家措施干预公民自由为实现公共利益所不可少，那么这种干预应当是最低限度的，公共权力对公民一般自由权利的干预，只应发生于维护公共利益所必需的程度。①例如，为了保障社区居民午休，行政机关可以禁止使用马达除草机或禁止除草。但显然，以禁止使用马达除草机为必要，因为这种禁止仍可使草坪主人除草；反之，则会对草坪主人造成不便。简单来说，就是当行政机关有多种手段可供选择时，应当选择侵害相对人权益最小的。

　　比例原则从理念上源于对正义的需求。它在价值取向上与时代发展的大趋势是一致的，也符合中国建设社会主义法治国家的战略目标。但比例原则在社会实践中真正起作用还有赖于整个社会法治水平的提高，国家机构的完整配置，甚至民众素质的提升。比例原则是贯穿立法、执法等活动中的一项重要原则，也是司法机关判断行政机关是否公正、合理行使自由裁量权的重要原则。它要求行政行为在目的及手段上，应充分考虑行政目标的实现和行政相对人权益的保障，采取适当的手段，使对行政相对人权益的侵害得以避免或降到最低限度。虽然目前中国法律中对比例原则尚无明文规定，但从《宪法》第三十三条和第五十一条解释推导出。相关立法也在一定程度上反映和体现了比例原则的精神，如《行政诉讼法》第一条②、《行政处罚法》第一条③、第四条④均有相关规定。同时，比例原则的司法适用已经涉及多个行政行为领域，而在这些领域中都可能涉及平等问题。对所有样本进行整体分析可以发现，在适用法院层级上，20 年间比例原则在我国各级法院都得到了适用，尤其是在中级人民法院得到了更多的适用；在适用案件数量上，20 年间法院适用比例原则的案件呈逐年递增的趋势。⑤

---

　　① 参见于安：《德国行政法》，清华大学出版社，1999 年，第 25~48 页。

　　② 《行政诉讼法》第一条规定："为保证人民法院公正、及时审理行政案件"解决行政争议"，保护公民、法人和其他组织的合法权益，监督行政机关依法行使职权，根据宪法，制定本法。"

　　③ 《行政处罚法》第一条规定："为了规范行政处罚的设定和实施，保障和监督行政机关有效实施行政管理，维护公共利益和社会秩序，保护公民、法人或者其他组织的合法权益，根据宪法，制定本法。"

　　④ 《行政处罚法》第五条规定："行政处罚遵循公正、公开的原则。设定和实施行政处罚必须以事实为依据，与违法行为的事实、性质、情节以及社会危害程度相当。"

　　⑤ 刘权：《行政判决中比例原则的适用》，《中国法学》，2019 年第 3 期。

四、保障平等权的途径

平等作为一项基本的法律原则贯穿于中国整个法律体系。法律确认和保障社会财富、资源、机会与社会负担的平等分配。习近平总书记指出："要自觉主动解决地区差距、城乡差距、收入差距等问题，坚持在发展中保障和改善民生，统筹做好就业、收入分配、教育、社保、医疗、住房、养老、扶幼等各方面工作，更加注重向农村、基层、欠发达地区倾斜，向困难群众倾斜，促进社会公平正义，让发展成果更多更公平惠及全体人民。"[①]法律要将前述内容转化为相应的权利与义务规范并保障其实现。除了《宪法》和《民法典》，《劳动法》《就业促进法》《继承法》《义务教育法》《妇女权益保障法》《残疾人保障法》等多部法律中均规定和强调了法律确认和保障社会财富、资源、机会与社会负担的平等分配。

法律公平地分配法律责任：责任自负、责任相称、过错责任为主而无过错责任为辅等，都是责任公平原则的体现。责任自负是指凡是实施了违法行为或违约行为的人，都要对自己的违法行为或违约行为负责，在独立承担法律责任同时，没有法律规定能让没有违法行为或违约行为的人承担法律责任，国家机关或其他社会组织不得没有法律依据而追究虽与违法行为者或违约行为者有血缘等关系而无违法行为或违约行为的人的责任，防止株连或变相株连。责任自负原则是现代法的一般原则，体现了现代法的进步。当然，在某种特殊情况下，为了维护法律尊严和财产的安全完整，也产生责任转承问题。如上级对下级的行为承担替代责任等。责任相称是公平观念在归责问题上的具体体现，其基本含义为法律责任的大小、处罚的轻重应与违法行为或违约行为的轻重相适应，做到"罪责均衡""罚当其罪"。责任相称的内容具体包括以下三个方面：法律责任的性质与违法行为或违约行为的性质相适应；法律责任的种类和轻重与违法

---

① 习近平：《完整准确全面贯彻新发展理念，确保"十四五"时期我国发展开好局起好步》，《人民日报》，2021年1月30日。

行为或违约行为的具体情节相适应；法律责任的轻重和种类与行为人的主观恶性相适应。

责任相称是实现法律目的的需要，通过惩罚违法行为人和违约行为人，发挥法律责任的积极功能，教育违法、违约者和其他社会成员，从而有利于预防违法行为、违约行为的发生。过错责任亦称"过失责任"，是"无过错责任"的对称，是民事责任制度的一般原则。行为人只对其主观上有过错的不履行义务的违法行为承担民事责任；若主观上并无过错，即使行为已致人损害且具有违法性，亦不负民事责任。《民法典》中规定，行为人因过错侵害他人民事权益造成损害的或者依照法律规定推定行为人有过错，其不能证明自己没有过错的，应当承担侵权责任。[①]无过错责任原则，是指行为人损害他人民事权益，不论其主观上有无过错，根据法律规定均应承担侵权责任的归责原则。《民法典》中，行为人造成他人民事权益损害，不论行为人有无过错，法律规定应当承担侵权责任的，依照其规定。[②]

我国《宪法》有"公民""人民""敌人"等多重概念。公民是指具有中华人民共和国国籍的所有的人，其中既包括"人民"，也包括"敌人"。法律平等适用于那些被剥夺了政治权利的少数敌对分子，即在司法、执法与守法上，所有的人都适用同一套法律规则和标准。[③]法律剥夺少数敌对分子的政治权利，表明法律本身并不是对所有公民一律平等。被剥夺了政治权利的人不能平等地享有选举权和被选举权。人民在立法上的平等权利，主要是人民通过选举自己的代表，组成最高国家权力机关即全国人民代表大会，再由它集中全体人民的意志，并把这种意志制定成法律体现出来。社会主义法律是广大人民共同意志的表现，在制定法律时，明确保护什么、反对什么、什么是合法、什么是非法，都是从广大人民的利

---

① 《民法典》第一千一百六十五条："行为人因过错侵害他人民事权益造成损害的，应当承担侵权责任。依照法律规定推定行为人有过错，其不能证明自己没有过错的，应当承担侵权责任。"

② 《民法典》第一千一百六十六条："行为人造成他人民事权益损害，不论行为人有无过错，法律规定应当承担侵权责任的，依照其规定。"

③ 李步云、刘士平：《论法律平等》，《湖南社会科学》，2004 年第 5 期。

益出发,并不反映少数敌对分子的利益和意志。当反映广大人民利益的法律被制定出来后,它在实施过程中(执法、司法和守法)应当平等,所有人都要一律平等地按照法律规定办事,严格遵守宪法和法律。

第三节　平等权面临的主要挑战

一、涉及平等权案件的综述

在《宪法》列明的基本权利中,平等权长期是诉求最为活跃的一项基本权利。产生社会影响比较大的平等权案例包括以下四种类型:第一,乙肝就业歧视案件;第二,多起身高歧视案;第三,教育平等权案;第四,男女平等退休案。平等权之所以诉求如此活跃,可归为以下三个原因。首先,我国是由农耕社会成长起来的,这种社会具有非常深厚的均权传统。其次,过去片面地追求效率造成社会不公现象极为突出,从而导致公平正义成为新时代的主题。最后,公民可能对现代平等规范原理还存在认识上的误解,将合理区别对待也视为不平等。①

在中国,平等权的司法保护经历了从"宪法平等"到"不受歧视"的路径转型,平等权终以不受歧视的姿态进入实质性的司法审查环节。②在中国裁判文书网检索"平等""平等权""反歧视"等关键词,在排除不相关的案例及某些仅涉及民事平等法律关系的案例后得到关于平等保护的案例。在这些被筛选出来的案例中,有超过半数的案例涉及侵害集体经济组织成员权益纠纷。这类纠纷主要是对在籍村民的分配方案不公引起的。村委会当中的部分村民代表通过决议的形式区别对待全体在籍村民(即具有本集体经济成员资格的人),将部分村民排

---

① 林来梵:《宪法学讲义》(第三版),清华大学出版社,2018年,第375页。

② 李成:《平等权的司法保护——基于116件反歧视诉讼裁判文书的评析与总结》,《华东政法大学学报》,2013年第4期。

除在参与分配的人员名单之外。多数原告或上诉人主张集体组织成员权项下的土地补偿费分配权应该是平等的,如平等地分配土地补偿费或留用宅基地受法律的保护。这类平等获得补偿的权利不是部分村民代表通过决议就可以任意剥夺的。终审法院的观点是,如果原告或上诉人具有集体经济组织成员资格,则根据农村土地承包法及村民委员会组织法的相关规定,其理应与其他村民一样,享有平等的土地补偿费分配权或留用宅基地分配权。此外,还有一些上诉案件是由于原审法院违反法定程序,允许一方超过举证期限提供新证据,并要求另一方质证,损害了诉讼平等权。

涉及妇女的平等权的案例也属于常见的司法案例,例如有公司章程规定剥夺妇女平等权益、限制出嫁女子的购股资格等情形,其因违反法律强制性规定而无效。另外,还存在侵害教育平等权的情况,如有幼儿园拒绝孩子就近入学的合法申请,违反了《教育法》第九条授予公民平等的受教育的机会。劳动就业中用人单位以各种表面正当的理由解除与处于孕期、产期、哺乳期的女职工以及乙肝、艾滋病等传染病病原携带者的劳动合同;公务员招录过程中因考生身高、学历、年龄、健康状况等条件不达标,被拒绝录用而引发的歧视诉讼也值得关注。虽然这类案件数量不多,但法院在这些案件中阐释的论证思路值得重视。①

二、对教育平等的法律保护

宪法平等权与教育权的结合产生了一个重要的权利:教育平等权。马克思将平等作为"共产主义的基础",作为"共产主义的政治的论据",强调"自由在很大程度上是受平等制约的""同时强调教育是关乎人类未来的大事"。教育平等权是指公民平等地享有接受文化、科学、品德等方面教育训练的权利。我国《宪法》规定:"公民有受教育的权利和义务,国家培养青年、少年、儿童在品德、智

---

① 李成:《平等权的司法保护——基于116件反歧视诉讼裁判文书的评析与总结》,《华东政法大学学报》,2013年第4期。

力、体质等方面全面发展。"习近平主席在联合国"教育第一"全球倡议行动一周年纪念活动视频贺词中表示,中国将努力让 13 亿人民享有更好更公平的教育。习近平总书记在 2014 年与北京师范大学师生代表座谈上指出:"教育是提高人民综合素质、促进人的全面发展的重要途径,是民族振兴、社会进步的重要基石,是对中华民族伟大复兴具有决定性意义的事业。"习近平总书记 2016 年再次强调,"教育公平是社会公平的重要基础,要不断促进教育发展成果更多更公平惠及全体人民,以教育公平促进社会公平正义"①。

宪法保障了作为教育平等权主体的公民既享有积极的权利,又享有消极的权利。所谓积极的权利就是指公民有权要求国家采取积极的作为,为公民教育平等权的实现提供必要的物质和制度保障,而不能导致实质上的不平等。这里之所以强调"必要"两字,是因为国家只有初等教育阶段才确保较高程度的物质保障。当然,从制度上保障相对而言比较容易。因为国家是产生法律的机器,法律是随着国家的诞生而产生的。而所谓消极的权利就是指作为权利主体的公民特别是青少年公民有权要求国家及其授权的主体承担不作为的义务。②比如不能无故剥夺学生的受教育权利,换个角度讲,就是说该学生享有跟其他同学平等的受教育权利。习近平总书记在党的十九大报告中指出:"建设教育强国是中华民族伟大复兴的基础工程,必须把教育事业放在优先位置。"我国还制定了一系列教育方面的法律,《义务教育法》《教育法》《职业教育法》《高等教育法》以及相关配套实施细则。这些法律为教育平等权提供了保障。教育平等权主要包括选拔考试平等权、教育机会平等权、教育内容平等权、教育条件平等权。

选拔考试平等权,不仅包括参与考试的公平,还包括考试评价的公平。我国选拔考试平等权保护的实现存在现实中的三个困难:首先是地域歧视,即分省招生的考试录取办法带来的考试区域不公平;其次是弱势群体歧视,比如对身

---

① 霍小光,张晓松:《习近平在北京市小学校考察时强调 全面贯彻落实党的教育方针 努力把我国基础教育越办越好》,《人民教育》,2016 年第 18 期。

② 周永坤:《教育平等权问题及解决之道》,《华东政法学院学报》,2006 年第 2 期。

高、女性、残疾人等设定不必要的门槛;最后是个别群体获得的不当待遇,主要体现在高考加分和自主招生时存在的暗箱操作、递条子、权钱交易等现象,严重危害了考试的公平公正。[①]

教育机会平等权,是指公民有权享有公平的教育机会。我国教育机会平等的障碍,在一定程度上在于社会文化传统,比如农村地区的重男轻女现象;另外一个限制在于经济,比如在一些贫困地区,并非所有学生都能够接受教育。加强对我国教育机会平等权的保护,一方面要通过新型城镇化建设,形成大批具有产业支撑的城镇,促进进城务工人员就近择业,降低大型城市尤其是特大型城市的公共服务压力,让包括教育在内的更多社会服务就近提供;另一方面,要通过加强社会资源配给,破除进城务工人员子弟就学的体制限制和经费支持缺失等问题。[②]

教育内容平等权,是指公民有权接受相同内容的教育,不得对不同的人进行不同内容的教育。另外在初中阶段结束时过早分班,对分班的学生实行差别教育(文科、理科分班),特别是将学生分为"参加高考"与"不参加高考"两类分而教之的方法构成对不参加高考的学生的歧视。[③]不过是否构成歧视,应该看是否有正当目的,是否符合实质性的公共利益,而不应该简单地看是否产生负面效应,事物是有两面性的。对职业中学和普通中学的区分,能够因材施教,根据不同学生的特点区别对待,让学生们充分发挥自己的潜能、培养职业能力,本身并没有问题。文理分班本身也有它的合理性,但问题和分歧在于"过早"两字。进一步对教育的内容进行丰富和优化,让接受基础教育的适龄公民都能有机会接触到优质的教育,是现阶段保障教育内容平等权的有效途径。

教育条件平等权,是教育平等权的进一步深化,是教育的实质平等,是指任何人都须享有具有一定质量水准教育的权利。在我国,教育条件平等权的问题仍然复杂:第一是地区发展不均衡,各地教育水平差异过大;第二是城乡差别仍

---

① 王堃:《中国教育平等权的三个向度》,《湖南警察学院学报》,2015 年第 2 期。

② 王堃:《中国教育平等权的三个向度》,《湖南警察学院学报》,2015 年第 2 期。

③ 周永坤:《教育平等权问题及解决之道》,《华东政法学院学报》,2006 年第 2 期。

然存在,农村青少年、进城务工人员子弟的就学困难问题还很严峻;第三是学校之间差异仍然存在,"重点学校"在各方面都优越于其他学校。习近平总书记在北京市八一学校考察时要求,优化教育资源配置,逐步缩小区域、城乡、校际差距,特别是要加大对革命老区、民族地区、边远地区、贫困地区基础教育的投入力度,保障贫困地区办学经费,健全家庭困难学生资助体系。要进一步加强教育体制改革,通过教育标准化促进教学资源的均衡分配;进一步改革教育人才培育,促进教师资源分配的优化。[①]

三、对性别平等的法律保护

性别平等与妇女发展是人类追求公平、正义与平等的永恒主题,是社会文明进步的衡量尺度之一,是人类实现可持续发展的重要目标。2020 年 10 月,习近平主席在联合国大会纪念北京世界妇女大会 25 周年高级别会议上强调,男女平等是中国的基本国策,保障妇女权益必须上升为国家意志。尽管我国《宪法》将男女平等确定为基本原则,但在落实中仍存在弱化的现象,具体表现在如就业、健康、教育等方面。所以有必要对法律和政策制定进行性别平等评估,确保用社会性别的视角充分审视法律和政策对男性和女性的影响,真正着眼于女性的全面发展和男女两性的平等发展,从而纠正现有的法律和政策已有的不平等,避免出现新的不平等,使得男女平等的基本国策得到真正贯彻,既从形式上得到落实,也要在实质意义上得到充分落实。[②]

"浙江就业性别歧视第一案"中,应届毕业生郭女士在网上看到杭州市某职业技能培训学校在招聘文案人员并提交了简历,等待多天后没有得到任何回复,郭女士后来发现招聘页面上写着"限男性"的要求。郭女士多次向对方咨询,对方坚持只要男性,表示这个岗位不适合女生,人事部一位工作人员表示,他们

---

① 王堃:《中国教育平等权的三个向度》,《湖南警察学院学报》,2015 年第 2 期。

② 宋琳琳:《法规性别平等评估机制研究》,《法制博览》,2020 年第 8 期。

没有性别歧视的意思,而是这个岗位的人经常要和男厨师一起出差,女生不方便。郭女士认为企业拒绝女生的理由太多了,女生们不能再忍气吞声,于是向法院提起了诉讼。2018年11月12日,该案在杭州市西湖区人民法院宣判,法官认为"被告不对原告是否符合其招聘条件进行审查,而直接以原告为女性、其需招录男性为由拒绝原告应聘,其行为侵犯了原告平等就业的权利,对原告实施了就业歧视"。

本案判决蕴含以下基本法理:首先,平等就业权是宪法赋予每个公民的基本权利,从法律位阶上看,其位阶显然比劳动法范畴下用人单位自主招聘权的位阶高,不能以保护后者为由任意限制甚至损害公民的平等就业权。其次,单位行使法定的用工自主权应审视该权利的边界。在劳动合同关系范畴下,自主招聘、用工是用人单位享有的当然权利,但基于劳动法中保护劳动者合法权益这一基本原则,用人单位享有的上述权利应当与劳动者平等就业、自主择业的权利相适应,不能因为劳动者的性别而对其区别对待。文案岗位不属于国家规定的"不适合妇女的工种或岗位",拒绝妇女应聘是为法律所禁止的。大学生就业中的性别歧视主要是基于性别因素,当前表现最为明显的是针对女大学生的性别歧视。这种歧视有显性歧视(也称"差别对待歧视")与隐性歧视(也称"差别影响歧视")之分。显性歧视是"在相同条件下,故意根据人的某种特征(比如种族、肤色、性别、宗教信仰、年龄等)给予一个人或一个群体的机会和待遇明显低于另一个人或群体的机会和待遇"①,主要表现为用人单位在招聘简章中公开限制女生的数量或者直接排斥女生,如"限招男生""男生优先"等字样公然存在,对女生采用严苛的录用标准或给予女生较少的培训与升职机会等现象更加普遍。

周女士起诉中国建设银行某中心支行一案中,原告认为自己应和男职工同龄退休,被告为其办理退休手续的决定违反了宪法中男女平等原则,构成对女性的歧视,法院依《关于安置老弱病残干部的暂行办法》的规定,认为被告某支

---

① 郭延军:《美国就业领域间接性别歧视的法律控制》,《政治与法律》,2013年第4期。

行的决定符合现行国家政策和法规,原告的请求于法无据不予支持。在本案中,公众主要从平等权与对女性歧视的角度切入退休年龄不平等的规定具有违宪性,这种观点应深入剖析该规定的内在含义、立法目的及其存在的合宪性,不能简单认为男女不同年龄退休就违反性别平等。①判断该规定不平等的合理性要考虑两点:一是这种年龄上的差别是否能够真实的反映出男女在劳动生产效率上的差距;二是这种规定的不平等与劳动者、企业和政府三者之间的利益是否达到合理的平衡。②我国的退休政策可在给予男女合理差别的基础上,相应的调整退休制度,整合各方利益主体,使劳动力资源得到最大化利用,也使得劳动者在退休之后的保障措施更加完善。③

《娱乐场所管理条例》作出了禁止四类人员在娱乐场所从业的规定④,由此引发出激烈的争议,焦点为该规定是否违反性别平等权。理性的判断应依赖于一定的解释标准,在西方违宪审查制度发达的一些国家,这种方法早已成熟。如众多学者所指出,该条例的禁业条款直接挑战了宪法对于劳动平等权的保护领域。⑤我国尚未确立真正意义上的违宪审查制度,《娱乐场所管理条例》的该条规定已经构成了对以下多个重要法律原则的挑战。首先是法律保留原则。宪法意义上的法律保留,是指在国家法秩序的范围内,某些事项必须保留由狭义的法律来规定。⑥我国宪法没有对平等就业权作出直接规定,理论上认为其规范依据在于《宪法》第三十三条对公民平等权的规定和《宪法》第四十二条第一款对公

① 张步峰:《男女退休不同龄制度的宪法学思考》,《法学家》,2009 年第 4 期。

② 朱应平:《论我国公民平等工作权的宪法保护》,《法学》,2002 年第 8 期。

③ 蓝春梅,朱素娇:《平等的衡量——从男女退休年龄看平等》,《法制与社会》,2012 年第 31 期。

④ 《娱乐场所管理条例》第五条:有下列情形之一的人员,不得开办娱乐场所或者在娱乐场所内从业:(一)曾犯有组织、强迫、引诱、容留、介绍卖淫罪,制作、贩卖、传播淫秽物品罪,走私、贩卖、运输、制造毒品罪,强奸罪,强制猥亵、侮辱妇女罪,赌博罪,洗钱罪,组织、领导、参加黑社会性质组织罪的;(二)因犯罪曾被剥夺政治权利的;(三)因吸食、注射毒品曾被强制戒毒的;(四)因卖淫、嫖娼曾被处以行政拘留的。

⑤ 《宪法》第三十三条:"中华人民共和国公民在法律面前一律平等。""任何公民享有宪法和法律规定的权利,同时必须履行宪法和法律规定的义务。"《宪法》第四十二条:"中华人民共和国公民有劳动的权利和义务。"

⑥ 陈新民:《中国行政法学原理》,中国政法大学出版社,2002 年,第 36~39 页。

民劳动权的规定。其次是比例原则。从比例原则的视角审查《娱乐场所管理条例》第五条,可以从以下路径展开:第一是适当性原则。判断手段是否有助于目的的实现,前提是明确立法的目的是什么。第二是均衡性原则。均衡性原则的实质是要综合地考虑手段实施的总成本和总收益之间的均衡。第三是必要性原则。《娱乐场所管理条例》第五条的规定,相当于对那些已经完成监狱教化的人,贴上"终身的人格瑕疵"的标签,借由限制他们的平等就业权,破坏他们被假设为已经完全重建的人格发展基础,违背宪法对于基本人权的保障与尊重。[①]

《宪法》规定,"妇女在政治的、经济的、文化的、社会的和家庭的生活等各个方面享有同男子平等的权利","国家保障妇女的权利和利益,实行男女同工同酬,培养和选拔妇女干部"。2012 年 11 月,党的十八大首次将男女平等作为基本国策写入报告。中国将始终坚持男女平等的宪法原则,将男女平等作为促进国家社会发展的一项基本国策,不断完善法律法规,制定公共政策,编制发展规划,持续推进性别平等与妇女发展。国家建立提高妇女地位的机制,是充分利用政府资源,有效调动社会资源,推进性别平等与妇女发展的重要保障。[②]习近平总书记强调:"要依法维护妇女权益,严厉打击侵害妇女权益的违法犯罪行为。要做好党的妇女工作,关系到团结凝聚占我国人口半数的广大妇女,关系到为党和人民事业发展提供强大力量,关系到巩固党执政的阶级基础和群众基础,必须坚持男女平等基本国策,充分发挥我国妇女伟大作用,为实现'两个一百年'奋斗目标、实现中华民族伟大复兴的中国梦而奋斗。"

四、人工智能时代的新问题

在人工智能时代,大数据和各类算法水平的不断发展已经改变人们的生活

---

① 蒋红珍:《把握好限制公民平等就业权的合理的度——从〈娱乐场所管理条例〉第 5 条招致质疑说开去》,《法学》,2006 年第 9 期。

② 中华人民共和国国务院新闻办公室:《中国性别平等与妇女发展》,《中国妇运》,2015 年 9 月 22 日。

方式,迅速渗透到社会的各个领域。但是由于目前技术的不确定、法律法规不完善、监管不到位等问题,传统的平等权的保护和实现面临更大、更多的挑战。习近平总书记强调:"我们一定要认识到,古往今来,很多技术都是'双刃剑',一方面可以造福社会、造福人民,另一方面也可以被一些人用来损害社会公共利益和民众利益"。①算法是人为设计和编写的,并不是客观公正的,当前存在的各种影响人们日常活动的算法不论优劣都是算法工程师根据要求或个人想法的一种主观输出,极易导致算法歧视。危机的根源在于算法权力正在逐渐形成一种"准公权力",使得传统的权力格局发生了权力主体去中心化、权力作用范围的延展化和权力互动的双向化之变迁;而算法设计的效率导向、作为算法运行基础的数据之偏差与算法黑箱造成的透明度缺失共同触发了算法歧视。②大数据和算法正在影响越来越多的利益分配,不仅仅是日常的衣食住行,甚至是教育就业、司法执法、公共安全等重要领域,带来机遇的同时也伴随着风险和挑战,如果出现算法歧视,可能会产生极大的不公平和风险。

算法歧视的主要形态是种族歧视、性别歧视、年龄歧视、生命安全歧视和消费歧视。算法不断发展并被广泛应用,再次将种族歧视问题摆上了台面,麻省理工学院的一项研究表明:"当使用各种人脸识别算法来识别性别时,算法将肤色较深的女性误分类为男性的比例为 34.7%;而对肤色较浅的女性的分类最大错误率不到 1%。"③近年来因为算法导致的种族歧视现象频发,这值得引起我们的重视。当原先就存在的性别歧视被算法设计者写进各种算法时,用工单位将会更容易在海量简历当中选择出他们期望的性别的求职者,如男性更受招聘程序员岗位的公司的青睐。另外,运用算法实现年龄筛选更是轻而易举,而这种"一

---

① 习近平:《在网络安全和信息化工作座谈会上的讲话》,《人民日报》,2016 年 4 月 19 日。

② 崔靖梓:《算法歧视挑战下平等权保护的危机与应对》,《法律科学》(西北政法大学学报),2019 年第 3 期。

③ Buolamwini, J. & Gebru, T, Gender shades: intersectional accuracy disparities in commereial gender classification, *Proceedings of machine learning research*, Vol.81:1, p.1–15(2018).

刀切"的方式将带来更为严重的年龄歧视。最近出现的外卖平台通过算法,不停地给骑手施压,为了"准时送达"不被扣钱,骑手们经常在钢铁洪流中超速、逆行甚至闯红灯。而通过大数据算法对消费者的消费记录、消费偏好、消费频率等进行全方位的画像可以实现对不同的消费者进行不同的定价,这就造成了消费歧视。近年来,大数据"杀熟"在各大网购平台已经出现,在线旅游平台、网约车平台均存在不同程度的消费歧视。

作为大数据算法应用的先行者,人工智能算法已经运用在美国的司法实践等多项领域中,美国学者对于此类问题的思考值得借鉴。有专家认为:"人工智能在美国快速发展,而违反正当程序、歧视、法律私有化和算法不透明等关于这一技术的诸多问题与质疑也随之而来……需要对它的优点与不足进行一番坦诚地讨论,同时也需要增加人工智能技术的透明性。"[1]但是算法研发的特点决定了大数据算法存在诸如谨慎程度低,开发分散和研发过程不透明等问题,这可能会带来难以预料的算法危机,[2]也让它与其他一般的公共危险源相比,更加难以监管。

随着运算力的提升,算法能够在有限的时间内得出人类没有考虑过的解决问题的方法并取最优解,如下棋算法更能够做出最优化的决策,并且远不止一个满意的决策。尽管是算法工程师设计出了这些算法,但是这些算法根据指令得到的是他们都无法预见的解。目前机器学习被广泛运用在各种算法中,在未来的一段时间内,随着机器学习、深度学习、神经网络等算法的不断发展,算法作出决策的不可预见的问题将会更加频繁地出现。如果算法作出的行为造成损害,而算法设计者对此却不可预见,那么让设计者承担责任会导致不公平和非正义,这样会导致被侵权人无法因其损失而得到赔偿。法院面临的挑战是,法院为了保证算法所作行为的受害者的损失能够得到补偿,必须解决算法的可预见

---

[1]　李本:《美国司法实践中的人工智能:问题与挑战》,《中国法律评论》,2018 年第 2 期。

[2]　Matthew U.scherer, Regulating Artificial Intelligence Systems: Risks, Challenges, Competencies, and Strategies, *Harv. J.L.&Tech*, Vol.29:154, p.353—400(2016).

性与因果关系的问题。站在监管者的角度,最复杂的问题其实不是人工智能,而是人工智能的秘密性、分散性、不连续性及不透明性,这些都使得监管者面临着前所未有的逻辑上的困难。

第八章
平等原则与依法行政

平等既是中国宪法的一项重要原则,也是公民的基本权利。中国目前已经初步形成了以宪法为中心,以法律为主体的平等权立法保护体系,覆盖各个群体并涉及多个领域。这方面的法律规范包括:对平等权益易受损害人群的保障,主要有《妇女权益保障法》《未成年人保护法》《残疾人保障法》等;对侵犯平等权事件多发领域加以治理的法律,如《劳动法》《劳动合同法》《就业促进法》等;此外,《民法典》婚姻家庭编、继承编中,也强调了对婚姻家庭领域中相对弱势群体的平等权利的保护。同时,平等原则的适用和平等权保护不能仅停留在法律规定层面上,而且要关注实践中平等原则的适用,以保障特定主体的合法权益。

第一节　平等原则的法理基础

在平等原则的发展过程中,学者对不同的平等概念进行了探讨,主要包括形式平等与实质平等、绝对平等与相对平等、事实上平等与法律上平等。这里重点分析探讨平等原则的法理基础。

一、人性尊严

"人性尊严"的思想发展肇始于西方,有着深厚的宗教、文化和历史背景。古希腊文明是西方文明的摇篮,人性尊严理念萌芽于古希腊罗马时期。西方哲学发展至康德时期,对人性尊严的理解达到了新的高度,"人是目的"是人性尊严最基本的价值核心,即强调人本身即是目的,且主张"人非工具"是一切有理性者都应遵从的规律。[①]

人性尊严作为平等保护的基石在当代中国不断发展。2010 年,第十一届全国人大第三次会议通过的《政府工作报告》指出:"我们所做的一切都是要让人民生活得更加幸福、更有尊严,让社会更加公正、更加和谐。"这彰显了中国政府对人性尊严的关注与重视,也进一步明确了保障人性尊严已经成为指导政府工作、评判工作得失的重要基准。[②]

(一)人性尊严的基本含义

"人性尊严"(human dignity)又译为"人的尊严""个人尊严",指人作为社会个体具有内在价值和尊严,有获得他人尊重而不被轻视的权利。这是人与动物区别的主要标志,也是人所具有的精神特质。康德认为,不管在任何情况下都要尊重并守护人的内在尊严,且其道德理想国中人人享有尊严,作为"目的"存在的每个人都具有无可替代的价值,[③]这一思想对后世影响深远。德国哲学家席勒将人的尊严与社会条件相结合,认为人只有在特定条件下,尊严才能真正被其享有。席勒认为自由和尊严是人最基本的特质,放弃了尊严就等于放弃了人之为人的本性。

---

① [德]康德:《道德形上学探本》,唐钺译,商务印书馆,2012 年,第 51 页。
② 中国人权研究会编著:《中国人权在行动(2010)》,五洲传播出版社,2011 年,第 4 页。
③ 侯宇:《人的尊严之法学思辨》,法律出版社,2018 年,第 21 页。

在法学领域,"人性尊严"的理论对于法律价值的约束同样引起了广泛争论。自然法理论认为,人性尊严是每个人不能放弃、不可侵犯的法律权益,国家应当尊重和保护;法实证主义者则认为,人性尊严的内涵不易被确定,人性尊严的价值如果被摆在至高的位置,并将人性尊严作为法定的基本权利内容,公民容易借此对抗国家权力,最终会破坏法的安定性。诸如此类的争议非常普遍,立法者逐渐意识到,实定法的规定有时会滞后于社会的发展,有时会存在不合理之处,人性尊严可作为更高位的基本法律原则或法律目的,来检验法律制定的合理性。人性尊严是平等保护的理论基础,在"人性尊严"理论的发展过程中,逐渐实现其价值的法律化,其构成了宪法的最高价值。人性尊严可以作为类型化基本权利的概括规定,也可以构成上位的宪法原则。

(二)人性尊严的宪法价值

平等对待是人性尊严的本质要求。人性尊严所体现的价值与生俱来,基于生命等价的理念,人性尊严也具有平等性。换言之,每个人因生而平等的基本理论,享有平等的尊重,这也是形式平等在法律上的体现。每个人不因性别、年龄、职业、民族、种族、家庭出身、宗教信仰、教育程度、财产状况、个人能力的不同而被差别对待。

德国《基本法》第一条第一款规定:"人的尊严不可侵犯。尊重和保护人的尊严是所有国家权力的义务。"同时该法第七十九条第三款规定,对基本法的修改不得涉及基本法第一条原则,即"人性尊严"作为德国最高立法的永恒原则不得被修改。该法同时列举了其他基本权利的内容,从规范结构的角度来看,人性尊严的规定在基本权利列举之前,且对人性尊严的修改作出限制性规定的情况下,在德国《基本法》中,可以将人性尊严认定为基本权利中的一项基本原则,也构成了基本权利中的主观权利。

受到美国的影响,战后日本也引入了"人性尊严"的观念。日本1947年《宪法》中使用的概念是"个人尊重"。日本《宪法》第十三条规定,"全体国民都作为个人而受到尊重";本条还规定,国民只要不违反公共福利,其谋求生存、自由以及幸福等权利,在立法及其他国家事务上都必须受到最大的尊重。[①]该宪法在有关婚姻家庭和两性平等的条款中,则使用了"个人尊严"的概念,根据日本学界通说,"个人尊重"和"个人尊严"两个概念的含义没有本质上的差异。

我国《宪法》文本上虽然没有"人性尊严"或"个人尊严"的名词,但是第38条仍使用了"人格尊严"(Personal Dignity)这一用语,即"公民的人格尊严不受侵犯。禁止用任何方法对公民进行侮辱、诽谤和诬告陷害"。"人的尊严"和"人格尊严"这两者之间在语义渊源上存在某种程度的共通之处,关于二者之间关系的理论,比较有代表性的观点为"人格尊严条款双重规范意义说"。这一学说将《宪法》第38条以句号为节点分为前后两个部分,前半段可理解为具有独立内涵的规范性语句,表达了与"人的尊严"或"人性尊严"相似的原理,体现了宪法最根本的价值理念,是宪法基本权利体系的出发点,该句的"人格尊严"也可以理解为"一般人格权";该条后半段的规定,是一种禁止性的规定,其与前半段结合,形成了一个整体的规范性语句,成为宪法对个别性权利保障的条款,可将该项权利理解为宪法上的人格权。[②]

二、正义

从汉语语义理解,"正义"一词与"公正""公平"有一定程度的相似性,几个概念之间的含义有区别也有联系。在不同语境下,可以将"justice"一词分别翻译为"正义""公平"或"公正"。[③]从汉语语境上理解,"正义"所具有价值标准含义更多一些。各国对是否符合平等原则的判断基准有很多,主要包括"自然实质差异""宪法界限""正义理念""合目的性考量""比例原则""公共利益"等,这些判

---

① 朱福惠、王建学主编:《世界各国宪法文本汇编(亚洲卷)》,厦门大学出版社,2012年,第479页。
② 林来梵:《人的尊严与人格尊严》,《浙江社会科学》,2008年第3期。
③ 薛波主编:《元照英美法词典》,北京大学出版社,2017年,第763页。

断基准是以平等原则基本原理中同等情况不得差别对待,不同情况不得同一对待为出发点的,最终是为了确保"差别对待"的正当性和合理性。其中"正义理念"一直是大陆法系国家法学界和实务界对平等原则的判断基准之一。

长期以来,学者们对正义理论的探讨,包括就法律上的正义和道德上的正义展开的相关讨论。正义不仅仅是法律上平等原则的理论基础,"正义"概念的含义也历经了长期的历史发展过程。

古希腊罗马的正义观念,是平等理念早期的理论支撑。在这一时期,正义理论是政治学、哲学领域主要的研究对象,而平等是正义理念的核心。柏拉图按照他的理解将社会分为领导者、军人、劳动者三个等级,每个等级各司其职、恪守本分就是"正义"。①古希腊斯多葛派发展了正义观念,更加强调正义的内核是平等原则,提出了自然法的观点和理论,认为从理性上来讲人本质是平等的。②

其实早在古希腊斯多葛学派之前,亚里士多德就从平等思想中发展出自己的正义理论。亚里士多德以平等作为正义的核心,将正义区分为对等正义(平均正义)与分配正义。亚里士多德总体认为,对等正义即交换正义,适用于公民彼此间的关系,特别是支配契约当事人间的正义,主要适用于两造均属平等当事人的私法法律关系。所谓交换正义,并不是由第三人来决定,而是由两位当事人依据"私法自治""契约自由"原则来决定。分配正义则被理解为关于全体对个人,特别是关于国家与人民关系的指导理念。

亚里士多德的分配正义理念,后来被西塞罗称为"使各得其分"原则。现代学者则将此原则演绎为两大规则:第一,原则上要求一律相同分配;第二,要求根据功绩、工作、需要、阶级、法律与能力加以分配。这些规则的共通点在于,无论何为决定分配的重要特征,对于具备相同重要特征的人,都应给予相同的分配。因此,"相同事物相同对待"的平等理念成为分配正义的核心要素,正义构成平等思想的理论基础。

---

① 徐爱国:《法学的圣殿:西方法律思想与法学流派》,中国法制出版社,2018年,第4~5页。
② [美]穆尔、布鲁德:《思想的力量》,李宏昀、倪佳译,北京联合出版公司,2017年,第265页。

二战前,比利时法哲学家佩雷尔曼(Chaim Perelman,1912—1984)就分配正义提出了六项指标,分别为"每人均等""依其所为""依其结果""依其所需""依其阶层/身份"和"依照法律所作的分配"。德国税法学者提普克(Klaus Tipke)加上的第七项指标为"依其能力",我国台湾地区学者柯格钟则增加了"依其受益",作为衡量分配正义的第八项指标。[①]以下是对这八项指标的简略评述:

第一,"每人均等"是指绝对平等。这尤其体现于宪法中有关基本权利保障的规定。公民所应享有的基本权利,或个人的人性尊严,不因个人的性别、种族、肤色、宗教、阶层不同,而有所区别。我国《宪法》规定,"公民在法律面前一律平等";"任何公民享有宪法和法律规定的权利"。尤其需要指出的是,《宪法》在"年满十八周岁的公民,不分民族、种族、性别、职业、家庭出身、宗教信仰、教育程度、财产状况、居住期限,都有选举权和被选举权"的规定中,用了"不分"一词,鲜明地体现了此种平等观的绝对性。

第二,"依其所为"是指总体上根据个体的行为,给予与该行为相当的评价,并以此为分配的依据。这体现于刑事制裁与行政制裁领域,即根据个人行为的罪责或可责罚性,来给予与行为相当的刑罚或制裁。例如《刑法》第五条规定罪责刑相适应原则,规定"刑罚的轻重,应当与犯罪分子所犯罪行和承担的刑事责任相适应"。《行政处罚法》第五条第二款则规定了过罚相当原则,要求"设定和实施行政处罚必须以事实为依据,与违法行为的事实、性质、情节以及社会危害程度相当"。"依其所为"也是某些干预行政法中的基本原则,例如在环境法律规范方面,规定"企业事业单位和其他生产经营者应当防止、减少环境污染和生态破坏,对所造成的损害依法承担责任"[②],以体现"污染者负担"原则。

第三,"依其结果"是总体按照个体行为所产生的具体结果进行评价,并据以作为分配标准。公民如果符合一定的结果,就会被给予一定的资格地位。例如

---

① 柯格钟:《论税捐正义的追寻:从宪法平等原则到税法量能课税原则的路径》,《台大法学论丛》,2016年第四十五卷特刊。

② 参见《环境保护法》第六条。

《行政许可法》第三十八条规定："申请人的申请符合法定条件、标准的,行政机关应当依法作出准予行政许可的书面决定。""依其结果"与"依其所为"的分配标准的差异在于,前者着重于对行为结果的评价,而不仅仅是以行为本身为评价依据。在制裁法中,有时不仅是对违法行为的制裁,在决定是否基于制裁、给予何种程度制裁时,是否产生违法结果、违法结果程度如何,也构成了重要的考虑因素。例如《行政处罚法》第五条第二款规定,设定和实施行政处罚,应与违法行为的社会危害程度相当。《行政处罚法》第三十三条第一款规定,"违法行为轻微并及时改正,没有造成危害后果的,不予行政处罚。初次违法且危害后果轻微并及时改正的,可以不予行政处罚"。

第四,"依其所需"是指总体根据个体实际需要进行评价,并将其作为分配标准。这是给付行政领域的重要原则,即需要原则。我国《宪法》第四十五条第一款规定:"公民在年老、疾病或者丧失劳动能力的情况下,有从国家和社会获得物质帮助的权利。国家发展为公民享受这些权利所需要的社会保险、社会救济和医疗卫生事业。"《老年人权益保障法》规定,老年人有从国家和社会获得物质帮助的权利,有享受社会服务和社会优待的权利。

第五,"依其阶层身份"。随着社会进步,仅仅以出身或阶层来决定个人所获取的分配额度,原则上不适宜作为现代公法中各种规范内隐藏的分配标准。但是仍存在根据身份或阶层作为分类标准的情形,如对公务员、教师、退役军人等的保障。

第六,"依照法律所作的分配"。这属于法律实证主义所支持的观点。如何将资源分配给个人,需要以法律的明确规定为依据。这体现于行政处罚法定原则,《行政处罚法》第四条规定,"公民、法人或者其他组织违反行政管理秩序的行为,应当给予行政处罚的,依照本法由法律、法规、规章规定"。《税收征收管理法》第三条第一款规定,"税收的开征、停征以及减税、免税、退税、补税,依照法律的规定执行",这体现了税收法律主义的原则。在具有高度政治性的领域、经济行政领域或程序法领域,立法者享有高度的立法形成空间,原则上应当"依法律规定"来决定分类标准。

第七,"依其能力"。即根据个人或权利主体的负担能力来进行评价,并将负担能力作为分配标准或分类标准。法治国家要求国家对公众自由和权利的干预,必须节制且平等。这尤其体现于税务行政中的量能课税原则,量能课税要求适当负担的平等性,即不能仅仅从形式意义上理解平等原则,在选择征税对象、设定征税强度时,都需要有合理正当性。[①]"依其能力"的量能课税要求,体现了税法的再分配功能,《个人所得税法》对累进税率的规定即为体现。

第八,"依其受益",是对个体的具体受益结果或程度加以评价,将其作为分配标准。这一定程度上接近于司法关系所适用的"交换正义"原则。此项原则主要适用于行政规制收费。当行政规制的受益人是不特定的大多数人,不与特定的受益或服务相联系时,应以财政拨款作为其主要经费来源。当行政规制机构提供的服务或物品有可确证的受益及可确证的受益人时,受益人应为其获得的服务或物品支付相应的对价。这蕴涵了行政规制中的"使用者付费"原理,即行政机关就其提供的特定产品或特定服务,向特定受益人收取一定的费用。[②]

第二节 平等原则的基本构造

一、平等权与平等原则

我国《宪法》规定,"公民在法律面前一律平等",这是关于一般平等权的规定;另外《宪法》还有关于民族平等、性别平等、政治平等等关于特别平等权的规定。从比较宪法的角度出发,日本宪法学通说认为,平等权在宪法上主要作为一种权利存在,但它与其他宪法权利不同,在整个宪法权利体系中具有一定的超

---

① 葛克昌:《税法基本问题:财政宪法篇》,北京大学出版社,2004年,第121页。

② 李鸽、宋华琳:《中国药品监管收费制度及其改革》,《宏观质量研究》,2013年第2期。

越地位；它不仅通过民族平等、男女平等，而且还广泛地通过政治平等权、社会经济平等权及其他具体的宪法权利，来体现其作为一种宪法权利的具体内容，因此也是一种原理性的、概括性的宪法权利。[①]

平等同时具有"主观公权利"和"客观法秩序"的双重性质，平等是权利，也是原则。追求实质平等的现代要求，是要确保尚未达到平等者，能获得平等的实质结果，这需要存在平等基准。要让平等趋于具体实质化，不能仅仅要求与特定人平等的权利，或要求特定人与一般人平等的权利。换言之，平等要实质化，就必须针对全体产生的一般性基准，来形成能有效发挥作用的平等原则。

平等权是以平等原则为内涵的基本权利。作为主观公权利的平等权，是人民在受到公权力侵害时，基于防御而主张的权利；作为客观法秩序的平等原则，则构成拘束立法机关制定法律、行政机关执行行政任务、司法机关进行司法审判的客观标准。平等权常伴随其他基本权利出现，其操作标准相对抽象，注重于个案判断。因此更适合将平等权视为基本权利，当国家准备以公权力干涉时，应当以平等原则作为合法、合宪与否的审查标准，以区分权利与原则的本质。

二、平等原则的基本内涵

平等原则是行政机关为达成行政目的而做出行政行为时的准则。非有正当理由，行政行为不得做差别对待。这一方面要求行政机关在做出行政行为时，需平等对待；另一方面赋予行政机关一定的灵活性，在正当理由前提下，开展合理、适当的差别对待。法律仍可根据事物本质，根据事实情况的差异，进行合理的差别对待。正当理由包括保障人民在法律地位上的实质平等，由于具体案件事实的差异，以及基于立法目的做出合理的不同区分，并不违反平等原则。对正当理由的判断，往往由行政机关裁量。比例原则、信赖保护原则、合法裁量原则等作为拘束行政行为的法律原则，都可以构成行政裁量时考量的正当理由。

[①]　林来梵：《从宪法规范到规范宪法》，法律出版社，2001年，第111页。

平等原则是宪法位阶的原则,但在适用时应处于补充地位。法律如有明文规定,则先适用法律规定;如果形式法律规定有未涉及之处,或立法者有意无意授予行政机关裁量余地,平等原则即可充分发挥补充功能。

在实际的宪制生活中,平等原则并非以追求特定个人利益为目标。当违反平等原则妨害了个人在法律上受保障的利益时,才可以创设出主观公权利,从中发展出防御请求权。在平等权的导引下,平等原则仍体现了客观的宪法价值秩序,在宪制生活中应实现并非主观的利益,而是客观的价值。当平等价值在宪制秩序中遭受侵害时,也可以从平等原则中发展出相应的功能。例如,在侵害公平竞争权时,竞争者可以从平等原则出发,请求停止违法的经济补助措施。从平等原则中,也可以推导出程序和组织面的保障。平等原则主要是一项客观法上的规定,它赋予国家客观公正、理性化和禁止恣意的任务。

平等原则是公法上的基本原则,也是国家公权力实施所应遵循的准则。在不涉及人民基本权利的事项上,仍有平等原则的适用空间。在此情形下,平等权与平等原则分属不同的层面。例如在中央与地方财政划分问题上,立法者有一定的形成空间,但立法者在架构地方财政法制框架时,仍须遵守宪法设定的基本框架,特别是不可违反恣意禁止的平等原则。因此平等原则不仅是为基本权利确保的内涵,也是客观正义原则的要素,并构成了法治国家的支配理念。

第三节　平等原则的审查基准

一、禁止不合理的差别对待

为保障公民的实质平等,行政行为要求对本质上相同的事物,加以相同的处理或对待,对不同事物则予以不同的处理或对待,除非有重大合理事由,否则不得恣意地为差别对待,即"等者等之,不等者不等之"或"平等者平等之,不平等者不平等待之"的实质平等。如果对所有相对人都施加同等的不当对待,也只具有形式平等的外表,并非合理。

首先,应被纳入比对、进行同异之辩的事物,须是属于同一规范系统的事物。差别对待如果来自不同的规范系统,基本上就不产生平等审查的问题。例如我国不同城市对网约车司机准入资格的差别对待,表面上看是差别对待,但其实属于不同城市的规定,可以判断相关法规是否符合平等原则,但不应对不同城市的规定进行比较。

第二,对同一规范体系所涉及的人或事物进行比较,辨别异同。在进行两组或多组事物比较时,需先设定"比较点"或"关联点",透过"比较点"的爬梳,梳理出事物之间的相同之处。经由排比、分类、判别后,被比较的组群或情况如果含有相同的比较点,即可归为相同事物,这样的"比较点"或"关联点"构成了相互比较事物的"共同点",因此事务间存在"可资比较性"或"可相提并论性",可构成相同的事物。以药品、医疗器械二者的比较为例,如果就"预防、治疗、诊断人的疾病"而言,两者为相同事物;但如果从产品构成角度,药品为"物质",医疗器械为"物品",则为不同事物。①

第三,确认相同事物的差别点。"比较点"或"关联点"构成了相互比较事物的"共同点",这些事物之间也会存在差别之处,可将这些差异称为"差别点""差异点"或"不同点"。"差别点"不会使相互比较的事物成为相同的事物,但却是判断差别对待是否合理原因的重要凭据。以"刘彦、胡筠金融行政管理(金融)再审审查与审判监督案"为例,此案涉及中国证监会对博鳌律所成员刘彦、胡筠作出的〔2013〕15 号市场禁入决定的合法性,还涉及证监会在万福生科 IPO 违法谋求上市过程中,对平安证券有限责任公司员工吴文浩、何涛的市场禁入决定,对中磊会计师事务所有限责任公司员工王越、黄国华的市场禁入决定。法院在审判时,针对刘彦、胡筠的主张,将中国证监会对刘彦、胡筠的市场禁入决定,与中国

---

① 参见《药品管理法》第二条对药品的定义及《医疗器械监督管理条例》第一百零三条对医疗器械的定义。

证监会针对此违法事件做出的其他市场禁入决定相比较,法院认为中国证监会的决定,"综合考虑违法事实和情节轻重","与万福生科 IPO 过程中对其他中介机构主要责任人被采取证券市场禁入措施相比,证监会对刘彦、胡筠的市场禁入决定,也并不构成明显不当"。①

第四,相同事物相同待遇。所谓"相同事物"只能是一种相对的概念。人、事、物是否相同,也是经由相互比较得出的结果。法律通常会有适用范围与适用对象,立法者会通过构成要件,来规范一定的群体、事实、行为方式。"相同事物相同处理"中的"相同事物",只是一种法律上或规范上相对的概念,需要透过法律的规范意旨与规范事实,经由相互比较后加以界定。在我国,国务院将"平等对待行政管理相对人,不偏私、不歧视"作为依法行政的基本要求。②例如在江门市鸿业畜牧有限公司、广东省江门市蓬江区人民政府环境保护行政管理(环保)再审审查与审判监督行政裁定书中,最高人民法院指出,"从合理行政、平等对待相对人的角度出发,蓬江区政府在后续作出行政补偿时,对于鸿业公司案涉养猪场的补偿标准,不得低于其他同类情形养猪场的补偿标准"③。

第五,对相同性质事物作出不同的规范或处理,要审视其规范或处理的目的是否有合宪性及正当性,其判断因素包括是否有宪法依据、法定任务如何规定及所追求公共利益的强弱。如果规范或处理的目的具有合宪性和正当性,那么还要审查不同的规范和处理是否有合理性。在审查合理性时,要考虑是否基于事物本质,做出了合理的差别对待,有时需要借助比例原则加以判断。

第六,对性质不同的事物做出不同规范或处理时,所做的不同的规范或处理,其不同程度应具有合理性,不能违反手段损害最小的必要性,以及损益均衡

---

① 《刘彦、胡筠金融行政管理(金融)再审审查与审判监督行政裁定书》,《中华人民共和国最高人民法院行政裁定书》,(2016)最高法行申 1822 号,2016 年 12 月 30 日。

② 《国务院关于印发全面推进依法行政实施纲要的通知》(国发〔2004〕10 号),2004 年 3 月 22 日。

③ 《江门市蓬江区鸿业畜牧有限公司、广东省江门市蓬江区人民政府环境保护行政管理(环保)再审审查与审判监督行政裁定书》,《中华人民共和国最高人民法院行政裁定书》,(2020)最高法行申 3924 号,2020 年 8 月 26 日。

之间的相当性。对性质不同的事物做出合理的差别对待,不违反平等原则。例如在向发玉与保靖县公安局治安行政处罚二审案中,上诉人向发玉称:"被上诉人违反平等对待原则,当时抓了 7 个人,关了 6 人,只放了杨昌芝。"法院判决认为,"被上诉人对 7 个实施阻碍行为的人员分别作出不同的处罚,是行政机关根据不同情节作出不同处罚的自由裁量行为,并无明显不当。"①7 个实施阻碍行为的人具有"不同情节",因此或可被视为"性质不同的事物",行政机关因此具有做出不同处理的裁量权。

第七,基于平等原则的考量,不仅禁止"对于相同的事物作不同的处理",即"差别对待的禁止";还禁止"对于不同的事物做相同的处理",即"相同对待的禁止"。如果要对不同事物做出相同的处理,也需要有法律上的正当化事由。目前行政管理中的诸多"一刀切"做法,往往是"对不同的事物做相同的处理"。以疫情防控政策的制定和实施为例,应当是分级分类精准治理,而个别地方政府和行政机关采取了"层层加码"和"一刀切"进行核酸检测的做法,这其实是没有看到性质不同事物的不同点,貌似"相同事物相同处理",实则是"对不同的事物做相同的处理",违反了平等原则。

二、禁止恣意

平等原则是指相同事物相同处理,对不同事物应当给予不同处理。不是全然要求不得差别对待,而是禁止恣意的差别对待。所谓恣意的差别对待,是指欠缺合乎理性的衡量,即任何客观上违反宪法精神及事物本质的行为。所谓"恣意",实际上是指欠缺适当的、充分的实质理由,任意、专断或毫无标准的决定。②德国联邦宪法法院认为,如果对于法律上的区别对待或相同对待,不能给出一

---

①　《向发玉与保靖县公安局治安行政处罚二审行政判决书》,《湖南省湘西土家族苗族自治州中级人民法院行政判决书》,(2015)州行终字第 46 号,2015 年 10 月 21 日。

②　陈慈阳主编:《行政法实例研习》,元照出版公司,2011 年,第 22 页。

个合乎理性的、基于事物本质或其他事理可令人明白的理由,则构成恣意,并违反平等原则。此处涉及的"恣意",是指就被规范对象而言,规范本身具有事实上的、明显的不适当性。

从平等原则导出的禁止恣意原则是在行政机关作出行为时设立的一道门坎,行政行为方式、内容和程度都应与要实现的目的相当,并附有充分、实质、正当的理由,否则有可能构成恣意。与平等原则相关的,在于行政机关在行使裁量权,对相同事物做出不同处理、对不同事物做出相同处理时,应特别说明其如何履行个别情况考虑义务,如何对个案情况进行特别考虑,如果未详述理由,来解释何以针对相同事物做出不同处理,或针对不同事物做出相同处理,则有可能构成滥用裁量瑕疵,这属于行政权的恣意,违反平等原则。

三、事物本质

事物本质是法哲学上的概念,往往承载了实证法之外的价值。事物本质的主要目的是排除法律漏洞的手段,认为事物本质是一种有意义的,在某种方面已具备规律性的生活关系,也是社会上一种已存在的事实和秩序。事物本质有着自然法的色彩,是实证法之外的一种法源,是一种具体的实质正义,也是一种具体的自然法思想。事物本质作为一种工具,将法律之外的规范,形成实证法律内的当为规范。[①]在原联邦德国 1957 年 1 月 23 日有关联邦选举法的判决中,指出"平等原则是否容许以及在何种程度内容许对特定事情的秩序加以区别,视现存的事物范围的本质而定"。

"事物本质"是实质平等观的反映。无论是制定行政法律规范时,还是在行政行为的实施过程中,都可以基于宪法的价值体系,斟酌规范事物性质的差异,设定和实施合理的差别对待。例如在"杨晓颖、贵州省遵义市汇川区人民政府再

---

① 参见陈新民:《德国公法学基础理论》,山东人民出版社,2001 年,第 676~677 页。

审审查与审判监督案"中,最高人民法院在裁定中认为:"杨晓颖的房屋系集体土地上的自建房屋,基于集体经济组织所有的土地性质,该房屋并不能在市场上自由买卖流通,与国有土地上修建的城市商品房性质不同,杨晓颖以周边商品房的价格高于案涉房屋的协议补偿价格证明《补偿协议》显失公平的再审申请理由不成立。"[1]在本案中,法院基于事物本质的考量,说明了杨晓颖房屋与周边商品房的区别,两者的区别即集体土地上的自建房屋与商品房的区别,其具有本质的不同,因此两种房屋的价格不同。

四、相当程度关联性

此处的"相当程度关联性",是指行政机关为达成行政目的所执行的任务,除依法行政以符合正当性要求外,基于其认定的实质点作成的决定、行为与所处理的案件事实存在适度的联系。如果所采取的差别对待分类与规范目的的达成之间,不存在一定程度的关联性,即无充分、正当、合理的理由,或仅有"依法行政""公共利益"等简约的理由,则难以从字面上推演出行为与案件事实的关联程度,则无从判定是否符合平等原则。例如当行政机关行使行政裁量权时,如有结论而没有理由,则法院很难审查行政机关有无恣意违法情形。因此行政机关在执行行政任务时,应通过说明理由,在事实认定、法律适用和作出行政行为之间建立起必要的逻辑联系。[2]

行政行为的方式应当与立法目的、事件本质相符。例如《药品管理法》第一百一十五条、第一百一十六条规定,对违法者处"违法生产、销售的药品货值金额十五倍以上三十倍以下的罚款",在于针对违法行为的不同、违法情节的轻重,给予不同程度的处罚,行政机关有行政处罚裁量权。但针对不同违法事实裁

---

① 《杨晓颖、贵州省遵义市汇川区人民政府再审审查与审判监督行政裁定书》,《中华人民共和国最高人民法院行政裁定书》,(2018)最高法行申 430 号,2018 年 3 月 30 日。

② 宋华琳:《英国行政决定说明理由研究》,《行政法学研究》,2010 年第 2 期。

处罚款时,如果未分辨违法情节的轻重,构成轻行为重罚或重行为轻罚,则不符合法律授权裁量的本意,有可能因滥用裁量权而构成违法。又如,2021 年修订的《行政处罚法》第三十三条规定,初次违法且危害后果轻微并及时改正的,可以不予行政处罚。如果行政处罚不考虑《行政处罚法》第三十三条的规定,对危害后果轻微、及时改正的初次违法行为加以处罚,也构成了违法行使裁量权。

五、体系正义

立法者在制定法律、设定差别对待时,虽然在不违反宪法的前提下,有着广泛的形成自由,但除了考虑"禁止恣意""事物本质"与"相当程度关联性"的宪法基准外,还应遵照宪法的价值体系,除基于重要公共利益考量外,还应考虑体系正义的要求,以维护法律的一贯性。体系正义要求,当国家权力机关对一定事物做出某种原则性价值决定后,立法者在后续立法时,有义务遵守该基本价值,防止作出违反基本价值的决定,造成法律秩序的前后矛盾。

体系正义更多表现为要受宪法保障的指导思想,但这究竟是整体宪法价值下具体呈现出的平等理念,还是独立于平等权之外的宪法预设立场,仍有讨论空间。但体系正义概念引导下的平等保护,仍关系到在同一体系内不同区分标准造成差别对待的问题,立法者如在规范体系内做出有违体系原则的规定,需给出充分理由。法律对特定人群加以特别规范时,要说明这个群体所面临问题的种类与程度明显超过其他群体,以至于要对其加以特别规范,予以差别对待,而不至违反平等原则。例如,某人大法制委员会在对自治区人民政府制定的《陆生野生动物造成公民人身伤害或者财产损失补偿办法》进行审查时发现,该《办法》第二十三条"村(居)民委员会负责人弄虚作假或者不依照本办法规定向乡(镇)人民政府、街道办事处报送申请补偿表的,扣除国家给予的 6 个月的报酬"的规定有失妥当。审查意见认为,《公务员法》第七十八条规定,"任何机关不得违反国家规定自行更改公务员工资、福利、保险政策,擅自提高或者降低公务员的工资、福利、保险待遇。任何机关不得扣减或者拖欠公务员的工资"。因此,"法律明确保障国家公务员获得工资不被任意克扣的权利,村民委员会成员作为村民自治组织,在协助从事公务时,参照适用公务员的相关规定,村民委员会成员获得报酬的权利也应当获得类似的保障"。在此规章审查意见中,审查机关即运用了体系正义的论证方式,认为地方政府规章应秉承《公务员法》中的具体规定与蕴涵的法理。[①]

六、比例原则的纳入

比例原则作为平等审查密度的依据,是平等依附于自由权利,受宪法整体影响的结果。在根据平等原则进行判断时,需要去审查不同的差别对待是否有合理性,要从整体上衡量差别对待的原因、目的与所产生的法律效果,要求差别对待与权利行使的差异不能显失均衡,因此仍有法益衡量的空间。有时需纳入比例原则,来进行平等原则下的审查,以判断差别对待的合理性。

比例原则的内涵包括目的正当性、适当性(手段有助于目的的达成)、必要性(手段损害最小)、均衡性(损益均衡、损害不能大于目的所要达成的利益)四重内容。如果将"差别对待"作为一种手段,结合差别对待的目的,或可架构出如下的审查步骤:①差别对待所追求的目的是否具有正当性? 差别对待的分类目的是否合理? ②差别对待是否有助于达到所追求的目的? ③就追求所实现的目的而言,是否有必要进行差别对待? 换言之,除了采取此差别对待手段外,是否有其他方式可以同样有效达到目的,而对当事人权益造成相对较小的损害? ④差别对待与所追求目的之间是否处于合理的关系? 即在差别对待所造成的损害与所希望达成目的的利益之间,是否显失均衡?

相对于"全有或全无"的论断方式而言,这种掺入比例原则成分的平等原则

---

① 全国人大常委会法制工作委员会法规备案审查室编著:《规范性文件备案审查案例选编》,中国民主法制出版社,2020年,第172页。

检查步骤,相对更为细腻,更具有可验证性。但上述检查步骤只是"借用"比例原则的操作机制与考虑方法,其本身并不等于比例原则。比例原则着重于手段与目的之间的"单向"思考;平等原则是出于相互比较的"横向""多面向"思考,二者考虑的要素与重点未必相同。例如在追求目的的审查方面,平等原则的审查要关注"分类"是否合理。在审查"干预性"的差别对待时,例如禁止特定组群的人从事特定的行业,不仅要考虑差别对待的手段是否适当、必要,考虑手段与目的的关系,还需考虑"可相提并论的群组",还要考虑对其他群组的个体或群体造成怎样的影响。

纳入比例原则的平等原则思维方法,在实际运用上,与比例原则的审查具有高度重叠性。为了避免重复审查,在实务操作中,可以先从"权利受干预者"的立场出发,以"过度禁止"的视角进行比例原则的审查,再引入"比较"的视角,进行横向的、多面向的检验,开展平等原则的审查。

例如在"杨军校与曲阳县国家税务局行政扣押申诉行政裁定书"中,涉及案情为,曲阳县国税局为执行 24514.99 元增值税款和滞纳金,强制扣押了杨军校正在营运中的解放 142 汽车主挂车及随车煤炭 23 吨,长期未依法处理。最高人民法院在裁定中,审视了所追求目的的正当性,指出"税务机关核定、征收税款……不能违背《中华人民共和国税收征收管理法》的立法目的"。并审视了差别对待的适当性,指出:"该强制扣押措施是否适当、扣押的货物价值与应纳税款是否相当,人民法院应当进行审查。"[①]实际上,在此案中为执行 24514.99 元增值税款和滞纳金,强制扣押杨军校正在营运中的解放 142 汽车主挂车及随车煤炭 23 吨,使得差别对待与所追求目的处于不合理的关系,所造成的损害与所追求的利益之间显失均衡。法院指出:"税务机关核定、征收税款,应平等对待纳税义务人,不偏私、不歧视,不得受不相关因素的干扰。"此案或许是将比例原则引入平等原则审查的尝试。

---

① 《杨军校与曲阳县国家税务局行政扣押申诉行政裁定书》,《中华人民共和国最高人民法院行政裁定书》,(2013)行监字第 460 号,2014 年 4 月 23 日。

七、对违法平等的否认

根据平等原则的要求,行政机关对于事物本质上相同的事件应当做相同处理,但这仅限于合法平等,对违法行为能否主张平等? 学理上的讨论认为,可将违法平等分为两种类型:①公民是否可主张其他相同违法行为未受处罚,因此主张平等对待,主张因此自己的违法行为不受处罚(消极的不法平等),答案是否定的;②公民自己遭受不法对待,是否可以要求行政机关按照相同标准对待其他人,答案也是否定的。[①]"违法平等"的许多问题是因为,行政机关通过行政命令或行政规则的持续实施,形成了违法的先例,如果强调"违法平等",那么后续也将做出同样的违法行为,如此行政权就将没有改善法律秩序的机会。另外,平等原则固然包含着对不同案例、不同情况的比较衡量,但其判断标准应当由法律来创设,不符合平等原则的案例没有作为"比较案例"的价值,因此平等原则只保护合法的平等,不保护违法的平等。

国家对于本身违法或不当的公权力行使,应在事先极力防止。不法本身并不受法律保障,因此也无权利可言。自己不法,不得主张执法机关首先查处他人的不法,才能对自己执行;也不能主张执法机关没有对他人执行,所以不得对自己执行。平等原则不赋予公众有要求行政机关为重复错误行为的请求权。公众有权要求行政机关对相同案件给予相同待遇,但前提是行政行为合法。

例如在"南通市日升钢结构房屋有限公司诉如皋市综合行政执法局行政处罚案"中,原告主张:"相同情形的建筑前后被处罚后果不一致。相同情形的企业在原告周边比比皆是,任意执法,显失公正。"原告因此认为被告选择性执法,属于滥用职权。法院判决对原告的此主张进行了评判,指出:"原如皋市城市管理行政执法局曾就原告厂区内另外两处违法建设作出过行政处罚决定。对同一当

---

① 周佳宥:《行政法基本原则》,三民书局,2016 年,第 97 页。

事人同一厂区内相同情形的违法建设处罚适用罚则不同,的确有损执法的统一性,也会引起被处罚人对执法尺度前后不一致的合理怀疑",但法院继而指出:"评价被诉行政行为合法性的标准是处罚所依据的事实以及相关法律法规,之前的处罚决定结果并不是衡量本案被诉行政行为合法性的依据。至于相邻企业是否处罚也不影响本院对于被诉行政行为合法性的认定。"①在此案中,法院将处罚所依据事实及相关法律法规作为评价行政行为合法性的依据,否认了"不法的平等"。行政机关有可能因资源稀缺、案件负荷等原因,出现怠于行使裁量权的"选择性执法"现象,这实则构成违法行为,违法行政相对人如因行政机关对其他案件的"选择性执法",而主张行政机关不对自己加以处罚,实则在主张"不法的平等",这难以获得行政机关和法院的支持。

第四节　平等原则在具体行政领域中的应用

一、平等原则与行政裁量

虽然赋予行政机关裁量空间,但一旦行政针对事实要件作出裁量,则必须对同样事实要件状态的行为,作出同样的裁量。换言之,虽然行政机关有裁量权,但如果对相同情况下的裁量结果进行相互比较,却有差别,则违反平等原则,这时就涉及裁量权的滥用。

(一)行政自我拘束原则

行政自我拘束原则是平等原则在行政裁量领域的体现,它要求行政机关在作出行政行为时,如法律或命令对此情形如何处理,没有作出明确、具体的规

---

① 《南通市日升钢结构房屋有限公司与如皋市综合行政执法局行政处罚一审行政判决书》,《江苏省南通经济技术开发区人民法院行政判决书》,(2019)苏0691行初751号,2020年3月13日。

定,行政机关如果没有正当的理由,应受行政先例或行政惯例的约束,对于相同或具有同一性的事件,应做相同的处理,否则即因违反平等原则而构成违法。运用行政自我拘束原则的条件有三:第一,有行政先例的存在;第二,行政先例属合法;第三,行政机关有裁量空间。

1.有行政先例的存在

行政机关通过适用行政规则或其他的法律或命令来处理行政事务,会形成行政先例或行政惯例。此后如无正当理由,则对于相同情形的个案,行政机关应当为相同处理。如果行政机关没有实质的正当理由,就做不同的处理,则违反了行政机关因适用行政规则而形成的行政先例,则构成违反平等原则。例如在"湖南省溆浦县人民政府、向文生乡政府再审审查与审判监督案"中,法院判决指出:"本院组织询问时,溆浦县政府表示当地并无征收国有土地上房屋的先例,没有对应的当地补偿标准,但二审法院所指的参照标准不应局限于溆浦县当地,若当地确无对应标准,溆浦县政府可以参考怀化市或者湖南省其他县市的标准进行。"[①]

同时,行政处理也会有实质存续力,当此后遇到相同情况的案件时,此前的行政处理个案也构成行政先例,可构成行政自我拘束的依据。例如在"浙江舟山群岛新区金塘管理委员会、舟山市红星石料有限公司再审审查与审判监督案"中,最高人民法院在裁定中指出:"本案红星公司逐年签订《浙江省采矿权有偿出让合同》、取得案涉《采矿许可证》,而非一次性签订长期合同,系主要遵守当地行政惯例所致。红星公司原采矿许可证到期后,许可机关在批准延续时,则应当受前续行政许可的约束","对于因情事变更等影响而决定不予延续许可的,也应当兼顾行政相对人的信赖利益保障问题"。[②]在此案中,"前续行政许可"就

---

① 《湖南省溆浦县人民政府、向文生乡政府再审审查与审判监督行政裁定书》,《中华人民共和国最高人民法院行政裁定书》,(2019)最高法行申 612 号,2019 年 7 月 23 日。

② 《浙江舟山群岛新区金塘管理委员会、舟山市红星石料有限公司再审审查与审判监督行政裁定书》,《中华人民共和国最高人民法院行政裁定书》,(2017)最高法行申 7907 号,2018 年 12 月 18 日。

发挥了行政先例的作用。

2.行政先例合法

如前所述,行政先例应以合法为前提,一个显然违法的行政行为不能受到法律秩序的保护。即使有行政先例存在,但违法的行政先例不能构成平等原则的基础, 行政相对人不能要求行政机关援引违法的行政先例来实施行政行为。同时,如果法律或行政规则对原本规则有欠缺的部分作出了补充规定,那么针对此前规则有欠缺部分形成的行政先例,也就不再予以援用。

3.行政机关有裁量空间

在羁束行政情形下,行政机关应受到法律拘束,没有自行决定法律效果的可能,因此无法适用行政自我拘束原则。行政机关在法律授予的裁量权范围内,才有可能适用行政自我拘束原则。

(二)裁量基准的适用

裁量基准通常就裁量事项中相同或类似的事项作一般性的规定,使得执法人员遇到相同或类似的事项作相同或类似的处理,从而有利于规范和控制行政裁量权,增加行政相对人对行政行为结果的可预期性。[1]尽管英美行政法学中并无裁量基准的概念,但英国学者认为实践准则、指南指令、通告、框架纲要、建议声明、部门通告等行政规则,构成了塑造裁量权的框架。[2]我国 2021 年修订的《行政处罚法》第 34 条规定:"行政机关可以依法制定行政处罚裁量基准,规范行使行政处罚裁量权。行政处罚裁量基准应当向社会公布。"

在我国裁量基准技术构造的现实面相背后,是行政机关对"统一裁量观"的青睐。将要件判断与效果选择、"情节细化"与"效果格化"纳入裁量文本,意味着

---

[1] 参见[日]恒川隆生:《审查基准、程序性义务与成文法化》,朱芒译,载《公法研究》第 3 辑,商务印书馆,2005 年,第 412 页。

[2] John Houghton,Robert Baldwin:《规则的地位与合法性》,王瑞雪译,载姜明安主编:《行政法论丛》第 15 卷,法律出版社,2014 年,第 293 页。

基准既能够对上位法中的晦涩不清的语词加以廓清，又可以为裁量这种"行政机关在处理同一事实要件时可以选择不同的处理方式"①的权力行使提供指引，这在客观上缓解了因上位法的简约粗概所产生的"法律体系上违反计划之不圆满状态"，以期获致实质正义。裁量基准有助于统一行政处罚、行政许可等权力的运行，协助下级机关或公务员统一行使裁量权，防止个别公务员滥用行政裁量权，有助于实现个案正义，又能实践行政法上的平等原则。

以"王哲诉上海市公安局长宁分局交通警察支队案"为例，原告主张被告按照最高幅度罚款，处罚过重。法院判决认为："上海市公安局交巡警总队对道路交通违法行为处罚制定了统一的执法标准，该标准依照《道路交通安全法》《实施条例》之规定，对各类违法行为与相应的处罚种类和幅度确定了统一的裁量基准，此系交通行政主管部门对法律、法规赋予行政处罚自由裁量权的合理规制，不仅有利于执法统一，同时还有利于执法公正与效率；被告据此对原告行使处罚权，遵循了平等对待之裁量约束。原告的诉讼主张，缺乏必要的事实与法律依据，本院难以支持。"②在该案中，法院援引了行政裁量基准，支持了行政机关做出行政处罚决定的合法性，并认为其贯彻了平等对待原则。

行政机关在行使裁量权的过程中，需要衡量所有的情况，并以衡量结果为决定基础，就个别案件寻找正确的解决方案。不能因为对裁量基准的恪守，即忽略了个案正义。裁量基准是行政机关所能主张的行政行为理由的"事先成文化"，行政机关必须具体问题具体分析，在个案中审查是否存在特殊情况，这体现了行政机关的"个别情况考虑义务"。③例如在"何庆友诉香洲交警案"中，被告辩称：其所使用的全省"公安交通管理综合应用平台"已设定此类违法行为罚款数额为 500 元，因处罚均要通过该平台出具及打印决定书，故无法对罚款额度

---

① ［德］毛雷尔：《行政法学总论》，高家伟译，法律出版社，2000 年，第 124 页。

② 《王哲与上海市公安局长宁分局交通警察支队行政公安其他一审行政判决书》，《上海市长宁区人民法院行政判决书》，（2014）长行初字第 40 号，2014 年 6 月 9 日。

③ 王天华：《裁量基准与个别情况考虑义务》，载《交大法学》第 2 卷，上海交通大学出版社，2011 年，第 234~245 页。

进行调整,无自由裁量权。法院判决认为:"行政处罚法第四条第二款规定,实施行政处罚必须与违法行为的事实、性质、情节以及社会危害程度相当。本案中,交警部门以其无法修改全省平台之设定主张无法对罚款额度进行调整,违背上述规定要求。"[①]法院判决和本案主审法官之后撰写的论文都蕴含了这样的判断:可将被告应用的电脑应用平台视为统一适用的裁量基准,但这屏蔽了裁量本质所要求的个别情况考虑义务,构成了系争行政处罚违法的起因。纵然在应用的智能化执法平台和智能化的行政执法裁量基准,行政机关仍应尽个别情况考虑义务。[②]

二、平等原则与选择性执法

行政机关在执行法律时,应受平等原则拘束。行政机关应平等适用法律。比如,对于法律规定的事项,如果符合事实要件,行政机关应依法执行。如果对 A 执行,对 B 不予执行;或对 A 执行,对 B 不按照规定的方式执行,就违反了平等原则。另外,对法律已有规定的事项,且有事实要件发生,但行政机关原则上并未执行,但特别针对 A 执行,也是违反平等原则的。

从法社会学意义上考察,行政机关可能由于案件负荷的过载、执法资源的稀缺,加之行政机关所处的社会关系网络,以及行政机关和行政工作人员可能存在的"自利"倾向,使得行政法律无法得到百分之百的执行,有时会出现行政执法的不作为或"选择性执法"的现象。[③]例如由于警力有限,无法百分之百取缔违规停车;由于执法资源的稀缺,也很难对所有违章建筑及时加以拆除。此时,也无法完全诉诸平等原则,来质疑行政行为的合法性;即使行政机关因执法不

---

① 唐文:《电脑应用平台顶格设定罚款金额且不能调整的司法应对》,《人民司法(案例)》,2016 年第 29 期。

② 王天华:《司法实践中的行政裁量基准》,《中外法学》,2018 年第 4 期。

③ 宋华琳:《基层行政执法裁量权研究》,《清华法学》,2009 年第 3 期。

作为或"选择性执法"构成违法,违法行政相对人也不能将此作为免于承担违法责任的理由。

在我国关于行政执法的行政诉讼案例中,作为原告的行政相对人会以选择性执法为由,指出存在他人有同样的违法情形但没有受到处罚或处理的事实,并将此作为自己不应当受处罚或处理的抗辩理由。出于对"违法平等"的拒弃,原告此种主张一般不会得到法院的支持。法院往往以"非本案审查对象"为由,拒绝对原告的此类主张加以考虑。例如在"张建忠诉天津市公安交通管理局河东支队、天津市公安交通管理局案"中,原告主张"被告对于公众停车场车辆违法停放不予查处,而针对原告停放车辆行为进行查处,存在选择性执法",法院判决则认为:"关于原告主张被告河东支队在行政处罚程序中存在选择性执法一节,原告未能提供有效证据证明其停放车辆的行为受到了不平等对待,原告所反映附近停车场中车辆停放不规范的问题,不属于本案审理范围,原告以此作为被告存在选择性执法的理由不能成立。"①

在相应行政诉讼案例中,作为原告的行政相对人可能会主张他人有"相同情形",但可能就"事物本质"而言,他人的情形不一定是"相同情形",因此不应对作为比较对象的他人予以处罚或处理,或应对他人做出有区别的处罚或处理,行政机关在做出行政行为时,应尽量为"差别对待"给出理由。在法院进行司法审查时,如果认为行政机关的"差别对待"构成"合理差别",属于"不同情况不同对待"时,应为此给出理由。例如在"阴绍魁诉郑州市金水区城市综合执法局房屋拆迁管理(拆迁)再审案"中,法院判决认为:"关于本案是否存在选择性执法,执法目的不正当、不合理问题。阴绍魁所说的与其有类似情况的其他村民,因这些村民在动员拆迁阶段已经主动拆除了房屋,消除了违法状态,所以对这些村民已没有必要再限期拆除,进行行政处罚,不存在对此类违法行为差别对待情形。阴绍魁关于金水区执法局选择性执法,执法目的不正当的主张不能成

---

① 《张建忠与天津市公安交通管理局河东支队、天津市公安交通管理局一审行政判决书》,《天津市河东区人民法院行政判决书》,(2016)津 0102 行初 72 号,2016 年 7 月 19 日。

立,不予支持。"①在此案中,法院针对原告和原告所说的"有其他类似情况的其他村民"之间的合理差别,进行了分析,说明了理由,增加了判决的可接受性。

---

① 《阴绍魁、郑州市金水区城市综合执法局城乡建设行政管理:房屋拆迁管理(拆迁)再审行政判决书》,《河南省高级人民法院行政判决书》,(2019)豫行再 61 号,2019 年 6 月 26 日。

第四篇

治理领域的平等问题

中国当代文学作品选读

第九章
治理领域推动社会平等的维度与导向

不同于人格平等、政治权利平等、种族和民族平等等政治和法律领域的"应然性"平等权利,治理领域的平等问题更多聚焦于人民群众享受的公共服务和社会福利。这其中,既有"应然"的要求,也要受到"实然"的制约。或者说,在治理领域促进社会平等,既要考虑政府应该做什么,也须考虑在特定条件下政府能够做什么。这是因为治理领域的平等不是脱离社会生活实际而存在,其中既包含着一定的价值判断, 也反映着一定的时代背景下社会的利益分配与平衡关系。从这个意义来说,治理领域的平等只能是相对的。

第一节 治理领域考察平等的价值前设与现实背景

一、平等反映利益分配

在治理领域,平等作为社会发展中必须考虑的一个客观因素,一定程度上可以折射出社会成员之间的权利和利益关系状况。在这种意义上,平等体现的是社会生活的综合反映,也是反映社会发展程度和均衡性的重要指标。也就是说,在实际生活中,治理领域的平等既映射着客观的社会关系,也包含着人民群众的主观感受。

然而,在实际研究中也应该注意到,治理领域的平等具有很强的时代性特征,较大程度上也是衡量社会发展程度和状况的重要指标,与整个社会的经济发展阶段密不可分。另一方面,人们对平等的感受并非不完全与客观社会生活条件一致,特别是对于那些经济和社会地位不同的各个社会阶层而言,在纵向与横向对比后,人们对于平等的感受通常会具有较大的主观性。就此来看,平等是一个相对性的概念,不同的国家、不同的社会阶层和社会集团,在实际社会生活中所享有的平等以及对平等的认识都不相同。因此,在治理领域研究和推动社会平等,就不能站在单纯的个体角度,而应该站在社会整体的层面去衡量。

到目前为止的人类社会发展进程中,都不可能实现权利和财富的完全均等分配和享有,现实社会中的差别始终存在。对于一个国家,尤其是中国这样的超大发展中国家而言,考虑到社会阶层差异、社会成员之间的个体差异以及带有较强历史延续性的区域间差异,要实现全社会范围内的完全均等是不可能的。正如列宁所指出的那样:"任何权利都是把同一标准应用在不同的人身上,即应用在事实上各不相同、各不同等的人身上,因而'平等的权利'就是破坏平等,就是不公平。"[①]因此,对于政府而言,通常只能做到通过制度设计、政策制定等方式,努力缩小社会差别,并使这种差别为绝大多数人所能容忍和接受。

二、平等体现时代背景

作为社会发展的一个要素,社会平等是与人类社会发展的一定历史阶段相一致的,是一个具体的、历史的范畴。尽管社会平等是人类社会孜孜以求的美好理念,但人类社会却从来没有一个亘古不变的社会平等尺度,而总是处在平等

---

① 《列宁选集》(第三卷),人民出版社,1995年,第194页。

与不平等的历史矛盾运动之中。以往的历史足以说明,平等是处在历史之中的,是随着历史发展而发展的,是一个始终处于动态发展的历史范畴。在人类社会发展的不同历史时期,平等的内涵和衡量尺度不同,人们对平等的理解和认识也不同。例如,在进入现代社会之前,整体上属于男权社会,女性在多数历史时期的社会地位都相对较低,甚至是被作为男性的附属品,但在当时多数人并不认为这种情况存在性别不平等。直到近代以来,性别平等才逐步成为平等的一个极为重要的领域。也就是说,平等是一个具体的范畴,在社会发展的不同阶段,平等具有不同的存在和表现形式。

就中国而言,新中国成立七十余年以来的社会经济发展可谓是天翻地覆、举世瞩目。在此背景下,主要社会矛盾也已经由改革开放初期的人民日益增长的物质文化需求与落后的生产之间的矛盾,转变为新时代人民日益增长的美好生活需要与不平衡不充分的发展之间的矛盾。同样,在治理领域,平等亦是具体的、历史的,并不存在所谓的抽象平等。或者说,作为一个客观因素,平等还具有鲜明的时代性。在不同的时代,阶级和阶层关系不同,平等的内涵和标准也就不同,即平等反映着一定时代的阶级、阶层关系,体现着不同时代不同阶级和阶层之间的利益平衡关系。

综上,回顾人类社会发展的历史,在治理领域,我们找不出、人类社会也不存在一个亘古不变的平等尺度。对于平等问题的研究和讨论都必须置于一定的历史条件和历史环境之中,必须以历史给定的具体内涵作为平等的标尺。

三、平等包含价值判断

在治理领域,平等具有主观性,是一个包含价值判断的概念。平等不仅仅是反映社会发展的一个客观因素,也包含着人们的主观评判和主观认定。从价值评判的角度讲,平等是衡量人们对于他们生活于其中的社会权利关系和利益关系的满意度,也就是人们对于在社会基本权利分配和社会生产、交换、分配、消费各个环节中的人与人之间地位和应享份额的主观认同度。如前所述,生活在不同的历史时期、不同的社会制度、不同的文化环境、不同的阶级阶层之中的人,对平等有着不同的感受,因而有着不同的评价和认定。即使是在同一历史时期、生活在相同社会制度和环境中的人,由于其理想和价值观的不同,对平等的评价和认定也不相同。例如,在计划经济年代,由于城乡二元分治,以农哺工,中国的城乡差距较之改革开放之后,实际更大,但由于计划经济年代城乡之间缺乏流动和横向比较,农村居民的"相对剥夺感"并不明显,对城乡之间的不平等也缺乏相应的主观感知。改革开放以来,虽然对乡村发展的扶持力度不断提升,尤其是进入新时代以来,随着"乡村振兴"战略的实施推出,城乡之间的差距已经明显呈现出缩小的趋势,但由于城乡居民之间频繁的流动和信息传播的便利化,社会各界对城乡不平等的主观感受反而更加强烈。

因此,从平等作为一个带有价值取向的概念来说,"平等实质上是依据一定的价值标准对人与人之间涉及权益分配的社会关系的合理程度所做出的一种肯定性评价"[①]。也就是说,人们对平等的评价标准既不是统一的,也不是绝对的。

第二节 治理领域考察平等问题的四个维度

联系前文的分析,虽然在治理领域考察平等问题会受到特定时空条件的制约,具有明显的主观性和相对性。但是结合对平等的理论概念与现实考量,依然可以发现在治理领域,平等问题主要体现为四个基本维度:体现城乡和地区平等的空间维度、体现身份平等的阶层维度、体现代际平等的时间维度、体现性别平等的自然维度。

---

① 孔令锋、黄乾:《市场与公平:改革转型前的思考》,《中共天津市委党校学报》,2007 年第 1 期。

一、体现城乡和地区平等的空间维度

从人类社会发展的演进历史来看,现代化过程中很难完全避免的一个重要政治后果,便是城乡差距。这一点在那些正在经历迅速社会经济变革的国家更为突出和普遍,也是这些国家不安定的重要根源。[①]同样,对于中国这样一个农村人口庞大且曾经长期实行城乡二元体制的发展中国家来说,城乡差距不仅很难避免,而且在相当长的一段时间内也难以彻底消除。改革开放初期,家庭联产承包责任制的推行曾一度使城乡收入差距趋于缩小。然而随着政策效应的释放完毕以及经济发展的重心转向二三产业与城市,城乡收入差距也随即从缩小转为扩大。当然,随着党的十八大以来乡村振兴等一系列重大战略的实施,近年来中国的城乡差距又开始呈现逐步缩小的态势。但是由于问题并非一朝一夕所成,也不是单纯由政策因素造成的,所以目前城乡之间依然存在较大的发展差距。而且如果把教育、医疗、社会保障等因素考虑进来的话,城乡差距实际更大。

与城乡差距相类似,各地区之间发展的非均衡状态亦是各国经济发展过程中的普遍现象:它以一个相当长的时间内不同地区的经济增长速度与发展水平的持续差距为基本特征,同时也包括了教育、医疗、社会保障、科技文化、资源环境等诸多方面的差距。"当代中国经济发展的地区差距呈现为由东向西递减的格局,基本公共服务的地区差距亦呈现为由东向西递减的态势。"[②]从变化趋势来看,近年来,中西部地区在区域协调发展战略的推动下,经济社会发展取得了长足进步,但无论是经济发展水平还是基本公共服务水平,与东部地区的绝对差距依然较为明显。不管对地区差距的变化趋势作何判断,几乎所有的学者都

---

① 参见[美]亨廷顿:《变化社会中的政治秩序》,王冠华等译,生活·读书·新知三联书店,1989 年,第 66 页。

② 任维德:《现状、原因、对策:中国政府公共服务的地区差距研究》,《内蒙古大学学报》(哲学社会科学版),2008 年第 3 期。

不否认这一事实,即各地区的经济社会发展水平有了显著提高,但依然存在着较大的地区差距。地区差距与贫富差距、城乡差距之间有着密切的关系。地区差距的不断扩大往往伴随着在落后地区有着更为悬殊也更为突出的贫富差距和城乡差距问题。

实际上,城乡和地区差距并非中国所特有,发达国家也不同程度上存在这些问题,美国不仅至今也未能很好地解决其贫富差距过大的问题,而且近年来贫富差距更是持续扩大,成为社会撕裂和政治极化的重要根源。相对于西方国家贫富差距的固化和积重难返,对于已经步入工业化发展后期的中国而言,虽然这些问题也十分突出,但依然存在较大的政策调整空间。

综上,城乡和地区平等作为体现平等的空间维度,其制约因素既体现为城乡和不同地区之间在经济发展层面的差距,也集中反映为城乡和不同地区之间在基本公共服务层面的非均等状态。或者说,缩小城乡和地区差距的内涵不仅仅是指经济总量上的差距,更重要和更现实的选择是要缩小城乡和各地区之间在公共服务等民生问题方面的差距。简单而言,以公共服务缩小城乡和地区不平等策略的基本思路就是以基本公共服务的"补差式"供给来逐步"平衡"城乡之间、地区之间的基本公共服务差距。

二、体现身份平等的阶层维度

一个国家、一个社会总是由不同的社会群体所组成,他们占有不同的社会资源、具有不同的利益取向。其中,"强势群体"和"弱势群体"是竞争社会中分化最大的两个社会群体,在"损不足以奉有余"的竞争法则下,强势群体通常处于全方位的优势地位。

阶层不平等的最直观反映,就是各阶层之间存在的贫富差距。实际上,任何一个社会都会存在一定程度的贫富差距,但这种差距必须保持在社会可以接受的限度之内。如果贫富差距过大或是在短时间内迅速扩大,就会造成社会的结构性"断裂",甚至导致社会不稳定。虽然从横向比较来看,目前中国是世界上贫富差距较大的国家之一(从基尼系数的变化情况看,依据世界银行的测算结果,中国的基尼系数在 2000 年左右已经超过了 0.4 的国际公认警戒线[1]),但是严格地讲,这是一个"伪命题"。基尼系数上的"警戒线"一说与社会心理的"红线"并不能简单等同。后者更为复杂,不是一个单纯的线性概念。而且基尼系数也没有考虑到中国作为一个超大国家的特殊性和复杂性。当然,贫富差距的客观存在也是不争的事实。"贫富差距的扩大并不是最可怕的,比这种财富上的差距更可怕的是基于贫富差距而形成的不同社会阶层之间情绪心态的对立和敌视。"[2]可以说,贫富差距的扩大化已经成为影响中国社会和谐稳定的重要隐患。

虽然贫富差距问题一直是各界广泛关注的重要话题,但在官方文件中,却极少使用"贫富差距"一词,使用更普遍的是"收入分配差距"。需要注意的是,贫与富不仅表现在收入上,也表现在财产和消费上,贫富差距不仅是收入上的差距,更是财富积累上的差距。因此,调节贫富差距不能仅仅在收入分配上做文章,同时应该关注产权收益等方面存在的诸多问题。或者说,在治理领域,合理缩小各阶层间的贫富差距,固然要重点关注收入分配这一基础因素,但同时也应循着"以服务缩小差距"的思路,[3]通过完善公共服务,缩小各个社会阶层在公共消费和公共产权收益中存在的差距。

按照"以服务缩小差距"的思路审视公共服务体系,可以发现社会保障制度是缩小阶层不平等的关键制度设计。本质上说,社会保障制度的出现,正是为了弥补竞争社会的不足,以社会平等为出发点,通过收入再分配来调节社会群体之间的利益分配,以缓和贫富差距以及由此可能引发的社会矛盾。在社会经济及社会保障制度发展的不同阶段,社会保障重点关注的群体是有所不同的。新中国成立之初,城市的工人、干部、军人与知识分子等群体能够享受到"福利国

---

① 参见夏业良:《中国的财富集中度超过美国》,《财经国家周刊》,2010 年第 12 期。

② 李培林:《中国贫富差距的心态影响和治理对策》,《江苏社会科学》,2001 年第 3 期。

③ 参见朱光磊主编:《城市公共服务体系建设纲要》,中国经济出版社,2010 年,第 38 页。

家式"的相对优厚待遇,而农民却被排斥在这种福利之外,形成事实上的不平等。这种现象的出现,一方面是因为踏入工业化的城市人群没有土地保障,必须依靠社会保障制度;另一方面是因为农村人口相对弱势,缺乏政治话语权,是"沉默的大多数"。须引起注意的是,这一格局至今依然有影响:弱势群体缺乏话语权,处于社会保障的弱势地位。一项平等和正义的社会制度必须最有利于那些处于社会最不利地位的人,并同时让社会的机会对所有人开放,弱势群体更应是中国社会保障工作关注的重点对象。

作为社会保障制度体系的重要组成部分,医疗保险制度对于限制各社会阶层间的贫富差距发挥着独特且关键的作用。人类的生存和发展面临诸多风险,其中疾病所带来的风险是最为严峻和致命的。与之相对应,风险和不确定性是医疗保险市场的重要因素,每个人都有患病的可能性,但何时患病,患何种病,需多少医疗支出,事前一般是不确定的。根据保险制度的设计原理,医疗保险能在不同人群中分散疾病风险,使得社会财富在患病的参保人和不患病的参保人之间进行再分配。医疗保险的再分配通常不仅是指从低风险人群到高风险人群的再分配,而且是指从高收入阶层向低收入阶层的再分配。因此,医疗保险具有疾病风险分担和国民收入再分配的重要功能。就此来看,参与医疗保险既可以使人类规避风险、保障个人的生存利益,又能起到保护劳动者、促进经济发展以及维护社会稳定的重要作用。当前,伴随着统筹城乡医疗保险制度的不断发展和完善,中国覆盖全民的城乡基本医疗保险制度已初步形成,几乎所有的国民均从中受益。

医疗保险筹资的直接作用是减轻疾病经济负担,提供一定的财政保障,以免除病患家庭遭受破产或加剧贫困。应然状态下,无论是城镇居民还是农村居民,都应该给予同等水平的医疗保障支持和帮助,医疗保险制度的目的不能仅仅是保障经济条件较好人群的健康,而是更加关注那些经济条件较差,但是却需要医疗卫生保障的人群得到最基本的医疗保险,使其享受到没有差别的医疗福利。或者说,不论是农村还是城市,让社会上的所有居民均享有基本医疗保险。然而中国的医疗保险制度却长期遭受着平等性不足的质疑。制度覆盖面狭窄所致的平等性不足，主要表现在重视正规就业人员，轻视非正规就业和无业人员；重视大中城市人员，轻视小城镇和农村居民。

一方面，由于城乡二元体制依旧发挥着影响，城乡居民的收入差距始终比较大，不平衡的经济发展模式导致了城乡医疗保险制度的失衡，这种医疗保险福利水平的失衡严重阻碍了经济持续、快速、稳定的增长，偏离统筹城乡和谐发展的轨道，违背了可持续发展、以人为本的基本要义。因此，分析城乡居民医疗保险制度存在的具体差距，找出在二元经济结构下的城乡居民医疗保险制度的不足，提出相应的解决对策，对于缩小城乡居民医疗保险水平的差距，促进中国经济社会的稳定发展，都具有重要的现实意义。

近年来，随着政府对农村医疗保险制度建设的倾斜，以及新型农村合作医疗的开展，某种程度上，医疗保险政策已经开始向农村倾斜了。2006 年 6 月，中国提出了缩小城乡医疗保险福利水平差距的若干政策制度，确定了统筹城乡经济发展的战略目标，不仅包括未来的经济发展目标，还包括关于建立统筹城乡的社会保障，主要目的是不断缩小城乡差距。这里的城乡差距既体现为城乡在经济发展和居民收入水平方面的差距，也体现为城乡居民所能够享受的社会保障差距。而城乡居民的社会保障差距的一个重要方面，就是城乡居民享有的医疗保险上的差距。针对以上的战略发展目标，新农合制度的创立和持续完善，对于建立统一公平的城乡医疗保险制度，缩小城乡居民医疗保险差距，具有关键作用。

随着新农合制度的出台和不断完善，农村居民无保可参的问题得到了解决，随后矛盾开始主要集中于城镇的大量非从业人员（包括大量的老人、儿童、失业人员等弱势人群）的医保制度空缺。2007 年 7 月，《国务院关于开展城镇居民基本医疗保险试点的指导意见》正式出台，医疗保障制度改革进入了以"全民医保"为目标的新时代。新农合制度与城镇居民医疗保险制度合并后，目前中国已经形成了两大医疗保障制度支柱，分别是城镇职工基本医疗保险制度和城乡居民基本医疗保险制度。两种制度基本解决了医保制度在部分人群中缺失的不平等问题,但是另一个问题必须得到正视,即这两种医疗保险制度在设计上各自独立且存在差异,制度的补偿、受益水平及其平等性均存在较大的问题。在解决了制度的"有或无"的不平等问题后,不同制度在保障水平上体现出的"强或弱"不平等问题需要引起重视。否则,在"以收定支"原则下,不同制度的差异很容易被合理化,给不同制度下人群的受益公平性带来损害。

2012 年,国务院出台了《"十二五"期间深化医药卫生体制改革规划暨实施方案》,明确规定要"加快建立统筹城乡的基本医保管理体制,探索整合职工医保、城镇居民医保和新农合制度管理职能和经办资源。有条件的地区探索建立城乡统筹的居民医疗保险制度"。这项方案的出台标志着中国现行的三种医疗保险制度开始探索着向"二元制"乃至"一元制"的道路迈进。2016 年,随着新农合与城镇居民医疗保险制度合并为统一的城乡居民医疗保险制度,可以说中国统筹城乡医保的道路迈出了关键的一大步。

三、体现代际平等的时间维度

简单而言,代际平等就是指不同年代阶段的人群,尤其是中青年群体与老年人群体在社会生活中处于一种无差别的结果或状态,享有同等的权利和发展机会。自 20 世纪末进入老龄社会以来,人口老龄化进程日益加速。据第七次全国人口普查数据显示,60 岁及以上人口总数为 26402 万人,占全国总人口的比重为 18.70%。其中,65 岁及以上人口为 19064 万人,占比为 13.50%。60 岁和 65 岁以上人口占比,均远高于发展中国家的平均水平。而且与 2010 年相比,60 岁及以上人口的比重上升了 5.44 个百分点。也就是说,作为世界上人口最多的发展中国家,中国在人均收入还不高的情况下就已迈入了老龄化社会。在治理视域下,人口老龄化给公共服务体系,尤其是社会保障体系,造成了巨大的压力。具体来看,代际平等问题在医疗保险和养老保险中体现得最为明显。

在医疗保险层面,老年人全体对于医疗服务的需求具有特殊性:一方面,老年人的健康状况较差,患病率和发病率普遍较高,这意味着他们的医疗服务需求更为强烈;另一方面,老年人所患疾病以慢性病和大病为主,这意味着他们的医疗服务需求具有长期性和持久性特征,需要长期的医疗照料。因此,在人口老龄化背景下如何有效维护老年人的医疗和健康权益已经成为全社会关注的焦点问题,也是近年来党和政府的工作重点之一。

根据现行规定,退休人员参加城镇职工基本医疗保险,个人不缴纳基本医疗保险费。制度的初衷,是社会医疗保险要体现互助共济。退休职工一般患病较多,而退休后收入低医疗负担较重,考虑到退休人员在以前的工作期间,已经为社会做出了贡献,因而不需缴费。同时,这一设计也可以均衡企业负担,为企业提供公平竞争的机会。然而由于人口老龄化带来的医疗开支快速增加,年轻人口呈现下降趋势,医保基金缴纳者变少,都将导致整个资金池流入明显下降而支出大幅度增加。同时,由于退休人员不缴费,城镇职工医保不是完全的现收现付制,而是存在部分权益积累。随着退休人口数量的快速增长,其累积权益支取要以非常高的速度增加。与此同时,医疗费用不合理增长问题长期存在,医保基金支付压力不断增加。

在这种情况下,尽管目前城镇职工医保基金收支实现平衡并有结余,但从变化的趋势看,未来基金形势不容乐观,城镇职工医保资金收不抵支已经不是个别现象,医疗保险基金面临的支付压力日益加剧。面对困局,要维持医疗保险基金的收支平衡,常规的解决思路有两个,即提高在职人员的缴费率或者降低退休人员的待遇。然而提高在职人群待遇水平会遭到年轻一代的反对,他们会通过逃避缴费、选择非正规就业等手段来进行抵制。特别是在目前经济形势步入新常态的情况下,这一思路的可行性很小。而降低退休人员的待遇水平,又肯定会引发老年群体的强烈不满。针对上述困局,规范现有的最低缴费年限可能是更现实的改革方向。显然,上述现状反映出从代际公平的角度考察基本医保公平性的现实必要性和紧迫性。

相对于医疗保险而言,养老保险领域面临的代际平等问题则更为突出。从本质上讲,无论养老保险制度选择何种运行模式,都是老年一代前期积累与年轻一代当代劳动力创造的结合。只不过在不同的养老制度下,有的更依赖老年一代在职期间的积累,有的则侧重于年轻一代对老年一代的供养。所以说养老保险或多或少都体现为财富在养老保险缴费群体与退休群体之间的再分配。在当前世界许多国家面临着人口出生率持续下降、预期寿命延长所导致的人口严重老龄化问题的形势下,这样的代际分配问题显得更加突出。

人口老龄化给传统的现收现付制养老保险体系带来了巨大的支付压力。为了维持养老金的收支平衡,基本的应对措施无非两种:降低退休人员的养老金待遇或提高在职人群的缴费率。但是降低退休人员养老金待遇通常会引发老年群体的不满,而提高在职人群缴费率则会遭到年轻一代的反对,他们同样有可能通过逃避缴费、选择非正规就业等手段来进行抵制。

从多数国家的养老保险改革情况看,一些国家选择进行结构式改革,引入个人账户,由现收现付制向基金积累制或部分积累制转轨,但这面临着转轨成本问题;也有部分国家出于财政方面的考虑,依旧在现收现付制下进行参量式改革,主要采取降低退休人员待遇、延长退休年龄、提高在职人员缴费率等办法。但是这些改革导致代际之间的冲突愈发激烈。鉴于已经开始迈入老龄化社会,为了缓解养老金支付危机,解决转轨成本问题,中国依然采取保持高缴费率,尤其是大力扩大养老保险覆盖面的同时,高缴费率已然成为扩面的重要阻碍因素之一。缴费比例略微偏高,会给物质资本和人力资本积累带来负面效应,而高额的缴费率会引起严重的代际冲突,导致许多年轻人不愿意参加社会养老保险。长期来看,依靠高缴费率来维持现行社会养老保险制度的运行得不偿失。一方面,它会使经济运行效率遭受很大损失;另一方面,代际冲突会愈发严重,阻碍覆盖面的进一步扩大。政府应通过调整财政支出结构,利用国有资产变现收入和国有企业分红来逐步解决养老保险制度的转轨成本问题,保持养老保险责任在代际间合理分配。

四、体现性别平等的自然维度

性别平等是社会平等的一个重要组成部分。关于性别平等,比较常见的界定是:"性别平等是指在家庭生活的私人空间以及社会活动的公共领域,男女两性均拥有平等的权利和机会,发挥自己的潜力和才能,参与公共的政治、经济、社会和文化发展及家庭决策,且平等地享受社会和家庭发展成果。促进性别平等就是要逐渐缩小两性之间在权利、机会、过程、结果方面的差异。"[①]推动性别平等不仅是人类社会发展的重要目标, 也是促进经济和社会发展的基本手段:通过减少女性在社会、经济和政治等领域面临的阻碍,有助于提升全人类的发展水平和发展质量,且具有明显的"倍数效应"[②]。

新中国成立以来, 女性的社会和经济地位都获得了极大的提升,"半边天"基本名副其实。但需要注意的是,性别平等仍有诸多有待提升之处。尤其是在农村地区,人为因素导致的男女出生性别比严重失衡,女性的职业声望、收入、政治参与等依然明显低于男性,导致其对家庭成员的依附性较强,贫困发生率相对更高。[③]例如,2015 至 2019 年, 全国出生人口性别比虽然由 113.5 降低到 110.14,但依然高于联合国所设定的 103—107 的正常比值。[④]上述现象反映出女性在资源获取方面依然处于劣势,而这反过来又固化了女性的社会和经济弱势地位。

在治理视域下,推动性别平等的主要能动手段,就是在制定相关公共政策

---

① 杨菊华:《时间、空间、情境:中国性别平等问题的三维性》,《妇女研究论丛》,2010 年第 6 期。

② 参见吴帆、刘立光:《社会性别平等的测量:国际指数与中国性别发展》,《南开学报》(哲学社会科学版),2020 年第 4 期。

③ 参见杨菊华:《中国性别平等 50 年:一个生命历程视角分析》,载国家人口与计划生育委员会与中国人口学会编:《改革开放与人口发展论文集》,中国人口出版社,2008 年,第 171~196 页。

④ 参见国新办:《十三五期间出生人口性别比下降》,http://www.chinanews.com/gn/2020/10-28/9324585.shtml。

时,应该努力保障男女之间的机会平等,推动性别之间的公共服务均等化。具体到相关的公共服务供给,首先要尽可能保障机会的平等,在某些情况下也需采取一些必要的措施,保障结果的平等。这是因为如果仅仅保障机会的平等,最后有可能造成实质上的不平等,典型如公共厕所的比例问题。此外,在公共服务领域推进性别平等,需要特别关注两性在就业以及与此密切相关的养老保险待遇问题。

具体来看,在就业方面,劳动力市场依然普遍存在着就业性别歧视,女性由于自身的生理条件、更重的家庭责任等,导致就业相对更困难,而传统的社会性别角色也让女性情愿将更多的精力放在私人领域。这些因素都使女性的公共领域的劳动参与率低于男性,进而影响了女性的养老保险参保率。由于职业隔离与受教育水平的不同,在就业的女性中从事非正规就业的人数高于男性,而目前的城镇企业职工养老保险制度针对的是职业稳定的就业者,真正能进入制度体系的女性实际更少。在缴费方面,女性由于收入低于男性,其缴费能力不足也影响她们进入城镇职工养老保险体系。目前的制度模式将女性在劳动力市场的劣势带进了社会保险,尤其是养老保险制度,在准入条件上不利于性别平等,造成她们在任何以收入和就业为基础的老年保险制度安排中都处于不利位置。

在理想状态下,性别平等体现在就业和养老领域具体应包括以下内容:一是男女两性参加工作及养老和医疗等社会保险的起点平等,即制度的安排是否能使男女两性的就业及社会,保险权益得以实现。二是男女两性受益的结果平等,即两性劳动者的就业机会以及享受的医疗保障和退休后基本养老金支付水平的差距是否控制在合理的范围内。在实际的操作中,养老保险的准入条件决定着养老保险参保率,从中可审视两性参保的起点是否平等。根据参加养老保险资格与就业是否相关,理论界一般将世界各国的养老保险制度分为两种模式:普遍保障模式和收入保障模式。这两种制度的准入条件不同,因而制度的覆盖范围有所不同。普遍保障模式准入条件是国籍和居住年限,它基本覆盖全体国民和居住一定年限的外侨。收入关联模式的准入条件是就业和缴费,其覆盖的是制度范围内的就业者。根据这两种模式的区分,中国的社会统筹与个人账户相结合的养老保险模式属于收入保障模式,它将就业和缴费作为制度的准入条件,在实施过程中比普遍保障模式更易产生性别平等问题。因为男女两性在劳动参与率方面和收入方面都是有差异的,这种差异影响着他们进入制度的可能性。

养老金水平的确定方式决定退休者的受益水平,从中可审视养老金制度对两性受益结果是否平等。根据发达国家的养老保险制度的实践来看,养老金水平的确定方式有两种模式:给付确定制和缴费确定制。给付确定制的给付标准是依据老龄人口的生活水平而定的,其受益水平与个人的缴费数额并无直接的对应关系。缴费确定制的待遇水平则取决于劳动者一生缴费而形成的个人账户,它和劳动者在职时个人收入密切相关。中国的基本养老保险制度实行社会统筹与个人账户相结合的制度模式,属于给付确定型和缴费确定型的混合型模式。养老金中的社会统筹部分由单位缴费组成,养老金给付的计算方式一部分与当地的平均工资挂钩,具有给付确定型养老金模式的某些特点,有一定的再分配功能,其本意是体现社会平等。

个人账户部分由个人缴费组成,具有缴费确定型的特点,体现劳动者个人的养老责任,体现效率。但在实际养老金计算过程中,社会统筹部分所形成的基础养老金的计算又与个人指数化月平均工资和缴费年限相关,而这两点具有明显的性别差异。女性的平均收入低于男性,其指数化月平均工资总体低于男性;女性由于退休年龄早于男性,其缴费年限也少于男性。这都会导致基础养老金计算不利于女性。个人账户养老金由个人的终生缴费组成,退休时,个人的工资收入直接决定自己的个人账户的储存额,劳动力市场的差异在这部分中体现得最明显。女性收入低、退休年龄早会导致女性个人账户的储存额少于男性,而退休年龄早同时又使计发月数增大,这些都拉大了男女两性退休者个人账户养老金水平的差距。因而养老金的计算中,无论是社会统筹部分形成的基础养老金,还是个人缴费形成的个人账户养老金都存在性别差异。它将女性在劳动力市场的劣势,如低工资、强制早退休等因素带到晚年的养老金水平的计算中,使男女两性退休者的养老金的受益水平不同,不利于养老金的受益的结果平等。

第三节 底线平等:治理领域推动社会平等的策略导向

一、底线平等的概念及实施机制

总体来看,底线平等处理的是社会与个体、权利与责任、政府与社会及个人之间的关系。具体来看,这里的"底线"是指全社会除去个体间的差异之外,共同认可的一条线(定性的或者定量的),这条线以下的部分是每一个公民的生活和发展中共同具有的,其基本权利必不可少的部分。正因为"底线"指向人们的基本需要,因而需要政府和社会以负责任的态度来保障底线要求的满足。①所有公民在这条底线面前所具有的权利的一致性就是"底线平等"。

需要指出的是,"底线平等"不是就保障水平高低而言的,而是指政府为了维护基本的社会平等而必须保障和承担的责任,是责任的底线。在体现底线要求的社会保障项目中,有些可能意味着较低的保障水平,但也有些项目的保障水平并不低。底线的提出是为了明确各方责任,在这条底线以上或以外的部分可以由市场、企业和社会组织,甚至由个人承担,是灵活的、反映差别的部分,②典型如职业年金制度、养老保险制度中对个人缴费额和缴费年限的定向激励。也就是说,底线平等重新界定了在社会生活领域中平等与效率的关系,承认一种有差异的平等。

在治理视域下,理想的公共服务供给政策应是一种富有弹性的调节机制:既能够起到激励作用,推动制度的发展,又能够起到约束作用,把保障水平限制

---

① 参见景天魁:《底线公平与社会保障的柔性调节》,《社会学研究》,2004 年第 6 期。

② 参见景天魁:《底线公平与社会保障的柔性调节》,《社会学研究》,2004 年第 6 期。

在一个合理的范围之内。底线平等理念正是为了促成这样一个调整机制的形成。根据对底线的界定可以看出,对基本公共服务的支出会比较稳定。具体来看,底线以下(基本公共服务)的部分是需求决定供给,而底线之上或之外的部分,则是供给决定需求。也就是说,底线平等通过对底线内容与程度的强调,明确了各方的责任和边界:底线及其以下部分,政府的责任占据主导,且这种安排一般来说应当是法定的、强制的;底线以上的部分,政府的责任主要表现为监督与宏观管理,企业和个人、家庭则具体承担相应责任,同时也允许存在一定自由选择的空间。[1]底线平等柔性调节机制就体现在这里。

在底线平等理念的指导下, 中国的公共服务体系应满足三个基本要求:适度性(低成本,高效益)、适当性(广覆盖,促进整个人群的平等)、适用性(机制灵活,可持续性)。而与底线平等理论相适应的底线平等公共服务体系应具有两头小中间大,保底不保顶的特点。或者说,底线平等理念下的公共服务体系应该呈现出"底线均等化"的状态。需要指出的是,"均等化"并不等于绝对平均化、无差别化。换句话讲,强调"均等化"的同时也要承认差距的客观性、合理性,但一个基本前提是要把差距控制在合理限度内。

进一步来看,要做到基本公共服务的底线均等化,至少要满足三个条件:一是每一个公民都具有享受法定基本公共服务的财政支出权利;二是中央政府和地方政府应当通过规划和空间布局,使每个公民不分城乡、不分地区地能够有机会接近法定基本公共服务设施;三是每个公民不分城乡、不分地区地有权利使用法定基本公共服务设施。[2]显然,我们在一段时间内还不能完全具备这些条件。那么就有必要对基本公共服务均等化作出程度上的限定。从理论上讲,大致可以有三种程度划分:一是"就高",二是"取中",三是"保底"。"就高"很理想,但不切实际。即便是在发达国家、发达地区也做不到这一点。"取中"对发达国家、发达地区而言,或许还有可能,但发展中国家和欠发达地区还做不到。从中国的

---

① 参见景天魁:《"底线公平"的社会保障体系》,《中国社会保障》,2008 年第 1 期。

② 参见丁元竹:《准确理解和把握基本公共服务均等化》,《中国发展观察》,2009 年第 12 期。

现实国情出发,在"保底"程度上强调基本公共服务的均等化,尽管也有一定的难度,但通过多方努力还是可以达到的。要做到"保底",我们在相关制度设计上必然要更加注重"平等感"。根据上述分析,把"底线均等化"作为基本公共服务均等化的过渡性目标,是合情合理的。这也是缩小各阶层间基本公共服务差距、抑制贫富差距扩大化的重要手段之一。

具体而言,可以从三个方面理解公共服务的"底线均等化":一是在服务项目上,力争实现各社会阶层能够享有大体相同的基本公共服务项目,尤其是保障各社会阶层在义务教育、基本社会保障、基本医疗卫生三大核心公共服务领域能够享受到基本一致的公共服务项目;二是在服务均量上,逐步缩小人均基本公共服务支出差距,力争把人均基本公共服务支出差距控制在合理限度内;三是在服务增量上,低收入者要快于高收入者,农村居民要普遍快于城镇居民,至少要保证二者间绝对差距的扩大化趋势能得到有效抑制。

二、底线平等的外部制约因素

联系前文的分析过程,在治理的视域下促进社会平等,主要着力点在于完善公共服务体系,推动公共服务的"底线均等化","以服务缩小差距"。但这一系统而宏大的工作除了有自身的发展规律外,也会受到一系列外部因素的制约。目前,影响现阶段中国公共服务"底线均等化"有效推进的外在因素主要表现在三个方面,即市场效率因素、区域发展差距和人口的城乡构成。

(一)市场效率与"底线均等化"

人类社会追求经济效率的不竭动力来源于资源的有限性和竞争性。实践证明,市场经济是人类迄今所发现的最有效率的资源配置方式。在市场经济中,利润最大化原则是市场主体不断提高经济效率的内在动力,而激烈的市场竞争是推动市场主体不断提高效率的外在压力,二者的结合则形成了市场主体孜孜不倦地提高经济效率的强大合力。

推进公共服务的"底线均等化",更多地涉及了社会平等问题。因此,公共服务"底线均等化"与市场效率的关系,本质上还是平等与效率的关系问题。长期以来,平等和效率问题一直是经济发展和公共政策制定中所面临的主要难题之一。在推进公共服务"底线均等化"的过程中,也需要处理协调好平等与效率的关系问题。总体而言,政府在公共服务方面的投入应与经济发展水平和速度相适应。从典型国家的经验来看,从 20 世纪 70 年代末开始,多数国家公共服务体系建设的主体基调,已经逐步由追求"结果平等"的理想型模式纷纷转向更加切合实际的、"平等和效率相结合"的模式。这一转变,主要源于福利危机、欧债危机等所带来的冲击以及对公共服务体系建设的反思,同时在一定程度上也是对以北欧国家为代表的、"平等主导型"的公共服务模式的否定。

对于中国而言,在推进基本公共服务过程中,均等化的标准不应定得过高,否则就有可能成为财政负担,影响经济发展效率,特别是不能因为急于求成而忽视"底线均等化"可能会对正常的市场效率所带来的影响。政府应努力在以平等正义为基础的基本公共服务和社会经济发展效率之间找到最佳平衡,既保证社会的平等正义,解决基本民生问题,又保障市场效率,实现经济又好又快发展。对此,在思想和相关制度安排上都应有所准备。

(二)区域差距与"底线均等化"

在成熟的市场经济国家,政府的公共服务职责基本上都是以各级政府分工协作的形式共同完成的。其中,地方政府基本公共服务供给的数量和质量对于公共服务体系的完善程度尤为关键。然而在一个国家内部,特别是那些国土广阔、人口众多的大国而言,各个区域在自然地理条件、经济发展水平等方面,难免存在一定的差异和差距。进一步说,公共服务区域间差距的背后,是地区经济发展不平衡造成的基本公共服务供给能力的不同。就中国而言,东、中、西和东北四大区域在自然条件、历史发展和当前发展中存在的差距,都有可能成为区域公共服务供给不平衡的重要影响因素。

第一,不同的自然地理条件会影响公共服务的供给成本。就中国各区域的自然地理条件来看,相对于较人口稠密的平原地区,西部地区由于海拔普遍较高,地形复杂,导致人居分散、交通不便,因而行政管理跨度和难度都相对更大,基础设施建设的成本也更高,且不易于发挥规模经济效益。此外,地处寒冷地带的东北地区在公共服务,尤其是基础设施建设方面往往需要更高的投入。"据测算,高寒地区同样质量要求的建设工程,其造价要比一般地区高出20%左右,另外还有相对更高的运输成本。"①

第二,历史发展过程中所积累的区域发展不平衡同样会制约不同地区政府的公共服务供给能力。历史起点的高低使地方政府面临不同的发展基础,显然会制约地方政府的公共服务供给能力。历史上,西部地区的经济社会发展水平就低于其他地区,东北和中部地区的发展水平又低于东部沿海地区,这些都有可能成为四大区域经济社会进一步发展和公共服务服务供给不平衡的重要影响因素。

第三,改革开放以来,四大区域在经济发展中的非均衡局面,是造成区域间公共服务供给水平严重失衡的最主要原因。作为一个国土面积辽阔、人口异常庞大的超大国家,由于自然原因使然,中国长期存在比较明显的区域发展差距。

在推动公共服务"底线均等化"的过程中,要充分重视区域差距因素的客观制约作用。一个国家各区域的公共服务水平存在较大的差距,显然是不合理的。但是对于那些存在明显区域发展差距的大国,追求绝对意义上的公共服务均等化也是不现实的。中国东、中、西和东北地区在社会经济整体发展水平以及政府财力上的差距是显而易见的,现阶段所追求的公共服务均等化,最终目标当然是限制和缩小这种差距。但是客观地说,这种差距又不大可能在短期内被完全消除。如果一味寄希望于通过政策手段消灭差距,不但不现实,而且有可能打击

---

① 王朝才、王继洲:《在建立规范的财政转移支付制度中扶持民族地方发展的措施研究》,《经济研究参考》,2004年第12期。

发达地区的发展积极性。因此,比较现实的做法应该是正视并在一定程度上容忍这种区域差距的存在。具体到政策层面,对于那些关系国计民生的、特别是应由中央政府承担重要支出责任的基本公共服务,应积极地通过转移支付等政策手段,尽可能地缩小区域差距。对于更大范围和更高层次的公共服务,以及那些由省以下级政府承担更有效率或效果更好的公共服务,则应该抱着类似于改革开放初期鼓励"一部分地区先富起来"的心态,积极推动相对地区的地方政府有更大作为,在"均等化"与"差别性"之间保持动态平衡。

(三)人口的城乡构成与"底线均等化"

一个国家实现现代化的过程,通常也是农业人口不断减少的过程。在一个现代化程度较高的社会中,由于农业部门自身比较收益的不断下降及经营上的风险,使得农业劳动者的整体弱势地位几乎不可避免。目前,虽然中国农民的绝对数量已经有了较大幅度的减少,但对比同期第一产业在国内生产总值中所占的比重即可看出,其比重仍然是偏高的,明显呈现投入与产出的"倒挂"状态。这种"倒挂"状态也正是农民在经济上处于劣势地位的根本原因之所在。即便是对比同处发展中国家行列、经济发展水平与中国相当,甚至低于中国的一些国家,就会发现这一比重偏高也是一个不争的事实。可以预见的是,随着整个中国社会结构日趋合理化地分化、组合,农民的绝对数量及比重仍将继续下降。但同时必须认识到的是,农村庞大的人口基数将是十分漫长的存在。

在推动公共服务"底线均等化"的过程中,一个国家的城乡人口构成通常也会对其产生重要的影响作用。从典型国家走过的历程来看,城乡公共服务供给差距的基本消除,有待于高度的城市化。在现代社会,第一产业本身较低的产出和附加值决定了只有当农业人口降到相当低的比重时,政府才有可能通过横向转移支付等手段,切实实现城乡公共服务供给的基本均等化,中国也不大可能例外。

第十章
治理视域下以服务促平等的具体路径

改革开放以来,中国选择分阶段、分区域、分领域,渐次实现社会主义现代化目标。这种非均衡式的发展路径有其历史必然性与现实合理性。同时,这一发展路径也带来了某些不平等现象。在这种情况下,在加快发展的基础上,通过"以服务促平等",把基础设施建设、公共服务体系建设、社会保障体系建设等基本公共服务与社会平等结合起来加以综合考虑,就成为调控不平等现象的重要思路,也成为服务型政府建设的重要内容和应有之义。

第一节　以基础设施建设推进城乡区域协调发展

城乡和区域不平等是社会不平等的重要体现,特别是在基础设施方面,城乡之间、不同区域之间,生活在不同空间领域内的居民在公共设施、交通运输、网络通信等方面面临不同的条件,生活品质不同,在很大程度上构成城乡和区域协调发展的障碍。以基础设施为抓手,促进城乡区域协调发展,保证城乡居民、东中西不同区域的居民能够享受基本平等的基础设施,就成为新时期"以服务促平等"在空间维度的重要要求。

一、当前城乡和区域不平等在基础设施方面的体现

从设施类型和功能上进行划分,基础设施可以分为"传统基础设施"和"新型基础设施"两种类型。[1]前者的典型代表包括公共设施(如公共文化设施、公共卫生设施、公共医疗设施)、交通道路、水利工程等,后者的典型代表包括城际高速铁路、城市轨道交通、5G 通信等带有信息化、智能化特征的基础设施。在这两种不同的基础设施类型上,当前中国都出现了较为明显的城乡和区域不平等现象,不同地区的居民享受了不同的基础设施条件。

在传统基础设施方面,城市居民(特别是东部沿海大城市的居民)享受了更多的公共资源。以公共文化设施中的图书馆为例,即使是中国北方经济条件最优越、公共文化设施最丰富的北京,同样也面临城市和农村之间的不平等现象。截至 2018 年底,城镇化程度更高的海淀区(2018 年城镇化率为 93.2%),有公共图书馆 2 个,总藏书 4064 万册,平均每 161.8 万人拥有一个公共图书馆,人均拥有藏书 12.55 册。相比较而言,城镇化程度更低的顺义区(2018 年城镇化率为 57.8%),有公共图书馆 1 个,总藏书 109 万册,平均每 102 万人拥有一个公共图书馆,但公共图书馆的藏书估计较小,人均拥有藏书只有 1.06 册,[2]不足海淀区的十分之一(具体情况参考表 10.1)。

在不同区域之间,这个问题同样也有一定的显著性。北京市作为东部沿海地区的大城市,2018 年全市拥有公共图书馆 24 个,总藏书 6777 万册,平均每89 万人拥有一个公共图书馆,人均拥有藏书 3.15 册。湖南省 2018 年拥有公共图书馆 140 个,总藏书 3305.3 万册,平均每 49.2 万人拥有一个公共图书馆,人均拥有藏书 0.48 册。广西壮族自治区 2018 年拥有公共图书馆 116 个,总藏书 2747.9

---

① 殷鹏:《统筹推进传统基建和新基建》,《人民日报》,2020 年 4 月 20 日。

② 相关数据参考北京市统计局:《2019 年北京区域统计年鉴》,中国统计出版社,2019 年,第 126 页。

万册,平均每 47.78 万人拥有一个公共图书馆,人均拥有藏书 0.48 册。①换言之,作为中西部地区,湖南和广西尽管在公共图书馆总数上比北京多,但规模大多较小,藏书量也较少,人均拥有藏书量仅为北京的 15.4%(参见表 10.2)。

在新型基础设施方面,区域之间不平等现象更为明显,甚至出现了一定程度的"马太效应",加剧了不平等程度。以城市轨道交通为例。2020 年底,大陆地区共计有 45 个城市开通了轨道交通,其中东部地区城市有 23 个,中部地区城市有 7 个,西部地区和东北地区城市有 15 个。在城市轨道交通运营里程位列前十名的城市中,东部地区城市有 7 个,中部地区城市 1 个,西部地区城市有 2 个。②以电动汽车充电桩为例,截至 2020 年底,全国充电基础设施累计数量为 168.1 万台,其中,公共充电桩为 80.7 万台,私人充电桩(随车配建充电设施)为 87.4 万台。在城市排名方面,2020 年公共充电桩保有量排名前十的省市分别为北京、广东、上海、江苏、浙江、山东、安徽、湖北、河南、河北,其公共充电桩保有量分别为 8.6 万台、8.6 万台、8.6 万台、7.7 万台、6.2 万台、4.9 万台、3.9 万台、3.3 万台、3.3 万台、3.2 万台。③(参见表 10.3)

---

① 相关数据参考国家统计局社会科技和文化产业统计司中宣部文化体制改革和发展办公室:《2019 中国文化及相关产业统计年鉴》,中国统计出版社,2019 年,第 148 页。

② 相关数据参考中国城市轨道交通协会:《城市轨道交通 2010 年度统计和分析报告》(2021 年 4 月 9 日),《中国城市轨道交通协会信息》,2021 年第 3 期(总第 30 期)。

③ 相关数据参考《2020 年中国电动汽车充电桩市场发展现状与竞争格局分析主要分布在东部和中部省市》,2021 年 2 月 12 日,东方财富网,网址:https://baijiahao.baidu.com/s?id=1691466086476087263&wfr=spider&for=pc。

表 10.1　北京市海淀区、顺义区公共图书馆和藏书量（2018 年）

地区	城镇化率	公共图书馆数量		藏书情况	
		总数（个）	平均（万人／个）	总数（万册）	人均（册）
北京市		24	89	6777	3.15
海淀区	93.2%	2	161.8	4064	12.55
顺义区	57.8%	1	102	109	1.06

表 10.2　北京、湖南和广西公共图书馆和藏书量（2018 年）

地区	公共图书馆数量		藏书情况	
	总数（个）	平均（万人／个）	总数（万册）	人均（册）
北京市	24	89	6777	3.15
湖南省	140	49.2	3305.3	0.48
广西壮族自治区	116	47.78	2747.9	0.48

表 10.3　东、中、西地区城市轨道交通、电动汽车公共充电桩建设分布（2020 年）

项目	共计	东部省份／城市	中部省份／城市	西部省份／城市（含东北地区）
开通城市轨道交通城市	45	23	7	15
电动汽车公共充电桩数量前十的省份	10	6	4	0

上述数据只是城乡和区域不平等现象在基础设施方面的部分体现。事实上，无论是传统基础设施还是新型基础设施，城乡和区域之间都存在较为明显的差距。从这个角度讲，中共中央政治局在 2020 年 4 月 17 日要求"加强传统基础设施和新型基础设施投资"[①]，就不仅是为了经济发展，同样也是为了完善公共服务，实现城乡和区域协调发展，以此实现城乡和区域之间的平等目标。

二、完善传统基础设施建设

截至 2020 年末，在交通建设方面，全国铁路营业里程 14.6 万千米，全国铁

---

① 《中共中央政治局召开会议 习近平主持》，2020 年 4 月 17 日，中国共产党新闻网，网址：http://cpc.people.com.cn/n1/2020/0417/c64094-31678416.html。

路路网密度 152.3 千米 / 万平方千米；全国公路总里程 519.81 万千米，公路密度 54.15 千米 / 百平方千米，[①]在公共服务设施方面，全国共有博物馆 3510 个、公共图书馆 3203 个。[②]诸如此类的成绩反映出了中国在传统基础设施建设领域已经达到了高水平。但如前所述，城乡之间、东中西不同区域之间的传统基础设施建设还存在一定不平等现象。在这种情况下，基础设施建设向农村地区、中西部地区倾斜，就成为平衡不平等现象的重要方式。

对于完善农村地区传统基础设施建设而言，有两个可行的路径。一方面，农村地区需要补基础设施的短板。中央和地方各级政府需要进一步加大资金投入力度，强化在农田水利设施、环境保护设施和文化娱乐设施等方面的投入，在农村地区建设诸如水利灌溉系统、污水处理厂、文化书屋等生产生活设施，提高农业生产效率，提高农民生活品质。另一方面，完善农村传统基础设施，还需要注重通过新型城镇化实现城乡统筹发展，在城乡统筹发展过程中保障农村居民能够享受和城市居民同样的基础设施。[③]党的十八大以来，习近平总书记多次强调，新型城镇化的核心在于人的城镇化。从这个角度讲，完善农村地区的基础设施还需要通过人的城镇化，保证传统基础设施的均等化。具体而言，就需要有序推进农业转移人口市民化，实行不同规模城市差别化落户政策，赋予城市新居民平等权利，使其能够享受和原有居民平等的公共服务。

在区域不平衡问题上，中西部地区和东部地区相比，还存在较大的差距。从客观情况来说，和东部地区相比，中、西部地区地域广阔，在基础设施建设投资

---

① 交通运输部：《2020 年交通运输行业发展统计公报》，2021 年 5 月 19 日，中央人民政府网站，网址：http://www.gov.cn/xinwen/2021−05/19/content_5608523.htm。

② 国家统计局：《中华人民共和国 2020 年国民经济和社会发展统计公报》，2021 年 2 月 28 日，国家统计局网站，网址：http://www.gov.cn/xinwen/2021−02/28/content_5589283.htm。

③ 新型城镇化要求"以科学发展观为引领，发展集约化和生态化模式，增强多元的城镇功能，构建合理的城镇体系，最终实现城乡一体化发展"。其核心在于人的城镇化，最终目标在于实现城乡一体化发展，保证城乡居民能够共同享受城镇化带来的优势。参见彭红碧、杨峰：《新型城镇化道路的科学内涵》，《理论探索》，2010 年第 4 期；单卓然、黄亚平：《"新型城镇化"概念内涵、目标内容、规划策略及认知误区解析》，《城市规划学刊》，2013 年第 2 期。

收益方面存在劣势。在这个问题上，不能只计算经济收益的"小账"，还需要计算政治、社会收益的"大账"，同时也需要考虑投资乘数作用，计算基础设施建设投资对区域经济发展带来的推动作用。[1]在这个问题上，有学者利用 28 个省市区 1987—2007 年的面板数据来验证交通基础设施对中国经济增长的影响，实证结果表明：交通基础设施对中国的经济增长有着显著的正向促进作用；1999 年国家实施西部大开发战略有利于促进西部地区的经济增长与向中东部地区趋同，其中西部地区交通基础设施的快速发展发挥了重要作用。从这个角度讲，加快中西部地区的发展，还需要通过基础设施建设来拉齐不同区域的经济发展差距，拉齐不同区域居民享受的公共服务水平。

当然，对于传统基础设施建设的资金投入问题，除了加大政府财政投入之外，还需要强化市场力量和社会力量，例如采取 PPP 模式（公私合作关系）开展大型基础设施建设，解决大型基础设施的资金来源问题。在这种运作模式方面，西方国家政府以及中国部分地方政府在 PPP 的招标、运营、管理、监督等方面都已经开展了有益的探索，提供了很有借鉴意义的工作经验。[2]中央层面有必要对国外经验进行学习，对地方经验予以总结，形成顶层设计，以此来补齐中西部地区传统基础设施建设的短板，既降低政府财政压力，同时也能为中西部地区的居民提供更加充分的基础设施条件。

三、提高新型基础设施建设水平

作为智慧经济时代贯彻新发展理念，吸收新科技革命成果，实现国家生态

---

[1]　刘生龙、胡鞍钢：《交通基础设施与经济增长：中国区域差距的视角》，《中国工业经济》，2010 年第 4 期。

[2]　相关文献参考梁晴雪、胡昊、谢忻玥：《国内外典型 PPP 项目案例研究及启示》，《建筑经济》，2015 年第 8 期；何佰洲、刘晨：《国外 PPP 模式之借鉴研究》，《价值工程》，2016 年第 30 期；龙婷婷：《杭绍台高速铁路 PPP 融资模式研究》，西南交通大学硕士学位论文，2018 年；张静：《论 PPP 项目监管的国外经验及启示》，《中国政法大学学报》，2019 年第 6 期。

化、数字化、智能化发展的重要载体,新型基础设施建设在宏观经济发展层面有助于实现经济结构调整、新旧动能转换,因此近年来国家层面不断出台推动新型基础设施建设的政策文件。同时,新型基础设施建设对传统工业的依赖性相对较低,在城乡和区域协调发展层面,有助于农村地区和中西部地区实现"弯道超车",因此也成为近年来实现城乡统筹发展、中西部协调发展的重要抓手。

在城乡统筹发展层面,部分农村地区已经享受了新型基础设施带来的红利。以新能源基础设施建设为例,自 2013 年精准扶贫政策出台后,国家能源局贯彻习近平总书记关于"光伏扶贫"的重要指示,开展"光伏扶贫"工程。截至 2020 年 7 月,累计建成投运"光伏扶贫电站"2649 万千瓦,惠及全国 1472 个县、138091 个村、418 万贫困户,被列为国家"精准扶贫十大工程"之一。[1]其中,"光伏扶贫"资金提供的公益岗位就有 124.46 万个,吸纳贫困人口 122.39 万人。[2]以青海省为例,截至 2019 年,青海全省 1622 个贫困村全部实现了"光伏扶贫"项目全覆盖,村级"光伏扶贫电站"年预期总收入为 5.3 亿元,可为全省贫困村村均增收 32 万元,惠及建档立卡贫困人口68086 户(这个数字将近覆盖青海省一半数量的贫困户),并且确保持续 20 年的稳定收益。[3]

除此之外,农村地区在 5G 基站建设、新能源汽车充电桩、大数据、人工智能、工业互联网等领域还存在很大的短板。当然,对于农村地区而言,并不是所有的村庄都需要上马大项目。更符合实际情况的发展策略应该是因地制宜,结合当前农业产业化发展格局,采取小而精的方式,建设农村地区的新型基础设施。例如对于一些具有特色农产品的地区,可以凭借电商平台,发展农产品线上销售,而这就需要配套有效的网络基础设施、物联网平台和智能物流体系。在这些特定领域,地方政府就应该加大基础设施建设力度,为农业产业化发展、农业

---

① 章建华:《为决战决胜脱贫攻坚注入强劲动能》,《人民日报》,2020 年 7 月 10 日。

② 国务院扶贫办:《近期脱贫攻坚重点工作最新进展(截至 2020 年 7 月 31 日)》,2020 年 8 月 7 日,国务院扶贫办网站,网址:http://www.cpad.gov.cn/art/2020/8/7/art_624_182653.html。

③ 《青海所有贫困村实现光伏扶贫项目全覆盖》,2019 年 6 月 28 日,新华网,网址:http://www.xin-huanet.com/power/2019-06/28/c_1210172469.htm。

智能化发展提供保障和支持,进而实现城乡一体化发展。

在区域统筹发展层面,也有一些中西部地区乘着新型基础设施建设的东风,开始不断赶超。从 2012 年开始,贵州省就出台政策措施,强化数字经济发展战略,和大型互联网公司进行合作,兴建各类数字经济基础设施。根据《中国数字经济发展白皮书(2020 年)》显示,2019 年贵州数字经济增速达 22.1%,连续 5 年排名全国第一。[①]贵州省的发展策略有很好的借鉴意义,为中西部其他地区提供了可参考的案例。一方面,中西部地区需要加大对新型基础设施建设的投入力度。据统计,我国新型基础设施建设仍具有东部地区引领、中西协调的区域格局态势。2020 年纳入省级重点投资计划的新型基础设施项目,东部地区共有 406 项、中部地区共有 373 项、西部地区共有 216 项,而东北地区仅有 2 项。[②]在投资方面,中西部地区显然还有很大的空间。另一方面,中西部地区需要找准自身的定位,而不能盲目上马一些不符合中西部地区实际情况的项目,出现一拥而上、一拥而退的现象。在这一点上,贵州省的做法颇值得其他地区学习,广大中西部地区需要结合历史传统、资源禀赋、产业基础,以特定的新型基础设施为抓手,在发展自身特色的同时实现弯道超车。

第二节　通过提升公民素质促进阶层平等

社会流动的程度与社会成员结构的开放程度深刻影响着一个国家的稳定和发展。与之相对应,不同的公共服务水平培育着不同的公民素质。也就是说,社会阶层、公民素质、公共服务等因素相互交织,共同影响了国家和社会的平等情况。从这个层面出发,通过公共服务提升公民素质,进而促进社会有序流动,

---

① 《贵州数字经济增速连续五年全国第一,腾讯与贵州共树新基建标杆》,2020 年 7 月 15 日,新华网,http://www.xinhuanet.com/tech/2020-07/15/c_1126242048.htm。

② 《2020 年新基建行业发展现状分析,初步形成了东部为主,中西部辅助的格局》,2020 年 7 月 30 日,华经情报网,https://m.huaon.com/detail/636205.html。

就成为促进阶层平等的重要方式。

一、公民素质提升视角下的基本医疗保障

公民素质是一个国家的人民所具备的体力、智力、道德水平的综合体现,既是公民个体的表达,也是国家综合国力的重要外显,同时也是国家经济和社会发展的基础。从内涵上讲,公民素质包含多重维度,其中"健康维度"是重要的一环。按照阿玛蒂亚·森所提出的"贫困的可行能力理论"(feasible capacity theory of poverty)[1],缺乏健康、教育等因素会产生进一步的社会排斥,这种社会排斥本身就可以看作是贫困的一种形态。

新中国成立以来,随着国家综合实力的提升,人民的健康状况得到了很大的提升,平均寿命从 1949 年的 35 岁延长到 2019 年的 77.3 岁,可以说已经彻底甩掉了"东亚病夫"的帽子。[2]同时也应该看到一个最基本的事实,健康状况依然是影响中国社会阶层平等的重要因素。一方面,如果缺少了健康状况的保障作用,部分居民(特别是农村居民)就有可能失去劳动力,家庭生活状况会出现非常明显的恶化。另一方面,如果缺少相对平等的医疗保障制度,那么偏远地区、农村地区的居民将会面临更加不利的局面,陷入贫困状态,甚至掉入"贫困陷阱",更是难以实现社会平等。

这种情形在当前并不少见,特别是在农村地区,出现了一部分因病致贫返贫的现实案例。根据国家卫生与健康委员会的报道,截至 2015 年,因病致贫返

---

① [印度]阿玛蒂亚·森:《以自由看待发展》,任赜、于真译,中国人民大学出版社,2013 年,第 85~89 页。

② 中国政府也非常重视公民的健康状况。2008 年,原卫生部首次发布了《中国公民健康素养——基本知识与技能(试行)》;2015 年 12 月 30 日,原国家卫生和计划生育委员会办公厅在 2008 年版本的基础上,印发了《中国公民健康素养——基本知识与技能(2015 年版)》,将健康素质确定为公民素质的重要因素,要求各级卫生组织向公众进行健康教育和开展健康传播。

贫贫困户占建档立卡贫困户的 44.1%，比 2013 年上升了近两个百分点。①也就是说，身体健康状况对贫困的影响程度不仅没有降低，反而增加了。同时，有学者基于西部 9 省市 1214 个因病致贫户的问卷调查数据，对农村地区因病致贫的总体情况进行了深入分析。数据分析结果显示：因病致贫是导致农村居民贫困的重要原因，其中因病致贫户中患慢性病比重最高，危重病次之，地方病和意外伤害比重较低。在具体原因中，因病丧失劳动力和自付医疗费用过高、报销比例低是因病致贫的主要原因。②

从这个角度讲，能否建立起相对平等的基本医疗保障制度，让所有公民都能享受到相对平等的医疗保障条件，就成为一件影响重大的事情。首先，完善的医疗保障制度，有利于保障每一位公民都有权利获得充分的医疗条件保障，解决"看病难"的问题，提高公民的健康状况，使每一位公民都能够享受更加美好的生活。其次，完善的医疗保障制度（特别是医疗报销制度）有利于降低公民的医疗负担（特别是降低农村地区居民的医疗负担），解决"看病贵"的问题，避免出现"因病致贫""因病返贫"甚至"人财两空"的情况，能够保障公民在看病就医之后还具备必要的发展能力。最后，相对平等的基本医疗保障制度，是社会主义国家的本质要求，这种医疗保障制度，有利于提升公民素质，实现社会的有序流动，促进社会平等，营造和谐稳定的社会环境。

在这个问题上，中国政府已经做了大量的工作，也取得了非常显著的成绩。例如在医疗条件相对更艰苦的农村地区，2002 年 10 月，中央政府就明确提出各级政府要积极引导农民建立以大病统筹为主的新型农村合作医疗制度（简称"新农合"）。2009 年，中国作出深化医药卫生体制改革的重要战略部署，确立"新农合"作为农村基本医疗保障制度的地位。2004—2008 年，新农合在全国不断普

---

① 《王培安谈健康扶贫：不让任何人在小康路上因病掉队》，2017 年 3 月 16 日，国家卫生健康委员会网，http://www.nhc.gov.cn/caiwusi/mtbd/201705/64021aec5e1a429b8a18e26e3b34d7b7.shtml。

② 汪辉平、王增涛、马鹏程：《农村地区因病致贫情况分析与思考——基于西部 9 省市 1214 个因病政贫户的调查数据》，《经济学家》，2016 年第 10 期。

及,从 2004 年的 18.4% 增加至 2008 年的 96.8%,截至 2008 年 6 月底,31 个省份就已实现了全面覆盖,[①]纳入"新农合"医疗保险目录中的报销项目也越来越多。通过健康扶贫工作,截至 2020 年,累计使近 1000 万因病致贫返贫贫困户成功摆脱了贫困。[②]但同时还应看到,我国基本医疗保障制度还比较薄弱,在保障水平、医疗制度公平性等方面还有较大的提升空间,特别是在农村医疗保障方面还有明显短板,这也就决定了在这个问题上,中国还有很多工作要做。

二、加大医疗资源的投入力度

有研究人员以卫生总费用(Total Health Expenditure,THE)及其占国内生产总值(GDP)比重为标准,分析了中国医疗资源的投入情况。[③]研究发现,中国 THE 占 GDP 的比重一直处于相对较低的状态,只是近年才逐渐接近全球平均水平。2000 年,中国属于中低收入国家,THE 占 GDP 的比重为 4.6%,恰好等于这一类别国家的平均值,而同期 THE 占 GDP 的比重全球平均值为 8.0%。到 2010 年,中国在这一年已经进入了中高收入国家行列,但 THE 占 GDP 的比重仅为 4.9%。同时全球 THE 占 GDP 的比重已经提高到 9.2%。2010 年之后,随着新医改的推进,到 2017 年底,中国 THE 占 GDP 的比重达到 6.4% 的水平。从上面的数据来看,在新医改启动之初,全社会投入医疗卫生事业的总资源水平低于国际可比较的水平。尽管新医改的推进有效地提高了全社会在医疗卫生领域的总投入水平,但卫生总费用水平依然不高,近年来也仅是接近世界平均水平[④](参见表 10.4)。

---

① 毛群安:《31 个省份实现"新农合"全覆盖》,《中国经济周刊》,2008 年第 27 期。

② 熊建:《近千万因病致贫返贫群众脱贫》,《人民日报·海外版》,2020 年 12 月 21 日。

③ "卫生总费用"是指一个国家或地区全社会用于医疗卫生服务所消耗的资金总量,由政府卫生支出、社会卫生支出和个人卫生支出三部分构成。作为国际通行指标,卫生总费用被认为是衡量一个国家卫生状况和医疗保障水平的重要指标。

④ 顾昕:《公共财政转型与政府医疗投入机制的改革》,《社会科学研究》,2019 年第 2 期。

表 10.4　各国卫生总费用(THE)占国内生产总值(GDP)的比重　　（单位%）

	2000 年	2010 年	2015 年
全球平均	8.0	9.2	6.3
高收入国家平均	10.0	12.4	NA
中高收入国家平均	6.2	6.0	NA
中低收入国家平均	4.6	4.3	NA
低收入国家平均	4.2	5.3	NA
中国	4.6	4.9	6.1

更值得关注的问题是,在中国的卫生总费用中,公共开支占比处于相对较低的状态。[①]1997—1999 年间这个比重处于谷底,仅为 18.0%;2000 年这个比重为 20.0%;2000 年以来,随着公立医疗保险覆盖面的扩大和筹资水平的提高,公共支出占比在 2013 年达到 58.4%的高水平;从 2014—2017 年,这一占比基本维持在 57%的水平上下,[②]但与英国、德国、日本这些强调医疗资源公共化的国家还有一定的差距。

实际上,以政府投资为主建设全民医疗体系是多数国家的选择。当前有 100 多个国家选择以公立医院作为主体的医疗保障模式。也正是在总结医疗市场化改革经验的基础上,2009 年《中共中央国务院关于深化医药卫生体制改革的意见》明确要求,"强化政府在基本医疗卫生制度中的责任,加强政府在制度、规划、筹资、服务、监管等方面的职责,维护公共医疗卫生的公益性,促进公平公正"[③]。在这种情况下,强化政府责任,加大医疗资源的投入力度,就成为完善基本医疗保障的重点内容。一方面,各级政府需要强化政策支持力度。进一步加大各级财政对基本医疗卫生的资金投入,在制度上需要完善与公立医院发展相适应的政府投入办法,全面落实政府对符合区域卫生规划的公立医院投入政策,使公立

---

①　之所以出现这种情况,很大一部分原因在于,20 世纪 90 年代以来,中国政府淡化医疗服务的公共性,推行医疗市场化改革,将一些公立医院进行股份制改革,同时也缩减了医疗资源的财政投入。

②　顾昕:《公共财政转型与政府医疗投入机制的改革》,《社会科学研究》,2019 年第 2 期。

③　《中共中央国务院关于深化医药卫生体制改革的意见》,《人民日报》,2009 年 4 月 07 日。

医院真正成为医疗保障体系的中坚力量。另一方面,各级政府还需要创新医疗资源的投入方式。强化医疗资源投入力度,关键在于提高医疗资源投入的效率。在这个问题上,各级政府可以利用多种政策工具,建立健全政府主导的医疗卫生多元筹资机制,更好地满足医疗卫生事业发展的需要。而且各级政府需要进一步完善非营利性和营利性医院的分类管理办法,在强化政府责任的同时,注重发挥市场机制作用,激发社会资本投资医疗卫生事业的积极性。

三、提高基础医疗资源均等化水平

中国的基础医疗资源均等化水平已有显著提升。有学者以 1997—2012 年中国 342 个地级单元基础医疗卫生资源供给水平为基础,研究基础医疗卫生资源供给水平空间格局与区域经济空间格局的差异。研究表明:中国基础医疗卫生资源供给水平区域总体差异较大,但近年来呈现波动缩小的趋势;相对于区域经济发展差距的扩大,中国基础医疗卫生资源供给水平的差距已经开始缩小。[①]2016 年 1 月 3 日,国务院下发《关于整合城乡居民基本医疗保险制度的意见》,要求整合城镇居民基本医疗保险和新型农村合作医疗两项制度,建立统一的城乡居民基本医疗保险制度,并提出了"六统一"的标准:"统一覆盖范围,统一筹资政策,统一保障待遇,统一医保目录,统一定点管理,统一基金管理。"[②]但不容否认的基本事实是,当前中国的基础医疗资源在不同区域、不同群体之间还存在较大的不均衡状态,这在很大程度上加剧了社会不平等现象。在这种情况下,实现基础医疗资源的均等化就成为解决社会不平等现象的重要途径。

首先,基础医疗资源需要实现不同区域之间的均等化。在当前的基础医疗

---

① 郑文升、蒋华雄、艾红如等:《中国基础医疗卫生资源供给水平的区域差异》,《地理研究》,2015 年第 11 期。

② 国务院:《关于整合城乡居民基本医疗保险制度的意见》(国发〔2016〕3 号),2016 年 1 月 3 日,中央人民政府网,http://www.gov.cn/zhengce/content/2016-01/12/content_10582.htm。

资源分布格局下,中国医疗卫生优质资源主要集中在东部省份,综合实力强的大医院主要集中在北上广深等一线大城市。为解决这个问题,一方面需要向中西部地区投入更多的基础医疗资源,补齐中西部地区的基础医疗资源短板。在这个问题上,就需要通过国家层面的资源调配,为中西部地区的基础医疗发展提供更多的财政资金。另一方面,也可以采取一些更先进的技术手段,让中西部地区的患者同样能够享受到大医院的优质医疗资源。例如可以采取结对帮扶的方式,让东部沿海城市的大医院和中西部地区的医疗机构之间建立一对一、一对多的帮扶关系,提供医疗器械的援助,派遣专业医疗队伍,帮助中西部地区的医疗机构提高基础医疗资源水平。同时,也可以凭借现代通信技术的发展,采取远程治疗的方式,由东部地区大医院的专家大夫为中西部地区的医疗提供远程指导,为中西部地区的患者提供更优质的医疗卫生服务。

其次,基础医疗资源需要实现纵向层级之间的均等化。"强基层"一直是中国医改的主旋律,在这个问题上,需要重点探索以县级医院为龙头,以乡镇卫生院为枢纽,以村卫生机构为基础的县乡村"一体化"管理格局,形成县、乡、村三级医疗卫生机构分工合作运行机制,力争实现"小病不出村""慢性病不出镇""大病不出县"的基本医疗保障发展目标。[1]同时,各级政府需要注重将医疗资源下沉和精准扶贫工作结合起来,在农村地区进一步加大健康扶贫投入力度,采取有效措施提升农村贫困人口医疗保障水平和贫困地区医疗卫生服务能力,切实防止出现因病致贫、因病返贫的现象。在制度上,需要统筹基本医疗保险、医疗救助和大病保险等保障措施,减轻农村贫困人口的医疗费用负担。在具体的疾病预防和治疗方式上,要注重对慢性病、突发病的预防,最大程度避免出现"小病拖大"现象的发生。

最后,基础医疗资源需要实现不同群体之间的均等化。自20世纪50年代以来,我国逐步建立起城镇职工基本医疗保险、新型农村合作医疗保险、城镇居

---

[1]　李红霞、陆悦:《健康中国视角下财政转移支付对医疗卫生基本公共服务均等化的效应研究》,《首都经济贸易大学学报》,2020年第3期。

民基本医疗保险三大制度,2016年城镇居民基本医疗保险和新型农村合作医疗两项制度合并为城乡居民基本医疗保险制度。但按照相关学者的研究,这只是实现不同群体之间医疗均等化的第一步,除此之外,城镇职工基本医疗保险和城乡居民基本医疗保险制度之间依然存在制度区分。在这种情况下,不同群体之间的均等化还需要完成第二步,以弥合制度差异为目标,整合城乡基本医保与城镇职工基本医保。在前两步的基础上,再进行第三步,以实现卫生正义为依归,构建"全民基本医疗保险+补充医疗保险"[①]。

第三节 通过老年服务多元供给促进代际平等

所谓代际平等,是人人平等这一伦理原则在代际层面的延伸。这个原则主要包含两个维度,一是后代人的平等。当代人在追求和实现生存、自由、平等、幸福等权利时,不应当减少和损害后代人追求和实现这些基本权利的机会。二是前代人的平等。当代人在享受美好生活的同时,需要感念从前代人那里继承的文化和物质遗产,报答先辈和父母的恩惠,使人类的代际义务链条能够得以延续。在当前社会,很多人都关注到了后代人的平等,但随着现代化进程的不断加快以及人口老龄化的不断推进,前代人的平等变得日益重要,关爱老年人、为老年人提供必要的公共服务,成为实现代际平等的重要内容。

一、代际平等视角下的老年服务

按照学者的观点,"代际平等理念对于代际公正的要求是,每一代人都应当具有最为基本的生存底线,每一代人都应当拥有最为基本的权利"[②]。随着社会

---

① 柏雪:《卫生正义的思考:推进我国全民基本医疗保险制度改革研究》,苏州大学博士学位论文,2015年。

② 吴忠民:《论代际公正》,《江苏社会科学》,2001年第3期。

不平等现象的不断复杂化,代际之间的不平等已成为当代社会不平等现象的重要维度,提升老年服务水平也已成为一项非常紧迫的任务。

老年人的生活来源主要有工作时期的存款、退休后的养老金和子女的转移支付三类。我国的老年人社会福利制度建立还处于起始阶段,被纳入到养老系统、退休后领取养老金的老人数量有限,家庭赡养仍是主要养老方式。对于没有社会保障、"失独"的老年人而言,更易陷入贫困。在这种情况下,提供充足的老年服务,就不仅仅是为了弘扬中华民族尊老敬老的传统美德,也是新时期应对老龄化社会发展变化,实现代际平等的重要体现。

所谓老年服务,即是针对老年人的需求提供的公共服务和私人服务。通常认为,老年人的需要包括三个方面:资金保障、生活照料和亲情慰藉。[1]与之相对应,老年服务主要就包含上述三种类型。这三种服务均带有公共性和私人性相交叠的性质,既需要政府提高支持力度,也需要社会、家庭共同完成。

首先是资金保障。至 2017 年末,全国参加基本养老保险人数为 10.0882 亿人,其中参加城镇职工基本养老保险人数为 4.5638 亿人,参加城乡居民基本养老保险人数为 5.5244 亿人。[2]尽管覆盖率较高,但养老保险的人均资金量还比较低。以城乡居民基本养老保险数据为例,按照人力资源社会保障部、财政部颁发《关于建立城乡居民基本养老保险待遇确定和基础养老金正常调整机制的指导意见》,自 2018 年 1 月 1 日起,全国城乡居民基本养老保险基础养老金最低标准提高至每人每月 88 元,即在原每人每月 70 元的基础上增加 18 元。提高标准所需资金,中央财政对中西部地区给予全额补助,对东部地区给予 50%的补助。[3]也就是说,城乡居民基本养老保险基础养老金不足百元,显然并不能覆盖老年

---

① 黄黎若莲、张时飞、唐钧:《中国人口老龄化进程与老年服务需求》,《学习与实践》,2006 年第 12 期。

② 国家统计局:《中华人民共和国 2020 年国民经济和社会发展统计公报》,2021 年 2 月 28 日,国家统计局网,http://www.gov.cn/xinwen/2021-02/28/content_5589283.htm。

③ 人力资源和社会保障报、财政部:《关于建立城乡居民基本养老保险待遇确定和基础养老金正常调整机制的指导意见》(人社部发〔2018〕21 号)2018 年 3 月 29 日,http://www.mohrss.gov.cn/ncshbxs/NCSH-BXSzhengcewenjian/201803/t20180329_291007.html。

人的生活消费。

其次是生活照料。随着年龄增长、身体机能下降,老年人对日常生活照料的需求也在不断增加。相关数据显示,大约有 4%~10%乃至更多的老人,在日常生活的这方面或那方面"有点困难"甚至"做不了",而在 80 岁及以上的高龄老人中,这个数字可能高达 10%~50%。因此,有 7%上下的老人和 20%以上的高龄老人日常生活需要有人照料、看护。①而在当前养老模式下,财政支持或社会力量支持的养老机构要么费用过高,要么无法提供高质量的服务,加之"少子化"趋势,导致部分老年人处于家庭照料不足,政府和社会养老供给也存在短板的两难境地。

最后是亲情慰藉。特别是在"空巢老人"数量不断增加的情况下,如何让老年人享受到高质量的情感慰藉,就成为一个非常重要的问题。②当前的社会类新闻也不时报道空巢老人精神抑郁甚至轻生自杀的悲剧故事。在这个问题上,无论是政府、社会还是家庭都还有很大的提升空间。当前政府的关注点主要是在资金、设施这些硬件上,公益组织能够提供的情感服务依然有限,很多子女并没有充分认识到这个问题的重要性。这就导致一些老年人物质生活条件尚可,但亲情慰藉没有得到有效满足。

二、加大老年服务的政策支持

提供高质量的养老服务是人民群众的普遍要求。中国政府一直非常重视人口高龄化问题,并要求采取各种有利的措施解决养老问题,提供充足的老年服务,确保老年人能享受高品质生活。按照《"十三五"国家老龄事业发展和养老体

---

① 中国老龄科学研究中心:《中国城乡老年人口状况一次性抽样调查数据分析》,中国标准出版社,2003 年。

② 国家卫计委:《中国家庭发展报告(2015 年)》,截至 2014 年底,60 岁以上老年人口已经达到 2.12 亿,占总人口的 15.5%,有 65 岁以上老人的家庭已超过 8800 万户,占全国家庭户的比重超过 20%。其中"空巢老人"占总数的一半。参考《截至去年底中国 60 岁以上老年人口已达 2.12 亿》,2015 年 6 月 12 日,新华网,http://www.xinhuanet.com/politics/2015-06/12/c_127906989.htm。

系建设规划》的要求,将建立居家为基础、社区为依托、机构为补充、医养相结合的养老服务体系。[①]在经济社会全面发展的目标下，这种发展格局有现实必要性，也符合传统的养老观念。但这并不意味着政府就无需承担老年服务的供给责任,恰好相反,在老年服务领域,政府需要加大政策支持力度,在养老保险、养老服务机构建设等方面提供充足的财政支持,在老年服务工作人员培养方面投入更大的资源,最终建立起政府和市场作用充分发挥的制度体系。

首先是在城乡基本养老保险的标准问题上，应该提高政府承担的比重,加大对缴费群体的补贴。《改革和完善基本养老保险制度总体方案》提出,要建立兼顾各类群体的待遇合理增长机制。但现阶段,城乡居民基本养老保险的保障水平还比较低、缴费档次及补贴不一致、基础养老金待遇不一致。为了解决这个问题,一方面,可以鼓励参保人选择较高档次缴费,提高参保质量,提高城乡居民养老保险的保障水平。另一方面,各地应该继续实行阶梯式的政府补贴机制,对缴纳养老保险的群体进行相应的财政补贴。同时,对于重度残疾人、五保户、低保户、精准扶贫未脱贫人员等缴费困难的群体,建议由地方政府全额代缴最低标准的养老保险费。通过这种方式,降低老年群体的经济负担,鼓励更多的群众选择较高档次缴纳养老保险。

其次是应加大财政投入。按照《社会养老服务体系建设规划(2011—2015年)》的要求,地方各级政府要切实履行基本公共服务职能,强化在社会养老服务体系建设中的支出责任,安排财政性专项资金,支持公益性养老服务设施建设。同时民政部本级福利彩票公益金及地方各级彩票公益金要增加资金投入,优先保障社会养老服务体系建设。而且中央也需要设立专项补助投资,依据各地经济社会发展水平、老龄人口规模等,积极支持地方社会养老服务体系发展,重点用于社区日间照料中心和老年养护机构设施建设。公办养老机构保障所需

---

① 《国务院关于印发"十三五"国家老龄事业发展和养老体系建设规划的通知》,中国政府网,http://www.gov.cn/zhengce/content/2017-03/06/content_5173930.htm。

经费,应列入财政预算并建立动态保障机制。[①]近些年,地方政府按照这个要求开展工作,已经取得了非常显著的成绩。但与此同时,地方政府还应认真履行市场监管、公共服务职能,强化对社会养老服务机构的监管,避免出现工作人员虐待、辱骂老年人的情况发生。同时要继续加大投入力度,支持公益性养老服务设施建设,保障养老服务机构有充足的运营资金,保证机构的数量和质量能够满足需求。

最后是要强化对工作人员的培训。一方面,要加强养老服务职业教育,在高等和中等职业院校有计划地增设与老年服务相关专业和课程,鼓励科研人员针对老年服务领域开展专业研究,培育出具有老年医学、老年营养、老年护理和老年心理方面专业知识的工作人员。另一方面,要开辟养老服务培训基地,加大对工作人员的职业技能培训,提高从业人员的职业道德、业务技能和服务水平。除此之外,还需要加快培育志愿者队伍,实行志愿者注册制度,形成专业人员引领志愿者的联动工作机制。通过这种综合性的措施,培养充足的老年服务工作人员,提高工作人员的业务水平和职业精神。

三、扩充老年服务的供给主体

当然,前述要求政府加大在老年服务领域的政策支持力度,并不是要求由政府独立承担老年服务的责任(在现有情况下,政府没有这个能力,而且这种方式在经济上也并没有效率),也并不一定要求完全由政府提供相关的老年服务基础设施。除了由政府直接承担老年服务的供给责任之外,还可以采取多元治理的思路,扩充老年服务的供给主体,鼓励企业、社会组织提供服务供给。通过这种多元主体共同参与的方式,既能够降低政府的财政负担,也可以形成老年服务的多元供给格局。

---

① 国务院办公厅:《社会养老服务体系建设规划(2011—2015年)》(国办发〔2011〕60号),中央人民政府网,http://www.gov.cn/gongbao/content/2012/content_2034729.htm。

　　2017 年 8 月,财政部、民政部、人社部《关于运用政府和社会资本合作模式支持养老服务业发展的实施意见》(财金〔2017〕86 号)提出,养老服务业发展的基本原则是"政府引导,市场驱动。坚持养老服务领域供给侧结构性改革方向,深入推广政府和社会资本合作科学理念,优化养老服务领域政府资金资源投入使用方向和方式,发挥引导带动作用,注重发挥市场在资源配置中的决定性作用,营造公平竞争的市场环境,鼓励各类市场主体参与养老服务 PPP 项目,充分调动社会资本特别是民间资本的积极性,逐步使社会力量成为养老服务领域的主体"①。这一原则基本上框定了老年服务领域中政府和市场之间的关系。

　　与此同时,在老年服务领域,还需要发挥社会力量。在这方面,一些公益组织进行了非常有价值的探索。例如中国红十字会事业发展中心为满足养老需求,在 2011 年就制定了《曜阳养老事业发展纲要》,开始兴办曜阳托老所。该托老所主要面向城市地区低收入家庭,着力解决居家养老有困难但又无条件到机构养老的老年人养老问题。在制度架构上,托老所主要以社区为依托,为空巢老人、独居老人和子女无力照看老人特别是失能老人提供日间照料、医疗保健、文

---

　　① 该《意见》还提出了其他原则,"厘清边界,支持基础。针对养老服务的不同类型,坚持公共服务属性,合理界定政府和社会资本合作提供的养老服务边界,优先支持保障型基本养老和改善型中端养老服务发展,促进资源合理优化配置,加大投入力度,探索形成符合当前国情的养老服务供给模式,保障面向老年人的基础性养老服务供给。强化监督,提质增效。完善运营监督机制,强化绩效评价和项目监管,推动养老服务行业标准化建设,严格执行财政 PPP 工作制度规范体系,促进养老服务业规范发展。坚持问题导向,强化薄弱环节,通过机制创新增加养老服务供给,提升养老服务水平,增进老年人福祉"。这两个原则和"政府引导,市场驱动"相一致,都是强调政府和市场之间的有效互动关系。2017 年 8 月 14 日,中央人民政府网站,网址:http://www.gov.cn/xinwen/2017-08/21/content_5219295.htm。

化娱乐、心理慰藉等服务。①中国红十字会的这种做法已成为社会组织参与老年服务的典范，受到入住老人的欢迎和社会好评，也为其他地区提供了参考借鉴。

上面这些中央层面的政策文件和地方层面的实践案例，为扩充老年服务供给主体提供了很好的参考。一方面，地方政府可以尝试将现有公办养老机构交由具有专业管理能力的社会资本方运营管理。另一方面，也需要强化社区互助养老体系的建设。政府可以和社会资本方面进行合作，在城乡社区内建设运营一些社区老年综合服务中心、居家养老服务网点、老年人文体活动室，或者由社区组织提供老年供餐服务、日间照料服务，开展各种形式的社区娱乐活动，丰富老年人的精神文化生活。在农村地区，形成"政府＋村社""政府＋乡村精英＋家庭""政府＋市场""合作社＋家庭"等一些具有地方特色的养老模式。②与此同

---

① 目前，借助政府购买服务、有关部门帮扶、爱心企业捐赠、志愿团队服务等方式，事业发展中心已经进入正常运行的状态，其中"扬州曜阳""北京曜阳""富春江曜阳""贵阳曜阳""济南曜阳"5所老年公寓已经开始正式运营。另外，在山东莱芜和福建福州、河北邯郸等地中国红十字会开始筹建试点。通过网站信息可以获悉：①扬州曜阳国际老年公寓于2009年11月7日落成，"一期项目"包含5栋公寓楼（154户），"二期项目"总建筑面积近3.8万平方米，有336套公寓楼。该公寓得到了扬州市政府的大力支持；公寓建设资金约3.5亿余元，全部来源于社会各界爱心人士的捐助。②北京市海淀区曜阳养老服务中心建筑面积约6000平方米，总床位数130张，主要收住失能失智和社会重点保障老年人，并辐射西三旗街道，为周边老年人提供社区居家养老服务。③杭州富春江曜阳国际老年公寓地处杭州富阳市黄公望隐居地黄公望村，占地100亩，公寓总建筑面积57349.3平方米，总投资近3亿元人民币。该项目得到了浙江省、杭州市、富阳市各级政府的关心和支持，项目一期已完成3栋高品质公寓楼和1栋会所、康复综合楼，计15395平方米。二期41954.3平方米的自理型公寓正在筹建中。④贵阳曜阳国际老年公寓现已建成面积16000平方米，床位266张，预计二期建设57000平方米，新增床位1000张。⑤济南曜阳国际老年公寓建筑面积5600多平方米，不同类型的床位100多张。自2014年成立以来，公寓良性运行，已经形成了以医养融合和人文关怀为主要特色的济南曜阳养老服务体系。参考：扬州曜阳国际老年公寓网站介绍，网址：https://www.yaoyangchina.com/index.php?m=content&c=index&a=lists&catid=34；北京曜阳国际老年公寓网站介绍，网址：http://www.bjhdyaoyang.com/?m=about；富春江曜阳国际老年公寓网站介绍，网址：http://www.fcjyaoyang.com/cn/single/menu_40.htm?menuid=40；贵阳曜阳国际老年公寓网站介绍，网址：http://www.gyyaoyang.com/obsite/mdabtmelm/gongsijianjie?id=67&pid=51；济南曜阳国际老年公寓网站介绍，网址：http://www.jnyaoyang.com/introduce/index.html。

② 李俏、李久维：《回归自主与放权社会：中国农村养老治理实践》，《中国农业大学学报》（社会科学版），2016年第3期。

时，还可以推进"医养健"融合发展。以老年服务为中心，附加医疗保健、体育锻炼、文化教育、休闲娱乐为一体的"养老＋"服务综合新业态。除此之外，对于采取家庭养老模式的家庭，地方政府、社区组织以及公益性的非政府组织还可以为子女提供紧急救助、营养健康、老年心理疏导等方面的培训，提高子女照顾老年人的能力，使家庭养老也能够在传统模式的基础上适应现代社会的需求。

总而言之，老年服务是一项关系到全体老年人福利保障、生活品质的重要工作，无论是地方政府、社区组织和公益组织，都需要在强化自身职能的同时，明确分工。在这个问题上，地方政府主要承担资金投入、规范执行和监督检查方面的功能，社区组织主要承担硬件投入、引领示范、技能培训、宣传教育方面的功能，公益性的非政府组织则可以开展一些亲情服务、情感服务、文化娱乐服务这些更加软性的工作。只有通过这种多元主体共同参与的方式，才能真正丰富老年服务的供给主体，丰富老年服务的供给类型，让老年人同样享受发展红利，在代际问题上实现更加平等的社会状态。

第四节　通过妇婴福利保障促进性别平等

20 世纪 80 年代以来，中国的公共政策在很大程度上促进了性别平等，提高了婴幼儿生活水平。但与此同时，社会不平等现象依然在妇女儿童当中有所体现，女性在教育、就业、社会保障、政治参与等方面依然面临着一些不利处境，婴幼儿的福利保障措施依然存在很大的短板。通过妇婴福利保障促进性别平等，是被普遍认可的重要一环，也是最具可行性的措施。在这个问题上，主要存在个体层面的妇女福利保障、社会层面的妇女福利保障和再生产层面的婴幼儿福利保障三个维度。

一、个体层面的妇女福利保障

相对于男性而言,妇女的确面临了一些生理上的不利因素,特别是在经期、孕产期、哺乳期、更年期阶段(即通常所说的"四期")。因此,她们更需要获得一些特殊的福利保障,例如"四期"保护措施。这种个体层面的福利保障并不是对妇女的歧视,而是在平等价值理念下,实现性别平等的重要措施。

新中国成立以来,在妇女权益保障方面,我国已经有了长足发展,也进行了相应的制度建设,①但不容否认的是,在实践中,部分女性劳动者并没有享受到本应该享受的法定权益。例如2012年,武汉市武昌区妇联针对妇女劳动权益开展的问卷调查显示,仍有11.1%的女职工没有享受法定产假待遇;产假期间不发放工资或生育津贴的占9.9%;怀孕期间仍要加班的占8.8%,怀孕7个月以上未安排一定休息时间的占8.2%;没有安排哺乳时间的占7%;21.2%的女职工表示企业不能按月发放卫生费,28.3%的女职工对企业发放卫生费情况并不清楚。特别是一些非公企业经营管理者甚至将女职工的特殊保护问题视为包袱,使得"四期"保护没有完全得到落实。②因此,加大妇女个体层面的福利保障,就成为一项非常紧迫的任务。

首先,要强化制度建设。地方政府需要在国务院《女职工劳动保护特别规定》的基础上结合地方实际情况,对具体规定进一步细化,特别是要明确政府、企业、个人在妇女个体权益保障方面的分工定位。除此之外,地方政府还需要出台相应的配套政策,特别是对雇用女性职工较多的非公企业进行相应财政补

---

① 1988年6月28日,《女职工劳动保护规定》由国务院第十一次常务会议通过,1988年7月21日时任总理李鹏发布中华人民共和国国务院令(第9号),规定自1988年9月1日起施行。2012年4月28日,《女职工劳动保护特别规定》发布,明确了女职工禁忌从事的劳动范围,《女职工劳动保护规定》同时废止。《女职工劳动保护特别规定》第一条即明确指出"为了减少和解决女职工在劳动中因生理特点造成的特殊困难,保护女职工健康,制定本规定"。

② 强洪:《部分非公企业视女职工"四期"保护为包袱》,《中国妇女报》,2012年9月12日。

贴,由政府、企业、个人共同承担这部分支出。通过这种方式,既能够使这些企业不因实施《女职工劳动保护特别规定》而大量增加企业经营成本,保证企业间的公平竞争,也能够从更加长远的角度平衡政府、企业和个人的负担,避免出现企业不愿意雇用女性职工的现象,最终达到保障女性职工权益的目的。

其次,要发挥组织功能。一方面,工会和妇联组织要继续发挥"娘家人""代言人"的作用,健全劳动调解、仲裁、诉讼维权机制,同时还要进一步完善政府、企业和女工代表之间的协商沟通机制,特别是女性职工权益保障、"四期"保护等方面,要采取有利措施,有效维护女职工合法权益。另一方面,工会和妇联组织还要督促地方政府和企业根据女职工需要,建立相应的福利保障措施,例如女职工卫生室、孕妇休息室、哺乳室等设施,妥善解决女职工在生理卫生、哺乳方面的困难。还可以鼓励女性职工建立或参加社会组织,由这些社会组织分担部分女性职工权益保障的工作,以形成更加全面的女性职工权益保障组织体系。

最后,要强化问题监督。对于妇女个体层面的福利保障,人力资源与社会保障部门、安全生产监督管理部门要按照《女职工劳动保护特别规定》的要求,积极主动地承担责任,加强对女职工劳动保护的检查监督力度,敦促企业守法,规范用工行为,纠正和查处违法行为。对于在妇女特殊权益保障方面工作不到位,设施不健全的,要予以相应的处罚。同时,地方政府和工会、妇联组织还需要加强对妇女的普法宣传和文化素质教育,向广大妇女同志宣传基本的社会保障知识、法律法规知识和相应的文化素养知识,增强她们的法治意识和综合素质,提高她们维护自身合法权益的能力。

二、社会层面的妇女福利保障

所谓社会层面的妇女福利保障主要是指妇女在社会发展层面需要享受的福利保障措施。其中包括就业、教育、医疗等多个方面的内容。按照社会性别理论研究(gender study)的观点,就业问题影响到了妇女的经济收入和社会地位,因此具有非常重要的影响。具体而言,就业方面的福利保障主要包含了求职机会平等、同工同酬和晋升机会平等三个方面的内容。①

在这个问题上,中国社会已经有了明显进步。2018 年,相关部门统计数据显示,女性就业人员占全社会就业人员的比重为 43.7%,比 2017 年提高 0.2 个百分点;在经济管理方面,企业董事会中女职工董事占职工董事的比重为 39.9%,企业监事会中女职工监事占职工监事的比重为 41.9%, 与 2010 年相比分别提高 7.2 个和 6.7 个百分点。②这反映了妇女在就业方面的显著成绩,的确撑起了"半边天"。但也应该看到,妇女在求职、工作、就业权益维护等方面,依然还面临各种不平等的现象,依然需要采取各种措施,加强妇女在就业方面的福利保障。

职位招聘环节,要明确"机会平等"的招聘原则。在当下就业市场当中,经常会出现"仅限男性""男性优先"的招聘公告,这严重妨碍了女性劳动者的就业权益。2019 年 2 月,人力资源社会保障部、教育部等九部门下发《关于进一步规范招聘行为促进妇女就业的通知》,明确禁止就业性别歧视行为,对人力资源社会保障部门、教育部门、工会组织和妇联组织等部门,提出了具体的工作要求,并在联合约谈机制和司法救济机制等方面提出了具体规范。③这为妇女就业权益保障提供了非常好的指导。在这种指导下,地方各有关部门就应该严格按照《通知》要求,加强对就业市场中存在的性别歧视进行监管和整顿,以此来实现求职

---

① 当然,除就业之外,社会层面的福利保障还包含了教育、医疗等多个方面。在本小节当中,重点讨论就业问题,其他领域的妇女福利保障在本章其他部分有所体现。

② 王俊岭:《中国女性就业者占比超四成》,《人民日报·海外版》,2019 年 12 月 11 日。

③ 具体条款内容为:"各类用人单位、人力资源服务机构在拟定招聘计划、发布招聘信息、招用人员过程中,不得限定性别(国家规定的女职工禁忌劳动范围等情况除外)或性别优先,不得以性别为由限制妇女求职就业、拒绝录用妇女,不得询问妇女婚育情况,不得将妊娠测试作为入职体检项目,不得将限制生育作为录用条件,不得差别化地提高对妇女的录用标准。国有企事业单位、公共就业人才服务机构及各部门所属人力资源服务机构要带头遵法守法,坚决禁止就业性别歧视行为。"参考人力资源社会保障部、教育部等九部门:《关于进一步规范招聘行为促进妇女就业的通知》,2019 年 2 月 21 日,人力资源和社会保障部网站,网址:http://www.mohrss.gov.cn/SYrlzyhshbzb/jiuye/zcwj/201902/t20190221_310707.html。

过程中的性别平等。

同工同酬方面,要特别强调对妇女劳动者能够享受和男性工作者平等的工资待遇。同工同酬是每一个劳动者都应该享受的权利,是平等权在社会层面的应有内涵。《妇女权益保障法》第二十四条明确规定,"实行男女同工同酬。妇女在享受福利待遇方面享有与男子平等的权利"。因此在这个问题上,任何企事业单位、机关、团体的任何岗位的男女职工,都应该享有同工同酬的权利,用人单位也不得因女职工怀孕、生育、哺乳而降低其基本工资。对于同工不同酬的现象,特别是性别不平等的现象,当事人有权利向妇女组织投诉,向单位主管部门或劳动部门申诉,向仲裁机构申请仲裁,向人民法院起诉。

在职级晋升中,要强调同等的晋升机会。根据 2019 年智联招聘发布的《2019 中国职场女性现状调查报告》显示,在北上深广等大中城市,从不同职级的性别分布而言,随着职位的提升,男性和女性的差距逐渐拉大,领导层的女性比例骤然减少。在高层管理人员中,男性比例高达 81.3%,女性为 18.7%。[①]这反映出,在职业发展过程中,女性的职业晋升之路依然存在严峻的"天花板现象",面临着晋升方面的制度障碍。这个问题的解决,既需要政府承担责任,为女性劳动者提供更充足的技能培训,使其具备承担更高职务的能力,同时女性劳动者自身也需要锐意进取,增强工作能力和信心,勇于追求更高的工作标准,承担更多的工作责任。唯有如此,才能在社会层面,实现真正的性别平等。

三、再生产层面的婴幼儿福利保障

所谓"再生产"主要是指人的再生产。对妇女而言,人的再生产包含了孕育、生产、照料、教育等多个不同的环节。按照马克思主义妇女解放理论,社会大生产为妇女解放提供了生产力基础,再生产的社会化则是实现妇女解放的社会必

---

① 关于中国职场女性现状的具体情况,参考:《2019 中国女性职场现状调查报告发布》,2019 年 3 月 17 日,光明网,http://economy.gmw.cn/xinxi/2019-03/07/content_32614227.htm。

要性条件。①这一点在当前社会也有非常明显的体现,很多职场女性都面临工作和家庭之间的矛盾关系,很多婴幼儿也都面临无人照料的窘境。从这个方面讲,提供必要的婴幼儿福利保障(特别是针对婴幼儿的托幼工作),就不仅仅对婴幼儿有重要意义,对实现性别平等也有非常重要的价值。

经过近几年的发展,学前教育阶段的儿童福利保障已经有了一定程度的发展。按照统计局的数据,2018 年全国财政性教育经费中学前教育经费占比达4.8%,比 2017 年提高 0.2 个百分点。全国共有幼儿园专任教师 258.1 万人,学前教育(包括幼儿园和附设幼儿班)在园幼儿 4656.4 万人,分别比 2017 年增长6.1%和 1.2%。全国学前教育毛入园率为 81.7%,比 2017 年提高 2.1 个百分点。②按照这个发展趋势,到 2015—2030 年前后,中国基本上就能实现学前教育全覆盖。但现在的问题是,学前教育一般只招收 3—6 岁的儿童,对于 1—3 岁婴幼儿的照料问题,当前的福利保障机构还存在很大的欠缺。③但恰恰是这一点,在很大程度上构成了女性参加工作的重大障碍。很多女性劳动者不得不在照料婴幼儿和参加工作之间进行取舍,或者为了照料婴幼儿而辞去工作,或者因为照料婴幼儿而无法全身心投入工作,失去了培训、交流、晋升的可能。更为严峻的是,越是经济条件差的女性越是有可能生育更多的子女,也越是缺少必要的经济条件雇用家政工作人员帮助照料婴幼儿,很容易陷入恶性循环。

当然,正如老年服务一样,在婴幼儿照料这个问题上,同样也无法完全依靠政府的力量来解决,而是需要采取多元治理的思路,按照"政府引导、家庭为主、

---

① 是否关注再生产问题在妇女解放中的作用,这一点也被看作是社会主义女权理论和自由主义女权理论之间非常重要的区别之一。参考沃格尔:《马克思主义与女性受压迫:趋向统一的理论》,高等教育出版社,2009 年;宋少鹏:《资本主义、社会主义与妇女》,《开放时代》,2012 年第 12 期。

② 王俊岭:《中国女性就业者占比超四成》,《人民日报·海外版》,2019 年 12 月 11 日。

③ 依据武汉市 3 岁以下婴幼儿父母和照护机构的问卷调查分析,发现家庭照护占绝对大的比例,为90.66%,只有 9.34%的婴幼儿由机构照护。祖辈是婴幼儿家庭照护的主力军。在所有样本中,3 岁以下孩子主要由其祖辈照护,占比达 48.17%。婴幼儿主要由母亲照顾,占比为 47.74%;主要由父亲照顾,占比为1.40%,两类总占比为 49.14%,略高于祖辈照护比例。由保姆以及其他人照顾的婴幼儿占比为 2.69%。参见石智雷、刘思辰:《大城市 3 岁以下婴幼儿照护方式及机构照护需求研究》,《人口学刊》,2020 年第 5 期。

多方参与"的原则建设托幼服务体系。

首先,需要加强公共的力量。一方面,加大地方政府对托幼机构的投资力度,按照辖区人口数量、适龄婴幼儿数量,建立模范性的托幼机构,既招收一定数量的婴幼儿,也可以为其他的托幼机构提供引领示范作用。同时,地方政府还可以积极推进托幼一体化,鼓励有条件的公办幼儿园开办托幼班,扩大托幼机构招收的婴幼儿数量。另一方面,还可以充分发挥传统"单位制""街居制"的历史资源,支持和鼓励用人单位在工作场所为职工提供福利性幼儿照护服务,支持和鼓励街道、居委会在社区内建立服务周边居民的幼儿照料中心。对于这些单位制托幼机构、街道托幼机构,地方政府教育行政部门、卫生行政部门可以提供一定的政策支持、业务指导,以提高托幼机构的水平。

其次,需要强化市场和社会的力量。2019 年 3 月,国务院办公厅《关于促进 3 岁以下婴幼儿照护服务发展的指导意见》提出,"充分发挥市场在资源配置中的决定性作用,梳理社会力量进入的堵点和难点,采取多种方式鼓励和支持社会力量举办婴幼儿照护服务机构。鼓励地方政府通过采取提供场地、减免租金等政策措施,加大对社会力量开展婴幼儿照护服务、用人单位内设婴幼儿照护服务机构的支持力度"[①]。这为强化市场和社会力量提供了很好的政策引导。在这种情况下,地方政府就应该强化对市场和社会力量的鼓励、支持和监督,在用地、税收、人员培训、业务指导等方面提供必要的帮助,保证市场主体和社会组织建立的婴幼儿托幼机构能够良善运行。

此外,卫生行政部门、妇幼保健部门还需要切实履行职责,为婴幼儿家庭开展生长发育、预防接种、膳食营养、疾病防控等方面的服务,以此为婴幼儿提供更优质的公共服务,减轻家长(特别是参加社会劳动的母亲)的照料负担,进而在性别维度上实现更具实质意义的平等。

---

① 《关于促进 3 岁以下婴幼儿照护服务发展的指导意见》(国办发〔2019〕15 号),中央人民政府网站,网址:http://www.gov.cn/zhengce/content/2019-05/09/content_5389983.htm。

第五节　平等目标与积极政府

从政治哲学的角度讲,平等是复数概念,存在不同维度的平等。哪些维度应该纳入平等的考虑范围之内,也成为不同政治思想的分歧所在。同样,现实生活中也存在多重维度的不平等,哪些不平等的现象可以被接受,哪些不平等的现象不可容忍,政府应该采取哪些有效措施弥合不平等,也构成了不同国家政府治理的不同方向。即使在平等的政治哲学层面存在各种各样的分歧与正义,但通过公共服务,在城乡和区域、阶层、年龄、性别之间实现平等,应该是最具公约数的"重叠共识",也应该是社会主义国家制度优势的重要体现。

一、多重维度的不平等与治理措施

如前所述,平等存在多重维度,不平等也存在多重体现。透过纷繁复杂的社会现象,当前中国社会中的不平等主要体现在四重维度上。一是空间维度,主要表现为城乡和区域之间的发展不平等,而且这种不平等在基础设施方面有非常显著的体现,城市居民、东部地区居民相对于农村居民、中西部地区居民享受了更优越的基础设施条件。二是阶层维度,主要表现为不同阶层的不平等,这一点在医疗保障水平上有非常明显的体现,低收入群体(特别是农村地区低收入群体)在医疗保障方面面临更加不利的局面。三是时间维度,主要表现为不同年龄群体之间的代际不平等,在这一点上养老问题构成了最直观的体现,老年人并没有充分享受到发展红利。四是自然维度,男女之间的性别不平等,主要表现为女性在家庭和工作之间面临更多的矛盾,导致女性在经济社会发展中面临更多的障碍。

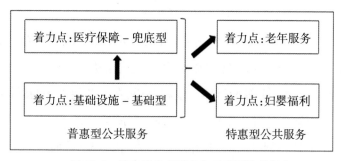

图 10.1　普患型公共服务与特惠型公共服务

与之相对应,以服务促进平等的着力点也应该包含四个方面:①以完善基础设施为抓手,促进城乡和区域协调发展,保证城乡居民、东中西不同地区的居民能够享受平等的基础设施。②建立完备的、均等化的医疗保障体系,以此来改善低收入群体的医疗健康水平,进而提升公民素质,促进社会有序流动。③完善老年服务设施,让老年人享受改革开放带来的发展红利,在代际问题上达到更加平等的社会状态。④提供充分的妇婴福利,解决女性在家庭和工作之间的困难处境,以促进性别平等。

上述四重维度的政府治理措施,有其各自的特殊性。完善基础设施和提高医疗保障水平属于普惠型公共服务,所有群体都可以从中获益。其中基础设施是基础型的公共服务,解决的是城乡和区域不平等问题,能够为农村地区和中西部地区提供发展的可能性;医疗保障属于兜底型的公共服务,解决的是阶层不平等问题,对低收入群体的社会流动具有更为显著的作用。老年服务和妇婴福利属于特惠型的公共服务,主要针对老年人、妇女和婴幼儿等特定的弱势群体,其中老年服务主要解决代际不平等,妇婴福利主要解决性别不平等。上述各种类型的公共服务,共同构成了中国政府解决社会不平等问题的组成部分。

二、平等治理中的"积极政府"

作为社会主义国家,民众对政府在平等治理中的积极作用一直存在较高的期待。如前所述,治理视域下以服务促平等的各个具体路径,都需要"积极政府"在其中发挥作用。其中"积极"主要是指政府在社会治理领域当中需要采取积极的措施来解决社会问题。例如采取积极有为的措施解决社会中存在的不平等现象,最大程度地实现社会平等的目标。也就是说,在服务促平等的目标诉求下,政府职能的转变应该将外部压力转变为一种内部需求。①

从概念类型上讲,"积极政府"是相对于西方"消极政府"而言的。在中国政治语境中,"积极政府"的概念与"有为政府"的概念相类似。多数发展中国家在制定发展与转型政策时往往倾向于照搬西方主流的经济学理论(特别是新自由主义经济学理论),未能处理好政府与市场的关系,因此不能摆脱低收入或中等收入陷阱。改革开放以来,中国道路的重要特色是,在经济发展中既发挥"有效市场"的作用,也发挥"有为政府"的作用,同时用好"看不见的手"和"看得见的手",形成市场作用和政府作用有机统一、相互补充、相互促进的格局。

之后,强调政府积极有为这一理念逐渐应用到社会治理领域,出现了"积极政府"的概念,例如"基于中国场景的积极政府"这一重要提法。这是中国发展的优势,只不过这一优势曾经为近代西方主流价值,也为历史上伴随积极政府产生的负效应所遮蔽,甚至被扭曲。在当前社会,需要基于中国的事实场景,重新理解"积极政府"在历史进程中所扮演的积极角色和相伴随的消极效应。从中国历史发展和改革开放实践看,一个积极有为的政府是必要的。因此,在推进国家治理现代化进程中,要给积极政府以合理的角色定位,建设一个有合理边界、高效廉洁、能激发和调动全体民众积极性的"积极政府"②。

在中国平等治理过程中,也需要强调积极政府的作用。从前面的论述中也可以看出,无论是在基础设施、医疗保障这种普惠型的公共服务方面,还是在老年服务、妇婴福利建设等特惠型的公共服务方面,都需要地方政府发挥积极有为的作用,完善相关的规章制度,使这些公共服务建设有章可循;提供充足的财

---

① 陆道平:《城乡公共服务均等化与基层政府职能建设》,社会科学文献出版社,2017年。

② 参见徐勇:《基于中国场景的"积极政府"》,《党政研究》,2019年第1期。

政资金,使这些公共服务设施能够快速地兴建;加强对群众的宣传教育,提高人民群众的权利意识;强化对市场主体、社会组织的日常监管,使这些公共服务设施能够有效地运行。在这些环节中都能看到积极政府的影子。从这个角度讲,积极政府既是实现平等治理的重要条件,也是当前中国社会治理的优势所在。

三、积极政府与多元治理

当然,治理的本意即是要求多元主体共同参与社会问题的解决过程。同样,在平等治理中强调积极政府,并不是要求由政府完全承担责任,这既不符合治理理论的基本原则,也不具备现实可能性。如果只是要求政府承担责任,甚至还会引发一系列的负面后果。基于这种考虑,在以服务促平等的环节中,就需要沿着"新治理观"[①]的思路,采取多元治理的方式,在发挥积极政府功能的同时,强调政府和多元主体之间的合作,共同完成社会平等的治理目标。

首先,多元治理表现为治理主体的多元化。在当前中国的具体语境中,执政党、政府、社会组织、企业、公众是较为常见和被普遍接受的共治主体。在不同的治理领域当中,不同主体发挥的作用可能存在一定的差异。在基础设施、医疗保障方面,可能需要政府承担更多的职责,既需要进行制度建设、资金投入,还需要主导后续的维护、服务。而在老年服务、妇婴福利这些领域当中,可能就需要市场主体、社会组织发挥更大的作用,政府在其中主要承担制度建设、示范引领、监督检查的功能。这种有分工、有侧重的治理方式是在"政府职能转型"背景下的宏观趋势,既能够降低各级政府的工作压力和财政负担,也有利于发挥市场主体、社会组织的积极性,而且还有利于向人民群众提供更具针对性、有效性、特殊性的公共服务。

其次,多元治理还表现为治理方式的多元化。在实现以服务促平等的过程

---

① 朱光磊:《全面深化改革进程中的中国新治理观》,《中国社会科学》,2017 年第 4 期。

中,政府直接主导公共服务建设可能是一种可行的方式,政府可以直接掌控公共服务机构的运行质量。但这种方式同样也存在运行效率低、财政压力大的弊端。除了这种政府"直接入场"的方式之外,还有其他可供选择的方式。例如前文中在基础设施建设部分已经提到的 PPP 模式(Public-Private Partnership),由政府和市场主体之间进行合作,实现双方的共赢,也包括适用范围更广的"政府购买服务""公共服务外包"的方式,把政府直接提供的一部分公共服务交由具备条件的市场主体和社会组织来承担,政府根据合同约定向其购买服务、支付费用(或者向群众支付相应的补贴)。这些新的治理方式都能够发挥市场机制的作用,在很大程度上降低政府的财政压力,提高公共服务供给的效率和质量。

最后,多元治理还强调人民群众的积极参与。在以往传统的政府管理理念中,人民群众是被管理的对象,即使是在服务型政府建设过程中,人民群众也常被看作是服务的对象。实际上,在以服务促平等的过程中,人民群众并不是被动的管理对象或服务对象,而是具有创造力的主体,他们既对公共服务有强烈的需求,对社会平等有非常高的期待,同时也有能力、有智慧提供公共服务、推进社会平等。正如在前文中提到的,在老年服务的供给方面就可以采取社区互助养老的方式,由社区、社会组织、老年人共同参与其中,形成互帮互助的社区养老模式。在这个过程中,既能降低政府的工作压力和财政负担,还能够很好地激发老年人的主体意识,使其在享受服务的同时也能实现人生新价值。

第十一章
绝对平等可能诱发的福利超载 与福利民粹主义

在治理领域,推动社会平等的主要政策手段是发展社会福利事业,提升公共服务供给的均等化程度。但是在福利刚性的作用下,社会福利事业和公共服务体系建设本身的刚性较强,弹性不足。如果不考虑经济承受能力,一味强调绝对的平等,就可能引发福利超载现象,乃至于滋生福利民粹主义。这一点,福利国家危机、欧债危机以及蔓延于拉美和泰国的福利民粹主义危机,值得总结。

第一节 警惕平等的福利化倾向

一、福利刚性的内涵

概括而言,福利刚性是指大多数人对既得的福利待遇具有只允许其上升、难以接受其下降的基本心理预期。①这就使得福利政策的制定和调整通常需要

---

① 参见赵聚军:《福利刚性、市场、区域差距与人口结构——公共服务均等化的制约因素分析》,《天津社会科学》,2012 年第 2 期。

考虑人们的心理预期，进而导致具有福利性质的公共服务具有明显的刚性特征，特别是社会保障制度缺乏弹性：一般情况下，规模只能扩大不能缩小，项目只能增加不能减少，水平只能提高不能降低。

理想状态下，一个国家的社会福利和公共服务供给水平，应与特定的经济发展水平保持一致。说到底，经济发展水平和质量是构建公共服务体系的决定性影响变量，政府财力则是根本保障。但在福利刚性作用下，公众对公共服务的需求总是普遍等于，甚至高于经济和社会发展水平，因此任何一项旨在降低已有社会福利待遇的公共政策，通常都会面临很大的社会压力，甚至是政治风险。在这种情况下，社会福利制度本身就会显得非常缺乏弹性，往往是一旦将福利水平提升到某个层次以后，就很难再根据经济形势和政府财力的变化作出向下方的调整。

然而在现实情况下，经济发展本身却带有一定的周期性。对于一个国家而言，一旦增长速度放缓或者增长质量降低，劳动者收入减少，支撑社会福利事业的基金和税收就会减少。但在福利刚性作用下，其结果往往是社会福利开支脱离国民经济发展的现实，财政不堪重负，整个国家的社会福利事业也随之陷入窘境。但即使是面临经济下行的压力，考虑到福利刚性作用下公众普遍的心理预期，各国政府在社会福利制度方面的改革通常都十分审慎，改革措施往往以不降低现有福利水平为前提。

二、福利刚性要求循序渐进地推动社会平等

在治理领域，福利刚性原则无疑对于通过推进公共服务的"底线均等化"等手段提升社会平等，具有重要的借鉴意义。基于福利刚性作用下社会福利制度的基本运行趋势，在建立和完善公共服务体系的过程中，应在制度设计上作必要的准备，以应对经济形势的变化。考虑到中国的经济增长已步入新常态阶段，更应确定公共服务的范围、内容和规模，要留有余地，以便为日后的经济发展以

及财力增长预留出必要的弹性空间。否则,一旦出现经济萧条,在福利刚性作用下,公众对公共服务的需求又很难会因为经济状况的恶化而降低,从而导致相关公共政策骑虎难下。这一点尤其值得像中国这样社会福利体系还处于构建完善阶段的新兴国家进行认真总结。

综上,"以服务促进平等"、推进公共服务的"底线均等化"是一项宏大的工程,有其内在的规律性,既要考虑"时间""空间"的协调问题,又要根据政府的实际能力和财力,审慎安排不同时期的建设内容和重点任务,尤其是要注意福利刚性作用下的社会福利政策的演化规律。关于这一点,应大致遵循"核心公共服务→基本公共服务→支持性公共服务"这一逻辑顺序,依次、渐进展开。①目前,对于推进公共服务"底线均等化"的战略任务,公众的期望值是比较高的,政府也承受了不小的压力。但即便如此,也应保持冷静的心态,量力而行,稳步、扎实地推进,尤其要注意避免政治性承诺或要求不适当地扩大化和零碎化,以至于对经济发展和政府财力的持续增长构成不必要的压力。

在具体策略方面,应本着"低水平、广覆盖"的原则,着力于完善基本公共服务体系,打造一个基本的社会安全网,提高整个社会的抗风险能力。"底线"决定了实现城乡公共服务均等化的成本低、易操作,符合各级政府当前财力的要求,"广覆盖"决定了要保证均等化的效果,避免出现服务盲区。就二者的关系来讲,"广覆盖"是基础,"底线"是保障,只有要求"底线"才有可能实现"广覆盖"。但"底线均等化""广覆盖"并非公共服务均等化的最终目标,在"底线均等化""广覆盖"的基础上,随着社会经济的发展和政府财政实力的增强,再逐步提高城乡居民享受公共服务的质量和层次。

---

① 参见朱光磊主编:《城市公共服务体系建设纲要》,中国经济出版社,2010年,第6页。

第二节　绝对平等与福利超载：
从福利国家危机到欧债危机

一、西式民主下福利超载现象的生成逻辑

在代议民主体制成为西方国家的普遍选择后，西式民主开始逐步演变为一种旨在达成政治决定而设定的决策方法，一些人可以通过争取公众的选票而获得作出决定的权力。[①]也正是在少数人争取大众选票的竞争中，西式民主的内在缺陷逐步暴露出来：民粹主义、利益集团政治和福利超载现象。对于上述体制性缺陷，目前仍没有形成完备的解决方案。

联系前文的分析，对一个国家或地区而言，理想状态下社会福利供给水平应该与其经济发展水平保持一致。特别是考虑到福利刚性制约下社会福利制度的基本运行态势，政府在制定各项福利政策的过程中，应从制度设计层面作必要的准备，以应对宏观经济形势可能出现的下行变化。然而从近年来西方国家的政治实践来看，在西式民主体制下，政府却很难从社会经济的持续健康发展出发，对福利政策作出长远和负责任的规划。尤其自二战结束以来，随着国际、国内形势渐趋稳定，公众的权利意识亦日益增强。总体来看，公众的诉求虽然五花八门，但绝大多数归结于民生问题。

此外，随着全球化进程的加快和深入，各国的社会福利政策又面临着愈发沉重的国际比照压力。在权利意识增强和国际比照压力的双重夹击下，公众对社会福利的需求普遍等于，甚至高于本国经济发展水平。而且高福利承诺长期以来已成为争夺选票的重要工具，已经对部分西方国家的社会政治力量分布和

---

① 参见［美］熊彼特：《资本主义、社会主义和民主主义》，绛枫译，商务印书馆，1979 年，第 337 页。

阶层结构产生了深刻影响，逐步培育了一批强大且高度团结的既得利益集团，形成了高福利政策的坚定支持者。[①]在这种情况下，任何试图"拆散福利国家"的改革倾向都会遭到猛烈的反击，从而保障了高福利政策的稳定性和抵抗力。[②]于是，在选票的压力下，西方各国的主要政党日渐演变为"选举俱乐部"式的掮客型政党。[③]最终，社会福利政策愈发缺乏弹性，往往是福利供给水平不断提升，却很难随着经济形势的恶化而作相应的下行调整。

实践层面，在实行西式民主体制的国家，考虑到福利刚性作用下选民普遍的心理意愿，执政集团针对福利政策及其调整通常都异常谨慎，改革措施往往以不降低现有社会福利水平为前提。但这里的问题是，当一个国家或地区的经济增长速度放慢乃至停滞以后，包括政府财政在内的社会收入均会随之减少。但在选票压力下，又很难期望那些政治掮客不考虑普遍的社会心理预期，乃至以自己的政治生命为赌注，从社会经济的长远发展出发，制定更负责任的福利政策。现实政治生活中更常见的情况是：即使面临经济衰退和财政危机，社会福利支出却背离经济发展的现实，仍然保持在高位，甚至逆势攀升，最终使得政府财政和社会福利事业双双掉入陷阱。可以说，20世纪70年代的北欧福利国家危机和21世纪初爆发的欧债危机，在很大程度上就是西式民主体制下福利超载现象集中爆发的两个典型案例。

[①] 参见[丹麦]安德森：《福利资本主义的三个世界》，郑秉文译，法律出版社，2003年，第29页。

[②] Anders Lindbom, Dismantling the Social Democratic Welfare Model? Has the Swedish Welfare State Lost Its Defining Characteristics?, *Scandinavian Political Studies*, 2001, 24(3).

[③] 所谓"掮客型政党"，主要是以政治理念在塑造政党态度与行动方面所扮演的角色对政党所作的分类。这一分类模式中，与掮客型政党对应的是使命型政党，即那些以吸引人们信奉其理念为主要目的，而非以扩大选民支持以赢得公职选举为主要目的的政党。掮客政党的目标则基本围绕如何尽可能地推出候选人，而这些候选人要尽可能地代表许多不同利益和政治理念，最终目标是赢得选举。

二、福利国家危机:西式民主下福利超载现象的首次爆发

福利国家指那些通过立法构建起比较完善的社会福利体系的国家,其政策核心是高度福利化、"从摇篮到坟墓"式的社会保障制度,以部分北欧国家为典型。从二战结束到 20 世纪 70 年代初,北欧国家迎来了经济的高速增长阶段,从而为福利政策的完善奠定了物质基础。这一时期,北欧各国奉行社会平等和普遍主义的价值理念,不断提升福利待遇水平,扩充社会福利的内容,最终形成了所谓的福利国家模式,并被标榜为"西方世界的社会试验室"。该模式以普遍主义和社会平等观念为价值核心,具有高税收和高再分配效应等基本的制度特征。①总体来看,这一时期北欧国家的高福利政策是与其经济发展水平相适应的,并且对于缓解社会矛盾、稳定社会秩序,起到了积极作用。②然而好景不长,以 20 世纪 70 年代的石油危机为拐点,北欧各国相继陷入了严重的经济衰退,进入了痛苦而漫长的经济滞涨时期。伴随着经济滞胀,北欧国家的社会福利政策纷纷陷入困境,并且给经济社会发展造成了严重后果。

首先,庞大的福利支出使得政府财政赤字攀升,出现了巨大的财政"黑洞"。在 70 年代初之前,北欧各国的经济增长基本上还可以保证社会福利水平的持续改善。然而随着石油危机的爆发,北欧各国的经济相继陷入困境。但由于福利刚性的作用使然,又不得不继续保持,甚至提高福利水平,这就使得财政面临的压力与危机愈发沉重,丹麦、瑞典、挪威等主要北欧国家的政府,都开始面临沉重的债务压力。③庞大的福利支出不仅降低了国民财富中可用于投资的比重,也降低了政府刺激经济的回旋余地。

其次,沉重的福利负担使劳动力成本水涨船高,竞争力下降。为了维持庞大

---

① 参见[丹麦]安德森:《福利资本主义的三个世界》,郑秉文译,法律出版社,2003 年,第 30~31 页。

② 参见袁群、安晓敏:《北欧福利国家的改革及对我国的启示》,《经济问题探索》,2006 年第 11 期。

③ 参见刘玉安:《北欧福利国家剖析》,山东大学出版社,1995 年,第 199 页。

的福利支出,福利国家普遍实行高额的累进税制。为了降低成本,雇主通常会尽量减少雇用人数。在就业机会减少的情况下,随之而来的就是失业保障费用的增加,于是就形成了失业保障与就业之间的恶性循环,导致失业率常年居高不下。[①]严重的失业问题不仅使原本已经非常严峻的财政问题雪上加霜,也增加了社会的不稳定因素。

再次,高福利引发了"福利依赖"情绪的滋生,产生了所谓的"福利病"。完善的社会福利制度的确为人们提供了全方位的保障,降低了各种社会风险。但是过高的失业津贴和项目繁多的社会救助也助长了部分人不劳而获或少劳多获的偷懒心理,降低了人们的工作热情。这种高福利制度下形成的依赖福利而生活的"福利病",也成为新自由主义者反对和攻击福利国家的主要借口。[②]

最后,高福利政策在一定程度上也是造成行政机构臃肿、效率低下的重要诱因。在一些北欧国家,随着社会福利的膨胀性发展,处理日常事务的工作人员随之急剧增加,处理福利事务的各级机构日益庞大。而且对制定福利政策和审核福利资格权力的控制增加了行政部门的官僚作风。由于行政机构的官僚作风和办事效率低下,其政策主张往往不能及时反映社会真正的需要,造成了限制人们消费自由的"被动福利"的产生和资源的浪费。[③]

面对上述困难,北欧国家也尝试进行了一系列的调整。然而改革的力度与深度,却是与面临的问题不对称的。在北欧国家,在选举政治和福利刚性的交互影响下,高福利承诺向来是争夺选票的有利工具,乃至于已成为北欧国家的一种重要政治文化。面对危机,虽然各界对政府的福利政策展开了猛烈的批评,然而批评归于批评,真正要深入改革社会福利制度,必然会损害部分人,甚至多数人的既得利益。在这种情况下,政府甚至会面临更加严厉的批评和政治风险。也

---

① 参见袁志刚:《失业经济学》,上海三联书店、上海人民出版社,1997年,第36~37页。

② 参见[英]吉登斯:《第三条道路:社会民主主义的复兴》,郑戈译,北京大学出版社、生活·读书·新知三联书店,2000年,第14页。

③ 参见王彩波、李艳霞:《西欧福利国家的理论演变与政策调整》,《教学与研究》,2003年第11期。

正是上述现实使得各个政党和派别都不愿冒险在福利政策改革问题上采取过激举动。例如,在瑞典长期连续执政达44年的社会民主党为应对危机,试图借助赤字预算来维持生产和就业,招致反对党和社会各界的强烈批评,最终大选失利下台。随后上台的中央党政府迫于财政压力,于1980年提出了削减福利、紧缩开支的主张,却并没有得到预想中的支持,甚至受到了较之前任更激烈的抨击,最后仓促下台。

三、欧债危机:西式民主体制下福利超载现象的新近爆发

2009年以来,受美国次贷危机和全球金融市场波动的影响,以希腊主权债务危机为导火索,部分欧洲国家先后陷入主权债务危机,由此造成市场恐慌和金融市场的恶性循环。希腊作为此次危机的肇始者,深陷债务风暴的漩涡中心,成为广受垢病的欧洲福利国家的典型代表。从时间线索来看,2009年底,希腊新一届政府在筹集失业金时发现并披露了前任政府瞒报的真实财政状况,公布其公共债务占GDP的比例由106%上调至126%,预算赤字由6.7%上调至12.7%,后来又调整为15.4%,[①]从而拉开了欧洲债务危机的序幕。

本质来看,欧债危机一定程度上是继福利国家危机之后,在福利刚性诱导下西式民主体制与社会福利政策矛盾集中爆发的又一个典型案例。作为欧债危机的重灾区,以希腊为代表的南欧诸国虽然在经济整体发展水平上一直低于法德等欧盟国家,但其社会福利水平却是一直在“努力”向上述国家看齐甚至赶超,社会保险趋于福利化。比较典型的反映,欧洲国家的养老金替代率普遍维持在60%左右,而几个危机重灾区国的养老金平均替代率则高达80%,希腊更是高达95.7%。[②]希腊、西班牙等南欧国家之所以持续地积极推动社会福利水平提

---

① Nelson M. Rebecca, Paul Belkin and Derek E. Mix, Greece's Debt Crisis: Overview, Policy Reponses and Implications, *CRS Report for Congress*, *Congressional Research Service*, 2011(18).

② 鲁全:《欧债危机是社会保障制度导致的吗?——基于福利模式与福利增长的动因分析》,《中国人民大学学报》,2012年第3期。

高,主要原因表现在两方面:一方面,二战结束后,欧洲大陆局势总体趋于稳定,公共政策日益聚焦于民生问题,公众普遍对社会福利有较高的要求和预期。另一方面,随着欧洲一体化进程的推进,西欧和北欧国家较高的社会福利水平对南欧国家造成了实实在在的比照压力,迫使南欧各国纷纷提升福利水平。在这种形势下,受制于选票压力,执政集团从范围和力度两个方面不断提高福利水平,使得福利性支出急剧上升。

这里的关键问题是,与之前的部分拉美国家一样,希腊等南欧国家的经济发展水平还不足以像西欧和北欧国家那样,支撑起高额的福利支出。当一个高承诺的政府在自身财政状况无法完全兑现其承诺、高福利超越经济增长承受能力时,南欧各国的政府一方面普遍不愿冒着失去中低收入群体支持的风险,适时调整福利政策,另一方面为了获得富裕群体的支持,亦不像北欧国家那样,采取提高税率的方式维持收支平衡,所以纷纷走向了另一条道路:为了保障福利开支,同时利用公众的信息不对称,政府过度依赖借贷维持财政,不断增发债券向金融市场融资,以至于普遍性地催生超前消费。这样,在选举政治下,选民用自己的选票作为"枷锁",以至少保证福利水平不降低为目的,约束政府在福利政策上的过激改革行为,由此制造了对政府的"绑架"。与之相对应,任何一个希望获得选举胜利的政党和政客都不会轻易去触碰可能影响自身政治前途的、与选民利益密切相关的社会福利政策,从而使一个由理性政客组成的政府反而被"绑架",不能对日益恶化的经济形势进行有效应对。

欧债危机全面爆发后,为了拯救危机,部分国家的执政当局迫于国际社会的压力,采取了紧缩政策,但民众显然已经习惯了高福利的安逸生活,因此为了自身利益,强烈反对削减福利待遇,并通过游行罢工的方式予以抵制,这或许就是西式民主发展的逻辑。在此情境下,迫于国内的选票压力,一些政党、政府和政客,在福利制度改革问题上亦是缩手缩脚、投鼠忌器,深恐得罪选民,贻误了化解危机的时机。

第三节　绝对平等与福利民粹主义的蔓延：从拉美到泰国

一、福利民粹主义：民粹式的福利超载

现代政治生活中，民粹主义一直是一个极为重要，但也充满争议的范畴。实践中，民粹主义政客多被视为左派，但也有部分为新自由主义者，乃至极右翼；民粹主义运动的组织形式多数是自上而下推动的结果，但也有自下而上自发兴起的；通常认为政治经济危机是民粹主义政客上台的主要契机，但近年来也出现了一些民粹主义政客在社会经济较为稳定的"民主巩固"阶段上台的案例。也即当人们从不同的视角观察他们时，便很有可能得出不同的结论。具体来看，在相关研究中，至少可归纳出三种具有一定代表性的界定，即作为政治行动策略的民粹主义[1]、作为意识形态的民粹主义[2]和作为政治话语的民粹主义[3]。

虽然学术界对于民粹主义本质的界定存在很大的争议，但有一点却是得到普遍认同的，那就是民粹主义政客在宣传和动员的过程中总是有意识地将社会分裂为"人民"和"精英"两个对立的社会集团，并在此基础上强调政治生活应该是作为多数人的"人民意志"的反映。[4]民粹主义的这一核心特质决定了其施政导向极易于趋向两个方面。

---

[1]　Ernesto Laclau, *On Populist Reason*, Verso, 2005, p.47.

[2]　Cas Mudde, *Populist Radical Right Parties in Europe*, Cambridge University Press, 2007, p.23.

[3]　Francisco Panizza, Introduction: Populism and the Mirror of Democracy, in Francisco Panizza eds., *Populism and the Mirror of Democracy*, Verso, 2005, p.3; Benjamin Moffitt and Simon Tormey, Rethinking Populism: Politics, Mediatisation and Political Style, *Political Studies*, 2014, 62(2).

[4]　Margaret Canovan, Trust the People! Populism and the Two Faces of Democracy, *Political Studies*, 1999, 47(1).

其一是反"精英"，即将反对者或竞争者描绘成"贪腐的精英"。无论是在争夺政权的过程中，还是获得政权之后，通过丑化对手的方式获得大众的支持都是民粹主义政客最常用的政治宣传策略。

其二是通过"政治性分配激励"，全面提升"人民"的福祉。农民、城市中低收入者等作为民粹主义的主要支持者虽然短期内易被民粹主义政客的宣传和鼓动所俘获，但仅仅通过丑化对手等宣传策略却很难获得持久的支持。在这种情况下，通过政府这一有形之手重新分配社会资源，甚至是"均贫富"式的横向转移支付手段，全面提升社会福利供给水平，让支持者获得实际的物质回报，以获取长久的支持，就成为民粹主义政客迎合民意的另一个重要渠道。在现实的政治生活中，很难期望民粹主义政客不考虑"福利刚性"作用下公众对既得的福利待遇只允许上升、难以接受下降的普遍心理预期，从社会经济的长远健康发展出发，制定更负责任的社会福利政策。在这种情况下，民粹式的福利超载现象通常就难以避免了。就此来看，民粹主义与福利超载之间存在着内在的亲和力与相互吸引力，很容易走向结合。

综合上述分析过程，可以归纳出一个有关民粹主义社会福利政策的分析范畴——福利民粹主义，即民粹主义政客为了获取"人民"的支持，强力推行违背经济发展规律，且带有"政治性分配激励"色彩的社会福利政策。当然，民粹主义与福利超载之间虽然存在着很强的相互吸引力，但福利超载却不一定在任何情况下都会成为民粹主义政客的必然选择，这主要取决于特定的政治生态，或者说"人民的意愿"。比如，传统左翼民粹主义主要泛滥于拉美国家，更多体现为阶级阶层问题，与"人民"对立的"精英"主要被界定为处于优势地位的社会阶层，特别是大资本所有者。但在经历了20世纪80年代"失去的十年"之后，拉美各界普遍对传统的民粹主义产生不满，这也导致此后90年代的民粹主义与新自由主义走向结合，产生了所谓的新民粹主义，藤森、卡洛斯、梅内姆等新民粹主义政治强人都曾试图大力推行新自由主义式的社会经济政策。

当前，席卷欧美的民粹主义思潮属于传统民粹主义的变种。由于欧美内部贫富差距失衡且固化,并与种族、移民、国际竞争等因素交织在一起,与"人民"相对立的"精英"被严重泛化:既包括传统民粹主义眼中的政治经济"精英",典型如特朗普所说的"腐朽的华盛顿建制派";也有可能在民粹主义鼓动者的挑唆下,将社会中下层的各种挫折和不满归咎于特殊族裔群体、外来移民,乃至于以国家为主的国际主体。例如,美国在经历奥巴马时期"占领华尔街"的大规模抗争后,收入分配格局依然没有得到改观,引发了中低收入群体,尤其是白人中低收入者的持续不满,从而为特朗普的竞选和执政提供了现实素材。在特朗普嘴中,无论是非洲裔、拉美裔等"华盛顿建制派"袒护下的少数族裔,还是外来移民,乃至于"抢夺"美国就业机会的其他国家,都是美国白人中低收入群体现实窘境的罪魁祸首。与美国相类似,近年来西欧国家民粹主义的蔓延,同样源于中低收入群体对经济和社会地位的集体忧虑,与"人民"对立的对象主要指向外来移民。

二、拉美与泰国:当代福利民粹主义的典型代表

(一)拉美:福利民粹主义的大本营

虽然通常认为民粹主义起源于19世纪中后期的俄国和北美,但纵观人类历史,拉美无疑是民粹主义最为活跃、影响最为深远的地区。拉美的民粹主义发端于20世纪30年代,时至今日仍然有着广泛的影响,已成为一种普遍的政治文化,对公众的社会心理具有重要的影响。近百年来,拉美地区的民粹主义政治强人层出不穷,深刻影响着拉美的社会经济发展进程。阿根廷的庇隆可以被视为非民主时代拉美民粹主义的典型代表,而委内瑞拉的查韦斯、玻利维亚的莫拉莱斯、乌拉圭的克雷亚则可被视为社会经济较为稳定的"民主巩固"时期的民粹主义代表人物。

回顾拉美地区的民粹主义演变史,除了20世纪90年代新自由主义大行其道的十余年间,以及周期性的军人政权统治,"以福利换选票"始终在民粹主义

政客们的施政纲领中占据着极为重要的位置。对于民粹主义政客而言,上台执政永远是第一位的目标。在这一目标的驱使下,虽然拉美民粹主义政治势力迎合"人民"诉求的具体政策路径不尽相同,但其中一个普遍性的施政导向就是不顾自身经济发展水平和财力的限制,试图通过模仿西方国家,尤其是欧洲大陆国家的社会福利和就业保障政策,甚至试图对西方发达国家进行"福利赶超",以期达到快速提高低收入群体收入,缩小贫富差距的目的。综上所述,选择拉美作为案例地区之一,显然与本章节的研究主题是十分契合的。

(二)他信体制下的泰国:福利民粹主义蔓延至东亚

长期以来,"微笑国度"泰国在政治生活上呈现给世人的基本特点就是以曼谷政商集团和城市中产阶级民主为表,以王室和军事集团组成的政治同盟为里的"泰式民主"。农民作为泰国最庞大的一个社会群体,却长期被排斥于政治生活之外。然而这种情况随着 1997 年宪法的颁布和 2001 年他信的上台执政,开始出现剧烈的变化。他信及泰爱泰党在其竞选过程中极力宣扬一系列诸如"三年缓债""乡村基金""30 铢治百病"等主要惠及农民等低收入群体的"草根政策",并在上台后不顾财政压力全面落实,从而刺激了农民的政治参与意识和参与动机,并在后来不断的"街头抗争"中成为他信的忠实支持者。他信在下野后承认,他甚至原本计划在第二个任期内推行农村土地改革。"如果你的土地不生产任何东西,我们将把土地从你手里买过来。如果你坚持拥有它,那好,那你的税费会一年比一年高。并且最终我们会把土地要回来,把它转给艰苦劳动的农民。"①

他信政权的上述施政措施显然具有明显的利益指向性,农民等低收入群体是主要获益者,而王室、军事官僚集团、曼谷政商集团、城市中产阶级、大土地所有者等传统既得利益集团的利益却受到了不同程度的损害或潜在威胁。而且虽

---

① 　[美]汤姆·普雷特:《他信对话录》,冷述美译,现代出版社,2012 年,第 58 页。

然他信执政时间并不长,但一系列"草根政策"仍然给财政造成了不小的压力,具有了一定程度的"政治性分配激励"色彩。①在这种情况下,密尔所担心的"阶级立法"问题正在泰国逐步演变为现实。最后,利益冲突难免演化为政治动荡,成为近年来泰国街头政治蔓延、政局混乱的主要根源。基于此,虽然存在一定的争议,但学术界的主流观点是将他信视为一个非典型的民粹主义政客强人。②

令人担忧的是,从近十余年的政治实践来看,泰国似乎逐步开始重演民粹主义政客与军政权交替上台的拉美式民主噩梦:虽然他信直接执掌政坛的时间只有五年多,但却成为泰国政治发展的重要分水岭。他下野后,泰国政坛仍然陷于他信阵营与反他信阵营的争斗中不可自拔,社会的分裂与对立俨然趋于固化。尤其是2011年其胞妹英拉上台后,为了巩固主要中低收入群体的支持,总体上延续了他信的经济社会政策,大力推行以高于市价四成至五成的价格向农民收购大米等"惠民"政策,在造成政府累计亏损8780亿泰铢的同时,也使得大米生产出现严重过剩。③伴随着反对派的持续抗争,英拉最终与他信殊途同归,在军方发动的政变中下野。

三、福利民粹主义萌发的客观环境与主观推力

(一)福利民粹主义萌发的社会基础:贫富分化导致的严重社会分裂

如果从社会结构的层面考察拉美和泰国二战结束以来的发展轨迹,就会发现两者存在很多相似之处:都存在着严重的贫富分化和社会不平等,是社会分裂的主要根源,从而使"纯粹的大众"与"贪腐的精英"之间的对立具备了有力的

---

① Ammar Siamwalla, Thailand after 1997, *Asian Economic Policy Review*, 2011, 6(1).

② 参见 Pasuk Phongpaichit and Chris Baker, Thaksin's Populism, *Journal of Contemporary Asia*, 2008, 38(1); Prajak Kongkirati, The Rise and Fall of Electoral Violence in Thailand: Changing Rules, Structures and Power Landscapes, *Contemporary Southeast Asia*, 2014, 36(3); Kevin Hewison, Thaksin Shinawatra and the Reshaping of Thai Politics, *Contemporary Politics*, 2010, 16(2).

③ 参见人民网:http://world.people.com.cn/n/2015/0123/c157278-26440899.html, 2015 年 1 月 23 日。

现实素材。

1.拉美:城市贫困化与贫富对立

回顾拉美地区二战以来的发展历史,一个重要的特点就是持续高速推进的城市化进程与严重滞后的工业化并存,再加上收入分配的严重不公,进而导致了严重的城市贫困化,并因此成为城市社会不平等和分裂的根源。在 20 世纪 20 年代,拉美地区的城市化率平均已经达到 25%左右,1950 年则达到了 41.4%。此后的半个世纪,城市化进程进一步加速,到 1990 年城市化率已经达到 70.3%,2000 年达到了 75.3%,成为仅次于北美(80.7%)的全球第二高地区。①然而相比于高速推进的城市化,拉美国家的工业化水平却普遍非常滞后,直到 2000 年,才达到 30%左右的水平。②由于工业化严重滞后于城市化,导致拉美地区的城市就业状况十分糟糕:直到 20 世纪 90 年代中期,收入较低且缺乏基本劳动就业保护的非正规就业在几个主要拉美国家的就业比重仍然处于 50%左右的高位(参见图 11.1)。

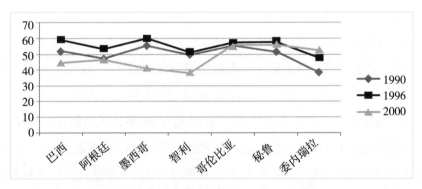

图 11.1　部分拉美国家非正规就业变化情况(1950—2000)
数据来源:根据樊纲和李永刚提供的数据整理而成。参见樊纲、张晓晶:《"福利赶超"与"增长陷阱":拉美的教训》,《管理世界》,2008 年第 9 期;李永刚:《拉美非正规部门初探》,《拉丁美洲研究》,2005 年第 6 期。

---

① 参见郑秉文:《贫民窟:拉丁美洲城市化进程中的一个沉痛教训》,《国家行政学院学报》,2014 年第 5 期。

② 参见樊纲、张晓晶:《"福利赶超"与"增长陷阱":拉美的教训》,《管理世界》,2008 年第 9 期。

城市糟糕的就业状况，再加上历史上原本就存在的收入差距过大等问题，导致城市贫困化成为过去半个多世纪拉美地区社会经济发展的一个基本特点。直到21世纪初,拉美国家的贫富差距问题依然十分突出,并成为社会分裂的主要根源。面对恶劣的生活状态,以农村新移民为主的城市贫民所提出的改善生活、缩小贫富差距等诉求在得不到执政集团有效回应的情况下,拉美的福利民粹主义就具备了破土而出的重要社会基础。例如,1998年查韦斯上台后,实施了一系列民粹式的经济社会政策:重新分配土地,将石油工业国有化,大幅度提高原油税,征收银行交易税,大量修建面向穷人的学校和低价住房,向穷人发放无利息贷款等。[1]虽然查韦斯的举措得到低收入群体的热烈支持,却引起国内企业主、城市中产阶级和国外资本的强烈不满,并随后在2002年4月遭遇政变。然而政变发生之后,查韦斯却依靠以非正规就业工人为主体的城市中下层民众的拥戴和军方的支持,很快平息了政变。[2]可见,以非正规就业为主的城市贫民构成了拉美民粹主义深厚而广泛的社会基础。

2.泰国:城乡差距与贫富对立

与拉美地区不同,泰国的社会分裂问题主要源于长期以来的城乡二元社会结构,尤其是曼谷等大都市居民与农民之间存在的收入鸿沟,以及由之引起的城乡贫富对立。二战后,泰国在经历经济较高增长的同时,人口贫困率仍然较高,城乡贫富差距和二元对立十分严重。[3]到21世纪初,泰国虽然仍有约60%~70%的人口居住在农村,但城乡之间在经济发展、居民收入、公共服务水平等方面,却都存在着严重的差距(参见表11.1)。例如,15岁以上受过高等教育和未受过初等教育的比率,曼谷分别是22.5%和19.4%,北部地区是5.6%和29.2%,东北部地区是4.3%和40.7%。2013年,泰国540万贫困人口中有88%分布在农村地

---

① Cas Mudde and Cristóbal Rovira Kaltwasser,Exclusionary vs. Inclusionary Populism:Comparing Contemporary Europe and Latin America,*Government & Opposition*,2013,48(2).

② Jennifer N. Collins,New Left Experiences in Bolivia and Ecuador and the Challenge to Theories of Populism,*Journal of Latin American Studies*,2014,46(1).

③ 参见[美]汤姆·普雷特:《他信对话录》,冷述美译,现代出版社,2012年,第45页。

区,尤其是在北部和东北部地区。[①]

表 11.1　泰国历年贫困率概况(1990—2001,单位:%)

	1990	1992	1994	1996	1998	1999	2000	2001
全国	27.2	23.2	16.3	11.4	13.0	15.9	14.2	13.0
城市	10.5	6.6	6.1	5.1	3.4	3.8	3.8	5.5
农村	33.8	29.7	21.2	14.9	17.3	21.5	19.1	16.6

资料来源:李培:《泰国城市化过程及其启示》,《城市问题》,2007 年第 6 期。

　　长期以来,泰国农村始终整体上处于自给自足的小农经济体系下,加之佛教作为国教,其"轮回"思想等对农民的社会心理具有强大的影响,从而使得传统的"主—仆"庇护制社会结构在农村依然根深蒂固,地方豪强长期主导农村政治生活。[②]此外,泰国王室长期将农村作为其合法性资源的主要来源地,通过对农民采取施舍式的扶贫救助,来赢得农民对国王的支持。"直到他信的政治时代到来,关心(农村)穷人已成为泰国王室的专利权。"[③]其他政治势力则怵于王室的强大影响力,不敢过度染指农村。在上述政治社会环境下,农民长期以来一直扮演着政治顺从者的角色,处于政治结构中的边缘地位,政治参与严重不足。然而随着经济的发展尤其是农业经济的发展,教育水平的提高和民主思想的推广,泰国农民的政治自主意识和权利开始觉醒,并出现了一定程度的相对剥夺感,对现存的城乡贫富差距和政治权力结构日益不满。[④]在这种情况下,农民与作为既得利益者的王室–军事集团同盟、曼谷政商集团以及城市中产阶级之间的矛盾日益加深,贫富阶级对立和社会分裂日渐明晰,从而为他信政权实施民粹式的"草根政策"奠定了社会基础。

---

　　①　参见周少来:《民主制度如何才能成熟和稳定?——泰国"民主拉锯困境"剖析》,《当代世界》,2014 年第 3 期。

　　②　参见任一雄:《东亚模式中的威权政治:泰国个案研究》,北京大学出版社,2002 年,第 19~44 页。

　　③　[美]汤姆·普雷特:《他信对话录》,冷述美译,现代出版社,2012 年,第 48 页。

　　④　Ammar Siamwalla,Thailand after 1997,*Asian Economic Policy Review*,2011,6(1).

(二)福利民粹主义萌发的制度环境:缺乏法治与社会基础的西式民主体制

如何避免西式民主政治下大众的参与热情可能被少数人所利用,进而导致激情政治、流氓政治、暴民政治等民粹主义倾向,一直是政治学研究的核心课题之一。在实践中,为了防止民主滑向民粹,西方国家通常借助于三个层面的制度安排进行约束:一是强调"法治""自由",借助于法治手段,特别是违宪审查制度,防止出现"多数人的暴政";二是根据公共事务所涉及的群体和层次,采取不同的决策方式,典型如将"公投""公议""公决"等直接民主形式限定在小群体事件中,而对于涉及利益群体较多的公共事务则主要采用间接民主形式;三是通过将"协商民主"精神贯穿于公共决策,避免陷入"选主政治"。①

但除了上述制度安排,平稳有序地扩大政治参与的范围也是西方国家能够较好地遏制民粹主义的必要条件。通常认为,西式民主的最基本外在特征就是一人一票的竞争性选举。然而从主要西方国家的政治发展历程来看,完全意义上的普选权却是在其民主制度建立后的很长时间才被确立的。具体来看,德国1918年确立了普选权,是西方国家中最早普及选举权的,但在纳粹统治时期实际上又被废除了。英国1928年确立了普选权,是西方持续实行一人一票选举制度最早的国家,其后是日本和意大利(1945)、法国(1948)、加拿大(1960)。直到1965年,美国南部非裔美国公民才获得普选权,澳大利亚则直到1967年才赋予原住民普选权。

正如亨廷顿所指出的,现代化进程中的政治动荡很大程度上源于新的政治集团被迅速动员起来卷入政治生活。②本质上看,民主选举是社会平等化的产物。西方国家确立普选权的时候,早期的资本积累已经完成,多数国家已经基本完成了工业化和城市化,中产阶级成为主流社会群体。在这样一种社会结构里,

---

① 参见燕继荣:《对民主政治平民化的反思——欧债危机的启示》,《山西大学学报》(哲学社会科学版),2012年第4期。

② 参见[美]亨廷顿:《变化社会中的政治秩序》,王冠华等译,生活·读书·新知三联书店,1989年,第4页。

公众的利益和观念有差异但却不是不可调和的,马克思笔下西方国家严重的阶级对立与社会分裂已成为历史,因此一人一票的选举政治并不会导致社会的紧张。就此来看,西方国家渐进式的推进普选权,实际上起到了"以时间换空间"的效果,避免了在社会分裂严重的情况下过度扩大政治参与所存在的政治风险。

如果从法治和政治参与的视角观察拉美和泰国的民主化进程,呈现在我们面前的却是缺乏牢固法治和社会基础的拉美式民主和泰式民主,这就使得福利民粹主义的产生具备了必要的制度环境。首先,从法治的视角来看,拉美国家和泰国的"宪政"制度可以说是徒有其表,从而为民粹主义政治强人的出现制造了可能。在拉美 33 个独立国家中,有 19 个国家实行美国式的总统制。从拉美总统制国家的宪法规范来看,多数是具备总统制国家基本特质的。但从实际的政府过程来看,其总统制实际上是一种总统近乎完全独立、不受立法机关和司法机关制衡的组织形式,所以才被称为"超级总统制"。其中,最为显著的特征就是总统拥有诸多超越立法和司法机关的权力,以至于到了 20 世纪 90 年代,还出现一些国家的总统宣布解散议会和最高法院的事件。[①]在这种制度环境下, 得到"人民"支持的强势总统常常无视国内法律和国际惯例,无所顾忌地推行其民粹式的社会福利政策。在遭遇制度障碍的时候,则频繁借助于全民公决等途径,在"人民"的拥护下绕开体制和规则的制约。

相比于拉美,泰国的他信及其继承者显然要温和很多,并没有频频绕过体制推行民粹主义政策。这可能与他信阵营刚刚崛起,其反对者仍然具有强大的政治影响力, 特别是王室–军事集团同盟随时可能以各种借口干涉施政有较大的关系。而且原国王普密蓬继位后,泰国就发生过 20 多次军事政变,每次政变之后几乎都会中止宪法,并通过新宪法。可以说,频繁的废止使得作为国之根基的宪法毫无权威性可言,几乎成为政变后对已有权力格局的确认手段而已。在这种情况下,很难期待法治能够成为民主制度良好运转的保障。

---

① 参见刘洪涛:《二十世纪拉丁美洲民粹主义研究》,上海交通大学博士学位论文,2009 年,第 96 页。

在政治参与方面,拉美与泰国的相似度更高,都是在社会基础还不具备的情况下强行扩大政治参与的范围。具体来看,虽然在社会经济发展方面远远落后于欧美国家,且国内存在尖锐的贫富分化和社会对立,但拉美国家普选权的确立几乎与欧美国家同步(参见表11.2)。泰国虽然也同样很早就确立了普选权,但由于长期的军人掌权以及农民被排斥在政治生活之外,所以普选权事实上长期有名无实。直到被认为是泰国"民主政治里程碑"的1997年宪法的颁布实施,农村地区地方豪强主导的庇护体制瓦解,农民的普选权才开始被真正落实,①但与拉美面临的问题十分相似。1997年之后的泰国仍然处于较低的社会经济发展水平,特别是在农民的相对剥夺感日益严重的情况下,城乡二元经济和社会结构在民主政治一人一票逻辑的驱使下,被加剧催化为社会阶层间的对立与冲突。

表 11.2　部分拉美国家普选权的确立年份

国别	选举权类型	确立年份
墨西哥	普选权	1917
巴西	妇女选举权	1932
委内瑞拉	普选权	1947
阿根廷	妇女选举权	1949
玻利维亚	普选权	1952
秘鲁	普选权	1979

资料来源:中国社会科学院拉丁美洲研究所编:《拉丁美洲历史词典》,上海辞书出版社,1993年,第12、66、234、312、505、679页。

(三)福利民粹主义萌发的主观推力:民粹主义政治强人的鼓动

贫富分化等因素造成的社会分裂,以及缺乏牢固的法治和社会基础的民主制度只是福利民粹主义生成的客观条件。但如果仅仅具备上述两个条件,福利民粹主义通常并不会由此自然而然地生成,只有在民粹主义政治强人的鼓动和

---

① 参见周方冶:《王权·威权·金权:泰国政治现代化进程》,社会科学文献出版社,2011年,第217~224页。

引领下,才有可能最终演变成为政治生活的现实。在拉美,可以说近百年以来民粹主义政治强人层出不穷。而在泰国,他信成功地将农民这一"沉默的多数"组织起来并爆发出惊人的力量。

　　总体来看,民粹主义政治强人在民粹主义生成过程中所发挥的作用主要体现为两个层面:其一是将已经十分严重的贫富分化和社会对立放置于聚焦镜下,进一步加剧社会对立和分裂,以此吸引"人民"的政治参与和支持;其二是利用本身就缺乏法治与社会基础的民主制度所存在的种种漏洞,通过实施大规模目标指向明确的高强度社会福利激励,将来自于"人民"的支持持久化。

　　长期以来,民粹主义政治强人在政治宣传和动员中表现出来的一个重要的外在表征,就是将十分复杂的问题诉诸于口号式的简单解决方案。此外,这些政治强人也常以其政治言论的煽动性和内容的模糊性闻名于世。[①]当然,上述现状与其主要受众,即广大收入和受教育水平普遍处于较低层次的底层民众,存在直接的关系。具体来看,对于民粹主义政客而言,发表政治言论主要是为了制造轰动效应,使那些尚未理解其中主旨的民众去"感受"它,而不是保持思想上的前后一致。民粹主义政客的宣传策略通常奉行纯粹的斗争哲学,其言论常常把社会简单地一分为二为民众和寡头("精英"):备受苦难的民众是真、善、美的化身;寡头则代表着虚伪、邪恶。民众与寡头之间的对抗是全方位的,没有丝毫对话、妥协的可能。[②]例如,作为当代拉美民粹主义的代表人物,查韦斯总是能够让民众相信委内瑞拉国内经济社会发展中面临的问题或政府的政策失误都源于国内外利益熏心的资本家和美国的封锁、压制。

　　此外,内容的模糊性也是民粹主义政客政治言论的另一个鲜明特色。这其中的道理比较简单:模糊的政治言论有利于吸引更多知识和认知水平较低的民众,也便于在竞选许诺无法兑现时作出变通性解释。在这种情况下,言论中是否

---

　　① 　Kirk A.Hawkins,Is Chávez Populist? Measuring Populist Discourse in Comparative Perspective, *Comparative Political Studies*,2009,42(8).

　　② 　Steve Stein,*Populism in Peru*,Cambridge University Press,1988,p.162–179.

包含具体的行动方案倒是次要问题了。因此在很多情况下,民粹主义政客言论的重心不在于解释,而在于劝说,它需要的是共鸣,而不是解决现实问题的答案。例如,拉美的绝大部分民粹主义领袖往往既不提出长远的发展目标,也没有具体的行动方案,而是根据现实的需要"随机应变"[①]。

从政治宣传和动员的视角来看,拉美的民粹主义政客更为接近传统的民粹主义,即在丑化"精英"同时,积极唤起"人民"的政治参与。他信则不同,虽然也主打平民主义,但更多则是通过主动接近农民、同情农民,而不是丑化"精英"的方式,吸引农民的参与和支持。上述差异在经济社会政策方面也得到了体现:以庇隆、查韦斯等为代表的拉美民粹主义政客,习惯于频频动用"均贫富"式的横向转移支付手段来讨好低收入群体;他信阵营虽然也推出了"30铢治百病"以及英拉执政时期高价收购农民大米等造成严重财政亏空的民粹主义色彩浓厚的社会经济政策,但总体较温和(详见下文)。而也正是因为存在上述差异,他信被认为更像是一个自由主义式的新民粹主义者,而不是传统的民粹主义政客。[②]

四、福利民粹主义的经济社会政策

(一)拉美:民粹主义宏观经济学

总体来看,拉美的民粹主义政客在推行民粹式"福利赶超"的过程中,普遍的做法是无视经济发展规律,不顾代价地动用公共资源,甚至突破法治和国际惯例,强行对私人资本和外资实施国有化,变相掠夺资源,以此来支撑庞大的社会福利支出。具体来看,拉美民粹主义政权的经济社会政策可以归纳为以下几个主要方面:产业政策方面,对外强调"民族主义",限制外资的发展,对内则强调推动国有化,歧视私营企业;就业政策方面,主要是通过强制性全员就业的方

---

① 参见刘洪涛:《二十世纪拉丁美洲民粹主义研究》,上海交通大学博士学位论文,2009年,第123页。

② Pasuk Phongpaichit and Chris Baker,Thaksin's Populism,*Journal of Contemporary Asia*,2008,38 (1).

式实施就业保护；收入分配政策方面，往往是通过强制手段或者变相补贴的方式，提高工资水平，而当通货膨胀严重时，则直接对物价实施管制，以保持名义工资水平；社会福利政策方面，则实施严重脱离自身经济发展水平的社会福利政策，甚至对西方国家实施"福利赶超"[1]。

　　拉美民粹式的社会福利政策反映在政府公共支出方面，就是消费性公共支出全面压制生产性公共支出，社会支出严重超越自身的经济发展水平。根据其不同功能，财政支出可以区分为生产性支出和消费性支出，前者主要通过基础设施投资促进经济增长，而后者则主要提供公共服务满足公共需求，无法直接促进经济增长。[2]其中，社会支出被认为是消费性支出中最为重要的项目。因此，多数发展中国家的公共支出结构更倾向于生产性支出。目前，从社会支出在公共支出中所占比重，以及社会福利政策的完善程度来看，除了基本可以被纳入"福利国家"的 OECD 国家，就只剩下部分拉美国家了。

　　具体来看，1980 年拉美国家中社会支出占 GDP 的比重平均只有 5%左右，只有阿根廷、智利、乌拉圭 3 个国家超过 10%。然而到了 20 世纪 90 年代，社会支出已占据 GDP 的 10.5%，到了 2001 年这一比重更是上升到 14.3%左右，而且阿根廷、巴西、乌拉圭等几个国家的占比已经接近或超过 20%（参见图 11.2）。如果以社会支出占财政支出的比重来衡量，拉美地区平均则由 1990—1991 年的41.8%上升到 1998—1999 年的 47.8%，个别国家中央与联邦层级的社会支出占财政支出的比重更是达到了 60%以上，如巴西 60.4%、阿根廷 63.6%、智利66.8%、乌拉圭 72.5%。[3]社会支出不合时宜的扩张，必然导致生产性支出的严重不足：从 20 世纪 80 年代到 90 年代，拉美国家的基础设施投入始终呈下降趋势，

---

①　Bela Greskovits, Demagogic Populism in Eastern Europe?, *Telos*, 1995, 102(4).

②　Robert J. Barro, Government Spending in a Simple Model of Endogenous Growth, *Journal of Political Economy*, 1990, 98(5).

③　参见樊纲、张晓晶：《"福利赶超"与"增长陷阱"：拉美的教训》，《管理世界》，2008 年第 9 期。

从 1988 年占 GDP 的 3%下降到 1998 年的 1%,短短10 年间就下降了 2 倍。①

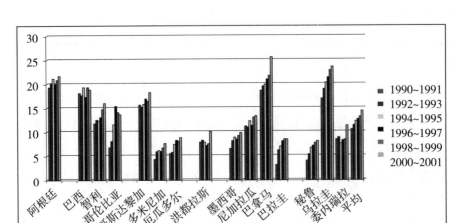

图 11.2　社会支出占部分拉美国家 GDP 的比重(1990—2001,单位:%)

　　数据来源:根据斯托林斯、樊纲提供的数据整理。参见[美]芭芭拉·斯托林斯等:《经济增长、就业与社会公正——拉美国家改革开放的影响及其经验教训》,中国社会科学出版社,2002 年,第 77 页;樊纲、张晓晶:《"福利赶超"与"增长陷阱":拉美的教训》,《管理世界》,2008 年第 9 期。

　　除了消费性公共支出全面压制生产性公共支出,拉美国家在财政支出方面的另一个重要特征表现为不考虑税收能力的财政扩张冲动,从而引发了严重的财政赤字危机,继而又纷纷诱发了货币危机(参见表 11.3)。这种不负责任的财政货币政策被称之为民粹主义宏观经济学,以区别于凯恩斯主义的财政货币政策。②

───────────

　　① 参见郑秉文:《"中等收入陷阱"与中国发展道路——基于国际经验教训的视角》,《中国人口科学》,2011 年第 1 期。

　　② Rudiger Dornbusch and Sebastian Edwards,The Macroeconomics of Populism in Latin America,*NBER Working Paper*,1989,No.2986.

表 11.3　部分拉美国家 20 世纪财政赤字频率与超出国际警戒线频率统计

国家	样本财政赤字年数	全样本年数	1951—2000 年财政赤字年数	1951—2000 年样本年数	1951—2000 年赤字超标年数
阿根廷	95	101	47	50	19
玻利维亚	90	98	46	49	26
巴西	58	101	17	50	1
智利	68	101	31	50	14
哥伦比亚	77	94	37	50	8
哥斯达黎加	77	101	39	50	9
古巴	38	83	20	37	9
多米尼加	70	96	38	50	6
厄瓜多尔	74	101	38	50	9
萨尔瓦多	77	100	38	50	7
危地马拉	77	100	48	50	5
海地	64	82	42	48	19
洪都拉斯	30	31	30	31	24
墨西哥	67	98	47	50	19
尼加拉瓜	66	94	43	50	25
巴拿马	79	91	43	49	16
巴拉圭	43	79	12	44	0
秘鲁	79	101	41	50	22
乌拉圭	77	97	42	50	23
委内瑞拉	43	101	21	50	5

　　资料来源:时磊、刘志彪:《"福利赶超"、政府失灵与经济增长停滞——"中等收入陷阱"拉美教训的再解释》,《江苏社会科学》,2013 年第 1 期。

　　综上,民粹式的"福利赶超"与经济发展水平存在严重的脱节,对拉美经济的健康发展破坏力极大,不但没有取得预期效果,而且难免走向了另一个方向:社会福利支出的迅速增加引发了大规模的财政赤字和债务危机,成为增长停滞乃至倒退的重要诱因,社会福利事业和经济增长最终双双掉入"陷阱"。

(二)泰国:他信的"草根政策"

　　他信之所以被普遍性地认定为民粹主义者,主要原因就是其在执政期间推

329

行的一系列主要倾向于中低收入群体,且带有一定的"政治性分配激励"色彩的"草根政策",①以及已经被提上日程但尚未实施的、带有平均分配耕地倾向的农村土地改革计划。②在他信政府实施的"草根政策"中,"乡村基金""三年缓债"和"30铢治百病"被认为最具代表性。

"乡村基金"计划的主要做法是在泰国城乡基层社区成立基金,由政府拨款,向每个基金提供100万铢周转基金,以信贷方式支持农业技术改造、特色产品加工等。截至2005年5月,已在全国7.4万个行政村和4500个城市社区设立基金项目,覆盖率达99.1%,通过国有银行向1780万借款人支付了2590亿铢。③

"三年缓债"计划的具体做法是允许贷款额在10万铢以内的农村债务人延缓3年还债,并免除3年内的利息。该计划在实际执行过程中则更进一步,直接减免了大量的债务。截至2004年4月,共有约230万农村债务人从该计划中受益,其中仅减免债务的就达113.8万件,减免总额412.9亿铢。④

"30铢治百病"计划的具体做法是规定除了公务员、社会保险在保者、国企员工以外的约4660万泰国人只要进行简单的登记,在就诊时只花费30铢就可以平等接受有一定质量的医疗健康服务。而且个人月收入不足2000铢或全家月收入不足2800铢的低收入者,甚至可以免费就诊。⑤

在他信政权一系列"惠民"政策的背后,是政府预算中不断增加的社会支出比重。尽管泰国政府财政自1997年以来便连年赤字,十分困难,但他信还是在2001年2月执政以后,顶住各方面的压力,贯彻落实了竞选时承诺的"惠民"政策,这也使得政府背上了沉重的财政压力。以"30铢治百病"计划为例,自2001

---

① Pasuk Phongpaichit and Chris Baker,Thaksin's Populism,*Journal of Contemporary Asia*,2008,38(1).

② 参见[美]汤姆·普雷特:《他信对话录》,冷述美译,现代出版社,2012年,第58页。

③ Jirawan Boonperm eds.,Does the Village Fund Matter in Thailand? April 10,2007,http://sitere-sources.worldbank.org/PGLP/Resources/S8Paper.pdf.

④ Pasuk Phongpaichit and Chris Baker,*Thaksin:The Business of Politics in Thailand*,University of Washington Press,2004,p.93.

⑤ 参见周方冶:《王权·威权·金权:泰国政治现代化进程》,社会科学文献出版社,2011年,第217~224页。

年实施以来,政府投入了大量的资金支持这一计划,且呈现高速增长的态势:
2002 至 2006 年度的财政预算资金分别为 276 亿铢、305 亿铢、336 亿铢、409 亿
铢和 545 亿铢,5 年时间就增长了近 1 倍。[1]在他信执政的第 4 年,泰国中央政府
在社会保障、健康医疗等纯社会支出方面的占比已经远远高于印度尼西亚、菲
律宾等经济发展水平相当的邻国,甚至明显高于韩国、新加坡等新兴发达国家
(参见图 11.3)。

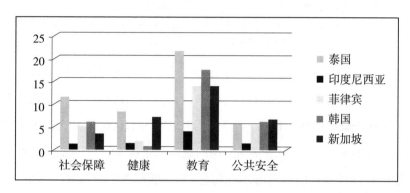

图 11.3　2004 年部分东亚国家中央(联邦)政府主要社会性支出项目比较

数据来源:根据时磊、刘志彪提供的相关数据整理。参见时磊、刘志彪:《"福利赶超"、政府失
灵与经济增长停滞——"中等收入陷阱"拉美教训的再解释》,《江苏社会科学》,2013 年第 1 期。

第二,他信执政以来推行的一系列"草根政策"带有明显的目标指向,以农
民为主体的中低收入群体是最大的受益者,这在"乡村基金""三年缓债"和"30
铢治百病"三大"惠民"政策中均得到了明显体现。与此同时,中高收入者不但没
有得到实惠,某些方面的利益反而受到了明显的损害。例如,"30 铢治百病"计划
推行后,中低收入家庭的医疗支出占比不断下降,中高收入家庭则出现了明显
的上升(参见表 11.4)。此外,长期以来作为泰国王室主要合法性基础的农村和
农民迅速转变为他信主义的坚定追随者,则被认为严重侵害了王室的利益。[2]

---

[1]　Ammar Siamwalla,Thailand after 1997,*Asian Economic Policy Review*,2011,6(1).

[2]　参见[美]普雷特:《他信对话录》,冷述美译,现代出版社,2012 年,第 201 页。

表 11.4　泰国各收入层次家庭医疗支出占比(1992—2002,单位:%)

	1	2	3	4	5	6	7	8	9	10	差额
1992—1996	7.1	4.7	3.8	3.5	3.0	2.7	2.4	2.1	1.7	1.2	6.4
1998	4.2	3.1	3.0	2.9	2.6	2.4	1.9	2.0	1.6	1.2	3.4
2000	4.6	3.7	3.3	2.8	2.4	2.2	2.1	1.7	1.6	1.3	3.6
2002	2.8	2.6	2.1	1.9	2.2	2.0	1.7	1.9	1.8	1.7	1.6
2000—2002	−.40	−.29	−.35	−.32	−.08	−.11	−.16	.14	.18	.35	

注:表格中按照收入高低,将泰国各社会从低到高分成 10 个等份。

数据来源:Joel Sawat Selway,Electoral Reform and Public Policy Outcomes in Thailand:The Politics of the 30-Baht Health Scheme,*World Politics*,2011,63(1).

综上,与拉美的民粹主义政客多出身于各式底层社会运动不同,他信作为泰国最为成功的企业家之一,不大可能像很多拉美的民粹主义政治强人那样鼓动针对国内外资本的仇恨情绪,其严重偏向农村和农民的公共支出则被他信解释为机会资本主义,旨在促进泰国经济的健康和平衡发展。[①]再加上国内的政治反对派仍然具有强大的影响力,他信政权及其继承者们的执政时间较短,因此其施政虽然也具有一定的福利民粹主义倾向,但总体要温和很多。

五、福利民粹主义的固化

大体来看,二战以来对于很多拉美国家而言,民粹主义似乎已经成为了挥之不去的梦魇,且呈现出一定的政治经济周期:严重的社会分裂、缺乏法治和社会基础的民主制度成为福利民粹主义产生的客观条件,而政治强人的鼓吹与动员则成为其主观推力,最终导致民粹主义蔓延,福利超载频发,并引发了严重的财政和经济危机。在这种情况下,往往就会出现军事政变,军政权以国家秩序护卫者的身份上台,通过强力手段修正民粹式的经济社会政策。待到经济形势渐趋稳定的时候,军政权往往又迫于内部(国内民主运动)和外部(主要是美国)的

---

① 参见[美]普雷特:《他信对话录》,冷述美译,现代出版社,2012 年,第 53 页。

双重压力，不得不还政于民。于是，具有深厚社会基础的民粹主义再次迅速蔓延，从而进入了新一轮的循环……当然，本章节对于福利民粹主义演化路径的归纳，主要是基于部分拉美国家的经验，其普遍性有待进一步验证。

从他信执政以来的政治发展进程来看，泰国的民主化进程已经展现出陷入拉美式陷阱的征兆。一方面，为了继续获取农民等中低收入群体的支持，他信的施政策略仍然被英拉等他信主义者奉之为圭臬，乃至更甚。如果说他信时代以"30铢治百病"为代表的一系列社会福利政策已经在一定程度上具有了"政治性分配激励"的色彩，那么英拉执政时期的高价收购大米政策则无疑体现得更为明显了。

另一方面，他信阵营的施政策略已经开始在泰国政坛全面蔓延，反他信阵营为了争取中低收入者的支持，也不得不在健康医疗、针对中低收入者的低息贷款、特殊补贴等领域全面跟进他信阵营。例如在2005年的选举中，民主党等反对党纷纷抛出了各自版本的"全面健康保健计划"（"30铢治百病"计划的官方名称），甚至承诺的资金投入力度超过了他信阵营，民主党承诺将现行人均1300铢的医疗健康投入提高到1700铢。[1]到2010年，虽然由反他信阵营的民主党执政，但在福利刚性的作用下，"全面健康保健计划"的预算支出却从2002年他信政府实施初期的276亿铢飙升至894亿铢，短短的10年时间就增长了2倍多，呈现出滑向福利陷阱的趋势，且其演化路径与拉美式的福利超载极为相似。[2]由此来看，他信虽然执政时间并不长，但其民粹式的社会经济政策已经对泰国的政治发展进程产生了深刻的影响：在福利刚性的作用下，民粹式的福利超载已经开始在泰国政坛蔓延。

总体来看，二战以来发展中国家借鉴西式民主的成功案例，恐怕也只限于韩国等少数东亚国家。对于很多发展中国家而言，要么是军阀、财阀等各种强势

---

① Joel Sawat Selway，Electoral Reform and Public Policy Outcomes in Thailand：The Politics of the 30-Baht Health Scheme，*World Politics*，2011，63（1）.

② Ammar Siamwalla，Thailand after 1997，*Asian Economic Policy Review*，2011，6（1）.

群体主导的伪民主,要么就是深陷民粹主义的泥潭不可自拔,抑或是两者的恶性循环。结合拉美和泰国的经验,本书认为发展中国家在发展社会福利事业、提升社会平等、推动民主化的进程中,首先需要做的是在努力推动社会经济持续、快速、均衡发展的基础上,尽可能弥合贫富对立等可能诱发社会分裂的因素,夯实民主政治的社会基础。另一方面,通过完善顶层设计,真正建立起法治国家,并搭建起社会各阶层平等对话的协商民主平台,才有可能避免政治参与扩大化所带来的政治风险,尤其是福利民粹主义的萌发。

第五篇

阶层关系与社会流动中的平等问题

第十二章
中国社会阶层结构变迁逻辑

在中国,阶层结构多元化已是显著事实。明辨社会阶层结构变迁主线、科学认识社会阶层分化重组中的新变化、战略性构思社会阶层平等关系构建的应然形态,是目前社会科学研究的一项重要任务。

第一节 "从身份到契约":社会阶层结构变迁主线

阶层分析是考察社会结构分化状况的重要切入点和窥探中国社会发展阶段的绝佳标尺。改革开放以来,社会阶层变迁轨迹总体上遵循从"政治—身份"向"市场—职业"的转化规律。其中,产业结构转型调整、劳动力资源跨区域配置等都与阶层分化密切相关。虽然在阶层分化中不可避免地会出现公众对不平等结果的感知和阶层地位认同偏差,但在发展趋向上依然呈现出显著的历史进步意义。

一、社会阶层分化的动力机制

党的十一届三中全会后, 以经济体制改革为先导的大规模制度化变迁,波及了社会生活的各个方面,并深刻地影响着社会的发展。资源、机会和权力在不同群体和个人之间进行再分配,形成围绕以社会位置为轴心的社会阶层结构性关系。从此种意义讲,社会分层结构影响和决定其他社会关系,社会分层结构是整个社会运行与变迁的基础性因素,是造成差异、区隔、不平等甚至社会冲突,形成社会分化、社会认同和社会运动的重要基础性因素。

在"市场导向""体制转轨""制度确认"等外力因素的推动下,社会阶层结构开始了从"解构"到"重构"、从"身份"到"契约"的变化过程,各职业群体在利益驱动下也呈现出主体行为模式转换。总体而言,尚处于变动之中的当代社会阶层结构呈现出多元化、层级化的特征。用契约取代身份实质是人的解放,是用法治取代人治,用自由流动取代身份约束,用后天奋斗取代对先赋资格的崇拜。[1]同时,也要注意到,中国社会阶层分化历程具有典型的内生型特质:不是从"一"到"多"的简单过程,也不是以"两极分化"为基本特征,而是随着产业结构调整、经济形式多样化、城市化进程的加速而发生的一个复合型、多线性的历史过程。[2]

(一)20世纪80年代产业结构快速调整推动阶层分化

1.产业结构均衡化改革推动就业结构持续改善

党的十一届三中全会胜利召开,经济体制改革从农村到城市、从农业到工业渐次推进。中央在着重削减基建规模、控制消费、平衡财政收支和稳定经济形势的基础上,为有效安置大量上山下乡回城知识青年和既往经济发展缓慢积淀的城镇待业人员,开始有步骤地改善农、轻、重结构关系和三次产业关系,整个国民经济呈现出各产业全面蓬勃发展的势头。随着经济调整措施的全面展开,深刻改变了长期以来"畸重畸轻"的产业结构,充分释放了产业发展的活力,推

---

[1]　朱光磊:《从身份到契约——当代中国社会阶层分化的特征与性质》,《当代世界与社会主义》,1998年第1期。

[2]　朱光磊、王通:《阶层与分层:中国社会成员构成研究中的两种分析逻辑》,《吉林大学社会科学学报》,2020年第6期。

动了产业结构的合理化和协调化,就业结构相应改善。从改革效果来看,除了第一、第二产业活力得到全面激发,以服务业为代表的第三产业发展更为亮眼,产值占比在 1985 年首次超越第一产业,产业结构格局呈现"二三一"的特征。从统计数据来看, 第三产业就业人数和占比从 1980 年的 5532 万人、13.1%上升为 1990 年的 11979 万人、18.5%(表 12.1、表 12.2),直接带动城乡居民收入显著提升。

表 12.1　1980—1990 年三大产业就业人数及比重

年份	第一产业就业人数(万人)	第一产业就业人数比重(%)	第二产业就业人数(万人)	第二产业就业人数比重(%)	第三产业就业人数(万人)	第三产业就业人数比重(%)	就业人员总计(万人)
1980	29122	68.7	7707	18.2	5532	13.1	42361
1981	29777	68.1	8003	18.3	5945	13.6	43725
1982	30859	68.1	8346	18.4	6090	13.4	45295
1983	31151	67.1	8679	187	6606	14.2	46436
1984	30868	64.0	9590	19.9	7739	16.1	48197
1985	31130	62.4	10384	20.8	8.59	16.8	49873
1986	31254	60.9	11216	21.9	8811	17.2	51282
1987	31663	60.0	11726	22.2	9395	17.8	52783
1988	32249	59.3	12152	22.4	9933	18.3	54334
1989	33225	60.1	11976	21.6	10129	18.3	55329
1990	38914	60.1	13856	21.4	11979	18.5	64749

数据来源:国家统计局相关年度中国统计年鉴。下表同。

表 12.2　1980—1990 年三大产业增加值及比重

年份	第一产业产业增加值(亿元)	第一产业比重(%)	第二产业产业增加值(亿元)	第二产业比重(%)	第三产业产业增加值(亿元)	第三产业比重(%)	国内生产总值(亿元)
1980	1372	30.17	2192	48.22	982	21.6	4546
1981	1559	31.88	2256	46.11	1077	22.01	4892
1982	1777	33.39	2383	44.77	1163	21.85	5323
1983	1978	33.18	2646	44.38	1338	22.44	5963
1984	2316	32.13	3106	43.09	1786	24.78	7208

续表

年份	第一产业产业增加值（亿元）	第一产业比重（%）	第二产业产业增加值（亿元）	第二产业比重（%）	第三产业产业增加值（亿元）	第三产业比重（%）	国内生产总值（亿元）
1985	2564	28.44	3867	42.89	2585	28.67	9016
1986	2789	27.14	4493	43.72	2994	29.14	10275
1987	3233	26.81	5252	43.55	3574	29.64	12059
1988	3865	25.70	6587	43.79	4590	30.51	15043
1989	4266	25.11	7278	42.83	5448	32.06	16992
1990	5062	27.12	7717	41.34	5888	31.54	18668

2.家庭联产承包责任制加速农民群体内部分化

随着"三级所有,队为基础"的农村土地集体经营体制让位于统分结合的家庭联产承包责任制,不仅极大解放了生产力,也在很大程度赋予了农民对包括劳动力、土地和生产工具等生产要素的支配权。劳动生产率的提高,农村富余劳动力大幅度增加,农民的利益意识逐渐增强,农民从土地的束缚中解脱出来,或从事家庭副业,或在乡镇企业就业,或进城务工,农民群体的剧烈分化在乡村内部开始展开。这一时期,农业劳动者在总就业人员中的占比持续下降:1980年第一产业就业人数为29122万人,占比68.7%;到1989年第一产业就业人数增加为33225万人,但占比下降至60.1%(表12.1、图12.1)。与此同时,统购统销政策让位于开放竞争的城乡集贸市场,市场开办逐步从由工商部门独家承担转为由企事业单位、乡镇(街道)等社会各方共同参与,多种类市场体系逐步形成。

总体来看,农民职业分化、农民地域迁移和农民身份转换,最终结果都指向了农民的"非农化"现象。这意味着,在理论研究中需要从经验到概念上破除将"农民"当作一个未分化整体的误区。进一步讲,东中西部地区由于市场空间距离的差异,农民阶层内部分化进度也呈现出区域差别;同一区域内,大中城市周边农村农民分化程度往往大于集中连片农业地区。

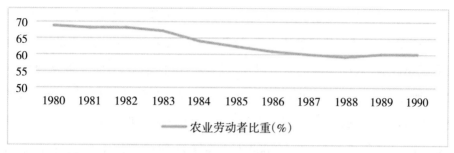

图 12.1　1980—1990 年农业劳动者在社会总就业人口中的比重

3.个体经济领域从业人数高速增长

1980 年 9 月,中共中央《关于进一步加强和完善农业生产责任制的几个问题》提出,"要充分发挥各类手工业、小商小贩和各行各业能手的专长,少数要求从事个体经营的,可以经有关部门批准,与生产队签订合同,持证外出劳动和经营"。自此,部分农民开始从事个体工业、运输业、商业、服务业等非农产业的经营活动,个体户和私营企业主在农村大量出现。作为中国人数最多的社会群体,农民的分化直接带动和促进了原有社会结构的解体。1980 年 7 月,浙江省温州市政府为有效管理市区无证商贩,同时为解决城镇知青和部队转业士兵的就业问题,率先探索对个体工商户进行全面登记,核准这一群体开展公开经营活动。1980 年 12 月 11 日,温州市民章华妹从温州市工商局领到改革开放后中国第一份个体工商业营业执照。在此之后,注册个体户营业执照的热潮在全国蔓延。到 1981 年底,全国个体户首次突破 100 万户,到 1988 年年底,全国城乡个体工商业总计 1452.7 万户,从业人员 2304.9 万人,城乡个体工商业全年营业额达 1288 亿元。①

4.乡镇企业成为农民剩余劳动力转移的重要集散地

乡镇企业脱胎于人民公社时期社队企业。从 1984 年中央 4 号文件正式提出发展乡镇企业以来,以山东、江苏、浙江等省份为代表,乡镇企业在没有外来

---

① 数据来源:《中国改革开放新时期年鉴(1989)》。

资金援助的情况下,在充分利用本地各类资源开展多领域经营的过程中展现了灵活适应市场需求变化的独特优势,拉开了农村工业和现代化发展的序幕。在政府优惠政策、鼓励措施的支持以及市场经济的推动下,乡镇企业从"村村点火、遍地冒烟"逐步走向规模化、集中化发展。大量剩余劳动力以"离土不离乡、进厂不进城"的方式进入乡镇企业务工。乡镇企业数量、总产值、就业人数从1980年的142万个、678亿元、3000万人猛增到1988年的1888万个、7018亿元、9545万人(表12.3)。鉴于乡镇企业职工的农民身份和工人职业的双重属性,学术界普遍将其称之为"亦工亦农"阶层。①

表 12.3　乡镇企业数量、产值、从业人数情况统计表

年份	乡镇企业数(万个)	乡镇企业总产值(亿)	乡镇企业人数(万人)
1980	142	678	3000
1981	133	745	2970
1982	136	892	3113
1983	135	1017	3235
1984	607	1710	5028
1985	1225	2728	6979
1986	1515	3583	7937
1987	1750	4764	8805
1988	1888	7018	9545
1989	1868	7350	9367

(二)20世纪90年代以经济结构形式多样化带动阶层分化

党的十四大明确提出经济体制改革的目标是建立社会主义市场经济体制,以此为契机,全局性的经济体制改革开始深入推进。党的十五大提出"公有制为主体、多种所有制经济共同发展,是社会主义初级阶段的一项基本经济制度;非公有制经济是我国社会主义市场经济的重要组成部分;对个体、私营等非公有

---

① 朱光磊、陈娟:《中国阶层分化与重组30年:过程、特征与思考》,《教学与研究》,2008年第10期。

制经济要继续鼓励、引导"之后,个体、私营经济开始快速发展,私营企业主阶层开始壮大。随着所有制结构不断调整,国有经济、集体经济和非公有制经济"三分天下"的总格局在 20 世纪 90 年代初步形成,非公有制经济的比重持续抬升。

随着经济结构由全民所有制和集体所有制这种单一的公有制结构向公有制为主体、多种经济成分共存的多元所有制结构转变,经济领域改革开启了从体制外先行到体制内攻坚克难的新阶段。国有企业改革从赋予企业自主权、实施抓大放小战略到建立公司制企业法人结构等阶段逐步瓦解了"单位制"体制,部分国企下岗职工开始经营个体工商户、创办民营企业、自主创业等都成为可能。

与此同时,多轮国有企业改革不仅提升了企业竞争力、明晰了国有企业经营范围,而且直接为民营企业成长提供了更多空间。个体企业总产值从 1990 年的 1290 亿元增加到 1999 年 22928 亿元(表 12.4)。随着《中外合资经营企业法》《中外合作经营企业法》和《外资企业法》等外商投资法律的颁布,外商来华投资数量急剧上升,规模不断扩大。中国工人群体开始从体制内单位(国家、集体等所有制经济单位)向体制外单位(个体、私营、外资等多种所有制经济单位)流动,同时,为了适应行业专业化和职业种类多元化的发展要求,出现了一批像中介组织的从业人员阶层和自由人员阶层等新的阶层。在社会成员职业选择渠道和社会分工日渐丰富的基础上,更明显的变化是,由此型塑的多种分配方式引致社会各阶层收入差距进一步分化。到 21 世纪前,在中国经济生活中,经济制度、财产制度、分配制度全面确立,一系列根本性问题得到基本解决,由此型塑了一个产权多元化的市场经济基础。

表 12.4　各经济类型企业工业总产值统计表　　　　单位:亿元

年份	国有及控股企业	集体企业	个体企业	其他类型企业	工业总产值
1990	13064	8523	1290	1047	23924
1991	14955	8783	1287	1600	26625
1992	17824	12135	2006	2634	34599
1993	22725	16464	3861	5352	48402
1994	26201	26472	7082	10421	70176
1995	31220	33623	11821	15231	91894
1996	36173	39232	15420	16582	99595
1997	35968	43347	20376	20982	113733
1998	33624	45730	20372	27270	119048
1999	35571	44607	22928	32962	126111

(三)21世纪以来城市化进程大大加速了阶层分化

新中国成立初期,为保障粮食供应,缓解人口增速较快与生活用品增速较慢之间的矛盾,探索实现严格的户籍管理制度。1951年7月,公安部公布《城市户口管理暂行条例》,规定了对人口出生、死亡、迁入、迁出、身份变动等事项的管制办法。这是新中国成立后第一部户口管理条例,基本统一了全国城市的户口登记制度。1958年1月,全国人大常委会通过《中华人民共和国户口登记条例》,第一次明确将城乡居民区分为"农业户口"和"非农业户口"两种不同户籍,不仅对从农村迁往城市、集镇的人口严加限制,对从集镇迁往城市的也强化政策约束,奠定了现行户籍管理制度的基本格局。

改革开放初期,中国政府开始探索有限地放松户籍门槛,提倡农民工外出务工"离土不离乡,进厂不进城"。1984年10月,国务院《关于农民进入集镇落户问题的通知》明确了各地农民自理口粮入镇的条件、程序和待遇,标志着户籍原本封闭的城乡人口流动大门开始局部打开,人口迁移呈现"就近城镇化"的特征,新兴小城镇迅速发展起来。党的十四大以后,出现前所未有的打工潮,仅1992年当年就有大约4000多万农民工流入沿海城市务工。1978—1996年城市人口由 17245 万人增加至 37304 万人,年均增长约 1114 万人,而同期人口增加了 26130 万人,年均增加 1451 万人,城市人口成为新增人口主体;城市化率也由 17.92% 增长至 30.48%,年均增长约 0.70%。按照国际通行标准,城市化率超过 30% 即进入中期加速阶段。

1998 年 7 月,国务院发布《关于进一步深化城镇住房制度改革,加快住房建设的通知》,该通知决定自当年起停止住房实物分配,建立住房分配货币化,住房供给商品化、社会化的住房新体制。继党的十五届三中全会提出"小城镇,大战略"的发展方向之后,2000 年 10 月,党的十五届五中全会进一步将推进城镇化上升到国家战略,城市化进入快速发展阶段。随着市场在资源配置中的作用逐步提升,国民经济高速发展,推动了城乡生产力的持续发展,为新一轮城镇化的全面展开奠定了雄厚物质基础。21 世纪以来是城镇化进程中发展最快的阶段,城市人口由 2000 年的 45906 万人增加至 2020 年的 90220 万人,年均增加 2215.7 万人,城镇化率由 36.22% 增长至 63.9%,年均增长 1.38%。

表 12.5　1980—2020 年城乡人口数量与总人口数量变化趋势

年份	年末总人口(万人)	城市		乡村	
		人数	比重(%)	人数	比重(%)
1980	98705	19140	19.39	79565	80.61
1985	105851	25094	23.71	80757	76.29
1990	114333	30195	26.41	84138	73.59
1995	121121	35174	29.04	85947	70.96
2000	126743	45906	36.22	80837	63.78
2005	130756	56212	42.99	74544	57.01
2010	134091	66978	49.95	67113	50.05
2015	138326	79302	57.33	59024	42.67
2020	141212	90220	63.89	50992	36.11

数据来源:国家统计局《中国统计年鉴 2021》和全国年度统计公报。

注:1981 年及以前数据为户籍统计数;1982、1990、2000、2010、2020 年数据为当年人口普查数据推算数;其余年份数据为年度人口抽样调查推算数据。

城市化是现代化的基本表征之一。城市化顺应了工业化对生产要素、统一化市场体系和经济规模的需求,必然会吸引大量农村人口、中小城镇人群移居城市。从整个社会结构来看,农村人口比例降低,从事效益低、强度大的农业劳动人口减少,农业劳动者不再是社会成员构成中的多数。城市化也深刻体现着城市生产方式与生活方式的积极影响及其扩散过程。

具体来看,在城市化进程中,社会公众由于生产方式、劳动方式、职业声望、收入水平、文化水平等方面的差异而分化为不同的阶级阶层:部分拥有专业技术或管理能力者成为经理阶层,其经济收入大多也很可观;企业的一般管理人员、专业技术人员、公务员以及部分技术蓝领生活也较富裕,并对社会制度和自己的社会地位产生认同感;部分从事简单劳动的蓝领、失业者和其他有特殊困难的人,则属于低收入者。[1]

当然,也要看到,城市化在以其聚集效应带来美好生活体验的同时,也衍生出城市生活空间范畴内的多重平等和正义问题,除了收入差距扩大、劳资矛盾、地域歧视和排斥性公共服务供给等显性问题外,也包括居住空间的分隔、阶层意识分化、流动群体心理融入等隐性问题。例如,城市原住民群体得益于城市空间资产价值快速升值,土地和物业蕴含的租金快速提升,财产性收入大幅度提高;但规模庞大的农民工无法平等享受教育、就业服务、社会保障、医疗、保障性住房等公共服务,导致一系列复杂的社会经济问题,形成了城市发展中特有的"新二元结构"。

二、社会阶层分化的二重性作用

中国阶层结构的深刻变化与社会发展进步的总体趋势呈现出良性互动关系。在社会主义现代化发展战略主导下,阶层分化以市场经济改革为原初动力,在体制分化、职业分化、收入分化相互融合的过程中,逐渐催生出一个阶层结构多元异质性的社会。由于改革路线的渐进可控性,阶层分化过程主要表现为非

---

[1] 朱光磊、郭道久、孔超:《论城市化进程对中国阶层分化和阶层关系的影响》,《天津社会科学》,2003 年第 4 期。

对抗性、渐进性、不平衡性等特征。同时,社会分化还表现出一系列新的趋势,包括分化维度日益多元化、社会分化"跨边界"现象日益增多、社会分化日益显现"流动性"趋势、网络社会分化日趋明显。总体而言,这一分化具有一系列历史进步意义:阶层分化产生了推动生产力发展的公共管理部门、现代经济部门、专业技术人员、普通劳动者等社会主体,创造出增进社会群体间相互依赖和群际联系的纽带等一系列有利于社会整合的条件,还直接促进了城乡居民自由迁徙、自由交易、自由选择生活方式等基本权利的回归,彰显了社会成员的个性自由。

与此同时,由于阶层分化是在一种特殊的社会历史背景下发生的,在阶层分化的实际进程中也出现了一系列值得关注的负面问题,其中最突出的便是社会公正制度规范的滞后性。

首先是起点平等中的问题。虽然国内市场发育有一个较为明确的历史起点,客观上为实现阶层分化提供了起点平等的历史机遇。但与此同时,由于有行政权力全面介入经济生活的历史背景,容易造成阶层分化严重的起点不平等。一些在旧体制中处于优势地位的人,直接将权力、资源转化为影响阶层分化的重要因素。部分研究证实,中产阶层中的干部和知识分子的地位优势,与他们是否能够调整自己的社会位置,在以市场经济为主导的社会结构中运用原有的社会关系资源、权力资源和知识资源有关。[1]同时,城乡之间、不同所有制之间、行业之间、单位之间存在的众多社会横向流动壁垒,及其形成的集团性分化现象,客观上已经在一定程度上将社会成员圈定在阶层分化的不同起点上。

其次是规则平等中的问题。当前,阶层分化在规则层面上的建设还是不够的,其突出表现为规则失范中的少数人牟利现象。在暴富者中一些人的财富积累往往既不是来源于对知识、技术创新的贡献,也不是来源于个人承担的高风险的合理回报,而是来自诸如偷税漏税、走私贩私、权钱交易、化公为私等不法行径。这一问题的存在,严重损害了守法经营者在市场竞争中的平等权利,并对

---

① 周晓虹:《中国社会与中国研究》,社会科学文献出版社,2004年,第385页。

公众的心理产生了极大的冲击。由于这一问题长期得不到解决,在"劣币驱逐良币"的作用机制下,便存在阶层分化不公正现象的恶性循环。

最后是分配结果中的某些不平等现象依然存在的问题。主要表现就是富有阶层与贫困阶层的财富占有和生活样态形成鲜明对照。因起点和规则不平等所产生的阶层分化不公平现象,并未能通过二次分配获得应有的补偿性校正。中国的阶层分化现象是在新旧体制转换过程中出现的。新旧思想观念的碰撞,新旧体制的摩擦,以及在体制转换过程中产生的种种复杂问题,不可避免地造成了社会生活各个领域不同程度上的规则失范现象,包括出现了一定程度的"政府失灵"现象。

三、"新的社会阶层"在社会转型发展中的基本功能

"新的社会阶层"是中国特有的一个概念,通常是指随着社会主义市场经济发展,在非公有制经济领域和社会领域出现的一些新的社会群体。2001 年 7 月,时任中共中央总书记的江泽民同志在中国共产党建党 80 周年之际所发表的讲话中强调:"改革开放以来,我国的社会阶层构成发生了新的变化,出现了民营科技企业的创业人员和技术人员、受聘于外资企业的管理技术人员、个体户、私营企业主、中介组织的从业人员、自由职业人员等社会阶层。"①这些新的社会阶层"也是有中国特色社会主义事业的建设者"。此后,"新的社会阶层"概念就包括了上述 6 种人群。2015 年颁发的《中国共产党统一战线工作条例(试行)》对"新的社会阶层"做了新的概括,在原来 6 种人基础上归纳出 3 种人:一是私营企业和外资企业的管理人员和技术人员;二是社会组织从业人员(包括律师、会计师、评估师、税务师、专利代理人等,以及社团、基金会、民办非企业单位从业人员);三是自由职业人员和新媒体从业人员。此外,一些不断产生、翻新和扩张

---

① 江泽民:《在庆祝中国共产党成立 80 周年大会上的讲话》,《人民日报》,2001 年 7 月 2 日。

的"新社会群体"也被媒体冠以一些新称号,如"蚁族""北漂""海归""海待"等。

目前,人口统计中还没有关于新的社会阶层规模的最新权威数据。2017年初,中央统战部调研统计测算数据显示,在新的社会阶层人士中,各群体规模分别为:民营企业和外商投资企业管理技术人员约4800万人;中介组织和社会组织从业人员约1400万人;自由职业人员约1100万人;新媒体从业人员约1000万人。扣除上述各类群体间存在的人员交叉数,全国新的社会阶层人数约为7200万人。[①]可以看出,新的社会阶层在成员构成上以知识型技能型人员为主体,大多数属于知识分子阶层,以专业、知识、技能作为生存发展的方式;阶层边界处于动态开放状态,流动性强,能够吸纳更多新兴力量;对中国社会发展影响力增强,具体包括繁荣市场经济、促进创新升级,完善法治建设、推进依法治国,净化网络空间、传递社会正能量等方面。中国特色社会主义进入新时代,新的社会阶层人士将在推动经济高质量发展、发展社会主义民主政治、维护意识形态安全、促进社会和谐稳定中有更大作为空间。

"自由职业者"群体作为新的社会阶层重要构成部分也有了诸多新变化。过去,"自由职业者"多是指那些未与用人单位建立劳动关系,又区别于个体工商户、私营企业主,主要依靠自己的专业知识技能为社会提供合法的服务性劳动,从而获取劳动报酬的劳动者。互联网的快速发展催生了一大批新经济和新业态,如形式多样的网络直播、网店经营、外卖配送、网约车和其他共享经济领域的从业人员增长较快,极大缓解了城乡新增就业人口就业压力。有学者根据中国社会状况综合调查数据(CSS)研究发现,自由职业者在阶层结构中占到5.6%的比例,意味着这个群体人数至少达到3900万人。[②]当代西方政治社会学观点认为,如果某个社会阶层在总人口中的占比超过1%,就有可能成为影响未来社会变革的潜在因素。因此,关注新的社会阶层行为模式对其他阶层的影响作用

---

① 《全国新的社会阶层人士约7200万人》,《光明日报》,2017年1月6日。

② 李培林、崔岩:《我国2008—2019年间社会阶层结构的变化及其经济社会影响》,《江苏社会科学》,2020年第4期。

尤为必要。①

四、社会阶层认同及现实意义

在社会阶层不断分化的过程中,社会成员对自己的社会阶层地位的理解和认识情况基于何种判断,即人们能否把自己明确地归属于不同的社会阶层? 这就是阶层认同问题,也是阶层意识研究的一个重要方面。根据多数学者的意见,阶层认同就是指个人对自己在社会阶层结构中所占据位置的主观感知,也可以说阶层认同就是个人对自己所属社会阶层的一种主观定位。如同阶层分化状况会反映到人们的阶层存在意识中一样,社会阶层的结构特点也会反映到人们的阶层认同意识之中,在阶层认同方面表现出来的一些重要特征,正是我国现阶段社会阶层结构特点的反映。由于阶层认同反映的是个人对自己的阶层地位的主观感知,因此它与根据一定的客观指标所确定的个人所属的社会阶层常常是不一致的。也就是说,按照客观指标划分出来的社会阶层称之为"客观阶层",而社会个体主观认同的阶层称之为"认同阶层"。社会分层的诸多研究已经证明,客观的阶层归属与主观的阶层认同之间的关联度,在不同社会、不同历史时期、不同文化传统和政治环境中是有着很大差别的。对于个体来说,阶层认同不仅仅受到客观的阶层结构的影响,个人的家庭背景、政治倾向、宗教信仰等因素,都会影响到他将自己归属于什么样的认同阶层之中。由于个体对自己所属社会阶层的主观感受和主观定义不同,两个属于同一客观阶层的社会成员可能会产生十分不同的阶层认同意识,进而会产生基于不同认识的社会行动。所以从社会分层研究的角度来看,与"客观阶层"一样,"认同阶层"同样具有重要的阶层分析价值。然而"客观阶层"与"认同阶层"也不可能是完全分离的,作为深层的结构性因素,客观阶层的状况必然会曲折地影响到人们的主观阶层认同。

---

① [美]佩恩、扎莱纳:《小趋势:决定未来大变革的潜藏力量》,刘庸安、贺和风、周艳辉译,中央编译出版社,2008 年,第 2 页。

众多研究显示,我国公众的阶层认同意识处于十分复杂的状态之中。总体来看,可以概括为两种情况:

一是主观阶层认同与客观阶层类别的不一致或偏移问题,也就是说社会公众倾向于或者认同高于自己所属的客观阶层,或者认同低于自己所属的客观阶层。前者主要集中在我国城市居民在声望地位的认同上有向上位移的现象,特别是东部较大城市居民,这些心理特征比较明显。这种现象的出现同这一群体在公共资源占有量方面的优势地位,以及未来可预期的收入增长有直接关联,特别是一些城市建设规划过程中部分居民因排他性的居住地身份,在住房拆迁补助、集体资产收益分享和市场信息获取等方面都具备优势地位,甚至出现了一定数量的食利者。后者主要是指一部分体制内办事人员和农村地区居民的阶层认同具有向下位移的倾向。随着市场化资源配置范围的扩大和权力运行过程的外部监督约束力不断加大,体制内办事人员原有的政策执行空间开始压缩,特别是位于压力型体制末端的基层干部的权力优势地位日渐式微,在同体制外市场主体物质资源对比时,出现了明显的心理落差。对于农村居民而言,赶超型现代化模式下城乡发展陷入政策分割,产品和要素价格出现扭曲,广大农村地区作为现代化的蓄水池和稳定器,陷入了依附式发展困局,由此造成了农村地区大量的劳动力、土地、资金等单向流向城镇,而城镇经济的集聚发展并未实现预期中的扩散效应,农村居民获得感相对较低。

二是阶层认同或定位的清晰与否问题。这个方面表现出来的是一种"两极清晰、中间模糊"的阶层认同特征,在当前我国社会中能够明确而清晰地对自己的社会阶层地位进行定位的是社会的上层群体和社会的底层群体,而处于中间社会阶层的成员对自己的阶层地位定位则相对不是那么明确、清晰,甚至是模糊的。比如,农民阶层和失业半失业者都处在社会的下层,他们几乎没有什么困惑地就明确了自己的社会阶层地位。国家与社会管理者等较高社会阶层成员的主观身份认同与客观阶层归类也具有高度的一致性。对于这种阶层认同现象,一个合理的解释是:上层社会成员的优越感以及想垄断某些特权以稳固和维持其优越地位的意识，强化了其阶层内部的身份认同和与较低社会阶层的区别；底层社会成员的失落感和强烈的不满情绪也会增强阶层内部的身份认同和对较高阶层的仇视心理。

近年来，社会上层和下层"阶层再生产"现象愈加突出。在这样的社会阶层定型化的背景中，处在社会两极的人们产生强烈的阶层认同意识是不言而喻的。至于处于中间地带的社会阶层成员的阶层认同意识明显弱于两极阶层，也是有其相应的结构性原因的。改革开放以来的诸多中间阶层本身往往就是新生社会阶层，发育不完善、界限不明确、缺乏稳定性，这自然会使其阶层成员产生阶层认同上的难度。更为重要的是，某些制度安排并不利于中间阶层的发展。近年来，"中产阶层的沦陷"等关于中间阶层生存状况的负面评价不断见之于媒体。在这种情况下，他们不仅在阶层认同上模糊不清，而且出现明显的自我阶层定位下移的现象。这种倾向背后代表的是不尽合理的社会阶层结构。从现实来看，无论是阶层认同清晰度的两极化，还是中间阶层认同的模糊化、下移倾向，都表明社会已出现了一些值得重视的现象。而关于社会两极化发展的危险后果，马克思主义经典作家早已以对资产阶级社会的批判和揭露的形式表达得淋漓尽致了。

第二节　新时代阶层分化重组的新变化

中国社会阶层结构在经历了改革前期持续快速分化之后，伴随着国家治理各领域制度体系的完善发展，相应地，新时代社会阶层分化重组已从纵向阶层间破旧立新走向阶层内部的二次分化。从微观层面看，职业规划、经济收入、居住空间、人际交往、生活消费等各方面的分化已经内含在各阶层日常生活的方方面面，并且在不同地区呈现出不同的分化样态。以农民阶层为例，新时代农民群体的分化外在表现多种多样，"既包括职业分化，农民从单一务农的农民阶层分化成不同职业的职业群体；也包括身份的分化，农民从纯粹农民身份转变为农民工、'半工半耕'农户、个体工商户、市民等;还包括农民之间社会关系形态的分化,如从均质化的传统血缘地缘关系向个体家庭之间经济社会关系的层级关系转变"①。

一、社会阶层结构化的几个面向

随着改革迈向深水区和进入攻坚期,特别是随着市场机制逐渐在社会资源和生活机会分配中发挥决定性作用,曾经从集中再分配体制演化而来的社会分化,将会在新的改革开放时期达到新的高度,曾经长期隐含在政治共同体中的不同阶层的利益,在资源和机会分配机制根本变革、社会关系大调整的过程中,将会越来越凸显,越来越明晰。

首先,进入"中等偏上收入国家"后,未来的转型或发展的基础将是在中等偏上收入的水平上继续发展。从生存到发展,不同的发展阶段,各个阶层会有不同的需求。紧紧伴随经济增长而成长起来的新阶层,如民营企业主、专业技术人员等,都将同步转向成熟,包括自身的职业地位、社会声望、收入、财产、社会影响力等,都积累到了一定程度,其自身的相对独立性日益增强。他们会对自身的成长环境提出更多、更高的要求,也具有越来越大的影响力。

其次,与基础性作用相比,市场机制在资源配置中将发挥更大的作用,迈出走向新体制的决定性一步。人们在市场中的状况在很大程度上决定着阶层状况及其权力地位,市场交易关系在很大程度上影响着人们之间的社会关系。原有以行政权力为核心的社会结构体系和阶层关系,会逐步转向以市场权力为基础的社会结构体系和阶层关系,主体和结构都将因此逐渐发生重要改变。正是因为阶层边界的明晰和阶层利益的凸显,阶层地位的再生产成为社会结构的重要特征,特别是物质财富和教育机会的分配越来越显示出代际传递的特点。虽然

---

① 杨华:《增强和扩大党在农村的阶层基层和群众基础研究》,《湖湘论坛》,2019 年第 3 期。

中国社会的急剧变迁塑造了相对开放的机会结构,但阶层地位的再生产仍然占据一定的优势。阶层矛盾张力增强,使得政府的调节作用日益凸显。

在传统社会主义社会中,即使出现了阶层分化,由于政府在阶层资源分配中的关键作用,阶层之间的张力得到有效的控制,阶层之间的矛盾也能够得到政府的有效调节。而以资源配置的非集中化和市场化为核心的体制改革,应当可以从根本上改变这种状况。首先,市场机制作用的上升,在越来越大的程度上导致了社会阶层之间的分化,决定了阶层的相对地位和利益。其次,随着经济的高速增长和社会财富的迅速增加,财富分配在社会分配中的意义越来越重要,财富分配差距的扩大,导致部分阶层相对地位迅速上升,部分阶层相对地位日益下降。再次,阶层地位的固化和封闭,都将使得不同阶层之间的利益张力越来越强化,越来越有可能从张力转换为矛盾,由矛盾转换为冲突。阶层结构的张力、矛盾与冲突的发展,使得国家的调节作用也日益凸显出来。

学界一种较为普遍的看法认为,从 20 世纪 90 年代中期以来中国社会就出现了一种社会阶层结构的定型化趋势。然而仔细分析就会发现,这种定型化并不是发生在所有社会阶层内的。十几年来,中国社会一直在一些制度和非制度性安排下,强化着阶层定型:在上层形成了明显的"阶层再生产"现象;在下层则形成了一定的弱势群体代际传递现象。21 世纪以来,社会阶层结构从前一阶段社会阶层的迅速分化,到现阶段已经演变成相对稳定的阶层结构。当前,社会阶层结构定型化的特征主要表现为:阶层之间的界限逐渐形成、具有阶层特征的文化模式形成,以及阶层内部认同强化。除此之外,当前社会成员在社会资本、消费模式,以及社会交往等方面也呈现出较为明显的阶层化特征。

也有学者认为,当前出现了产权与资格证书等排他性因素增加、住宅区隔制开始出现,以及不同阶层生活方式和交往模式开始形成等阶层结构定型化的趋势。[①]随着科学技术、管理等逐渐在经济和社会发展中起到越来越大的作用,

---

① 童星、张海波:《社会分层与社会和谐》,《社会》,2005 年第 6 期。

决定人们阶层地位的因素也从传统工业社会单一的经济或市场地位,转变为经济或市场地位、技能、管理位置、劳动力等多种复杂因素,以不同的阶层资源为基础形成了不同的阶层,阶层结构因而变得复杂化。阶层结构的复杂化意味着阶层竞争场域中行动主体的复杂化以及阶层关系的复杂化,简单的"敌对关系"和"革命价值"已经无法准确概括新时期阶层结构和阶层关系。[①]

二、互联网时代阶层关系的新变化

在后工业化与互联网发展同步推进战略下,中国较早进入网络社会。互联网催生了一大批新产业新业态,各种新职业和创业机会也在不断增加。新行业和新部门的准入门槛相对较低,一部分人由于新技术和新创意而获得财富的可能性大大提高,实现阶层地位上升的机会日渐增多。社会阶层流动的加速性特征在新媒体时代得到了全面体现,部分群体的阶层身份转变更加快捷,网络社会中有时一个阶层尚未形成稳定的社会行为就被新的社会阶层所取代。同时,由于互联网在信息传播方面改变了以往单一主体被动接收的状态,信息多点集散、互联互通的状态成为现实,进入某个行业所需知识和信息的垄断性在一定程度上被打破,为普通个人提供了多方面的发展契机。网络空间中个体角色的多重性和虚拟化的处理技术使得个体忘却了现实社会中存在的阶层差异,各阶层在网络上可以实现平等交流,阶层之间的界限被打破,阶层关系呈现多样化、复杂化的特征。

新媒体时代网络舆论的多元化、碎片化,正反映着主体利益的多元化。利益多元化对阶级结构形成的影响是多方面的。一方面,阶层多元化与不同阶层利益的多元化,使人们思想和社会心理的同质化状态不可能再继续,既定的利益模式和惯常思维被打破。社会利益的多元化使社会形成了不同层次的社会阶层

[①]　李路路:《从阶层分化到阶层结构化:我国社会阶层结构有哪些新变化》,《人民论坛》,2016年第6期。

和利益团体,这些阶层和利益团体自觉地或不自觉地以不同方式影响着公共政策的制定和实施。另一方面,个人的个性需求得到张扬,具有现代性意味的个人概念得到发育。个人努力的因素在地位上升中的作用逐步增加,出现了相当部分的人整体社会地位上升的现象,利益的多元化缓解了社会矛盾,社会团结指数上升,中间阶层比例扩大。再一方面,尽管利益多元化反映了阶层结构的巨大变化,为底层民众提供了更多人生出彩的机会,但是也从侧面说明经济社会发展的极不平衡。利益多元化会在一定程度上增加了社会阶层矛盾的复杂性。当然,新媒体时代的阶层利益除了经济利益之外,更有民众对政治权利、价值观念、自我认同、精神需求等的全面诉求。

三、社会阶层交往行为模式变化趋向

一个最直观的变化是,阶层分化的过程必然包含着交往空间的扩大化。改革开放前,在"2+1"的阶级结构[①]和高度集权的管理体制下,个人的社会角色和公共交往空间往往就是组织化的政治实体,是相对固定而狭窄的。随着包括经济体制在内的各方面改革深入进行,人口空间流动极大拓展,一些沿海城市流动人口数量甚至数倍于本地户籍人口,大大拓宽了不同区域间社会公众的接触界面。与此同时,现代社会是由具有自我意识的独立行动主体构成的,随着人的主体性地位逐步上升,在物质需求满足后,对于精神文化需求、政治民主需求、社会公平需求和美好生态环境需求都会相继表达出来,从而推动个人—阶层之间的横向联系及个体—国家间的纵向服从关系开始调整。而现实中,不同社会阶层在享受社会改革发展成果上存在着不对等的关系,一些阶层的社会地位、职业声望和占有资源的能力提高了,少数阶层在相对获得感上却出现挫败感。在这种情况下,阶层之间交往关系的复杂化成为必然。

---

① 朱光磊等:《当代中国社会各阶层分析》,天津人民出版社,2007年,第206页。

一方面,阶层交往关系中的工具理性色彩扩大。市场化改革一般事先预设市场的自发调节能够对资源起到优化配置的作用,但自发调节作用内在包含着一种工具理性的缺陷,包括投机心理、风险博弈、非理性竞争等。受此影响,在阶层之间关系的重构中,物的塑造力在群体、阶层交往中的影响力越来越大。另一方面,权力与资本的渗透关系阻碍了社会阶层间规范化交往关系的形成。从居于主导地位的经济整合机制的深层制度基础来看,在过去较长时间内的双轨制条件下,公有资产的既具行政性又具契约性的委托–代理制度,以及嵌入在政治权威结构之中的市场制度,共同构成了阶层分化和交往的制度基础。在其之下,从这些权力中产生了既得利益集团,成为中国市场化改革深化和阶层交往关系合理化的人为障碍。

当然,上述问题更多是社会特定发展阶段的结果,不必过于悲观。美国社会学家彼特·布劳的社会分层论①提供了一种可供参照的乐观的理论解释:多元复杂的社会阶层为社会结构优化调整提供了现实素材,社会人在诸多阶层间有序流动带来社会异质性的优化,有助于不平等的缩小。回归中国社会现实,虽然异质性交叉可能导致阶层关系紧张,但在现代社会,异质性的存在形式是高度关联的。这就是说,社会主体所具有的参数几乎不可能是单一的,多数情况下个体会拥有许多不同的身份侧面,很可能会分别参与不同群体的内部交流。这样,群体内的同质化交流和跨群体的异质性交流就有了诸多连接形式,最终社会异质性可以在一定程度上抵消社会交流障碍。

具体到特定阶层的社会行为,社会公众一般对高社会阶层或底层群众的关注最多,为此出现相应的"社会道德关注失衡"现象——在不道德行为方面,社会大众对高社会阶层的道德判断比对低社会阶层更加严厉,对高社会阶层的不道德行为进行放大,给予更严厉的批判,而对低社会阶层往往会给予更加宽容的谅解。其中,虽然媒体的引导、个体的影响力、道德判断的易获得性、刻板印象

---

① [美]布劳:《不平等与异质性》,王春光、谢圣赞译,中国社会科学出版社,1991 年,第 29 页。

等因素会影响道德判断的严苛程度,但行为者的社会阶层特征是影响我们对不同社会阶层个体采取多重道德判断标准最直接的重要因素。在有关中产阶层的行为模式讨论中,学术界历来有争论。既有关注中产阶层在"政治上的后卫姿态和消费上的前卫姿态之间的某种联系"①,也有观点认为中产阶层在权益维护方面存在"情境化"的保守与激进现象:在日常状态下,中产阶层是理性的经济主体,作为现行体制的受益者,具有明显的求稳心理;对涉及自身利益的社会公共事务有较高的参与热情,特别是一旦利益受到实质性损害,中产阶层也会采取公开化方式维权,常常以自媒体方式扩大自己的话语影响力。在社会信任关系培育方面,个体所处的社会阶层,在一定程度上影响了他们的信任倾向。大量实证资料显示,信任感在不同阶层中的分布是不均匀的。一般而言,社会地位越高、权力越大的人越倾向于相信别人,因为其所拥有的充裕资源使其抵御损失的能力更强。可以推论,一般情况下,主观社会阶层越高的人,其群体信任度越高。

事实上,阶层交往关系的合理化只能通过理性、合法、合理的途径来实现。合理化的阶层交往关系以平等对话为原则,这一原则在多元化的转型时期表现为不同利益群体之间的平等对话。平等不仅是程序平等,更是经济、政治、文化等权利的实体性平等。权利平等是内在之基,只有不同阶层之间的实体性平等才能抵制资本、不良权力的侵蚀,避免阶层间的对话流于形式。而程序平等是外部保障,是依法治国的内在要求,程序平等往往能有效地避免强势群体对相对弱势群体的打压,给予弱势群体以表达、维护利益和意愿的平台,提高对话谈判能力。无论是缺少了程序平等还是权利平等,阶层间交往关系的合理化都是不可能实现的。对话是一种态度、一种能力,更是一种理性交往,是由对任何主体都具有约束力的目的、工具和规范组成的经验人性的交互过程。

---

① 周晓虹:《中国社会与中国研究》,社会科学文献出版社,2004年,第391页。

第三节　多维视角下的阶层平等关系构建

中国传统社会事实上流行的平等观念是相当有弹性的，人们对平等的诉求是面向特定层级的。这种观念强调在同一层级内部的平等，但对于不同层级之间，接受可以容忍的社会不平等与社会差别，只要这种差别对待不逾越公认的界线。中国社会中的不平等现状没有形成严重的二元局面，以往那些关于中国民众如何看待不平等的看法通常过于简单。事实上，那些因不平等现象而愤懑的人并不集中于社会底层，而是少数尚未进入中产阶层序列的城市年轻群体。总体而言，中国当前不平等的模式和趋势是社会稳定而不是社会不稳定的来源。[①]

一、稳步实现阶层政治资源获取权益平等目标

在社会资源类型中，政治资源越来越受到关注，政治资源在阶层间的配置更关乎到阶层关系问题。西方行为主义政治学家对政治资源的界定主要有两种角度。从个体角度来理解，达尔把政治资源界定为"一个人可用于影响他人行为的手段。因而政治资源包括金钱、信息、食物、武力威胁、职业、友谊、社会地位、立法权、投票以及形形色色的其他东西"[②]；从集体即政治体系的层面认识政治资源，则主要集中体现在政治系统论者的研究中。就阶层研究而言，个体意义上的政治资源内涵及其包含的要素无疑与社会分层的主要指标相契合，政治资源的内涵基本上涵盖了划分阶层的一系列标准，政治资源可以成为阶层划分的重要标准，政治资源的流动成为社会阶层变迁的一个重要观测点，从政治资源配置的视角可以透视社会阶层结构的发展和变化。

---

① ［美］怀默霆：《中国民众如何看待当前的社会不平等》，《社会学研究》，2009 年第 1 期。

② ［美］达尔：《现代政治分析》，王沪宁、陈峰译，上海译文出版社，1987 年，第 47 页。

实现政治平等的一个重要途径是政治资源相对平等地分配。当前,政治体系面临的一个重要任务就是如何在资源相对丰富的情况下更为合理地配置政治资源,改变资源配置的倾向性累积性趋势,构建和谐的社会阶层关系。

第一,保障基础性政治资源的平等分配。政治资源是一个综合的资源体系,从资源类型上可以分为基础性政治资源和派生性政治资源。前者如投票权、选举权等,这些政治资源基本上由宪法确定和规范;后者往往指公民在这种过程中获得的能够对政治决策产生影响的各种机会或际遇,这类资源具有一定的潜在性,往往与个人获取资源的技能和环境有一定的关系。

客观上讲,派生性政治资源很难实现完全平等分配。因而,解决资源过于集中、实现相对平等的有效措施是确定基础性政治资源的平等分配。宪法规定公民在基本权利上的一致平等。依照宪法,基础性政治资源应人人平等享有,但这些规定往往比较抽象,这些基础性政治资源要成为现实,往往需要具体的制度和一定的社会条件来保障。例如,宪法规定每个公民都有选举和被选举权、申诉的权利、接受教育的权利,但由于缺乏具体实施条件、自身的政治技能有限,弱势阶层拥有的基础性政治资源往往并不充分。因此,在现阶段,应从制度安排上真正保障每个公民基础性政治资源的平等分配,并从各个环节和方面保障平等实现。

第二,政治资源的配置要划定合理阈值范围。由于各种类型政治资源的兼容性和增值作用,尤其是财富因素对政治影响很大。为了实现政治资源配置的相对公平,应该对政治资源的分配设置合理阈值范围,尽量避免放大财富等对政治过程的效应。对于现阶段中国而言,当务之急是防止强势阶层放大资源配置的倾向性累积效应,遏制其把各种潜在的资源(如金钱、社会声望等)转化为政治权利,既要通过合理的制度设计避免强势阶层对政治资源的无度索取,更要在资本和权力之间建立合理的制度防火墙,构建资本、财富与政治权力合理规范的关系。在政治资源配置的下限方面,要设立对全体公民都适用的资源配置的最低限度,一个社会体系的正义,本质上依赖于如何分配基本的权利义务,依赖于在社会的不同阶层中存在着的经济机会和社会条件。通过设置政治资源配置的下限,保证所有公民都可以得到最低限度的政治资源,以实现基本的平等。

第三,创新体制外社会阶层政治吸纳方式。伴随着改革开放的步伐,民营企业主、个体工商户、自由职业者等阶层的规模与影响越来越大。21世纪伊始,在对上述阶层在中国特色社会主义事业中政治身份规范界定的基础上,中国共产党通过基层党组织直接吸纳和党领导下的政治体系间接吸纳等方式,充分调动了新阶层群体参与国家事业建设的热情,实现了高效率、独创性的政治整合。但也要看到,当前主要面向体制外社会阶层的政治吸纳模式所具有的选择性、偏向性、局部性、分隔性等特点,已经不能完全适应形势的发展,这种不适既体现在渠道上,也体现在代表性上。长此以往,可能会使体制外社会阶层对整个政治体系产生疏离感。因此,应当进一步拓展吸纳渠道,加强群体思想引领,提升被吸纳对象的代表性,推动精英吸纳模式向普遍吸纳模式转型。

需要着重强调的是,在阶层结构塑造和阶层关系的形成中,矫正和改变政治资源配置的失衡局面,必须发挥主导型政治力量的作用。这一力量主体职能发挥的关键是要进行正确的利益定位,应站在公共利益角度和人民整体、长远的利益角度考虑资源的分配,协调社会阶层关系,既不能仅仅代表某一阶层或少数阶层的利益,更不能被强势阶层所"俘获",应主动适时对市场所奉行的效率原则进行必要的调整与矫正,关注底层的政治法律权利,提高社会弱势阶层的经济收入和参与社会生活的能力。在这方面,中国具有独特的政治制度优势。在国内,无论是经济领域的多元化还是政治领域的多元化,都是建立在有主导性力量的基础之上的多元化。如公有制为主体、多种所有制经济共同发展是中国现阶段的基本经济制度,中国共产党领导下的多党合作和政治协商制度是一项基本政治制度。总之,始终存在一个没有自身特殊利益的掌舵者。同时,中国共产党全心全意为人民服务的性质决定了掌舵者和参与者在根本利益上的高度一致。

二、完善阶层经济收益平等保障机制

市场经济的平等原则是起点平等与规则平等。前者指的是市场主体享有平等的社会权利,市场对所有人开放,每个人都有自由进入或退出的平等权利,任何人都不能以强制的方式要求别人按照自己单方面的意愿进行交易。规则平等指的是每个市场主体在市场竞争规则面前平等的权利与义务,市场规则适用于进入市场的每个主体,每个市场主体不承认任何外部强加权威,只认可竞争的权威。在起点平等、规则平等的公平观念中,阶层分化不仅是不可避免的,是市场逻辑的必然体现,而且也是激发人们进取精神的效率源泉。市场主体起点不平等与规则不平等依然彼此交织,以2020年城镇非私营单位分行业收入分配为例,信息传输、软件和信息技术服务业,科学研究和技术服务业,金融业,卫生和社会工作,电力、热力、燃气及水生产和供应业依次为高薪行业,在这其中不乏专属垄断行业。为此,要逐渐在垄断行业引入竞争机制,放松准入管制,简化审批程序,降低审批难度,甚至可以取消相关人为设置的审批程序。只有推进产权多样化改革,实现行业投资主体多元化,降低其溢价程度,才能提高行业的服务与生产水平,同时抑制垄断利润的产生,将行业利润率控制在合理范围。这样,相关行业的人员工资与待遇也会回归正常水平,阶层向上流动的垄断藩篱将会随着竞争的引入而自然消失。

鉴于农业劳动者阶层在社会阶层收入结构中始终处于劣势地位,为此,着眼于改变生产要素由乡到城单向非均衡流动和城乡生产要素的交换关系不对等现象,保障农业生产者阶层公平合理的收入权益具有重大意义。城乡生产要素双向流动在应然层面上就是要求打破行政区划壁垒和行业阻隔,更充分地发挥市场配置资源的决定性作用,实现生产要素经济效益的最大化,其实质即是保障城乡居民都能公平可及地分享改革发展成果。新时代实施乡村振兴战略是一个在开放环境下从城乡两端精准发力、激活要素资源的过程,包括推动农村剩余要素向城市转移、实现城镇各类生产要素向农村汇聚和盘活农村各类现有要素资源三个高度关联的环节。同时,三个环节有效运行的保障机制是实现城乡生产要素的等价交换。以深化城乡融合发展为统揽,加快提升城乡产业发展关联度,实现城市的资金、技术、企业家才能等优势资源更好地辐射到农村。在具体实施过程中,要以推进政府服务能力建设为突破口,在涉农企业登记注册、雇工投劳、技术服务、纳税申报等多个环节进一步健全服务制度、规范服务流程、优化服务方式。在盘活农村各类现有要素资源方面,要进一步深化和细化公共财政预算制度、农村土地制度、农业经营制度、集体经济产权制度改革,为高效利用农村既有生产要素,实现要素增值收益的属地化提供更多渠道。

三、开创阶层文化资源交互共享新途径

自布迪厄从生活方式差异视角对法国 20 世纪六七十年代社会中的阶层行为进行开创性研究伊始,文化阶层分析恢复了文化因素在社会阶层分析和理论中的核心地位。此后,学界开展了一系列关于"文化资本""文化投资""文化氛围"等方面的理论研究。从作用机理来看,文化通过习惯、信仰与价值观等要素影响个体选择偏好,进而影响社会经济发展。考虑到基于文化背景形成的非正式约束和制度因素形成的正式规则之间的关系,将共同决定社会阶层行为选择集合与最终结果,因此应积极改善社会文化背景,借助非正式约束变迁推动正式制度演化,特别是要在观念上鼓励弱势群体实现向上流动的信心,提升代际努力期望值。

社会阶层的文化视角观将社会阶层概念化为一种文化形式,在共享的社会情境中创造出特定阶层的价值观和行为准则。不同阶层的行为、规范和期望具有不同的模式,如礼仪、风俗和审美。这些模式促使个体具有特定的社会阶层身份,并对其思想和行为产生影响。阶层对于平等感影响目标达成的调节作用是通过目标承诺来实现的:对于低阶层者来说,社会环境越公平,其目标承诺水平

越高,进而其目标达成得分也越高。低阶层情境主义的认知模式使他们对平等的社会环境更为依赖。因此,促进不同阶层共享平等信念,这对低阶层达成个体目标、实现向上流动尤为重要。共享发展理念的实质内涵是让所有社会成员分享经济发展成果,这种发展理念是针对阶层分化、城乡差距和地域发展不均衡等结构分化的现状提出的,目标是防止两极分化,实现社会良性互动以及经济社会的协调发展。

我国古代先贤早就提出"夫天生蒸民,有所以取之"①,即不同的社会阶层都应各取所得。不同阶层共同分享社会财富,尤其体现在社会底层是否能够获得并分享社会财富。要知道,在社会发展过程中,社会分化不仅是社会发展的客观存在,也是制定各类社会政策的重要依据。要正确认识当前社会阶层结构分化中的收入分配差距,将其放在合理的时间刻度内予以分析,避免不加区分的横向对比、简单拉平和不切实际的过高期望。与此同时,鼓励高收入人群和企业以更高站位、更大格局,将自身的长远发展融入共同富裕的大场景之中。

---

① 《荀子·荣辱篇》。

第十三章
社会流动对阶层关系的重塑

社会流动是个人或群体在社会阶层结构中所处位置的变化。理想状态下的社会流动指向社会成员在个人发展中不存在先赋性障碍和结构性障碍，有平等机会获得力所能及的社会资源，从而实现在社会结构中的理想位置。对社会流动的发展态势、基本路径、阶层分布等要素的分析，是把握社会流动如何影响和再造社会阶层关系，保障特定流动群体发展权益的重要窗口。

第一节　社会流动基本态势

改革开放以来，中国社会已步入大流动社会，原本附着于土地、户籍和社会分工等要素规约下的人口，呈现出结构复杂化、流向多元化、诉求多样化等特点。国家卫生健康部门对全国范围流动人口动态监测调查显示，尽管从 2015 年开始，中国流动人口规模从此前的持续上升转为缓慢下降，但依然保持在 2.3 亿人以上（其中，2019 年全国流动人口规模仍达到了 2.36 亿人）。这表明，国内大流动社会态势并未减弱。

一、社会流动触发因素

从有关社会流动的文献中，可归结出两个基本理论范式或两种分析逻辑。这两种逻辑推进了社会流动研究的发展。一是现代化逻辑。现代化意味着经济技术理性的发展在内在逻辑上要求社会各个方面形成与其相一致的结构性特征。因此，随着现代化进程的推进，特别是经济结构、职业结构的变化，一切阻碍流动的障碍将被破除。社会流动的机会大量增加，代际之间的继承机会大大下降，总的社会流动率持续上升，社会流动机会将更加平等，社会也将越来越开放。二是社会综合逻辑。社会流动的状况和趋势更多地受到社会利益结构、文化传统、意识形态等因素的影响，并形成相应的模式和趋势。而经济技术理性只是诸多因素中的一个。工业化无疑会提升社会流动率，但这种社会流动率的提升反映的是社会职业结构变动引起的代际之间的结构性流动，而不是源于职业阶层之间相对流动机会的不同。

合理、公平、顺畅和有序的社会流动是过去四十多年我国取得快速发展的秘诀，仍将为实现"两个一百年"奋斗目标提供保证。改革开放以来，中国社会流动主要有三个阶段：

一是 1978—1992 年。市场机制开始在一些领域发挥作用，发展战略和经济结构的调整扩大了就业空间，改变了职业结构；政治变革降低了人们对政府、集体的依赖程度，促进了社会开放和个人自由。部分社会成员开始从"体制内"走向"体制外"，剩余劳动力进入第二、三产业，社会开始了前所未有的大规模流动，其中向上流动是主流。

二是 1992—1997 年。改革步伐加快使社会流动更加频繁。突出表现为个体私营经济和外资企业得到迅猛发展，从业人员快速增长；城市化进程加快，每年新增城镇人口几乎都在千万以上；"三产潮"使许多人进入"下海"的行列；下岗人员增加。这个阶段的社会流动总体上是向上的，但出现了一些新问题，如"脑体倒挂",工人产生失落感,有些城市限制农民进城等。

三是市场经济体制不断获得完善,国有企业改革、户籍制度改革、大学扩招等都对社会流动产生了影响,白领工人队伍不断壮大,中介组织从业人员、自由职业者等新阶层逐步形成,城乡之间的"双向流动"开始出现。

促进我国社会流动的因素主要有三个方面。一是产业结构调整。改革开放以来,我国产业结构不断升级、工业化水平持续提高,带动第二、三产业的就业规模持续扩大,并催生大量管理岗位和专业技术岗位,有利于劳动者获得更好的工作和更高的收入。二是教育事业发展。随着我国义务教育的全面普及和高等教育入学率不断提高,劳动者的素质和技能大幅度提高,他们在工作和生活中更加自信、更有活力和创造力,因而也更容易向上流动。三是市场机制逐步健全。我国社会主义市场经济体制不断完善,人们在经济活动中面对平等的规则、机会,可以通过辛勤劳动获得相应回报。

经济发展从高速度发展阶段转向高质量发展阶段,需要调动政府、社会、市场、个人多方面的积极性,构建保障高质量发展的制度体系和治理体系。改革和创新劳动力和人才体制是当务之急。从目前来看,制约劳动力和人才合理、公平、顺畅和有序流动的体制机制障碍依然不少,其中最主要的障碍是先赋性障碍和结构性障碍。所谓先赋性障碍,就是人们与生俱来的障碍,比如家庭经济地位、社会地位以及所处的生存环境等。有的人出生在经济条件较差的家庭,父母受教育水平低,从而不能给予他们更多的家庭经济资本、人力资本乃至社会资本支持,从而会影响社会流动机会和能力。结构性障碍,主要指体制机制障碍,包括公共服务供给体制、户籍制度、劳动体制、技术体制、人事薪酬体制、教育体制和兜底机制等。这些体制是经过一段时间形成的,改革起来难度很大,严重制约社会流动。

长期以来,农民工为我国经济发展做出了巨大贡献,但他们在公共服务上得不到同等对待。在这种情况下,农民工不可能安心工作,更没有机会、时间和意愿去提升其技能,以农民工为主要力量的产业工人队伍建设滞后于高质量发展要求,影响我国经济竞争力。同样,社会上有不少英才因为结构性体制机制的障碍,而不能各尽其才,对国家发展来说是很大的损失和浪费。

二、社会流动的基本特征

改革开放以来,中国社会阶层结构的明显变化对社会流动也产生了积极影响,主要体现为以下结构性特征:

首先,城乡二元结构的破解带来了大量进城务工农民。家庭承包责任制将农村剩余劳动力释放出来,城乡二元分隔体制开始被打破,超过 2 亿多农民从农村流入到城市,既成为中国产业工人中庞大的新生力量,也成为城市居民的重要组成部分。农民向城市的流动,整体上提升了该群体的经济水平和社会地位。

其次,产业结构的转型给人们的职业流动创造了更大的机会。随着城市产业结构从传统的劳动密集型向资本密集型转变,城市产业结构从第二产业为主转向第三产业为主,第三产业中新型的知识生产、科技服务、新媒体等行业和以专业技术人员为主体的职业岗位快速增加,为社会群体向上流动提供了更大的机会。

再次,以教育为核心的自致性机制在城市社会流动中发挥着越来越重要的作用。快速发展的中国高等教育让越来越多的人凭借自己的努力进入大学。接受好的或优质的教育被普遍认为是现代城市社会职业竞争中最重要的人力资本,因此教育资源的增长也推动了越来越多的人向上流动。

最后,城市的劳动者个体与其就业组织之间的关系日益契约化。《中华人民共和国劳动法》保障了劳动者个体自由择业的权利,劳动者个体的流动自主性大大增强。这样,传统的体制性因素在社会流动中的藩篱逐步被破除,劳动者个体的教育、能力、经验等自致性因素在市场竞争中显示出更大的作用,由此增强了社会流动的活力,提升了流动的公平性。

一般来说,阶层流动最初是从拥有较少体制资本或远离体制核心部门的阶层开始,然后逐步转向较高的社会阶层。同时,也要看到,社会流动不完全是低社会阶层寻求更好生活条件、工作机会、人生价值的专有体验,而是各阶层基于自身发展的总体判断,积极融入社会发展大局的自觉行动。这是体现现代社会活力的重要维度。与此同时,虽然转型期国内社会流动无论是在量上还是在质上都得到了很大发展,但某些因素在一定程度上依然从深层次上影响社会流动。第一,不同所有制的就业组织之间的治理结构不同,势必会影响其成员社会流动的结果;第二,国内社会的“差序格局”文化传统也会对社会流动机制产生影响;第三,家庭资本仍然在社会流动中发挥着作用,上一辈人的经济资源、文化资源、政治资源和社会网络资源会在一定程度上向下传递给子辈,使其获得某些先赋性优势。

另外一个值得关注的视角是,通过社会流动距离分析阶层分化。按照阶层流动阶梯跨度,社会阶层流动存在两种模式:长距离流动和短距离流动。帕金的社会封闭理论认为,工业社会阶层流动主要发生在相邻的阶级位置之间,称之为“缓冲地带”,因而大多数属“短距离”而非“长距离”的阶级流动。韦伯则主张,社会流动距离取决于社会所处发展阶段。也就是说,社会是处在技术革命或制度革命阶段,还是处在财富分配模式相对稳定的阶段。前者有可能产生大规模的长距离流动;而后者则会出现短距离的社会流动。

中国社会流动基本符合韦伯的理论判断。自20世纪80年代伊始,经济体制改革阔步前进过程中产业结构迎来大转型,社会成员的发展空间和机会空前膨胀。加之当时各种新旧体制机制并未能及时衔接转换,宏观社会结构处于剧烈变动的过程中,社会分化程度迅速提高,社会流动呈现出极度活跃的长距离流动特征,各阶层间的流动机会均等化程度得到提高。21世纪以来,市场经济发展和产业结构调整仍然提供了大量社会流动的机会,但社会体系的大规模变革渐趋结束,社会分化的效应逐渐显现,总体上已经开始进入财富分配相对稳定的阶段,长距离、跳跃式的社会流动大幅度减少,社会流动模式将以机会多但距离短的模式为特征,社会阶层的生产与再生产成为常态。①可以说,近十年来中国社会阶层之间的垂直流动趋缓,优势阶层同底层的封闭性增加。此外,不同阶层流动距离差异明显,其呈现的阶层流动规律为越是高的阶层,其跨越阶层流动的距离越大,农业劳动者阶层距离最小。这说明,社会中上层具有较多的长距离流动,其阶层流动来源更多为社会中下层,社会中上层对社会中下层保持了较高的开放性。

三、社会流动的功能效应透视

社会流动及其感知对个体与社会具有广泛而深远的影响。文化适应论观点认为,社会流动包含一种再社会化过程,在这个过程中,个体会逐渐摒弃在原生阶层中习得的价值观、规范与习俗,努力适应新的阶层环境。不过,不同流动经历对个体的影响是不同的,向上流动则会使人们更积极地适应阶层位置的变化,表现出努力、坚毅、负责等积极特征;②而向下流动会使个体产生挫败感,在适应过程中也面临更多的压力与困难。

一方面,流动是个体利益获得的重要途径。向上或向下流动不仅反映了个体在社会阶层上(即经济收入、受教育水平以及职业等方面)的改变,更涉及与之相关的利益、资源和声望的获得或损失。因此,人们普遍预期向上流动会使个体受益。另一方面,阶层流动是社会公平的重要体现。社会流动反映了社会成员实现成功的机会平等和程序公正,特别是高水平的阶层流动及其感知使人们相信社会阶层之间的开放性与可渗透性,从而提升社会公平感,促进社会稳定。

当然,社会流动并非是自发自为的过程。其中,政府要进行相应改革并投入必要的财政成本,个体在提升阶层地位和改善阶层状况中需要付出必要的努

---

① 李煜:《代际社会流动:分析框架与现实》,《浙江学刊》,2019 年第 1 期。

② Sieben, I. Child-rearing Values: The Impact of Intergenerational Class Mobility, *International Sociology*, 2017(3).

力、竞争有限的机会和跨越制度屏障。这一切均可化约为社会流动成本,即为了保障社会成员的社会流动权利,以及实现社会成员的社会流动目标而必须付出的公共成本和私人成本的总和。

第二节　社会阶层代际流动轨迹

阶层代际流动是社会阶层结构分析和社会流动分析的核心问题之一。代际流动的状况和机制反映了社会阶层间在社会秩序、资源分配和交往模式等方面的深层机理。

一、阶层代际流动机制

代际流动,也就是代际间的社会结构位置的变动。一般用父母和成年子女在经济收入、职业类型、受教育年限等要素指标的关联程度来衡量。关联越紧密,则意味着流动性越差。

目前,关于这一议题的研究大都十分关注影响代际流动状况的因素或机制问题。

一是代际传承论。这种观点将代际流动机制归因于"先赋性因素",主要是指家庭背景等先赋性特征在子代社会流动中所起到的作用。大部分微观调查研究发现,父代社会资本、受教育水平,以及家庭财富等先赋性特征在子代的受教育水平、职业阶层地位获得上起到了显著的促进作用。比如,有更高教育水平的父母更懂得用什么样的教育方式更能让子女接受,更能激发子女学习的积极性,从而其教育水平也较高。

二是自致因素论。该观点强调了个体人力资本是代际流动的根本动力。随着大众教育、城市化、现代通信和交通技术等的发展,家庭背景在个人地位获得中的影响力下降。而教育履历、个人技能、发展潜力等因素在个人的成功中扮演着主要角色。与此同时,在工业化社会中,"唯才是举"的绩效主义原则成为劳动力配置的首要原则, 这就使得自致性成就逐渐取代家庭出身等先赋性因素,成为影响个人地位获得的首要因素。①即便父代地位与子代地位的关联存在,随着子代地位上升,这一关联也将逐渐削弱。例如,研究者发现在大学教育这一层级,代际地位的关联更小。

三是制度变革推动论。该理论认为,随着工业化—现代化的发展,在整个社会理性化水平不断提升的情况下, 社会将逐渐打破一切阻碍流动的制度障碍,代际流动的机会将大量增加,代际总流动率会持续上升。也就是说,代际流动量的增加多是经济产业结构和职业结构变迁引起的,高速的结构变迁会带来数量庞大的流动机会。

代际流动的发生意味着流动者通过自身努力克服了结构化阶层边界。当然,代际流动研究的意义不仅在于流动数量大小,更要关注流动机会的分配在多大程度上实现了公平公正。虽然至今很难找到一个社会的代际流动能完全脱离父代的结构地位和资源占有影响的案例,但一个流动机会更均等的社会始终是人类社会的追求。为此,全社会需要创造更多个人职业发展和价值实现的机会,通过公正的社会体制机制建设,有效排除、降低外部因素或代际因素对每个个体社会流动的影响,削弱阶层间流动的障碍,增强个人通过努力奋斗改变命运的动力,充分展现社会结构的开放性。

二、代际流动影响及后果

代际流动影响及后果是社会流动研究的一个重要分支。在 20 世纪 80 年代以来的第三代流动研究中,索伯(Sobel)提出使用对角线参照模型解释出身阶层(origin class)和现处阶层(destination class)行为影响因素之后,学界开始深入讨

① 李路路、石磊、朱斌:《固化还是流动?——当代中国阶层结构变迁四十年》,《社会学研究》,2018年第 6 期。

论代际流动为何能够影响个体行为,尤其是从微观视角考察个体社会流动经历对其行为、态度的影响。[①]一方面,部分研究强调行为习惯的阶层继承性,认为向上流动人群受出身家庭中形成的阶层习惯影响较大,在原生阶层中形成的特定习惯、自我概念与行为方式具有很强的惯性特征,社会流动难以对此加以改变。相反,代际流动中发生了向下流动的家庭尽管父辈经历了向下流动,但仍保持着一定的出身家庭的阶层优势,在一定程度上仍然可以将其传递给子代。另一方面,一些研究强调个体"阶层轨迹"对其行为的影响。其核心观点认为,实现了代际流动的个体会在潜意识里综合其"过去"和"现在"的履历来评价其当前的社会地位,进而做出与其身份相符的系列行为。进一步讲,经历向上流动的家庭思维方式主要源于现在的阶层地位,而非其出身家庭的阶层地位。这意味着他们不但实现了自身的向上流动,还有可能将这种认识潜移默化地传递给子代。[②]

此外,向上流动的个体能否与非流动者充分融合是社会流动影响中的另一重要话题。目前,主要存在两种观点:乐观者认为,如果社会地位只有再生产,底层根本无法实现向上流动。向上流动行为反映了流动者卓越的个人能力,优异的个人能力将使得他们克服实现充分融合的其他障碍。悲观者则认为,出生阶层的劣势倾向于持续,使得向上流动者在职业晋升、收入、资本积累和婚配过程中,相比非流动者处于劣势。有研究表明,向上流动会使人们付出健康代价。尤其对于低阶层者而言,向上流动更可能会增加他们的附加代价。比如,与来自高阶层的大学生相比,出身于低阶层或工人阶层的大学生在通过教育实现向上流动的同时,更可能出现适应问题,体验到更多的负面情绪。[③]

---

①　Sobel M.E., Social Mobility and Fertility Revisited: Some New Models for the Analysis of the Mobility Effects Hypothesis, *American Sociological Review*, 1985(50).

②　田丰、静永超:《工之子恒为工?》,《社会学研究》,2018 年第 6 期。

③　Stephens, Townsend, S. S. M. & Dittmann, A. G. Social-class Disparities in Higher Education and Professional Workplaces: The Role of Cultural Mismatch, *Current Directions in Psychological Science*, 2019(1).

三、代际流动群体社会关系网络分析

社会关系网络是测量流动群体和个人融入新阶层的指示器。全国综合社会调查数据分析显示,进入 21 世纪以来,实现了跨阶层代际流动的群体增加了人际网络规模,其效果对于中下阶层尤为明显。与此同时,向下流动群体保持其出身阶层的优势,其网络资源含量显著高于未流动群体;向上流动群体虽然出身于较低阶层,但其网络资源达到流入阶层的平均水平。当然,阶层流动过程中的关键性排斥力量也不能忽视。因为优势阶层通常将群体共同特征作为合法性基础,对某类群体进行整体性排斥,防止其他阶层获取本阶层的资源与机会。如果人们之间的交往互动遵循了这种集体主义排斥的原则,则阶层出身而不是现有阶层地位将决定人们的阶层交往方向,特别是跨阶层流动者的社会交往方向。

第一,在个人层次,即使经历了跨阶层流动,与现有阶层地位的人们的交往,将笼罩在阶层出身的阴霾之下,交往区隔明显存在。第二,在群体层次,人际交往的频率和稳定性,同阶层出身的群体大大高于不同阶层出身的群体。第三,在社会整体层次,人际关系结构并没有随着跨阶层流动的增加而变得更加开放,相反,跨阶层的社会交往呈现出强大的社会封闭特征。换句话说,即使个体努力实现了阶层地位上升,但依然避免不了流入地排斥带来的社会交往困局。

资源占有的阶层差异有强大的内聚力和跨阶层的排斥性。其一,在交往"同质性"逻辑的趋导下,阶层内部交往大大强于跨阶层交往,体现在朋友网络、婚姻组合、生意合作、利益联盟等多种稳定的交往形式上。其二,文化资本的阶层化孕育了社会交往偏好、志趣的阶层化,强化了阶层内部交往的合法性和合理性,体现在阶层价值观念、阶层社会态度、阶层行为方式的流行和代际继承上。虽然人们有多种理由开展跨阶层人际社会交往,但比起阶层内部交往而言,跨阶层交往还不是常态。所以对于没有阶层流动经历的群体而言,他们的交往互动圈子相对较小,不仅限制在本阶层内部,还表现为较小的人际网络规模。①

第三节　社会流动进程中
实现阶层平等关系的着力点

社会流动是社会健康运行必不可少的重要协调机制。合理有序的社会流动能够极大缓解资源分配不平等所产生的结构性压力,尤其是底部阶层的向上流动,可以为社会构建起一个"安全阀"或"缓冲带",从而有利于建设和谐稳定的社会结构。因此,任何一个社会都应当通过一系列制度和政策设计,促进有序的社会流动,减少"阶层固化"现象,以实现整个社会动态的、有机的稳定与和谐。

一、完善阶层格局的社会流动制度体系

改革开放以来,党和政府针对不同时期人口流动特点适时进行制度创新,促进人口因素在产业、行业和地区之间充分流动,不断释放人口红利,为经济社会发展提供了巨大动力。一是积极构建流动人口在城镇就业、生活的制度保障体系。截至 2018 年,农民工总量达 2.88 亿。针对这一对经济社会发展做出重要贡献的劳动者群体,国家不断创新制度,着力保障其权益。比如,2013 年党的十八届三中全会提出,把进城落户农民纳入城镇住房和社会保障体系,把在农村参加的养老保险和医疗保险规范接入城镇社会保险体系。这稳定了流动人口群体在城镇发展的预期,推动流动人口深度融入城镇,也有力促进了城市经济社会发展。二是不断提升农民工的职业技能与知识素养。进入新时代,政府在农民工培训上的投入不断加大。近年来,全国持续开展政府补贴性农民工职业技能培训,有力提升农民工群体的技能素养,使其能够更好适应产业升级与高质量

---

① 边燕杰、芦强:《跨阶层代际流动是否增加人们的社会资本》,《求索》,2017 年第 12 期。

发展要求,更好分享经济社会发展成果。三是努力引导创业人才和高技能劳动群体向欠发达地区流动。党的十八大以来,中共中央、国务院印发《关于加大改革创新力度加快农业现代化建设的若干意见》,国务院出台《关于进一步做好新形势下就业创业工作的意见》《关于支持农民工等人员返乡创业的意见》等,引导在发达地区经济发展中获得财富积累和技能提升的劳动力群体向欠发达地区流动。农业农村部统计数据显示,2020年返乡入乡创新创业人数超过1010万人。这表明人口流动制度创新正在逐步优化人力资本在不同区域的配置,促进不同地区经济社会协调发展。

流动着的中国从多个维度增强了社会发展活力,为人们凭借自身努力改变人生轨迹创造了有利条件。但也要看到,高水平社会流动在促进发展的同时,对国家治理体系和治理能力提出更高要求,迫切要求推进更高水平的制度创新。

首先,最为紧迫的就是人口高速流动对创新社会治理提出的要求。当前的社会治理体系建立在属地管理模式基础上,其特征是主要面向属地居民提供标准化公共产品,在流动社会必然会遇到一些挑战。比如,无论是建立在"街居制"基础上的城市管理体系,还是农村基层管理体系,都无法有效覆盖流动人口。近年来,北京、上海、广州等城市都在探索以党建引领治理创新的模式,以应对流动社会带来的新课题。今后,在进一步优化流动社会的公共服务模式、创新基层治理组织体系方面,还有很大探索和提升空间。

其次,流动社会的发展对构建社会认同体系提出更高要求。在流动社会背景下,来自不同地区的多样化观念不断碰撞,使得不同群体形成共享性社会认同面临更大挑战。今后,有效构建不同利益群体之间的社会协调机制以及富有包容性的社会认同价值体系,越发重要。要实现这些方面的改革创新,就要形成与流动社会相匹配的价值观念与保障体系。

最后,社会流动性的增强对系统整合的宏观政策设计提出更高要求。随着人口、资源和要素在不同区域高速流动,如何从整体上有效提升与之配套的服务与管理能力,成为当前国家治理面临的一个重要问题。面对这一深层次问题,单一的属地管理模式难以形成有效应对机制,需要在宏观层面形成更为科学合理的整体性制度设计。

二、积极推动社会流动群体地域融入

社会融入是个体和个体之间、个体与群体之间、不同群体之间互相适应的过程。社会流动群体地域融入的过程本身是再社会化过程,一般包括三个层面:经济层面、社会层面、文化层面。在未来国内人口总量的变化趋势渐趋明朗之际,关注人口问题要从总量增长转向地域分布。也就是说,人口迁移流动成为影响未来区域人口变化的主要因素。在社会流动由单一流动、短期居留、计划返乡向群体流动、长期居住、渴望融入转变的时代背景下,促进流动人口在流入地获得均等的生存和发展机会,公平公正地享受公共资源和社会福利,全面参与政治、经济、社会和文化生活,最终实现经济立足、社会接纳、文化交流和身份认同,是社会治理现代化的应有之义。

目前,社会流动人群受制于职业声望低、发展能力差等因素,在社会融合方面呈现出融合程度初始性、融合维度异步性、不同人群差异性、民族融合复杂性、流入地区梯次性等特征。推动合理有序的流动人口融入是促进工业化与城市化良性互动,进而实现全面现代化的新动能。一是要畅通流动机制,促进资源和机会分配的相对均等化,打造更多向上流动的通道,从制度设计上为社会中、下层提供向上流动的资源和机会。二是要持续推进产业转型升级,在摆脱对资源型、劳动密集型产业过分依赖的同时,注重创造更多以高技能型劳动力为主的岗位。三是要优化财政支出结构,通过加大对教育的财政资金投入力度、扩大公共教育覆盖范围、改善公共教育质量来促进人力资本积累。四是要大力发展各项民生和社会事业,利用政策机制调节阶层间的资源占有状况,促进全社会公平正义的实现。

三、切实保障社会流动中边缘群体平等权益

边缘群体是社会各群体中经济承受力和心理承受力较弱的群体,是社会结构的薄弱带。一旦社会各种矛盾激化,经济压力和心理负荷累积到相当程度,影响到他们的生存,社会风险将首先从这一最脆弱的群体身上爆发。对于何谓"边缘群体",目前学术界尚未有定论。早期对边缘群体问题的分析大多是以城市农民工为主体:这些农民工群体进城谋职、谋业、谋生而没有城市户口,通常聚居于城市边缘的城乡结合部。作为边缘群体,他们常常遭受来自各方面的冷遇,无法真正融入城市生活中, 是介于城市工人阶级和纯粹农民阶级之间的边缘阶层。严格来讲,边缘群体是一个抽象性的概念,它可以分为形式意义上的边缘群体与实质意义上的边缘群体。形式意义上的边缘群体指按照一定的规则与标准划分出来的特定人群,通常以身份和职业来区分;实质意义上的边缘群体指的是处于社会边缘状态,游离于主流文化、意识与体制之外的所有人群。农民工、下岗工人,以及偏远农村未能充分享受发展红利的贫困人群都属于边缘群体。

边缘群体常常遭遇不公平对待。首先,他们大多属于"无政治阶层",也即生活在城市,但选举权和被选举权却随户籍留在了农村,难以真正享受到公民的这一基本政治权利,也缺少表达利益诉求的平台。部分地区的治安、税务、工商、环卫、交通管理部门中的少数基层执法人员也对边缘群体抱有歧视心理。其次,他们是经济利益上的"非市民待遇阶层"。他们从事的是多数城市居民不愿意从事的粗、重、脏活甚至危险工作,但无论在初次分配领域的工酬方面,还是在再分配领域的劳保福利等方面都与城市居民存在着明显的鸿沟。他们与城市工人在同一单位干同样的活,而得到的报酬和福利待遇往往是较低的。最后,他们是享受教育权益上的"域外群体阶层"。边缘群体教育公平的缺失,一方面表现在边缘群体自身接受继续教育的时间和机会十分有限,致使他们的劳动素质难以改善和提高。另一方面,表现在其子女随父母到城市生活,但由于户口因素,无

法享受正常的义务教育。

中国社会结构呈现出开放状态,逐渐显现出工业化国家常有的社会流动轨迹,但是公正、合理的流动机制尚未完全形成,并且还出现了很多不良倾向:社会地位较低阶层的子女进入较高阶层的门槛明显增高,社会流动障碍在不断加强,社会流动呈现出不同步性、不协调性。在边缘群体身上明显表现为社会流动缓慢甚至停滞,职业流动与社会身份的不一致性、不协调性。如何建构公正的、合理的、符合国情的现代社会流动机制呢?第一,要调整和创新社会政策,逐步建立各种公正合理的开放性流动机制,尤其是要让那些重视个人能力、鼓励个人努力的机制成为稳定的、发挥主导作用的社会流动机制。第二,要调整公共资源配置机制,实现社会资源公平、合理的配置、使用和享受。第三,要制定合理的、符合国情的城市化战略,加快现代城市化步伐,为边缘群体创造更多的上升机会。第四,要构建人力资源开发体系,大力开发边缘群体的潜能,提升他们的社会参与能力,为其融入主流社会创造更多的条件。第五,要提高边缘群体的科学文化水平,大力发展成人教育、社区教育、网络教育等多种培训方式,推进职业教育培训的社会化,为边缘群体提供多种职业技能的培训服务,改善其文化低、技能单一的状况,为他们提供公平合理的流动机会。第六,要完善社会保障制度,把边缘群体纳入到社会保障体系之中。逐渐将社会保险覆盖范围扩展至边缘群体,建立保障边缘群体利益的公平的社会支持体系。第七,要完善边缘群体的劳动权益保障制度。要给予边缘群体必要的救助和提供必需的保障,以弥补市场经济的不足。

第十四章
实现社会阶层平等权益目标的改革方向

平等作为具有广泛包容性和解释力的社会核心价值,是国家治理走出兴衰循环的关键,也是持续推动社会发展进步的一面旗帜,在阶层分化的现实背景下更能为不同社会群体所接受。实现各阶层平等发展权益,需要政府、社会、公民等多方主体深度合作, 要围绕推动形成规范有序的良好交往关系为先导,以共建、共治、共享的社会治理共同体建设为着力点,充分发挥公共政策工具的矫正和保障作用,有效回应和满足社会各阶层基本诉求。

第一节　探索形成社会阶层间良好交往关系

基于社会资源占有的阶层分化必然导致各阶层出现不同程度的价值观念分歧, 如若各阶层人群社会交往范围在较高程度上由客观社会分层位置所决定,则意味着社会呈现相对封闭的分层结构,甚至面临断裂化的潜在风险。形成社会阶层间广泛、平等、和谐的良性交往关系,是实现社会既安定有序又充满活力的必然要求。

一、建立健全阶层利益关系的调节机制

　　当代中国社会分化在功能与利益上是分开进行的。换句话说，系统上国家—市场—社会的"功能分化"与利益上利益—阶层的"等级性分化"是相分离的。而且利益上的等级性分化明显快于系统上的功能分化。[①]从根本上，利益分化以及基于利益分化的阶层分化是一种社会关系网络的重组，在一定程度上撕裂了传统社会关系的脐带，摧毁了传统社会结构的组织支撑体系和信念支撑体系，并重新调整人们之间的行为结构和责任结构。因而，某种意义上可以说利益分化有利于释放社会力量，为新的多元化社会阶层和新的社会关系网络的诞生创造了空间。但是过度分化及基于利益分化所形成的阶层分化，将造成严重的社会整体性结构分离，引发社会的"结构性断裂"现象，表现出严重的两极分化和"上层阶级化、下层碎片化"的发展格局，成为引发社会矛盾增多的深刻社会根源。

　　在阶层利益维护能力上，也存在比较明显的分化现象。当前，中国的媒介话语结构与媒介话语主体的现实社会阶层地位基本对应，精英阶层为意见领袖，中产阶层为话语主流，而弱势阶层仍徘徊于话语边缘。在这个同心圆结构中，处于核心位置的话语主体具有更强的议程设置和独立判断能力，而处于边缘位置的主体则具有更强的参与性和行动性。

　　阶层关系的调适是一个缓慢的过程，社会资源再分配也必然伴随着阵痛。在社会转型的大背景下，阶层、群体间的社会矛盾、纠纷会大量出现甚至"常态化"。对此，应充分调动各类社会资源，保证社会的稳定和团结。时下，构建阶层间综合协调型收入分配机制是问题的重中之重。要防止资源过分集中，防范不合理的阶层、群体结盟，进而形成不合理的社会资源和机会垄断。破除社会既得

---

　　① 唐亚林：《社会多元、社会矛盾与公共治理》，上海人民出版社，2015年，第6页。

利益化,不允许一部分阶层、个人占有优势地位后,设置排他性门槛和障碍。要通过有效的社会体制改革,建立包容性的各类利益主体公开公平的讨论、协商机制。高度重视收入分配领域的调节作用。其中,国民收入第一次分配是在企业之间进行的,是依据市场法则的原始分配;第二次分配是政府用财税政策调节来弥补市场分配的不足;第三次分配是对第二次分配的补充,以民间捐赠来弥补政府调节的不足。这三次分配互动互补、互相促进,形成"三点式"社会分配新格局。这是最终解决分配不公的战略之举,也是构建和谐社会的最佳选择。培育健全慈善机构和运行机制,扶持优秀的慈善组织,把慈善募捐的资金更多以基金形式进行资本化运作,放大回报社会的效应,实现更大范围的相对公平。另外,西方国家在走向现代治理的过程中,社团、慈善、社区、志愿者、社工等机制在生成新的政治、经济、文化资源的同时,也成为社会重要的整合机制,其经验值得借鉴。

二、推动社会总体价值观与阶层价值观融合发展

核心价值观是一个民族、一个国家的主流价值观,具有强大的凝聚力和感召力,关系到国家的长治久安,同时也是执政党整合社会的重要政治资源。执政党的社会政治权力就是在核心价值观的叙述和解释中获得合法性,被人民群众所接受和认同。社会主义是基于一种崭新的价值理想而产生的,即建立使每个人都能够得到自由全面发展的、基于生产资料公有制的公平正义的社会。社会主义核心价值观区分了国家社会制度层面的价值观和公民道德价值观,前者反映的是制度先进与否的问题,后者是对善恶或好坏的看法。作为社会制度或意识形态精髓的核心价值观,是这种意识形态对人类历史发展方向的制度性承诺或表达。社会制度的价值观往往决定着道德规范的社会性质和内涵,一种新的社会制度必须有自己社会层面的核心价值观,没有新的价值观就不可能有新的社会制度。

　　阶层分化使各阶层产生了不同的思想意识,并且相互交叉、相互渗透,形成了错综复杂的社会价值观念图景。不同的价值取向在互动的过程中接触、交锋和碰撞,甚至会引起斗争和攻击,思想认识的冲突也必然会导致不同阶层之间的行为冲突,引发社会的矛盾和动荡。一个鲜明例证是,随着市场经济的建立和社会转型的加速,个人的主体性和自主精神逐渐觉醒并得到全面绽放。市场化的现代性促使着作为个体的人日益原子化和分离化,并且随着主体性的不良扩张,对个人身份的多层次确认难以建立起来,社会责任和社会角色之间的关系变得不再强健。这的确是一个尴尬的情形:当纯粹的个人在努力追求主体性充分发展的过程中,由于社会有机化机制建设未能同步跟进,使得个体在应当承担哪些社会责任方面出现价值迷失。借用社会分化理论来表达,即由于主体性的泛滥,社会主体对身份参数的确认产生了模糊化倾向;除了纯粹地追求自我,其他一切身份的规定或参数描写都仅仅是随意的、多变的、完全面向自我而非社会或组织的。如此一来,社会主体的异质性参数无法得到准确的刻画。因此,要构建和谐的阶级阶层关系,调整各阶级阶层的矛盾和冲突,构建各阶级成员共同认可的价值体系是十分重要的。社会主义核心价值观是从不同阶级阶层成员的根本利益出发的,塑造了共同的价值取向。因此,社会阶层分化的背景下,各阶层成员的多样化价值取向可以通过对社会主义核心价值观的认同来进行整合,从而增进社会共识,减少不同阶级阶层的摩擦和冲突,构建和谐的阶级阶层关系。

　　积极倡导阶层角色认同,促使社会主体在身份确认的前提下发挥自我主体性,这是道德整合的前提条件,旨在让社会主体通过身份确认来建立自我的角色意识和道德立场,而并非诉诸于他们膨胀的非理性信念和放纵的自主情绪。当某一阶层群体不明白某种身份所具有的道德义务和责任时,他们对于这些身份的追求就并非来自于理性判断与合理争取,而是来自于教育者或者社会舆论的盲目推崇。当这种推崇与社会主体的虚荣心或私欲结合时,社会属性模糊化和道德责任的冷漠倾向就会相伴产生了,这对公共传播方式革新提出了现实要求。当前,企业家精神、工匠精神、医护人员奉献精神都体现了特定职业群体对社会的担当。

在阶层价值观中,国内中产阶层价值观向来具有上下贯通的历史传统。中国古代社会在90%的农民和上层社会的少数皇权官宦阶层之间,有一个人数不多的士绅阶层。两千年来,这一阶层始终将协助国家组织协调民间社会和向上传递民情民意作为安身立命的根本,也可以称作贫民大众和官方之间的"缓冲阶层",这成为理解中国传统社会简单再生产的重要因素。虽然士绅阶层的寄生性本质决定了其不具有历史回归的可能,但古代社会中间阶层的使命价值却有极高的警醒作用。在中国特色社会主义社会,壮大中间阶层是缓解由于社会结构失调造成的不公平现象的基础性途径。难能可贵的是,由于中间阶层可以与精英和大众同时直接地联系起来,因此他们也有助于社会参数的相互交叉而非加强。中间阶层所形成的共同体对各种有气质的文化都怀有兴趣,同时也能保持一种良性的交流形式。换言之,中间阶层同时有利于社会异质性的不断扩散以及不平等的不断减小。比如,作为中间阶层重要组成部分的知识分子就应当具有"为天地立心,为生民立命,为往圣继绝学,为万世开太平"的志向。为此,立时代之潮头、通古今之变化,积极为党和人民述学立论、建言献策,担负起历史赋予的光荣使命必然成为当代知识分子立身之本。

三、培育理性平和健康向上的社会心态

社会心态是与特定的社会运行状况或重大的社会变迁过程相联系,在一定时期内广泛存在于各类社会群体内的情绪、情感、社会认知、行为意向和价值取向的总和。党的十八大报告明确提出,"要注重人文关怀和心理疏导,培育自尊自信、理性平和、积极向上的社会心态"。这对于维持社会稳定、建设和谐社会具有重大意义。社会转型时期尤其要把握和调适社会心态。任何时期的社会体制,都会有一部分人处在社会利益格局的不利地位,不同的阶层在财富的分配、各

种权利的拥有等方面是有差别的,这种差别达到一定程度,处于不利地位的弱势阶层或弱势群体就会产生明显的不公平感,从而形成对当前社会不满的心态。这种不满的心态具有弥漫性,对政府的各种举措,即使是有利于国计民生的举措,这些弱势群体也可能会倾向质疑与不满。一旦这种心态成为主流,就会严重危害社会的和谐与安全。因此,能否把握和调适社会心态,是对执政的严峻挑战。尤其是处在社会转型时期的中国,形成良好的社会心态更是至关重要。

我国改革开放之初,为了尽快地改变经济落后状况,需要注重效率,鼓励一些人、一些地区先富起来,在公平与效率的天平上向效率倾斜。这种导向是有必要的,然而它在促进我国经济快速发展的同时,也扩大了社会财富分配的差异,即扩大了人们收入的差别。从心理学的角度来看,贫富差距程度所引发的不公平感,会随着经济发展呈倒"U"形曲线。[①]也就是说,在经济发展水平很低的阶段,或者经济发展水平很高的阶段,贫富差别引发的不公平感会相对较低;而在经济发展到一定程度,却会进入公平性敏感时期,在这个阶段,贫富差别引发的不公平感会达到曲线的顶部。这时,一方面,贫富差距引发了不公平感;另一方面,贫富差距与城乡差别、地区差别、职业差别、福利差别、教育权利差别也会以这样那样的方式结合起来。其结果就是会形成各种消极社会心态,如仇富心态、仇官心态等,一旦出现负面事件,难免会产生剧烈冲突,危及社会安全。

从社会因素、传播媒介、治理体制三方面培育理性平和的社会心态,消除不良社会心态产生的土壤或社会因素,是一个重要的任务。当前,不健康的社会心态产生的主要根源是社会利益格局的差别扩大化。这种差别扩大化,有的是社会发展到一定阶段不可避免的,也有的是人为因素造成的。对于社会发展到一定阶段不可避免的差别,要注重引导人们正确地、理性地认识差别,谋求心理平衡。大众传播媒介要采用"如实报道 + 理性评价"的方式,坚持客观、真实、全面、公正原则,一方面还原事件之原貌,另一方面通过对事件本质进行理性分析,画

---

① 陈宗胜:《经济发展中的收入分配》,上海三联书店,1994 年,第 42 页。

龙点睛地引导社会公众把握事件的本质。这有利于社会公众情绪的疏导,有利于形成社会心态的"正能量"。同时,建立完善科学有效的社会心态监测预警系统,及时掌握社会心态的波动规律,作为宏观决策的依据。拓宽社情民意的表达渠道,让不同群体平等地进行利益博弈,把群众利益诉求真正纳入制度化、规范化、法治化的轨道,把矛盾化解在基层、解决在萌芽状态。建立和完善社会心态的疏导干预机制。例如,在社区建立"聊天室"等常态化的心理疏导组织或场所,重视民众的心理疏导和心理诉求。

第二节　推进社会治理共同体制度建设

我国赶超型现代化的快速发展解构了传统的熟人社会,推动社会关系重建、社会结构重组、社会治理方式重构,党的十九届四中全会提出"建设社会治理共同体"目标,就是回应这种变化要求的有效选择和创新。建设社会治理共同体,既是社会治理的理念创新也是方法创新,有助于增进社会团结和维护社会秩序,是实现政府治理和社会调节、居民自治良性互动的重要方法和路径。一般来讲,共同体是两个要素的结合:一是一种个体之间可以互相影响的网络——这种相互影响的关系往往彼此交织、互相增强;二是对一系列共同的价值、规范、意义,以及历史与认同的一定程度的承诺。①在现代社会学看来,任何共同体,不论其规模大小,本身必然具有多样性。共同体意味着成员之间主体地位平等、决策程序民主、资源配置公平、结果共享正义。

一、搭建公共事务治理的多阶层参与平台

自改革开放以来,中国经历了从内部单一、几乎无阶层差别的静态社会,到

---

① ［美］伊兹欧尼:《创造好的共同体与好社会》,载李义天:《共同体与政治团结》,社会科学文献出版社,2011年,第350页。

异质性强、内部差异甚多和阶层分化的动态社会的转变。因环境不同，复杂社会大多会出现更多的组成部分、更多的社会差别、更多的不平等现象以及更多类型的权力—权利组合方式。就公共问题领域看，中国的治理重点和难点已从经济领域向社会领域转移。在经济高速增长和市场经济秩序逐步完善，国家经济治理的理念、方式和手段渐趋成熟之后，复杂的社会问题日益凸显，包括民众社会分化、利益纠纷等问题使社会矛盾日渐尖锐化，政府负担明显加大。新时代应对超大规模社会的治理事务，需要有效激发各阶层参与热情，实现多元主体同频共振。令人欣慰的是，现代社会阶层的构成主体大多是能动性群体，特别是新的社会阶层人士在参与公益事业、化解社会矛盾、维护社会团结、对特定社会问题建言献策等方面发挥建设性作用，部分群体利用专业优势，能够为社会治理提供大量个性化支持。但目前，相关社会阶层多数是在地方党委政府牵头下参与社会治理，这种参与方式存在随意性、短暂性和沟通不畅等问题，政治动员和公共参与间的张力比较明显。

公平性、开放性、合理性、富有活力是现代阶层结构的本质特征，尽管阶层之间存在着利益差异和制约关系，但也具备足够的协调机制和渠道来实现和分享更大的共同利益。一方面，要以"强政府—强社会"为最优目标模式，各级政府集带领者、邀请者、协调者、服务者和兜底责任人于一身，通过各种渠道同社会各阶层相互合作。其缘由是，自上而下的社会治理体系和自下而上的基层自组织治理相互融合，不仅使得社会治理的格局更加复杂，而且还增加了多元治理体系彼此协调的困难。此时，亟须政府牵头制定合理的规则来提供一个合作行动的底线标准，否则各个治理主体的共识和共同行动就会在一些重大的棘手问题上发生激烈的冲突。另一方面，要打破社会治理中信息传递"五阶差序格局"现象：信息传递主要围绕政府这个中心，信息依据权威结构朝着体制内精英、体制外精英、普通大众和贫困群体的方向逐阶递减式传递。信息是权力的表现形式，信息壁垒的实质依然是公权力主体的权力眷恋思维。2019 年 4 月，国务院新修订的《中华人民共和国政府信息公开条例》加大了政府信息公开力度，此举不仅可以节约社会沟通成本,也有利于政府更好回应社会关切,为人民群众提供更多便利。

二、畅通各类社会阶层诉求表达通道

当社会分化程度提高以后,不同的阶级阶层就会采用它认为适合的方法表达自己的利益,甚至对政府决策产生影响。我国已经初步建立了利益表达制度,主要包括:政党利益表达制度、信访制度、人民代表利益表达制度、政治协商制度、社会团体利益表达制度、大众传媒利益表达制度、社会协商对话制度等。但是这些制度仍然存在较大的缺陷或不足。建立或完善利益表达机制,必须与法治建设相联,应在现有的法律框架内建构利益表达机制。

首先,要完善和创新政党利益表达机制。一方面,要在多党合作的框架内,发挥民主党派反映社情民意的作用,为执政党的决策提供建议。另一方面,也是更为重要的,要使执政党代表广大人民利益的宣示落实到制度和操作层面。执政党代表广大人民的利益不是一个抽象的概念,是党通过法制和政策的形成,综合不同阶级或阶层的利益诉求而实现的。

其次,健全完善社会阶层自组织运行方式。虽然阶层化组织团体不可避免地要寻求有利于自身团体目的或团体共同利益诉求的政府政策,但是不同团体的博弈、协商、让步、妥协也会达成社会的共同利益,这就是所谓的"求同存异"。目前,中国真正意义上的、以结社形式出现的利益化集团似乎还没有形成。但是正式和非正式的精英利益集团已经日渐强大,并且对政府的决策产生重要影响,而一线工薪阶层和农民的弱势群体还处于分散的无组织状态。在这种态势下,不可能形成真正的不同组织相互制衡的机制,而弱势群体只能通过自己的抗争来获得某种保障,这就可能酿成社会动荡。

利益表达的法律调整机制是利益冲突法律调整制度安排的一个重要方面,从法律调整机制的系统性结构来看,利益表达的法律调整机制包括了利益表达渠道的供给机制、利益表达程序的启动机制、利益表达方式的选择机制、利益表达诉求的判解机制、利益表达权利的保障机制和利益表达观念的引导机制等。加快利益表达的法律调整机制构建,将社会各阶层利益主体的利益表达行为纳入法治化的轨道,既使其利益能够得到充分有效的表达,又使其行为受到严格的规范,特别要重视社会阶层中的弱势阶层及其利益群体的利益表达,应该建立系统完整、统一规范和平等互动的利益表达法律规范。

三、提升社会阶层间合作治理制度效能

社会成员基于社会合作的需要,依据同意而形成的一种社会自治权是历史上形成的最初形态的公共权力,其主要目的在于管理与协调人们之间的利益矛盾,以实现公共利益。"治理应当做到赋予共同体一种意义,积极促成各方对话和建立合作伙伴关系,实现集体行动的高效有序。"[①]阶层合作是各阶层基于利益的同一性而产生的彼此之间的和谐共存、共同发展。阶层合作是一种利益共享,是一种非零和博弈的政治观。在不同的社会阶层中,不仅有其阶层利益上的差异、矛盾以至对立,而且在一定条件下还有其共同利益。这种共同利益,是实现阶层合作的现实基础。现阶段社会各阶层之间的关系,是在根本利益一致基础上的关系,本质上是一种劳动合作和利益共享的关系。各阶层在认识到共同利益高于各自利益的情况下,为了他们的共同利益实行阶层合作,最后达到共同发展的目标。

在基于主体平等的现代社会中,阶层合作共同体的成员享有退出权,即脱离成员身份的权利。尽管参与成员享有退出权,但也应当设置相应的退出条件,使其承担一定量的退出成本。不仅进入合作共同体需要符合一定条件,退出共同体,也需要符合一定条件。一旦赋予共同体成员退出权,就会迫使共同体的领

---

① ［法］卡蓝默:《破碎的民主:试论治理的革命》,高凌瀚译,生活·读书·新知三联书店,2005年,第157页。

导层和所有成员不得不努力提升治理绩效;否则,一旦有大量成员选择退出,就会导致合作共同体的解体。①

<h1 style="text-align:center">第三节　发挥公共政策工具
在实现社会阶层平等关系中的调节功能</h1>

无论在发达国家还是发展中国家,公共政策向来都是减少社会分化、实现社会公平的有效手段。相关统计数据显示,我国已进入中等偏上收入国家行列。这意味着,我国已具备了公共政策施行的相应国力财富支撑。鉴于各地区发展不平衡的现实和社会各阶层平等诉求的差异性,相关政策工具的运用应着眼于从兜底、调节、保障三个不同维度形成一体化的公共政策体系。

一、加快实现城乡基本公共服务均等化目标

基本公共服务是公共服务中最基础、最核心的部分,是基层群众最关心、最直接、最现实的切身利益,具有非排他性、非竞争性、普惠性的特质。基本公共服务事关全社会各阶层群体自我发展能力,具有保基本、补短板、兜底线的作用。具体而言,一方面,由政府负责供给的基本公共服务同人民生产生活直接相关,是一道看不见的"起跑线",在增强行政相对人获得感的过程中有助于提高包括弱势阶层人力资本在内的可行能力,从而实现间接的收入倍增效应。另一方面,基本公共服务将为生产要素自由流通提供更多支撑。比如,虽然一些偏远贫困地区具有丰富的生态资源优势、厚重的历史文化资源优势和低廉的要素价格优势,但受制于欠账较多的硬件设施和劳动力技能偏低的现实,外来资本只能望而却步。而通过各类基本公共服务的有效供给将极大缩短贫困地区同市场的空

---

① 杨涛:《公共事务治理机制研究》,南京大学出版社,2014 年,第 86 页。

间距离,拓宽贫困地区转型发展的外部空间。可以说,基本公共服务是实现社会底线公平的保障机制,是国家保护社会的重要手段。

过去一段时期内,国内基本公共服务供给体系层次繁多,不仅存在城乡差异,党政机关、事业单位、国有企业和民营企业不同,甚至不同年龄的职工也存在不同的获取量。加上财政分权和转移支付等财政政策设计中的偏差,不但没有实现地区间的公平,甚至还扩大了地区间的差距。更为棘手的是,社会经济转型解构了很多原有的单位制供给体系,如企业对职工的保护、农村原有的医疗体系等,在新的社会保障等公共服务供给体系没有建立起来的时候,个人抵御风险的能力在下降。部分地区在发展过程中公共资源配置重心偏向城市和行政中心,小城镇和农村地区发展机会和公共设施投入少,公共服务严重滞后,处于被剥夺、被挤压的状态,造成城乡之间、城市不同等级之间的不公平。其结果是,享受公共服务数量和质量较好的社会阶层往往是中上阶层,甚至是特权阶层。基本公共服务没有起到弥合社会鸿沟的作用,反而固化了原有的社会分层体系。

在国内社会建设强力推进过程中,基本公共服务开始正式写入党政文件。2012年7月,国务院印发的《国家基本公共服务体系"十二五"规划》强调,"享有基本公共服务属于公民的权利,提供基本公共服务是政府的职责"。一个可喜的变化是,随着扶贫开发进程的加速推进,国家层面对农村基本公共服务重要性的认识不断强化,并试图将其纳入脱贫攻坚政策体系。2015年11月,《中共中央国务院关于打赢脱贫攻坚战的决定》指出:"到2020年,稳定实现扶贫对象不愁吃、不愁穿,保障其义务教育、基本医疗和住房安全。贫困地区农民人均纯收入增长幅度高于全国平均水平。"在新时代十年伟大变革的征程中,"乡村振兴"和"城乡融合发展"战略都集中体现了对特定区域和特定人群基本公共服务诉求的有效回应。党的二十大报告明确要求,"健全公共服务体系,提高公共服务水平,增强均衡性和可及性,扎实推进共同富裕"。这为新发展阶段持续完善和优化基本公共服务工作提供了重要的方向引领。

下一步,在加快实现城乡基本公共服务均等化目标的进程中要着重明确重点难点问题,切实增强社会各阶层群体获得感。

一是明晰基本公共服务类别,立足各地区区位条件、产业发展、人口结构等条件,精细化编制基本公共服务类、款、项科目,确保服务供给的针对性。2017年7月,江苏省委、省政府专门印发了《"十三五"时期基层基本公共服务功能配置标准(试行)》,成为此方面的有力探索。这一标准的发布,让群众清楚地知道了基本公共服务项目类别,也让各级政府明确了基层的基本公共服务配什么、谁来配、如何配,真正探索了以标准化推动均等化、提高普惠性的新路径。

二是对各项基本公共服务分门别类地建立绩效考核指标,并适度增加其考核权重。近年来,以政策变革创新为主线,一般性转移支付稳定增长机制、优化政府购买公共服务、财政涉农资金统筹整合使用等举措为基本公共服务更好更多供给提供了政策支撑。但要认识到,基本公共服务的供给涉及诸多职能部门,政策碎片化问题比较突出。比如,2016年开始试点的财政涉农资金统筹整合使用虽然着力于在资金使用环节解决上述问题,但囿于既有管理体制的运行惯性,部分地区出现了资金形式整合取代实际使用的问题。因此,具体到提升基本公共服务供给能力,要以重大问题会商解决为突破口,推进各类政策综合协调,通过部门联席会议及时解决住房建设、低保救助、财政资金配置等工作中存在的问题,着力提出切实可行的解决方案。

三是贯彻以人民为中心的发展理念,尊重城乡居民主体地位。基本公共服务供给大多采取项目制方式,上级政府往往针对基本公共服务项目、规模以及程序制定相应的政策,然后向基层政府开放申请,在提高项目执行规范化程度的同时,这种指令性色彩过浓的模式,也导致项目申请—审批环节成为基层普遍关心的中心议题。在申请时限短、项目排他性较高的情形下,绕开居民服务需求,缺少意见征集成为工作常态。这种公众的缺位往往导致基本公共服务配置结果满意度较低。解决上述问题,要坚持在参与式发展理念指引下探寻有效的制度化路径安排,在严肃基层党务政务公开的基础上,广泛集中民情民意,努力实现公共服务项目实施事项、实施主体、验收主体等均由受益群体决定。

二、构建新时代系统完备的公共政策综合体系

公共政策体系是社会建设的重要内容，与政治、经济、文化等紧密联系。阶层分化问题的产生及其治理，同作为公共价值承载体的公共政策有着紧密的关系。通过发挥公共政策对社会价值的正义性分配来实现阶层之间的利益均衡，使阶层之间利益分化保持在可控的区间，是较为可行的现实路径。

在传统社会，虽然没有系统的公共政策体系，但也存在保障公民生存权和发展权的一些机制或方式。如中国古代的"义庄""义田""义学"，西方教会的慈善救济等。进入工业化社会以后，传统的互助性社会保障机制不适应新的生产关系和社会结构，需要政府主导建立新的公共政策体系。二战以后，随着社会化大分工的发展，以及经济社会结构的专业化和复杂化，新的社会风险急剧增加，如失业、工伤、职业疾病等。这些社会风险对国民的基本生活、社会化大生产的稳定性和可持续性以及社会的安全稳定都构成较大的威胁。公共政策体系就是针对这些问题建立的系统性的风险防范与化解机制，为国民的基本生活和经济社会生活的稳定有序提供了重要保障。

当然，早期的公共政策体系，作为制度安排，多数是消费性的，而不是生产性的。在 20 世纪 70 年代以后，特别是随着福利国家弊端的显现，人们从东亚国家公共政策体系的制度特点中总结出一种新的政策模式——"发展型的福利保障体系"。这一体系，既吸收了西方国家的经验，也结合了东亚国家的国情，优先发展有助于人力资本积累和提升的保障项目，如教育、医疗等。1995 年，韩国政府首次提出"生产型福利"，其主要目的是追求经济和社会福利之间的平衡发展，它是一种推动福利受益者自我支持并同时提高社会生产力的方法。其具体实现策略有两条：一是满足弱势阶层的最基本生活，以鼓励他们找到社会生活的意义并参与到社会中去；二是将福利津贴与就业和人力资源的发展联系在一

起。这类政策体系通过对投资性政策项目的优先关注,实现经济增长、个人发展和社会政策的相对平衡,在实现基本保障的情况下,通过合理的制度安排,促进经济的长期可持续增长。社会保障体系的建立和发展,一方面是对社会需求的回应,另一方面也是执政者的主动选择。执政者推进社会保障体系建设的重要目标,是促进社会整合,防范和抑制竞争力量的出现,巩固政权合法性基础。社会保障对政治整合的促进作用,在现代社会保障体系发展的初期就已经展现。

正确分析、适时调整阶层关系是中国公共政策的一条主线。在不断回应经济社会发展诉求的过程中,中国公共政策重心经历了三个阶段的历史性嬗变。一是从改革开放伊始到 20 世纪 90 年代中期在"以经济建设为中心"的战略指导下,提倡在效率优先的基础上适度兼顾公平。二是自 90 年代末期,随着社会问题和社会矛盾的增多,在坚持"全面协调可持续的科学发展观"的基础上,公共政策议题开始逐步转移到社会性事务中来,并将更多的资源投入社会治理领域。三是进入新时代以来,将"以人民为中心"的发展思想作为引领经济社会发展工作的重要原则。这不仅符合传统文化和执政党的人民性宗旨,还有助于解决现实社会问题。可以说,这个转变过程是一个历史性的跨越。[①]

由于我国的社会阶层结构仍然在变化中,与理想的橄榄型结构仍存在很大的距离。为此,社会保险、社会保障、社会福利政策与发展型财税政策、就业政策、分配政策、劳工政策、城乡关系等多种公共政策组合依然需要在长期内持续发挥作用。特别是要对公共政策的价值取向、设定依据、效果跟踪等方面长期缺乏有效实施机制的问题予以重点关注。比如,体现国家干预意志的养老金制度是一种基于公共权力过程的再分配产物,是基于市场化形塑社会分层的前提下,通过利用养老保障的非市场机制缩小这种社会差距。但受缴费比例、参保年限、区域负担水平等多重因素的影响,现行养老金制度存在延续并扩大市场领域中所形成的不平等状况的风险。[②]但令人欣喜的是,作为正式制度安排的公共

---

① 燕继荣、朱春昊:《中国公共政策的调适》,《治理研究》,2021 年第 5 期。

② 汪华、汪润泉:《社会分层、制度分割与社会不平等》,《学术界》,2015 年第 1 期。

政策,中国在对社会价值与资源进行权威性分配的过程中,为最大程度实现善治目的,对于公共政策的程序性规范成为一大特色:公众参与、专家论证、风险评估与合法性审查等保护性"装置"嵌入公共政策过程,以此调和社会价值正义性分配的格局,渐次解决社会阶层之间的贫富差距,寻求各社会阶层最大限度的利益共识。

三、严守法律在社会阶层权益保障中的底线作用

法律是国家制定的一套现实的规则体系,是有效适应"契约型社会"的重要治理工具。新的社会分层结构的成型是当前中国推进法治建设的重要社会背景,法治社会的价值焦点在于公平正义,通过健全有效的职业认同机制、利益表达机制、社会流动机制、权利救济机制,法律在实施过程中对不同阶层利益加以分类并给予恰当的承认和保障,满足既定的心理预期,最终实现社会和谐稳定。特别是在法治国家、法治社会一体建设的进程中,社会结构法治化建设成效明显。

第一,政府同各阶层行政相对人的平等关系得到法律保障。《中华人民共和国行政诉讼法》第三条第三款规定:"被诉行政机关负责人应当出庭应诉"之后,2018年2月,《最高人民法院关于适用〈中华人民共和国行政诉讼法〉的解释》正式施行。该解释对行政机关负责人出庭应诉制度进行了具体规定,旨在确保"告官见官"。行政机关负责人出庭应诉制度是行政机关和行政相对人进行平等交流沟通的法治平台,有力地促进了行政诉讼案件审理的顺利开展,提高了行政机关依法行政的效能,为维护行政诉讼原告的合法权益和矛盾纠纷的实质性化解发挥了重要作用,也折射出公务员阶层同其他阶层的平等法律地位有了根本保障。

第二,农民的发展权益保障关乎社会稳定大局。农民作为在中国社会中占比最高的阶层,对法治社会的建设具有重大的影响。农民是对土地最为依赖的职业群体,在城镇化浪潮中受到的负面影响最大。在一些地方,由于政府强制性

征地、法定补偿不到位等做法引发的纠纷甚至群体性事件日趋严重,给农村稳定造成隐患。如何确保农民失去土地后的利益,成为越来越突出的问题。在土地征用方面,在合理界定"公共利益用地"的前提下,要确保土地征用权只能为公共利益的需要而行使。尽快建立以经济机制为纽带的土地征用制度,以农用地市场价格作为确定土地征用费的基本依据。在进城务工人群中,未同用人单位建立正式劳动关系的农民工在涉及劳动争议问题时,不时遭遇《劳动法》不适用的情形。许多本应由劳动部门处理的争议在劳动监察执法部门、劳动争议仲裁委员会和法院之间相互推诿,这就使农民工在法律维权时无所适从,不仅延误了维权的时间,还人为扩大了维权成本,导致许多能够解决的问题长期得不到解决。因此,应当根据现实情况适当扩大《劳动法》的适用范围,通过立法对劳动关系确定一个简单而又明确的统一标准,让每一个提供合法劳动的农民工都能享受到《劳动法》的保护。

第三,民营企业家阶层市场经营权益体系渐趋完善。产权一直是市场经济健康运行的基石,是解释经济增长的关键变量,也是关乎民营企业家阶层核心利益的重大问题。国内经济领域改革首先是从边缘性的经济政策改革开始启动的,产权制度建设相对滞后于市场主体的成长。在此期间,民营企业在发展过程中存在的不规范行为,加上社会上谣传的"民营经济离场论"对企业家阶层造成了一定的心理负担,保护企业家人身和财产安全,让企业家卸下思想包袱、轻装前进已极为迫切。从 21 世纪初保护公民合法私有财产写入宪法,到各类完善产权保护制度的政策措施的陆续出台,民营企业家的合法财产权益保障得到有效落地。此外,营商环境建设工作启动以来,全国自上而下将"构建充满活力、富有效率,更加开放的法治化、国际化、便利化营商环境"作为政府推动经济发展的目标,实行全国统一的市场准入负面清单制度,市场准入负面清单以外的行业、领域、业务,各类市场主体均可依法平等进入。这意味着以往在招商引资中仅有外资企业、国有企业和大型民营企业才享有的优惠政策开始转向,依法保障各类所有制市场主体依法平等获取人力资源、资金、土地使用权和自然资源等生产要素,公平参与市场竞争正得到逐步完善。

第四,关注互联网新业态环境下灵活就业人员的权益保障。互联网产业的快速发展使以平台经济为代表的具有兼容性、开放性、市场灵活性、产业融合性的新型经济形态迅速占领了各行各业。包括外卖员、网约车司机在内的新经济领域中的灵活就业者规模日益庞大,已经成为中国就业劳动力的重要组成部分。新业态中的就业优势较为明显:一方面,就业形态涉及领域宽、包容性强、内容多元化、部分岗位门槛低,为社会重点群体的就业创造了更广阔的空间和更多机会;另一方面,充分发挥平台化共享优势,可以根据市场供需变化,及时调节劳动力的供给量,促进劳动力跨业流动和减少摩擦性失业。但也要看到,新经济领域劳动关系不明、社会保障空缺、劳动监管薄弱,成为许多灵活就业人员面临的痛点和难点。有效保障新业态环境下灵活就业人员合法权益,需要坚持多措并举,尊重新经济新业态发展规律,不断提升监管科学化水平。

一是推动互联网平台企业与灵活就业者协商确定基本权责关系,形成行业劳动关系健康发展的规范体系。二是分行业建立相应的服务标准和服务细则,通过政府监管部门或行业协会发布各类型灵活就业工种的薪酬待遇及工作时间指导标准。三是建立和完善适应灵活就业群体的社会保障体系。探索构建适用于新业态的社会保险缴费体系,放开灵活就业人员在就业地参加基本养老、基本医疗保险的户籍限制。加快开展新业态从业人员职业伤害保障试点。四是加强劳动争议的监察和执法,拓宽法律援助服务范围,及时处置新就业形态领域劳动纠纷,使劳动者得到合理救济。

第六篇

特定群体权利实现过程中的平等问题

第十五章
中国特色社会主义的权利体系及其平等诉求

　　弱势群体权利的平等保障,是中国特色社会主义权利体系的一部分,是践行"以人民为中心"的发展理念的必然要求,也是实现社会公平正义的内在要求。在弱势群体的权利保障中,与西方国家侧重强调保障主体的自由或自主不同,中国以保障相关主体的发展权利为核心,在此基础上协调保障公民的其他权利。

第一节　以发展权为核心的中国特色社会主义权利体系

　　中国特色的人权话语体系和实践体系,是以发展权为核心、多种权利协调发展的模式。它既是对马克思主义的继承和发扬,也是中国共产党和国家在长期实践中探索出来的一条适合中国国情的人权保障道路。以发展权为核心的人权保障体系,不同于西方国家以自由权为核心的人权道路,它将公民个体的全面发展和充分发展作为目标,并将平等保障个体的发展权作为形式要求和实质要求,在此基础上协调实现公民的自由和自主等其他类型的权利。以发展权为核心的平等保障模式,与党和国家倡导的"以人民为中心"的发展理念相吻合。

一、发展权的渊源、内涵和平等诉求

中国倡导的发展权理念继承了马克思关于"人的全面发展"的思想,与联合国最近几十年所强调的国际人权法趋势也基本适应,同时蕴含着独特的价值诉求。

(一)发展权与马克思的"人的全面发展"理念

发展权的本质问题是人的发展,而这正是马克思关注的问题。马克思将人的全面发展理解为人的本质。马克思在论述人的全面发展时,提到"全面地发展自己的一切能力"[①]"使社会的每个成员都完全自由地发展和发挥他的全部才能和力量""作为目的本身的人类能力的发展"[②]等。在这里,他将发展权的主体界定为个人,确保每个人自由地发展和发挥其才能是共同体的责任和目标。

马克思并没有孤立地考察人的发展问题,实现人的自由发展离不开共同体。因为只有在共同体中,个人才能获得全面发展其才能的手段,只有在共同体中才可能有个人自由的实现。与此同时,在马克思看来,不同形式的共同体影响了其组成成员个人的不同发展状态。"自然形成的共同体""虚幻抽象共同体""真正的共同体"分别对应着人的发展的三大阶段,即人对人的依赖、以物的依赖性为基础的人的独立性,以及人的自由全面发展的阶段。社会主义是实现人的自由全面发展的必经之路。

通过马克思关于共同体的论述可见,个体的权利蕴含于国家集体利益之中。"只有在集体中,个人才能获得全面发展才能的手段,也就是说,只有在集体

---

① 《马克思恩格斯全集》(第42卷),人民出版社,1979年,第373页。
② 《马克思恩格斯全集》(第25卷),人民出版社,1974年,第927页。

中才能有个人自由。"①马克思在对黑格尔国家观批判中认定资本主义国家是一种"虚幻共同体"形式。私人利益和公共利益之间的矛盾，是国家这种"虚幻共同体"存在的深层原因。国家作为"共同体"并不是整个社会普遍利益的人格代表，而是统治阶级特殊利益的体现。这种"虚幻共同体"不能真正成为个人自由发展的条件，必然要被"真正的共同体"所取代。而"真正的共同体"，是个体与共同体之间实现和谐关系的共同体。马克思关于"真正的共同体"的逻辑基础是"现实的个人"，即处于一定社会关系之中的"活生生的人"，是在一定物质条件下进行生产的个人。具体的、历史的、现实的个人，构成了马克思所理解的共同体的逻辑前提和目的。

马克思关于人的全面发展的思想，是中国特色社会主义人权话语体系的重要渊源和理论基石。以发展权为核心的中国特色人权话语体系，将人的全面发展视作人权保障的目标，并主张公民个体权利不能通过孤立的个人来实现，只有在国家和集体中才能实现；强调个体权利与集体利益的协调发展，是马克思主义指导下的中国特色人权话语体系和实践体系的重要特征。

（二）发展权的国际人权法渊源

以发展权为核心的中国特色人权体系，与联合国最近几十年的人权发展趋势相适应。由于欧美国家的主导和控制，二战之后的二三十年，联合国通过的主要人权公约以强调自由权和公民的政治权利为主。进入 20 世纪 70 年代，随着发展中国家在联合国中地位的提升，发展权逐渐受到联合国及其人权机构的重视。1979 年，联合国大会通过了《关于发展权的决议》，第一次明确提出"发展权利是一项人权，平等的发展机会既是各个国家的特权，也是各国国内个人的特权"②。此时，发展权利仅仅指个人平等的发展机会，还尚未成为实质性的权利。

1986 年 12 月，联合国大会第 41/128 号决议通过了《发展权利宣言》，这在

---

① 《马克思恩格斯全集》（第 3 卷），人民出版社，1990 年，第 84 页。

② 董云虎、刘武萍编著：《世界人权约法总览》，四川人民出版社，1990 年，第 1362 页。

联合国的人权话语体系的发展中具有里程碑意义。发展权的性质、权利主体、内容、义务主体等得到了较为明确的界定。就发展权的性质而言,《发展权利宣言》第一条第一款规定,"发展权利是一项不可剥夺的人权"。就发展权的主体而言,《发展权利宣言》明确规定了发展权利的享有主体主要是公民个人,第二条第一款规定,"人是发展的主体,因此,人应成为发展权利的积极参与者和受益者"。就发展权的内容而言,发展权主要指"每个人和所有各国人民均有权参与、促进并享受经济、社会、文化和政治发展"[①]。就发展权的义务主体而言,《发展权利宣言》第三条第一款明确规定,"各国对创造有利于实现发展权利的国家和国际条件负有主要责任"。

联合国于 2015 年 9 月通过的《变革我们的世界——2030 年可持续发展议程》,为国际社会的发展权确定了更为具体的目标和内容,宣布了 17 个可持续发展目标和 169 个具体目标,涉及"在全世界消除一切形式的贫困""实现性别平等,增强所有妇女和女童的权能""消除饥饿,实现粮食安全,改善营养状况和促进可持续农业"等多个方面。该议程还强调了对妇女、儿童等弱势群体的关注,如第八条提到,"我们要创建一个普遍尊重人权和人的尊严、法治、公正、平等和非歧视,尊重种族、民族和文化多样性,尊重机会均等以充分发挥人的潜能和促进共同繁荣的世界。一个注重对儿童投资和让每个儿童在没有暴力和剥削的环境中成长的世界。一个每个妇女和女童都充分享有性别平等和一切阻碍女性权能的法律、社会和经济障碍都被消除的世界。一个公正、公平、容忍、开放、有社会包容性和最弱势群体的需求得到满足的世界"。尊重和保障妇女、儿童等弱势群体的权利,是发展权理念的核心内容之一。

(三)发展权的内涵和平等诉求

按照马克思对人的发展的理解,发展权的核心为"人的全面发展"。要实现

---

① 联合国:《发展权利宣言》,联合国大会 1986 年 12 月 4 日第 41/128 号决议通过。

这一本质要求,发展权还包含一些具体的内容,1979 年,联合国大会通过了《关于发展权的决议》,将发展权界定为"平等的发展机会";1986 年 12 月,联合国大会通过的《发展权利宣言》进一步丰富了发展权的内容,将发展权界定为每个人"有权参与、促进并享受经济、社会、文化和政治发展"。

中国特色社会主义的发展权利理念,既继承和坚持了马克思主义的基本指导思想,也与联合国的基本主张相契合。国务院新闻办公室 2016 年 12 月发表的《发展权:中国的理念、实践与贡献白皮书》指出,拥有平等的发展机会,共享发展成果,使每个人都得到全面发展,实现充分的发展权,是人类社会的理想追求;发展权的保障和实现,不仅指实现经济、社会和文化权利,还包括公民权利和政治权利的获得。[①]

发展权的内涵蕴含着两大平等诉求。第一,平等参与。每个人应该具有平等的发展机会,尤其是具备平等的机会参与到国家的经济、社会、政治和文化中来,在此过程中发展自身和实现自身;第二,平等共享。每个人有权平等地享有国家的经济、社会和文化的发展成果。其中,平等参与既是实现发展权的手段,也是发展权的内在要求,公民只有平等地参与进经济、社会、政治和文化的发展中来,才能实现自身价值和全面发展。平等共享则是平等参与的自然结果,公民通过自己的劳动和努力而共享国家和社会的发展成果。

就广大发展中国家而言,发展权的最基本要求是消除贫困。贫困所导致的物质匮乏不仅阻碍了公民获得基本的生活条件,而且阻碍了公民其他发展的可能性。对发展中国家来说,减贫、消贫就是对人权的最大贡献,"贫穷是实现人权的最大障碍。没有物质资料的生产和供给,人类其他一切权利的实现都是非常困难或不可能的。发展既是消除贫困的手段,也为实现其他人权提供了条件,还是人实现自身潜能的过程"[②]。随着全面脱贫的实现,中国已经实现了发展权的最基本要求和保障,公民在平等参与与平等共享两个方面提出了更为深层和多

---

① 国务院新闻办公室:《发展权:中国的理念、实践与贡献白皮书》,2016 年。
② 国务院新闻办公室:《发展权:中国的理念、实践与贡献白皮书》,2016 年。

元化的要求,这也是进一步践行"以人民为中心"发展理念的要求。

二、发展权与"以人民为中心"的发展理念

将发展权置于中国特色社会主义权利体系的核心位置,是践行"以人民为中心"的发展理念的内在要求。党的十八届五中全会通过的《中共中央关于制定国民经济和社会发展第十三个五年规划的建议》强调,坚持以人民为中心的发展理念,把增进人民福祉、促进人的全面发展作为发展的出发点和落脚点,发展人民民主,维护社会公平正义,保障人民平等参与、平等发展权利。《中华人民共和国国民经济和社会发展第十四个五年规划和 2035 年远景目标纲要》进一步将这一理念作为基本原则,强调"发展为了人民、发展依靠人民、发展成果由人民共享,维护人民根本利益"。中国将促进人民福祉、增进人民幸福和保障公民的全面发展作为治理国家的价值目标,体现了发展权理念与以人民为中心的发展理念的内在统一。

(一)发展权理念与中国社会主要矛盾的转变

党的十九大报告指出,中国特色社会主义进入新时代,社会主要矛盾已经转化为人民日益增长的美好生活需要和不平衡不充分的发展之间的矛盾。随着十几亿人口的温饱问题得到解决,未来解决"平衡发展"和"充分发展"问题成为我国的主要任务。党对中国社会主要矛盾转化的新判断,将人民的美好生活需要视作党和国家追求的目标和价值,凸显了"以人民为中心"的发展理念。"不平衡不充分的发展"则是在追求这一发展理念中所面临的现状和制约因素。

"以人民为中心"的发展理念要求充分发展。社会主要矛盾的本质就是人的需要和生产发展之间的矛盾,社会主要矛盾根本上就是围绕人的需要和生产发展之间的矛盾关系确立起来的。①随着小康社会的实现,人民群众对美好生活的

---

① 韩庆祥:《深刻把握我国社会主要矛盾转化的新特点》,《浙江日报》,2017 年 10 月 21 日。

需要日益广泛，"不仅对物质文化生活提出了更高要求，而且在民主、法治、公平、正义、安全、环境等方面的要求日益增长"[①]。"充分发展"不仅体现在公民对物质生活的"平等共享"有更高的要求，还对"平等参与"提出了更高、更广泛的要求，"在满足物质文化生活基本需要的基础上，人民要求平等参与、平等发展权利得到充分保障，依法享有广泛权利和自由，如知情权、参与权、表达权、监督权等；要求享有更加完善的社会保障体系、更加高效的社会治理体系、更加可靠的社会安全体系等"[②]。

"以人民为中心"的发展权理念要求平衡发展。目前，中国广泛存在的不平衡发展现象已经成为中国人民发展权实现的制约因素。不平衡发展"主要包括城乡发展不平衡、区域发展不平衡，城乡和区域之间的基本公共服务不平衡不充分，城乡、行业、人群、体制内外的收入分配不平衡，以及经济与社会发展不平衡、经济与文化发展不平衡、经济与生态发展不平衡、经济与总体安全不平衡等等"[③]。不平衡发展，本质上是不平等的发展。改革开放之初，为了尽快恢复和发展社会生产力，奉行"效率优先""以先富带动后富"的发展思路。在"蛋糕"逐步做大之后，在进一步强调发展生产力的同时，也越来越重视再分配的问题，以实现社会的公平正义。随着社会主要矛盾的变化，以"人民为中心"的发展理念要求进一步减少发展中的不平衡问题。

在新时期，党和国家解决新型社会主要矛盾的过程，就是在"以人民为中心"发展理念的指导下，更广、更深、更平等地推动公民发展权的过程。解决不充分发展这一问题的过程，是将公民的发展权向更广、更深的维度推进，解决不平衡发展这一问题的过程，是将公民的发展权向更平等的维度推进。

[①]　习近平：《决胜全面建成小康社会　夺取新时代中国特色社会主义伟大胜利——在中国共产党第十九次全国代表大会上的报告》。

[②]　颜晓峰：《论新时代我国社会主要矛盾的变化》，《中共中央党校（国家行政学院）学报》，2019 年第 2 期。

[③]　魏志奇：《社会主要矛盾变化对共享发展的新要求》，《当代世界社会主义问题》，2019 年第 1 期。

（二）平等共享与全面建成小康社会

党的十八届五中全会提出了创新、协调、绿色、开放、共享五大发展理念。其中，"共享"是五大发展理念的出发点和落脚点。共享发展的理念将人民共享经济、社会和文化的发展成果作为指导思想，体现了"以人民为中心"的执政理念和治国理念。共享发展的理念，其本质是践行和保障公民的发展权，将促进人的发展作为目标，提升人民群众的获得感和幸福感。

共享发展的理念孕育于中国传统文化，是在把握中国特色社会主义发展趋势和价值归宿的基础上，从人的发展角度提出的行动指南，具有多重内涵。首先，平等共享是共享发展理念的根本原则，即每个人都应该有资格参与和共享中国经济、社会和文化的发展成果。尤其是残障人士、老年人、贫困人口等弱势群体更应该成为共享发展理念的关注对象。其次，参与式共享是共享发展的实现途径之一。共享发展的理念充分调动和发挥人民群众的积极性和自主性，让人民群众成为中国特色社会主义建设的创造者，人们群众拥有平等的机会参与到国家经济、社会和文化的建设中，"共享发展的深厚基础和强大动力都在于人民群众，只有人民群众共同参与，才有共享的权利"[①]。此外，全方位共享是共享发展的基本要求。共享发展的理念不仅关注人民群众对物质和财富的平等诉求，还包括人民群众对文化、法治、公平、正义、民主、环境等领域的权利诉求和平等诉求，这些都是践行"以人民为中心"的发展理念的内在要求。

全面建成小康社会是践行共享发展理念的根本支撑，也是党和国家切实推进和保障公民发展权的战略部署。党的十九大报告及二十大报告多次提到推动或促进人的全面发展。人民是全面建成小康社会的参与主体，不仅是全面小康社会的建设者，而且也是全面建成小康社会的价值归宿，"将促进人的全面发展作为全面建成小康社会的出发点和落脚点，意味着全面建成小康社会的目的和

---

① 段光鹏：《共享发展理念是决胜全面建成小康社会的行动指南》，《新疆社科论坛》，2018 年第 6 期。

价值不能仅仅被理解为促进中国经济、政治、文化、社会、生态环境各个领域的发展，而且更重要的是作为发展主体的所有人的自由全面协调发展，而这正是全面建成小康社会所要实现的人权总目标"①。

(三)平等参与与人的全面发展

全面建成小康社会除了为公民共享国家和社会的发展成果提供保障之外，还为公民的自由发展和全面发展提供制度保障。公民只有平等地参与到经济、社会等领域的活动中来，才能够有机会充分和全面地发展自己的能力、实现自己的价值，进而实现自由全面的发展。平等地参与国家经济、社会和文化生活，是人的全面发展的外在条件，需要一系列制度保障作为支撑。全面建成小康社会包含了一系列促进平等参与的目标和安排。

其一，"人民当家做主"的基本思想所确立的一系列基本政治制度，为保障公民平等地参与国家政治生活提供了制度保障。在坚持和完善人民代表大会制度、中国共产党领导的多党合作和政治协商制度、民族区域自治制度、基层群众自治制度等政治制度的过程中，要不断发展社会主义协商民主，健全民主制度和丰富民主形式，拓宽民众参与民主的渠道，为公民表达自己诉求和参与国家政治生活提供了制度保障。党的二十大报告指出，"完善协商民主体系，统筹推进政党协商、人大协商、政府协商、政协协调、人民团体协商、基层协商以及社会组织协商，健全各种制度化协商平台，推进协商民主广泛多层制度化发展"。

其二，全面依法治国确立的法治框架为保障公民参与社会、经济和文化等领域的活动提供了平等的法治环境。法律面前人人平等，法治社会杜绝"以言代法、以权压法、逐利违法、徇私枉法"现象，为每个人的自由发展和全面发展提供了平等的法治保障。随着全面建成小康社会的到来，"构建起较为完备的人权法律保障体系，坚持依法治国、依法执政、依法行政共同推进，坚持法治国家、法治

---

① 常健:《全面建成小康社会的人权意蕴——以发展主义人权理论为视角》,《人权》,2020 年第 2 期。

政府、法治社会一体建设,实现科学立法、严格执法、公正司法、全民守法,不断促进社会公平正义,使人权得到有效和全面的法治保障"①。

其三,弱势群体的平等参与权也是全面建成小康社会的重要组成部分。以老年人参与经济社会活动为例,《中华人民共和国老年人权益保障法》(2018 年修正版)第七章共七条系统规定了老年人参与社会发展的权利。例如,第六十六条规定了保障老年人参与权的指导原则,"国家和社会应当重视、珍惜老年人的知识、技能、经验和优良品德,发挥老年人的专长和作用,保障老年人参与经济、政治、文化和社会生活";第七十二条规定了国家和社会在保障老年人参与权方面的义务,"国家和社会采取措施,开展适合老年人的群众性文化、体育、娱乐活动,丰富老年人的精神文化生活"。

三、中国权利结构中的其他权利形态及其平等诉求

以发展权为核心的中国特色社会主义人权体系,与以自由权为核心的欧美国家人权体系具有根本差异,在公共政策和制度安排上的反映也有所不同。在欧美国家的权利结构中,自由权是最为核心的权利,具有优先地位,而经济、社会和文化权利等发展权的核心内容,则被置于次要和从属的地位。中国则将公民的发展权置于核心位置,在此基础上协调推进公民的自由权、民主权利等其他权利。

(一)中西权利结构的差异

二战之后,由欧美国家主导的国际人权话语体系,实际上是建立在基督教传统和启蒙文化基础上的自由主义人权观。它具有三个核心理念:①个人主义:主张人权的享有主体是个人,而不是任何类型的集体,进而否定国家或民族的

---

① 常健:《全面建成小康社会的人权意蕴——以发展主义人权理论为视角》,《人权》,2020 年第 2 期。

发展权、环境权、自决权等集体人权。②自由权的优先性：主张言论自由、信仰自由等自由权利在价值上优先于教育权、基本医疗保障等经济、社会和文化权利。如约翰·罗尔斯在论证其两个正义原则时，就明确提到公民的自由权利要优先于经济和社会权利，即平等自由原则对差别原则的优先性。①③价值普遍主义：欧美主要发达国家及其大部分理论家都主张，自由主义的人权观在价值上具有普遍性，并试图将其推广至每个国家和所有文化当中。

长期以来，欧美国家试图将以上人权观念固化为国际人权评价体系的权威标准，并强制性地向发展中国家进行价值输出和制度输出。这种将某种特殊的人权观念强加给世界各国的做法，没有尊重发展中国家自身的宗教和文化传统以及发展中国家特殊的经济和政治背景。例如，学者保罗·科利尔指出，欧美式的民主选举在中等收入国家可以系统性地减少政治暴力的风险，但在低收入国家则会带来灾难。②发达国家按照霸权思维主导全球人权治理，给发展中国家带来了严重的人道主义灾难，2010 年之后发生在北非、中东等地区的动乱与难民危机，在某种程度上正是他们强制干涉的结果。③人权保障的道路，必须以本国国情为基础。

鉴于欧美国家强行推广自由主义人权观所带来的巨大灾难，中国政府在2018 年 11 月接受联合国第三轮国别人权审议时坚持主张，"世界上没有放之四海而皆准的人权发展道路。人权事业是各国经济社会发展的重要组成部分，必须根据各国国情和人民需求加以推进，不能定于一尊"④。中国政府意识到，人权作为一般而论的理念具有普遍性，但人权的具体内涵和实现路径却具有特殊性，需要考虑每个国家的国情和特殊的政治、经济、文化背景。在兼顾人权的特

---

① John Rawls, *A Theory of Justice*, Harvard University Press, 1971, p.61.

② Paul Collier, *Wars, Guns, and Votes: Democracy in Dangerous Places*, Harper Collins, 2009, p.18.

③ 常健、刘明：《国家安定与个人权利保障》，《学术界》，2015 年第 11 期。

④ 《中国根据人权理事会第 16/21 号决议附件第 5 段提交的国家报告》，人权理事会普遍定期审议工作组第三十一届会议，2018 年 11 月 5 日至 16 日，A/HRC/WG.6/31/CHN/1.

殊性和普遍性前提下,依托中国国情,构建中国特色的人权话语体系,具体表现为以下三个方面。

第一,将公民的生存权和发展权视为最基本的人权。中国仍属于发展中国家,发展本国经济,消除本国公民的贫困,解决因贫困所带来的饮食、疾病、医疗等民众切实关心的生存和发展问题,是摆在党和国家面前的首要责任,"确信对发展权给予特别关注实属必需……满足经济、社会和文化权利乃是享有公民权利和政治权利的保证"①。甚至对于世界范围内的广大发展中国家的公民而言,保障其经济、社会、文化方面的权利同样是更为迫切的要求。"在全世界消除一切形式的贫困",也是联合国《2030 年可持续发展议程》所确立的首要目标。在中国,"发展权在人权体系中应当居于核心地位,发挥统摄、协调、整合各项人权的功能,并在此基础上提出了以发展权为核心重建人权理论体系的发展主义人权观"②。

第二,主张国家及作为整体的人民拥有集体性的权利。欧美国家只承认个体权利,不承认国家或人民的集体权利。中国在经历一个多世纪的殖民地与半殖民地时期之后,深知国家的自决权、和平权和发展权等集体权利的重要意义。这些集体权利不仅是一个国家或民族生存和发展的前提,更是保障公民个体权利的基本前提。人民的集体权利与公民个体的权利具有交叉性,"除了包括各国人民的生存权、发展权、和平权和环境权之外,还包括各国人民的自决权、平等权、不受歧视的权利及民主权利等"③。

第三,自主、有序地推进本国公民的公民权利、政治权利。一个国家通过什么样的政治制度和法律制度来保障本国公民的公民权利和政治权利,应该由本国自行决定。与欧美国家依据基督教文化传统建构自身的政治制度和法律制度不同,依据本国的文化传统和政治传统,寻求适合自身发展道路的法律制度和

---

① 董云虎编:《人权大宪章》,中共中央党校出版社,2010 年,第 137 页。
② 李君如主编:《中国人权事业发展报告(2017)》,社会科学文献出版社,2017 年,第 33 页。
③ 常健:《人类命运共同体视野下的人类集体人权与人民集体人权》,《人权》,2017 年第 5 期。

民主政治,进而稳定、有序地推动本国公民的公民权利和政治权利,是多数发展中国家的共识。中国政府主张,公民权利和政治权利的保障,必然是在中国的政治制度框架和文化背景下推进。中国推进的全面依法治国战略以及人民代表大会制度、政治协商制度等制度安排,旨在有序、稳定地推进中国公民的公民权利和政治权利。

(二)其他权利形态及其平等诉求

按照联合国人权公约体系,公民享有的个体权利主要包括两部分:一是经济、社会、文化权利,二是公民权利和政治权利。发展权利主要侧重公民对经济、社会和文化领域的参与和共享,因此发展权主要涉及公民依法享有的经济、社会和文化权利部分。除发展权之外,公民还依法享有公民权利和政治权利,其中,公民权利主要包括言论自由、思想自由、信仰自由、隐私权、公正审判权等,主要是一些自由权。政治权利则包括选举权与被选举权、知情权、监督权、表达权、参与权等,主要指公民依法参与政治生活的政治参与权。

发展权与自由权和政治参与权既存在一些重叠,但也有明显区分。就权利的属性而言,发展权主要涉及一系列的"积极权利",而自由权则主要涉及一系列的"消极权利"。"消极权利"是指"要求权利相对人予以尊重与容忍的权利","积极权利"是指"要求权利相对人予以给付或作为的权利"。①换言之,"消极权利"主要是权利拥有者享有的一系列"免于他人干涉的权利",而积极权利则要求国家或其他组织或个人承担相关的帮助或付出,以确保权利拥有者相关权利的实现。西方国家将自由权视作最为核心的人权,中国同样尊重和保障公民的一系列自由权,但在马克思主义指导下的中国特色人权话语体系中,自由权的保障和实现服务于"人的全面发展"这一最终目的。公民的自由权同样对国家提出了一系列的义务要求,尤其是要求国家的基本制度和法律体系能够尽可能地

---

① 周刚志:《论"消极权利"与"积极权利"》,《法学评论》,2015年第3期。

平等保障公民的言论自由、隐私权、公正审判权等一系列的自由权。

以选举权与被选举权、知情权、监督权、表达权、参与权等为主要内容的政治参与权,既不是严格意义上的消极权利,也不是严格意义上的积极权利。主要涉及公民主动参与自身共同体的政治决策过程的权利,如选举、结社、进入公职等的权利,相应的国家义务是国家的授权。国家通过宪法或法律授权公民依法享有选举权与被选举权、表达权等政治参与权利,这类权利一般与各国的政治制度和法律制度相关联,进而在不同国家具有不同的表现形式和实现方式。尽管如此,政治参与权是公民依法表达自己利益主张和参与国家公共事务的基本要求,是民主社会的基本特征。民主国家应该依据自身的政治制度和法律制度,平等地保障每一位公民的政治参与权。

此外,生存权也主要是在经济、社会、文化权利的体系内进行理解。生存权指"人的生命安全及生存条件获得基本保障的权利"[1],主要涉及公民的生存和发展所需要的一些基本条件,如安全、衣食、卫生的饮用水、基本的医疗保障等。生存权类似于基本的生计维持权,在缺乏一些基本生存资源和手段的情况下,一个人的生存就会难以维系,这种权利往往与一些基本的物质条件相联系。因此,也被称之为"最低程度的经济安全权",其内容具体包括"未受污染的空气、未受污染的水、适当的食物、适当的衣着、适当的藏身之所,以及最低程度上的预防性公共保健"[2]。如果一个人不能够享有这些生存所需的"最低限度的经济安全权",那么他就处于一种绝对贫困或绝对剥夺的状态。

---

[1] 李步云主编:《人权法学》,高等教育出版社,2005 年,第 118 页。

[2] Henry Shue, *Basic Rights:Subsistence,Affluence,and U.S.Foreign Policy*,Princeton University Press,1980,p.23.

第二节　弱势群体权利的平等保障
作为人权事业的内在诉求

平等保障弱势群体的权利,是社会主义公平正义的重要内容,也是中国特色社会主义人权保障体系的重要组成部分。"以人民为中心"的人权保障理念,要求国家和社会应该尤为关注弱势群体的权利,以发展权的保障为核心推动弱势群体成员的全面发展。

一、弱势群体的内涵与特征

弱势群体主要指在地位、能力、力量等方面处于弱小或劣势地位的个人或群体。在英文中,经常用"Vulnerable Group""Disadvantaged Group""Marginalized Group"来指称这部分群体。其中,"vulnerable"重在强调这部分群体的脆弱性、权利不易实现或容易遭到侵犯等特征,侵犯的主体可能是政府、社会群体或个人,也可能是来自制度性或结构性的歧视、排斥;"disadvantaged"则强调这部分群体所处的贫困的或不利的状态;"marginalized"重在强调该部分群体被社会边缘化。[①]

这里关于弱势群体的范围界定,一方面,沿袭中国当前人权研究中经常提及的五类群体:妇女、儿童、老年人、少数民族、残障人士;另一方面,也会部分涉及中国特定发展阶段所存在的两类群体:进城务工人员和贫困人口。用"弱势"一词来形容这些群体,并不是歧视这些群体,而是形容他们所处的不利状况的事实。平等地保障这些弱势群体的权利,既是实现中国社会主义公平正义的内在要求,也是实现"平等"这一社会主义核心价值观的内在要求。导致弱势群体现状的原因是多方面的,大致可总结为以下四个方面。

---

① 许尧:《关于使用"特定群体"称谓的建议》,《人权》,2015 年第 2 期。

一是由历史上的制度性或政策性原因所致。改革开放之初,为了尽快恢复和发展生产力,中国奉行"先富带动后富""东部带动西部""效率优先、兼顾公平"等一系列倾斜性的政策,在一定程度上导致了中西部地区的相对落后局面。长期以来,中西部地区的贫困人口所占全国的比例一直较高。另外,长期存在的城乡二元结构也是导致多数农民以及进城务工人员一度处于弱势状况的制度性因素。尤其是户籍制度的城乡二元结构对相关权益体系产生了深远影响,"我国现行的城乡二元户籍制度,是指从法律意义上划分农业户口和非农业户口的户籍制度。户籍不仅是身份的一种表现,更重要的是它确认了个人享有资源和利益的权利,承担着公民教育、就业和医疗等事务。长期以来,中国城乡居民所享有的待遇存在差异,20 世纪 90 年代,随着农村剩余劳动力大量涌入城市,户籍制度的影响逐渐显现,对社会产生了重大影响"[1]。

二是由这些群体在身体或能力等方面的物理原因所致。诸如儿童、老年人、残障人士等群体,或者由于自身生命处于脆弱性的阶段,或者由于自身身体或心智处于不健全的状态,导致自身在权利的享有和平等参与经济、社会、文化生活方面处于劣势地位。以残障人士为例,尽管残障本身并不是造成社会不平等、缺乏机会和被排斥的原因,但身体或智力障碍通常会导致残障人士在社会领域中失去参与某些活动的能力。这些困难和问题主要源于大多数社会空间、环境和活动都是为主流团体和个人设计的,从而使那些拥有不同身体或思想的人被边缘化。对于残障人士而言,大多数困难来自身体障碍,这些障碍阻碍了残障人士参与和分享社会生活。

三是由落后的传统文化、习俗等原因所致。这种因素主要指向妇女群体。新中国成立以来,在中国共产党的领导下,国家从社会、政治、文化等多个方面清除封建社会的这些影响,赋予女性以平等的选举权与被选举权、就业权、受教育权等基本权益,中国妇女的地位得到了翻天覆地的变化。尽管如此,在某些落后

---

① 杨涛:《对社会性弱势群体的相关权利保障研究》,《法制与经济》,2019 年第 8 期。

地区,"重男轻女"的落后观念仍然存在,这严重阻碍了女性在受教育权、工作权等方面的平等机会和平等权益。

四是由社会性的排斥和歧视等原因所致。社会中其他群体、组织或个人对弱势群体的歧视或排斥,是导致这些群体长期处于弱势地位的又一重要原因。由于这些群体在身体、心智、能力、地位等方面的劣势状况,他们可能无法像"正常人"一样参与社会生活和为社会做出对等的贡献(例如残障人士、老年人),社会其他群体或个人甚至将他们视作需要完全"被照顾"的对象,将他们排斥在经济、社会或文化活动之外。社会对女性群体的歧视除了传统文化方面的原因,生育期等因素也成为了阻碍女性平等获取就业、晋升机会的原因。

结合起来,中国语境下的弱势群体具有以下三个主要特征:第一,弱势群体是在竞争机会、生存和发展能力、权利实现等方面处于脆弱状况或劣势地位的一群人,"弱势群体也叫社会脆弱群体,广义上是指在社会上处于不利地位的人,狭义上指的主要是在社会生活领域占有社会资源少、实现权利能力弱的人,其基本特征是:竞争能力弱,生活上贫困,社会地位低下"①。第二,弱势群体是在参与和共享社会、经济和文化生活等方面极易受到歧视和排斥的一群人。由于历史或社会的原因,或由于这些群体自身的某些生理特征或精神特征,弱势群体极易受到来自社会组织或个人的歧视或排斥,从而进一步加剧了这些群体成员在参与、就业等方面的不平等。第三,弱势群体是在资源占有、社会地位、生活水平等方面处于劣势地位的一群人,"社会弱势群体是一个社会分层基础上的概念,它指的是由于自然与社会、先天与后天、人为与非人为因素的影响,在社会地位、财富分配、政治权力行使、法律权利享有方面处于不利地位以及在发展方面潜力相对匮乏的人群"②。

① 张晓玲:《社会弱势群体权利的法律保障研究》,中共中央党校出版社,2009 年,第 70 页。
② 齐延平:《社会弱势群体的权利保护》,山东人民出版社,2006 年,第 2 页。

二、弱势群体权利的平等保障与社会正义

在相当长的时间内,无论是中国还是国际社会,针对弱势群体的社会政策是基于同情、怜悯和恩赐式的道义救助。从权利保障的视角看,这种慈善模式存在诸多缺陷。其一,慈善模式下的救助者被视为是施惠者,被救助者被视为是被恩赐者,天然存在一种不对等关系,对弱势者的尊严造成极大伤害。其二,由于慈善模式下不存在固定的义务主体和义务内容,导致弱势群体的权利无法获得有效和持续的落实。其三,慈善模式没有追究弱势群体弱势地位的社会原因等外在因素,易于导致对弱势群体的歧视和偏见。

在弱势群体权利保障路径的演进中,由慈善模式向正义模式的转变,是社会公平正义的内在要求。19 世纪的功利主义大师边沁和穆勒对正义和慈善作了严格区分。边沁认为,与正义有关的准则主要是法律或制度层面的准则,而慈善的准则在很大程度上是由私人伦理来处理。[①]穆勒则通过两种不同类型的义务进一步区分了正义与慈善。在穆勒看来,按照传统的伦理理论,存在两种不同类型的义务:完美的义务和非完美的义务。其中,非完美的义务具有极大的不确定性,对义务主体践行这项义务的时间和对象,都没有具体的规定,而是完全由义务主体自己选择,甚至非完美的义务是一种可做可不做的义务,比如施舍和恩惠。不完美的义务仅仅是道德义务,它不给予任何人以权利。完美的义务则是"根据某人或者某些人就拥有一种相关的权利",主要针对的是不正义的情况,"不正义可以是给人不平等的待遇;也可以是对于某件事来说安排错了人",这构成了正义同施舍或恩惠的区别,"正义不仅意味着这样做是对的,那样做是错的,而且意味着一些个人有道德权利对我们做出要求。但是没有人有道德权力对我们的施舍和恩惠做出要求"[②]。

---

① [英]边沁:《道德与立法原理导论》,时殷弘译,商务印书馆,2002 年,第 358~359 页。
② [英]穆勒:《功利主义》,刘富胜译,光明日报出版社,2007 年,第 72~73 页。

通过边沁和穆勒关于正义与慈善的经典区分可以看出,正义与慈善至少存在以下三点不同。其一,正义主要涉及法律和制度层面的问题,是国家公共权力的领域,属于公德领域;而慈善主要是私人领域的问题,属于私德领域。其二,从慈善中并不能追溯出权利,而从正义中则可以引申出权利。其三,就对应的义务类型和特征而言,慈善模式主要对应人道义务或非完美义务,这类义务具有极大的不确定性和模糊性,义务主体、义务强度和时间等都缺乏刚性;而正义模式则对应正义义务或完美义务,是义务主体无论如何都应该践行的义务,具有强制性。

平等保障弱势群体的权利,是社会公平正义的内在要求,既是分配正义、矫正正义等传统正义理念的基本要求,也是发展型正义、包容型正义等新型正义理念的基本要求。在社会保障问题上,英国贫困与福利研究学者汤森(Townsend)曾提出社会保障的三层次目标体系:最低层次的目标是缓解贫困,通过社会救助给少数人提供福利以解决其基本生存问题;中间层次的目标是收入安全,通过社会保险给普通大众提供收入替代以应对各种风险;最高层次的目标是社会公平,通过再分配的公共福利模式追求全体成员生活质量的提升。[1]

(一)平等保障弱势群体的权利与分配正义

分配正义包含平等的要求,即每个人都希望得到平等的对待。分配正义分配的内容主要指收入、财富、机会、资源等,人们对分配正义的平等诉求主要指自己在收入、财富、机会、资源等方面得到平等的份额。著名的正义理论家罗尔斯认为,正义社会的基本制度和社会秩序应该按照两个基本的正义原则来安排。简而言之,第一个正义原则通常被认为是"自由原则",每个人对最广泛的、平等的基本自由都拥有平等的权利;第二个正义原则通常被认为是"平等原则":①社会和经济的安排应该有利于最不利者的最大利益,②职位和地位向所

---

① 庞文、张蜀缘:《中国残疾人社会保障制度的演进:1978—2017》,《残疾人研究》,2018年第2期。

有人开放。①罗尔斯所确立的第一个正义原则,主要针对的是欧美社会所确立的一些消极自由权利,"公民的基本自由包括政治自由(选举权与被选举权),言论自由和集会自由;良心自由和思想自由;人身自由以及拥有(个人的)财产的权利;由法治观念所规定的免于任意逮捕和剥夺财产的权利"②。

罗尔斯的第二个正义原则试图处理经济和社会领域的分配问题。其核心主张是:收入和财富、权力和机会等社会的"基本善"(primary goods),"是一个理性的人无论如何都想要的东西。不管一个人的合理计划的细节是什么,都可以假定,有某些东西对他来说是越多越好的"③。罗尔斯认为,这些"基本善"受到家庭出身、自然天赋等运气的影响,而这在道德上是任意的。因此,罗尔斯主张,社会基本制度在分配这些"基本善"的过程中,应该有利于社会最不利者的最大利益。因此,罗尔斯实际上主张,分配正义的主要关注对象是社会弱势群体。

西方国家和理论界认为分配正义处理的经济社会文化权利在价值排序上要排在自由权之后,这与中国的人权话语体系存在明显差异。尽管如此,分配正义所处理的核心问题和关注的对象却具有某种一致性。"分配正义的实质是社会通过正义的制度和政策来分配收入、机会和各种资源,以帮助那些迫切需要社会正义来帮助的人。谁是最需要社会正义来帮助的人?人们凭直觉就确切知道,弱势群体是最需要社会正义帮助的人。他们的收入最低,工作最不稳定,拥有最少的社会保障,生活非常贫困,对福利拥有最低的期望。在各级各类政府机构中,他们缺少自己的代表。"④综上,平等保障弱势群体的权利,尤其是经济、社会和文化方面的相关权利,是分配正义的内在要求。

---

① John Rawls, *A Theory of Justice*, Harvard University Press, 1971, pp.302–303.

② John Rawls, *A Theory of Justice*, Harvard University Press, 1971, p.61.

③ John Rawls, *A Theory of Justice*, Harvard University Press, 1971, p.92.

④ 姚大志:《分配正义:从弱势群体的观点看》,《哲学研究》,2011 年第 3 期。

(二)平等保障弱势群体的权利与矫正正义

矫正正义是正义的传统形式之一,亚里士多德较早提出了这一概念,"矫正性的公正,生成在交往之中。交往或者是自愿的或者是非自愿的。它不按照几何比例,而是按照算术比例。这类不公正是不均等,裁判者用惩罚和其他剥夺其得利的办法,尽量加以矫正,使其均等。均等是利得和损失,即多和少的中道,即是公正。裁判者是公正的化身,是中间人。公正就是平分,人们称裁判者为平分人,仲裁人"[①]。当矫正正义这一概念运用到财富和收入的分配上时,主要指对原先存在的不正义分配或交易进行矫正,以便实现正义的要求。

矫正正义要求矫正因历史上的制度性或政策性不公而导致的不平等。中国某些弱势群体所面临的不平等状况,在一定程度上与特定历史时期的某些政策相关。城乡二元结构造成的城乡之间的系统性差距,以及由此造成的就业、医疗、教育、收入等方面的不平等,在某种意义上与历史上的政策性不公存在关联。东西部之间的贫富差距以及教育、医疗等多方面的差距,在某种程度上则同中国改革开放之初的政策有关。随着全面建成小康社会步伐的不断深入,党和国家提出和推行了协调、共享等新型发展理念,以实现地区之间、城乡之间的协调发展和共同发展。平等保障贫困人口、农民群体等弱势群体的权利,是矫正正义的内在要求。

矫正正义要求矫正因落后的传统文化或习俗而导致的不平等。落后的传统文化或习俗是不正义的表现形式,它限制了某些群体的选择、自由、发展以及合法利益。尤其是某些落后地区的妇女群体和女童,在很长一段时间内,由于受到男尊女卑等封建思想的影响,她们的教育、就业、职业晋升等方面的权利得不到应有的保障。平等保障妇女群体和女童群体的权利,同样是矫正正义的要求。

---

① [古希腊]亚里士多德:《尼各马可伦理学》,苗力田译,中国社会科学出版社,1999 年,第 95 页。

(三)平等保障弱势群体的权利与发展型正义

罗尔斯的分配正义思想关注社会"基本善"的分配,如收入、机会和财富等。诸如阿玛蒂亚·森、纳斯鲍姆等正义理论家看来,罗尔斯的这种看待正义的视角存在一些不足。如阿玛蒂亚·森指出,罗尔斯的正义理论忽视了人与人之间的差异性,即人与人之间不仅在生活的自然环境和外在环境方面具有差异,而且在性别、体质、智商等个体体质方面也具有明显的差异,这些差异性对于评估不平等都很重要。即便有相同的收入,每个人在做值得做的事情的能力上仍有可能存在差异,例如,一名残疾人即便与正常人一样得到了相同的收入,但仍不能像一个正常的人一样做某些事情。[1]或者残疾人做相同事情所需的收入或财富可能要明显多于正常人需要的收入或财富。森以及纳斯鲍姆等正义理论家,从残障人士、妇女、贫困人口等弱势群体的角度出发,提出用"能力平等"的视角评估正义。这种从主体的能力发展的视角来分析不平等问题和相关的正义问题,超越了分配正义、矫正正义、交换正义等传统的正义类型,可将其称之为"发展型正义"。

关于阿玛蒂亚·森的"能力平等"理论,需要借助"功能性活动"这一概念来理解。"功能性活动"指"一个人认为值得去做或达到的多种多样的事情或状态。有价值的功能性活动的种类很多,从很初级的要求,如足够的营养和不受可以避免的疾病之害,到非常复杂的活动或者个人的状态,如参与社区生活和拥有自尊","功能性活动"的实现依赖于"可行能力",即"此人有可能实现的、各种可能的功能性活动的组合"[2]。"可行能力"是实现各种可能的功能性活动的实质自由,森认为一个人拥有"可行能力"去实现可能的"功能性活动",是同其生活质量密切相关的。如在贫穷这一幸福的消极因素方面,贫穷的根源在于能力的失败,而不是物品或财富的短缺;主体的幸福不在于获得物品,而在于拥有摆脱贫

---

① [印度]阿玛蒂亚·森:《论经济不平等》,王利文、于占杰译,社会科学文献出版社,2006年,第240页。
② [印度]阿玛蒂亚·森:《以自由看待发展》,任赜、于真译,中国人民大学出版社,2002年,第62页。

困的能力和机会。而且一个正义的社会应该为其成员拥有"可行能力"并实现它们创造必要的条件。

如果说森是在为某个国家或社会评估其国民的生活品质提供一套评价指标,纳斯鲍姆则试图借助"多元能力理论"(Capabilities Approach)为正义社会提供一个底线的价值标准。在纳斯鲍姆看来,"多元能力"是人性尊严的前提,是一个正义社会的底线要求。这类能力不仅包含一个人的品性、智商情商、身体健全和健康状况、内在学识等"内在能力"(internal capabilities),还包括由个人能力和政治、社会、经济环境在结合后所创造的自由或机会,因此是一种"混合能力"(combined capabilities)。纳斯鲍姆进一步明确指出,一个体面的政治秩序必须保证全体公民的十种核心能力至少在最低限度的水平之上,这十种核心能力包括"生命""身体健康""身体健全""感觉、想象和思考""对外在环境的控制"等。①拥有并践行这些能力,是一个人获得幸福的基础。

以阿玛蒂亚·森和纳斯鲍姆为代表的"能力平等"理论家,对于分析弱势群体的平等问题提出了一类新型视角,即针对弱势群体的社会正义,不仅是资源平等方面的分配正义要求,而且是能力平等方面的发展型正义要求。公共政策也不应仅仅聚焦于对弱势群体的救济上,而且应该关注其能力发展,实现"赋权"与"赋能"的结合,这实际上与马克思的"人的全面发展"思想具有类似之处。

(四)平等保障弱势群体的权利与包容性正义

社会排斥是非正义的主要表现之一,正义的社会应该避免排斥,促进包容。由于弱势群体在财富、社会权力和经济权力、知识的获取途径、社会地位等方面存在的不平等状况,他们极易处于被边缘化或被排斥的状态中,进而抑制了他们对经济、社会和文化生活的参与度。除了不正义的社会结构所造成的排斥以外,能力的不平等在制造社会排斥方面同样较为普遍。例如,残障人士、老年人、

---

① ［美］纳斯鲍姆:《寻求有尊严的生活》,田雷译,中国人民大学出版社,2016年,第13~25页。

儿童等个体,由于智力、体力等方面的能力匮乏,往往不能有效地参与或分享政治、经济、社会或文化生活。因此,这些弱势群体极易成为社会排斥的对象,进而造成社会不正义。

以残障人士或老年人参与政治的权利为例,由于这些群体在行动等方面的不便,他们有可能无法行使自己的投票权,或者无法在民主过程中表达自己的意见,进而极易被排斥在民主过程之外。爱丽丝·扬区分了民主过程中的两种排斥类型:外在排斥(external exclusion)和内在排斥(internal exclusion)。[①]外在排斥指某些人或群体被有意或无意地排斥在民主过程之外,由形式不公、权力以及能力的差异等因素所造成的排斥属于这类排斥。由于弱势群体在权力、能力、社会资源等方面处于明显的弱势地位,他们经常遭遇这类排斥,无法参与政治决策过程。内在排斥则指虽然公民能够被包容在民主过程中,但是由于他们某些自身的特征而处于被歧视的状况,他们的主张仍难以得到平等对待。

内在排斥与外在排斥的叠加性排斥不仅体现在民主过程的政治参与权之中,经济、社会和文化生活领域,同样表现得较为明显。以女性群体的就业权为例,尽管中国法律明确规定女性和男性享有平等的就业权利,但仍然经常出现用人单位“用男不用女”的“外在排斥”现象,即便将平等的就业机会赋予女性群体,在实质性的录用或晋升阶段,用人单位仍经常会因为女性的生育期、感性特征等标签而剥夺女性群体的平等权利,造成明显的“内在排斥”。

包容性正义要求将弱势群体在形式和实质两个层面包容进政治、经济、社会和文化活动中来,既要消除弱势群体所面临的“外在排斥”,又要消除“内在排斥”,使他们能够切实参与和分享这些活动。例如,完善相关制度或政策,消除城乡二元结构所造成的对进城务工人员或农民的歧视与排斥;通过进一步完善无障碍设施,保障残障人士或老年人参与政治、经济和社会生活的实质性机会;通过完善相关就业层面的用人机制和晋升机制,确保女性群体平等地享有就业权

---

① Iris Marion Young, *Inclusion and Democracy*, Oxford University Press, 2000, pp.53–57.

和晋升权等。

三、发展权理念下弱势群体权利的平等保障体系

目前,中国对弱势群体权利的保障,基本上形成了"理念支撑—法律保障—政策支持"的系统性三维结构。其中,平等、参与和共享构成弱势群体权利平等保障的基本理念。在三大理念的指导下,宪法和相关法律赋予弱势群体以形式上的平等权利,党和政府的相关政策则为保障弱势群体的平等权利提供了实质性支持。

平等、参与和共享是中国弱势群体权利平等保障过程中遵循的基本理念,其最终目标是实现弱势群体成员的个体发展。例如,2019 年 7 月,国务院新闻办发布的《平等、参与、共享:新中国残疾人权益保障 70 年》白皮书明确提到:"残疾人是人类大家庭的平等成员。尊重和保障残疾人的人权和人格尊严,使他们能以平等的地位和均等的机会充分参与社会生活,共享物质文明和精神文明成果,是国家义不容辞的责任,也是中国特色社会主义制度的必然要求。"[1]白皮书将平等、参与、共享的基本理念突出出来,确定残疾人具有同健全者平等的成员身份,残疾人具备平等的地位和机会参与社会各方面生活,并具备平等的资格共享社会发展成果。

此外,在妇女权利的平等保障方面,2019 年 9 月,国务院新闻办发布的《平等 发展 共享:新中国 70 年妇女事业的发展与进步》白皮书,同样强调了平等、共享的理念,并将促进女性个体发展的目标突出出来。该白皮书明确强调了男女平等国策的核心要义,"男女平等基本国策是促进妇女与经济社会同步发展、男女两性平等发展、妇女自身全面发展的一项带有长远性和根本性的总政策"[2]。

---

[1] 　国务院新闻办公室:《平等、参与、共享:新中国残疾人权益保障 70 年》,2019 年 7 月。

[2] 　国务院新闻办公室:《平等 发展 共享:新中国 70 年妇女事业的发展与进步》,2019 年 9 月。

具体地讲,它的核心要义包括:①重视和发挥妇女在经济社会发展中的主体地位和作用,推动妇女与经济社会同步发展;②在承认男女现实差异的前提下倡导男女两性权利、机会和结果的平等,依法保障妇女合法权益;③从法律、政策和社会实践各方面消除对妇女一切形式的歧视,构建以男女平等为核心的先进性别文化;④将性别平等意识纳入决策主流,切实在出台法律、制定政策、编制规划、部署工作时充分考虑男女两性的现实差异和妇女的特殊利益。平等、参与、共享以及发展等核心理念在妇女权利的保障过程中得以充分体现。

在平等、参与、共享等理念的引导下,以促进弱势群体的个体发展为目标,中国制定并实施了一系列专门性的权利保障法律法规,平等保障全体公民,特别是少数民族、妇女、儿童、老年人、残疾人等的发展权利。《中华人民共和国未成年人保护法》第三条规定"未成年人享有生存权、发展权、受保护权、参与权等权利,国家根据未成年人身心发展特点给予特殊、优先保护,保障未成年人的合法权益不受侵犯";《中华人民共和国妇女权益保障法》第二条规定"妇女在政治的、经济的、文化的、社会的和家庭的生活等各方面享有同男子平等的权利";《中华人民共和国老年人权益保障法》第三条规定"国家保障老年人依法享有的权益。老年人有从国家和社会获得物质帮助的权利,有享受社会服务和社会优待的权利,有参与社会发展和共享发展成果的权利";《中华人民共和国残疾人保障法》第一条规定"为了维护残疾人的合法权益,发展残疾人事业,保障残疾人平等地充分参与社会生活,共享社会物质文化成果,根据宪法,制定本法";《中华人民共和国民族区域自治法》规定"加速民族自治地方经济、文化的发展,建设团结、繁荣的民族自治地方,为各民族的共同繁荣,把祖国建设成为富强、民主、文明的社会主义国家而努力奋斗"。

在通过法律手段平等保障弱势群体权利之外,中国政府还通过一系列政策来平等保障弱势群体权利,促进其个体发展。以中国妇女群体的脱贫为例,在一系列政策保障下,妇女在脱贫过程中充分参与、广泛受益。《中国农村扶贫开发纲要(2011—2020年)》《中国妇女发展纲要(2011—2020年)》等政策,都将减少贫困妇女数量、缓解妇女群体贫困作为工作重点,保障贫困妇女的基本权利。党的十八大以来,中国在脱贫攻坚中更加重视妇女各项权益的保障。《中共中央国务院关于打赢脱贫攻坚战三年行动的指导意见(2018 年)》提出,将贫困地区妇女宫颈癌、乳腺癌的检查项目扩展至所有贫困县。实施"贫困母亲'两癌'救助"等公益项目。在妇女群体的减贫消贫方面,"按照现行农村贫困标准,截至 2018年底,全国农村贫困人口从 2012 年的 9899 万减少到 1660 万,贫困发生率从2012 年的 10.2%下降至 1.7%,减少的贫困人口中约一半为女性"①。

针对老年人群体的养老政策也不断推陈出新。党的十八大以来,中国养老服务业迈入了快速发展期,《国务院关于加快发展养老服务业的若干意见》的出台、《"十三五"国家老龄事业发展和养老体系建设规划》等多项养老服务业中长期发展规划的制定、100 余项部委层面各类扶持养老服务业发展配套文件的公布,标志着中国对老年人平等权益保障、平等享受社会生活的政策性支持日益完善。以 2017 年为例,仅国家层面就出台了 16 个养老政策文件,主要围绕"放管服"、智慧养老、医养结合和标准化体系建设等进行了全国范围内的统筹布局,对养老服务业的产业化发展和服务质量的提升起到了很好的促进作用。近年来,国家从宏观规划、医养结合、养老金融、智慧养老以及养老质量标准化等几个主要方面都进行了制度化规范。

关于残障人士的就业,《关于发展残疾人辅助性就业的意见》针对就业年龄段内有就业意愿但难以进入竞争性劳动力市场的残障人士,安排辅助性就业,在劳动时间、劳动强度、劳动报酬和劳动协议签订等方面采取灵活方式。截至2020 年,"全国共有残疾人就业服务机构 2811 家,国家级残疾人职业培训基地478 家,城乡持证残疾人就业人数 855.2 万人"②。

针对弱势群体权利的平等保障,"理念支撑—法律保障—政策支持"的三维

---

① 国务院新闻办公室:《平等 发展 共享:新中国 70 年妇女事业的发展与进步》,2019 年 9 月。

② 国务院新闻办公室:《全面建成小康社会:中国人权事业发展的光辉篇章》,2021 年 8 月。

体系已经逐渐成熟。当然,在某些领域、某些群体、某些地区仍存在发展不平衡不充分、有效供给不足、服务质量不高、覆盖面不够等问题,弱势群体权利的平等保障任务仍然任重道远。

第十六章
弱势群体权利平等保障的实践原则与要求

弱势群体是社会中处于劣势地位、最需要获得帮助的一群人。对这些群体的权利进行平等保障，是中国人权保障体系的重要组成部分，也是中国社会公平正义的集中体现。对弱势群体权利的平等保障，与一般而论的人权保障相比，无论是在遵循原则还是在具体要求等方面，既有一致性，又有特殊性。

第一节　弱势群体权利的平等保障应遵循的基本原则

平等原则是人权保障的核心原则之一，鉴于弱势群体的特殊性，对弱势群体的权利保障还应该遵循特殊保护的原则。在对弱势群体的权利进行保护的过程中，不应仅仅将其视作需要帮助的被动接受者，还应尊重其主体性和自身能动性。此外，对弱势群体权利的平等保护，还应遵循"特惠"与"普惠"相结合的原则和包容性发展的原则。

一、平等保障与特殊保护相结合的原则

合理的人权保障体系包括两个方面。一是对每一位人类个体的平等保护，二是对弱势群体的特殊保护。这两个方面既相互联系，又相互区别，构成统一的人权保障体系。首先，每一位弱势群体的成员都是平等的人类个体的一员，对他们的权利进行平等的保护，是人权保障中平等原则的基本要求。其次，弱势群体又具有特殊性，由于先天或后天、制度或社会等原因，他们处于社会的劣势地位，需要社会和国家对其进行特殊保护。在一定意义上，对弱势群体权利的特殊保护，也是实质性平等的内在要求，是平等保障的组成部分。

平等保障每一位个体的人权，蕴含于平等的基本原则之中。平等原则是人权的最基本原则，舍弃平等谈人权或者舍弃人权言平等，都必将走入理论或实践的死胡同。1948 年通过的《世界人权宣言》第一条就明确指出"人人生而自由，在尊严和权利上一律平等"，可见平等和权利是相伴而生、相伴而存的。人权的平等原则要求将每一位人类个体作为平等的存在者而被对待，不分种族、肤色、性别、语言、出身或其他身份，"平等对待是压倒一切的原则，即使人们之间存在肤色、种族、宗教、语言等差异，也应当一视同仁，而不应区别对待"[1]。在这种意义上，平等不仅仅是一项基本原则，也是一项权利，"平等权作为人权的一项基本内容，既体现了人权的基本价值和内在要求，又体现了法治社会中平等的法律原则，它不仅是人类渴望得到尊重和表达自身尊严的一项道德性权利，更是人类追求公平和实现幸福的基础"[2]。

特殊保护原则主要是针对弱势群体而言的，他们是平等的人类个体，也由于其弱势地位而处于不平等的状态之中。权利的平等保护原则，在一定意义上主要指形式的平等，这种平等对待没有考虑每一个个体的差异性，如没有考虑

---

[1] 王家福、刘海年：《人权与 21 世纪》，中国法制出版社，2000 年，第 224 页。

[2] 常健、刘坤：《论人权的平等保护与特殊保护》，《人权》，2009 年第 3 期。

个体的身体状况、性别、天赋、出身等先天或后天的因素,而这些因素通常会塑造各种各样的不平等。诸如残障人士、妇女、儿童、老年人以及贫困人口等弱势群体,他们所处的不平等状况在某些程度上恰恰是由这些因素所导致的。对弱势群体的权利进行平等保护,仅仅实现形式上的平等保障还完全不够,还需要对其进行特殊保障。对弱势群体权利的特殊保障,是实质性的平等保障的内在要求,"平等作为现代法治的一种基本价值理念,必然要求某些情况下对权利进行特殊分配,对弱势群体的实际利益进行必要的补偿,做到'不同情况不同对待',通过对弱势群体的倾斜性保护,达到维护其实质性利益的目的"[①]。

平等保障和特殊保护相结合的原则,统一于弱势群体的权利保障之中。著名法学家德沃金区分了两类平等权利:"自由主义平等概念支配下的每一位公民都有一种受到平等关心和尊重的权利。这一抽象的权利可以包括两种不同的权利。第一种权利是受到平等对待的权利,……第二种权利是作为平等的人受到对待的权利。这不是一种平等分配利益和机会的权利,而是在有关这些利益和机会应当如何分配的政治决定中受到平等地关心和尊重的权利。"[②]在一定意义上,德沃金这里所说的"平等对待的权利",主要指作为平等的人类个体的权利需要得到同等的对待,涉及人权的平等保护;而"作为平等的人受到对待的权利"则涉及对弱势群体的特殊保护。每个人的境况不同,需要将每个人都作为一个平等的人来加以对待,考虑每个人的特殊性。或者由于先天的、后天的原因,或者由于制度性或文化性的社会原因,造成弱势群体处于劣势地位。

在弱势群体权利平等保障的过程中,平等保障与特殊保护相结合的原则体现在经济、社会、政治和文化生活的各个方面。例如,在经济权利领域,对弱势群体的平等保障,要求将妇女、残障人士等弱势群体成员视作平等的个体,在就业、职位晋升、报酬获取等方面赋予其平等的机会,对弱势群体的特殊保护则要求在某些领域、某些方面给予弱势群体特殊帮助或补救。例如,设立专门针对残

---

① 常健、刘坤:《论人权的平等保护与特殊保护》,《人权》,2009 年第 3 期。
② [美]德沃金:《认真对待权利》,信春鹰等译,中国大百科全书出版社,1998 年,第 358 页。

障人士的就业岗位,给予残障人士以额外的补助。在社会权利领域,对弱势群体的平等保障,要求在教育、医疗、住房、婚姻等方面给予弱势群体成员以平等对待,而不能存在任何的歧视;特殊保障则要求在实质性方面给予他们以特殊的对待,为了保障残障儿童的受教育权,需要建立某些专门的学校。在政治生活领域,要求保障弱势群体平等地享有知情权、参与权、监督权、表达权、选举权等政治权利,要求为弱势群体切实实现这些权利提供实质性的帮助,如设置便于残障人士投票的流程。在文化领域,要求保障弱势群体拥有平等的机会参与创造或共享社会文化的成果,特殊保障则要求为弱势群体提供必要的便利或帮助以便其实现这类权利,例如在博物馆、旅游景区等文化场所设置无障碍设施。

二、外在推动与尊重主体性相结合的原则

由于身体或智力方面的原因,或者由于历史文化或社会结构方面的原因,弱势群体的成员具有天然脆弱性的一面,在弱势群体权利的平等保障过程中,国家或社会对弱势群体成员的关注或帮助是一个必要的方面。但另一方面,弱势群体又是具有尊严和自主性的一群人,其成员又具备自身的主观能动性,因此尊重其自身的能动性在实现自身权利过程中的作用,也是平等保障弱势群体成员权利的过程中必须遵循的原则。

弱势群体权利的平等实现,需要外力的推动,这是由弱势群体成员自身的脆弱性决定的。那些在资源、能力和权力等方面处于社会优势地位的人,更容易把握机会和运用资源谋取自身发展,而弱势群体则恰恰相反,他们要么是在资源或能力方面处于相对劣势的地位,要么由于历史文化或社会结构等方面的原因而长期处于被排斥或歧视的状态,他们在收入、机会、权利等方面的获取经常处于系统性的脆弱状态。然而导致弱势群体处于脆弱状态的原因在道德上是偶然的,更不是这些群体的成员所能选择和决定的,因而是不正义的。这要求国家

和社会需要承担相应的义务,以帮助他们实现自己的权利。

在弱势群体权利的平等保障过程中,国家和社会的外在推动作用,其本质是社会公平正义所要求的义务。国家通过立法、公共政策等一系列的制度安排对弱势群体权利予以平等保障,是国家的基本义务,如联合国《发展权利宣言》第八条第一款明确规定了国家一级的义务,"各国应在国家一级采取一切必要措施实现发展权利,并确保除其他事项外所有人在获得基本资源、教育、保健服务、粮食、住房、就业、收入公平分配等方面机会均等。应采取有效措施确保妇女在发展过程中发挥积极作用。应进行适当的经济和社会改革以根除所有的社会不公正现象"[①]。在社会层面,各类法人、组织或个人也负有相应的义务,如企业在招聘或晋升过程中,禁止存在歧视残障人士或妇女等弱势群体的行为。

在保障弱势群体权利的过程中,国家或社会成员是义务主体,弱势群体的成员是权利主体。但也不能仅仅将弱势群体的成员视作是权利的承受者,还应尊重弱势群体成员的主观能动性和主体性,将其视作是权利的选择者。仅仅将弱势群体的成员视作权利的承受者,意味着在没有争取他们意愿或意见的情况下实施一系列保障弱势群体权利的义务措施,这类情况有可能无法产生正义的结果,而且有可能出现一系列的负面情况。

首先,这违背了发展权理念中"平等参与"的基本理念,"平等参与"的理念指参与经济社会和文化的发展进程,当然也包括参与涉及自身利益的一系列权利和利益的分配过程。其次,这种情况往往忽视弱势群体成员自身的主观能动性和自主选择权,可能否定甚至抹杀弱势群体在追求自身权利过程中的潜能和能力,往往导致权利保障的不可持续性。例如,扶贫过程如果仅仅关注资源的给予,而没有针对贫困人口自身的意愿和特点进行增收能力的培养,就极易出现扶贫脱贫的不可持续性。最后,这类情况还有可能导致社会矛盾激化的出现,例如近年来,出现在某些省份、某些地区的针对农村的旧村改造,本意是扶贫脱贫

---

① 联合国:《发展权利宣言》,联合国大会 1986 年 12 月 4 日第 41/128 号决议通过。

的一项利民工程,但是却出现未经当事人同意的"强拆"现象,导致社会矛盾激化。

因此,国家或社会在承担保障弱势群体权利及相应义务的过程中,不应将弱势群体成员视作完全被动的接受者,而应尊重弱势群体成员的选择和主体性,认识到他们也是具备主观能动性的人类个体。在涉及弱势群体利益的立法或政策的制定过程中,充分吸纳这类群体成员的参与,听取他们的意见,尊重他们的选择。

三、"普惠"与"特惠"相结合的原则

"普惠"与"特惠"相结合的原则,要求在弱势群体权利的平等保障过程中,坚持一般性的制度安排和专项制度安排相结合。一般性的制度安排是国家面向所有国民的,非特指性地保障每一位公民的权利,如就业、医疗、社会保障体系等,每一位公民都可以从中受益。但弱势群体又具有其特殊性,不同的弱势群体又各具特点,仅仅依靠一般性的制度安排保障其权利,难以实现真正意义上的平等和公正。平等保障弱势群体的权利,还要求一系列针对不同弱势群体特征的专项性政策安排和制度安排。实现"普惠"与"特惠"两个层面的要求,是弱势群体权利平等保障过程中的基本诉求。在这一过程中,弱势群体的成员既是"普惠"政策的受益者,也是"特惠"政策的受益者。

"普惠"与"特惠"相结合的原则,还隐含另一层含义,即对弱势群体权利的特殊保护,不能以侵犯其他群体成员的合法权益为代价。一种更为良好的情况是,对弱势群体的"特惠"政策,不仅有利于保障弱势群体的权利,而且从长远看,能够有助于推动社会所有成员的整体利益,实现从"特惠"到"普惠"的转变。例如,新中国成立以来,中国长期奉行的民族区域自治制度以及针对少数民族地区的扶贫、社会保障等一系列的"特惠"政策,不仅对少数民族落后地区的扶贫减贫起到了重要作用,而且有助于国家的稳定团结和长治久安,符合每一个

中国人的长远利益。在这个维度的分析中,弱势群体是"特惠"的直接受益者,其他群体或国家的每一个人则是"特惠"的间接受益者,也就是说社会的每一位成员都从中受益,实现从"特惠"到"普惠"的转换。

从"特惠"到"普惠"的这种转换,对于维持弱势群体权利保障政策的稳定性至关重要。如果一项针对弱势群体权利保障的"特惠"政策或制度安排,是以侵犯其他群体成员的合法权益为代价的,或者从长期看不能给社会成员整体带来实惠,那么这种"特惠"政策也难以长久维持,其合法性基础也会受到质疑。另一方面,社会其他群体如果能够持续意识到这种转换,即能够察觉到自己也能够从对弱势群体权利的"特惠"保障中受益,他们也会更积极地参与到保障弱势群体权利的进程中来,也更易于理解国家针对弱势群体的"特惠"政策,有利于提升社会的整体凝聚力和制度认同。

针对弱势群体的"特惠"政策主要包括三个方面,一是针对弱势群体"特殊需要"的"特惠"政策;二是针对历史不正义或结构不正义的矫正性"特惠"政策;三是基于关怀伦理的"特惠"政策。这三个方面都属于针对弱势群体的特殊保护,本章的第三节将会详细论述这几个方面。"普惠"政策则主要体现在针对弱势群体的平等保护方面,即确保弱势群体同其他社会所有成员一样拥有平等的机会、资格或社会保障等方面的权益,本章的第二节将会详细论述。综上,"普惠"与"特惠"相结合的原则,并不仅仅是两个要求的简单叠加,而是要实现二者的协调。

四、包容性发展的原则

"包容性发展"是一个相对新近的观念。2007 年,亚洲开发银行提出了"包容性增长"的概念,而包容性原则则是联合国千年发展目标中提出的观念之一。包容性发展,既是经济社会发展的理念,也是经济社会发展应遵循的原则,其核心理念是权利和机会的普遍共享,"'包容性'着重体现着社会发展的权利、机会特别是成果等惠及人群的普遍性特质。因此,所谓包容性发展(inclusive develop-ment),是指要让全体社会成员都能公平合理地共享发展的权利、机会特别是成果的一种发展"①。平等保障弱势群体的权利,需要遵循包容性发展的理念和原则,这是践行马克思主义人的全面发展观念的要求,也是践行社会公平正义和五大发展理念的内在要求。

个体的发展是马克思关注的重要问题之一,正如马克思所说:"全部人类历史的第一个前提无疑是有生命的个人的存在"②,并将人的发展作为"目的本身"。包容性发展的理念以包容性的方式谋发展,将公民个体的发展作为经济社会发展的最终目的,包容性的原则规约着发展的过程公正,即任何个体都不能被排斥在发展过程之外,而且社会的每一位成员都有公平合理的机会和权利参与发展进程和共享发展成果。在这一过程中,每一位个体的能力也可以得到提升。弱势群体的成员也是人类大家庭中的一员,由于种种原因,他们能力的实现和发展受到明显的阻碍,极易被排斥在经济社会和文化的发展过程之外,只有以包容性的方式平等保障这些群体的权利,才能真正践行马克思关于人的全面发展的理念。

以包容性的方式平等保障弱势群体的权利,是践行社会公平正义的内在要求。马克思敏锐地指出,资本主义国家的权利只是确保形式主义的平等,"权利,就它的本性来讲,只在于使用同一尺度;但是不同等的个人(而如果他们不是不同等的,他们就不成其为不同的个人)要用同一尺度去计量,就只有从同一个角度去看待他们"③,这种公平实际上只是形式上的公平并非真正的正义。马克思强调,真正的正义必须重视事实上的平等,即把个体的体力和智力、家庭背景等方面的差异也考虑在内,如在《共产党宣言》中,马克思提出了对所有儿童实行公共的免费教育等措施。弱势群体的成员大多是那些在身体、智力、能力等方面

---

① 邱耕田、张荣洁:《论包容性发展》,《学习与探索》,2011 年第 1 期。

② 《马克思恩格斯文集》(第一卷),人民出版社,2009 年,第 519 页。

③ 《马克思恩格斯文集》(第三卷),人民出版社,2009 年,第 435 页。

处于相对劣势的人,仅仅赋予他们形式上的平等机会和资格并不是真正的公平正义,社会主义的公平正义还要求关注这些群体处于劣势状况的原因,并在教育、福利、赋能等实质性的方面给予其关注。

此外,公平正义的一个重要方面是避免排斥,包容性发展的原则要求社会以非排斥的方式尊重个体的发展。这不仅要求社会在共享其发展成果方面不应该排斥任何一个人,还要求社会在参与其发展进程方面不应该排斥任何一个人。如美国经济学家吉利斯等人认为,"经济发展的关键因素,是人民必须是这一过程的主要参与者,这样才能带来结构的诸多变化……参与发展过程,意味着享受发展带来的利益,并且参与这些利益的生产过程。如果增长在国内外只是极少数富人受益,那就不是经济发展"[1]。排斥性的发展是对社会公平正义的最大伤害,只有包容性的发展才是良性发展,"发展的排斥性是对包容性发展的最大破坏,或者说这种发展显然不是进步意义上的发展"[2]。诸如残障人士、妇女、进城务工人员等弱势群体,他们是更容易被排斥在经济社会发展进程之外的人,也是更容易被排斥在共享经济社会文化成果之外的一群人。中国特色社会主义公平正义的实现,必须以包容这些群体的方式谋发展,为这些群体的成员参与发展进程和共享发展成果创造条件。

以包容性发展的原则为指导平等保障弱势群体的权利,是同中国"创新、协调、绿色、开放、共享"的五大发展理念相一致的,尤其是同"共享"的理念相耦合。在五大发展理念中,共享发展是目标,这也是包容性发展的目标,"包容性发展将发展成果的共享性作为自己的一个维度,要求从收入分配、社会保障、公共服务等方面推进发展,并在公平与效率之间寻求平衡。它要解决的核心问题是发展要将全体社会成员包容进来,而不是将一部分人排斥在外"[3]。共享发展的理念,其核心要旨是确保每一个人都能参与社会发展进程和共享社会发展成

---

① [美]吉利斯等:《发展经济学》,黄卫平译,中国人民大学出版社,1998年,第7页。

② 邱耕田、张荣洁:《论包容性发展》,《学习与探索》,2011年第1期。

③ 唐鑫:《论"五大发展理念"与包容性发展的耦合》,《科学社会主义》,2016年第6期。

果。因此,遵循包容性发展的原则,平等保障弱势群体的权利,也是践行中国五大发展理念的内在要求。

第二节 弱势群体权利平等保障的要求与措施

对弱势群体权利的保护,分为平等保障和特殊保护两大层面。其中,平等保障主要指将弱势群体的成员视作人类个体中平等的一员,使其享有作为人类个体的成员应该享有的机会、资格和权益。国家通过制定法律、法规赋予弱势群体以各项平等的机会和权益,并通过提供资源、赋权赋能等措施,切实保障弱势群体成员权利的实现。国家在弱势群体权利的平等保障方面所承担的相应义务,可以从机会平等、资源平等以及能力平等三个方面来进行分析。

一、机会平等与政策的倾斜性支持

机会平等是社会正义的基本要求, 也是人权保障应遵循的基本原则之一。正义理论家罗尔斯将机会的公正平等原则视作正义原则的组成部分,规定社会和经济的安排应该 "依系于在机会公正平等的条件下职务和地位向所有人开放"[①]。罗尔斯进一步指出,要求职位和地位向所有人开放,并不是为了效率,而是为了公平本身。职位和地位开放的原则不允许有任何限制,否则那些被排斥的人就会感受到不正义。

机会平等的具体内容则涉及经济、政治、文化等领域,即每个人应该有平等的机会参与进经济、社会和文化活动中来。机会平等分为形式的机会平等和实质的机会平等两个方面,形式的机会平等主要指社会的职位、地位等应该向所有人开放,而不应该歧视或排斥某些人或群体。而实质的机会平等则考虑那些

---

① [美]罗尔斯:《正义论》,何怀宏等译,中国社会科学出版社,1988 年,第 84 页。

社会的、历史的或身体等方面的因素对人们享有机会的不当影响,通过某些实质性的举措切实保障人们的平等机会。实质性的机会平等在弱势群体权利的平等保障过程中体现得较为明显,因为弱势群体由于主观或客观的原因在机会的获取方面存在诸多障碍,一个公平正义的社会不仅应该关注弱势群体的形式性机会平等,还应该关注他们的实质性机会平等。

近年来,政府在参政、就业、教育等关键领域,均给予了弱势群体以政策上的倾斜性支持,以确保弱势群体的机会平等。

(一)参政领域的机会平等

政治领域的机会平等,主要涉及参政议政、干部选拔与晋升、选举权与被选举权的保障等领域。国家通过一系列的法律或政策,重点保障妇女、残障人士、进城务工人员等弱势群体在政治领域的机会平等。

首先,在妇女群体的参政比例与晋升方面,政策给予了明确的倾斜性支持。《中国妇女发展纲要(2011—2020 年)》提出到 2020 年妇女参与决策和管理的具体目标,"县级以上地方政府领导班子中有 1 名以上女干部,并逐步增加";"国家机关部委和省(区、市)、市(地、州、盟)政府工作部门领导班子中女干部数量在现有基础上逐步增加";"县(处)级以上各级地方政府和工作部门领导班子中担任正职的女干部占同级正职干部的比例逐步提高"。[①]纲要提出要重视加强女干部培养选拔的配套措施:"完善干部人事制度和公务员管理制度。在干部选拔、聘(任)用、晋升中切实贯彻'民主、公开、竞争、择优'原则,保障妇女不受歧视。加强对公务员录用、培训、考核、奖励、交流、晋升等各环节的严格监管,保证妇女平等权利。"[②]

在法律和政策的引导下,妇女的参政比例显著提高。人大代表政协委员中女性比例逐步提升,"2018 年十三届全国人大代表中有 742 名妇女代表,占比

[①]　国务院新闻办公室:《中国妇女发展纲要(2011~2020 年)》,2011 年 7 月。

[②]　国务院新闻办公室:《中国妇女发展纲要(2011~2020 年)》,2011 年 7 月。

24.9%,比 1983 年第六届全国人大提高了 3.7 个百分点;十三届全国政协委员
中有 440 名女性委员,占比 20.4%,比 1983 年第六届全国政协提高了 7.6 个百
分点"[1];妇女参与基层民主管理更加广泛,居委会成员中女性比例一直保持在
一半左右,2020 年为 52.1%,比 2010 年提高 2.5 个百分点,实现了保持在 50%
左右的目标。村委会成员中女性比例为 24.2%,比 2010 年提高 2.8 个百分点。[2]

此外,国家通过一系列的法律、法规切实保障残障人士和进城务工人员等
流动人口的政治参与权。《中华人民共和国宪法》明确规定,残疾人同其他公民
一样,都依法享有选举权和被选举权,《中华人民共和国选举法》对残疾人行使
选举权作出特殊规定,要求政府部门和社会为残疾人参加选举提供便利。2018
年,共有 5000 多名残疾人、残疾人亲友和残疾人工作者担任县级以上人大代表
和政协委员。[3]近年来,为了保障进城务工人员等流动群体的选举权,中国相继
放宽了选民登记规则,允许各地结合实际情况,适当放宽流动人口在现居住地
参选的条件,支持流动人口在现居住地参加选举。

(二)就业领域的机会平等

经济领域的机会平等涉及就业、职位晋升、财产权等多个领域。其中,就业
问题是关系每个人生存和发展的基本问题。对劳动者个人来说,就业是获得生
活来源和实现自身社会价值的重要途径。近年来,政府出台了一系列政策和措
施,重点保障残障人士、妇女等群体的平等就业权利。

残障人士由于其特殊境况,在就业方面存在一定的障碍,在社会中也易受
到歧视和排斥。中国制定了一系列的法律和政策(见表 16.1)以保障残障人士的
平等就业权,一方面,通过法律规定残障人士在就业方面的平等机会;另一方
面,通过政策扶持等方式切实保障残障人士实现就业。

---

[1] 国务院新闻办公室:《全面建成小康社会:中国人权事业发展的光辉篇章》,2021 年 8 月。
[2] 国家统计局:《中国妇女发展纲要(2011—2020 年)》终期统计监测报告,2021 年 12 月。
[3] 国务院新闻办公室:《改革开放 40 年中国人权事业的发展进步》,2018 年 12 月。

表 16.1　针对残疾群体的就业政策

类别	相关政策规划
就业法律保护	《中华人民共和国残疾人保障法》
	《中华人民共和国就业促进法》
	《残疾人就业条例》
就业政策支持	《残疾人就业促进"十三五"实施方案》
	《关于促进残疾人按比例就业的意见》
	《残疾人就业保障金征收使用管理办法》
	《关于发展残疾人辅助性就业的意见》
	《关于促进残疾人就业增值税优惠政策的通知》
	《关于促进残疾人就业政府采购政策的通知》
	《残疾人职业技能提升计划(2016—2020 年)》等
扶贫助推就业	《贫困残疾人脱贫攻坚行动计划》
	《农村残疾人扶贫开发纲要(2011—2020 年)》
	《电子商务助残扶贫行动实施方案》
	《发展手工制作促进贫困残疾妇女就业脱贫行动实施方案》

　　党的十八大以来,中国在保障残疾人就业方面取得较大进展。城乡残疾人新增就业人数每年稳定在 30 万人次左右,截至 2018 年城乡持证残疾人就业人数达到 948.4 万人。[①]就业指导工作顺利开展,就业帮扶政策稳步实施,残疾人就业情况逐年改善。就扶贫助推就业而言,"2015 年至 2020 年,全国共建立 4581 个残疾人扶贫基地,扶持近 40.9 万残疾人就业增收;建档立卡贫困残疾人家庭人均纯收入由 2015 年的 2776.2 元增长到 2019 年的 8726.2 元"[②]。

　　此外,国家通过一系列的措施保障妇女群体的平等就业权。人力资源和社会保障部、教育部分别发布《关于实施离校未就业高校毕业生就业促进计划的通知》《关于加强高校毕业生就业信息服务工作的通知》等,坚决反对包括性别歧视在内的任何形式的就业歧视,通过加大监管力度,及时纠正性别歧视和其他各类就业歧视行为。从 2012 年颁布《女职工劳动保护特别规定》看,女职工劳

---

① 中国残疾人联合会:《2018 年中国残疾人事业发展统计公报》,2019 年 3 月 27 日。

② 国务院新闻办公室:《全面建成小康社会:中国人权事业发展的光辉篇章》,2021 年 8 月。

动保护程度有了明显提高,越来越多的企业更加重视女职工劳动保护。据国务院新闻办 2021 年 8 月发布的《全面建成小康社会:中国人权事业发展的光辉篇章》白皮书显示,"全国女性就业人数占全社会就业人数的比重超过四成"①。

(三)教育领域的机会平等

教育公平涉及每个人的起点公平,是每个人发展自身、参与社会生活的必要准备,是机会平等的内在要求,教育领域的机会平等是人权保障体系中不可或缺的组成部分。在特定群体的权利保障中,教育领域的机会平等主要涉及残障群体、妇女群体、进城务工人员随迁子女等。近年来,国家也通过实施一系列的措施来保障这些群体的受教育权。

国家一直重视妇女群体的教育公平。九年义务教育基本消除了性别差距。制定《中华人民共和国义务教育法》等法律和政策,并不断加大义务教育投入,重点向农村地区倾斜,通过设立中小学助学金、制定女童专项扶助政策等助学项目,大大增加了农村女童受教育的机会。国家统计局于 2021 年 12 月公布的数据显示,小学学龄女童基本实现应上尽上,净入学率自 2015 年开始连续 6 年保持在99.9%以上,与男童基本持平,在义务教育阶段已基本消除性别差距。2020 年,九年义务教育巩固率为 95.2%,比 2010 年提高 4.1 个百分点,如期实现《中国儿童发展纲要(2011—2020 年)》达到 95%的目标;九年义务教育阶段在校生中女生为7285.2 万人,比 2010 年增加 197.5 万人,增长 2.8%,占在校生的比重为 46.6%。②

国家采取一系列的措施保障残疾儿童的教育公平。出台《残疾人教育条例》《国家中长期教育改革和发展规划纲要(2010—2020 年)》《中国教育现代化 2035》《特殊教育提升计划》等相关文件,保障残疾群体的平等受教育权,提高残疾人受教育水平。据相关统计数据,残疾儿童少年义务教育普及水平显著提高,2020年全国共有特殊教育学校 2244 所,专任教师 6.62 万人,在校学生 88.08 万人,

---

① 国务院新闻办公室:《全面建成小康社会:中国人权事业发展的光辉篇章》,2021 年 8 月。
② 国家统计局:《中国妇女发展纲要(2011—2020 年)》终期统计监测报告,2021 年 12 月。

比 2013 年增加 51.27 万人,增长 139.3%。不断完善随班就读支持保障体系,在普通学校随班就读的残疾学生规模不断扩大,由 2013 年的 19.1 万人增加到 2020 年的 43.58 万人,增长 128.2%。近 10 年来,残疾学生在普通学校就读的比例均接近或超过 50%。全国实现了家庭经济困难残疾学生从小学到高中阶段教育的 12 年免费教育。[①]

国家采取一系列措施保障随迁子女的教育权利。按照国家规定,凡是家长在当地有稳定工作、稳定住所和稳定收入,并缴纳各种保险的,家长即便不是当地户籍,也是该地常住人口。符合这种情况的家长,其子女属于随迁子女。随迁子女的受教育权得到了更好保障,2020 年,义务教育阶段在校生中进城务工人员随迁子女 1429.7 万人,占在校生比重为 9.1%,比 2010 年提高 1.5 个百分点。[②]另外,随着就业扶贫、随迁子女就地入学等工作的持续开展,农村留守儿童数量明显减少,由 2016 年的 902 万名下降到 2020 年的 643.6 万名。[③]

二、资源平等与公共服务的倾斜性配置

在当代伦理学领域,“资源平等”的论题源自“分配正义”的相关讨论。罗尔斯与德沃金是其中最为重要的代表。罗尔斯正义理论中的“资源平等”,主要由“基本善”这一理念所激发。在罗尔斯那里,“基本善”的内容包括“基本的权力和自由、制度性的机会和职位与职业的特权,以及收入与财富”[④]。法学家德沃金给“资源平等”下了一个更为简洁的定义,“资源平等就是在个人私有的任何资源方面的平等”[⑤]。德沃金所指的资源主要指经济领域中可分配的资源,不包括罗

---

① 国务院新闻办公室:《全面建成小康社会:中国人权事业发展的光辉篇章》,2021 年 8 月。

② 国家统计局:《中国儿童发展纲要(2011—2020 年)》终期统计监测报告,2021 年 12 月。

③ 国务院新闻办公室:《全面建成小康社会:中国人权事业发展的光辉篇章》,2021 年 8 月。

④ [美]罗尔斯:《政治自由主义》,万俊人译,译林出版社,2000 年,第 192 页。

⑤ Ronald Dworkin, *Sovereign Virtue: The Theory and Practice of Equality*, Harvard University Press, 2000, p.12.

尔斯提到的权力和自由、职位等政治性的资源。资源平等是社会正义的要求之一,也是人们平等权利实现的途径之一。这里所提到的资源平等主要是从德沃金的界定来讲的,具体到社会制度和公共政策中,主要指社会保障、社会保险、基本公共服务等可分配的经济资源。在这些领域保障弱势群体的"资源平等",是实现中国社会主义公平正义的内在要求。

(一)残障人士权利平等保障中的资源倾斜性配置

残障人士的社会保障,要求在遵循普遍保护原则的基础上实施某些特殊保护。对残疾群体的特殊保护并非一种特权,而是一种排他的并且由多数公民同意让渡的社会权利。①它的存在源于公民权利的正当性,其合理性受法律保障,是公民权利的政策体现。"特惠"通过资源再分配提供的更高水平的社会保障来实现,体现在福利事业与特殊援助的实施中,例如,社会对残疾群体的社保、无障碍设施建设等领域进行特殊扶助与优先保障。

国家对残障人士的资源倾斜性配置,在政策支持、社保体系、无障碍设施建设等方面体现得较为突出。

首先,近年来,国家不断出台和完善针对残障人士的社会保障特惠政策和法律法规,在残障人士的社会救助、社会福利、社会保险等方面的法律法规不断完善(见表16.2)。

表 16.2 针对残障群体的社会保障政策

类别	相关政策规划
社会救助	《关于进一步健全特困人员救助供养制度的意见》
	《社会救助暂行办法》
社会福利	《社会养老服务体系建设规划(2011—2015 年)》
社会保险	《工伤保险条例》
	《中华人民共和国社会保险法》

① 杨立雄:《美国、英国和日本残疾人福利制度比较研究》,《黑龙江社会科学》,2014 年第 3 期。

其次,对残障人士的保障力度不断增强,广度和领域不断拓宽。第一,残障人士的生活保障不断提升。2021 年 8 月公布的数据显示,1076.8 万残疾人获得城乡最低生活保障,其中重度残疾人 641.4 万人;680.1 万重度残疾人中政府代缴养老保险费比例达到 96.7%;另有 303.7 万非重度残疾人享受全额或部分代缴养老保险费的优惠政策。第二,残障人士的福利体系逐渐形成。建立困难残疾人生活补贴和重度残疾人护理补贴制度,截至 2020 年,享受困难残疾人生活补贴人数有 1212.6 万人,享受重度残疾人护理补贴人数有 1473.8 万人。第三,残障人士的社会保险保障不断增强,截至 2020 年,共有 2699.2 万残疾人参加城乡居民社会养老保险,其中 1140.5 万残疾人领取养老金。①

最后,无障碍设施建设的相关政策不断推出、无障碍设施建设效果明显。建设无障碍环境是保障残疾人群体正常生活的重要部分,中国重视无障碍环境建设并不断完善相关法律法规和标准,各类无障碍设施建设的相关法律法规不断出台。2020 年,全国共出台了 674 个省、地、县级无障碍环境建设与管理法规、政府令和规范性文件;1753 个地市、县系统开展无障碍环境建设;全国开展无障碍环境建设检查 8000 多次,无障碍培训 5.6 万人次;2020 年度为 167.3 万残疾人家庭实施了无障碍改造,其中包括近 10 万贫困重度残疾人,为 34.1 万残疾人发放了残疾人机动轮椅车燃油补贴。②

不过,无障碍设施建设仍存在一些不足。设施建设存在间断、不连续的问题,导致残障人士、老年人等群体无法实现连续性的便捷、安全出行。例如,有的地方,公园有完善的无障碍设施,但居民小区却没有升降电梯,导致残障人士、老年人等仍然无法便捷出行。此外,从更大范围看,设施建设水平的区域性差异、城乡差异仍然较为突出,城市和发达省份的设施建设相对完善,乡村和欠发达省份相对落后,限制了残障人士、老年人等群体更广、更深地参与社会生活。

---

① 国务院新闻办公室:《全面建成小康社会:中国人权事业发展的光辉篇章》,2021 年 8 月。
② 中国残疾人联合会:《2020 年残疾人事业发展统计公报》,2021 年 4 月。

(二)少数民族权利平等保障中的资源倾斜性配置

近年来,国家在教育、经济、文化等领域对少数民族地区进行资源的倾斜性配置,以更好地实现区域间的协调发展和平衡发展,保障少数民族地区民众的平等权益。

少数民族和民族地区的经济快速发展,居民的生活水平大幅度提升,五个自治区和贵州、云南、青海三个多民族省份 2018 至 2020 年的总体经济增长幅度超过全国平均增长水平, 居民人均可支配收入从 1978 年的 150 多元增长到 2020 年的 24534 元。①出台《"十三五"促进民族地区和人口较少民族发展规划》等政策性文件,推进少数民族地区的经济社会发展。

对少数民族地区的教育投入不断增加。结合少数民族地区的特点,进一步深化民族地区义务教育的发展,发展多样化的特色教育。比如,在农牧区推行寄宿制教育,举办民族预科班、民族班,着力办好民族地区高等教育,保障少数民族受教育权利。目前,民族地区已全面普及从小学到初中 9 年义务教育,有的还实现了从学前到高中阶段 15 年免费教育。②

不断推动少数民族地区文化事业的发展。一方面,推广普及国家通用语言文字,并依法保障各民族使用和发展自己语言文字的自由;另一方面,加大少数民族地区的文化资源配置,截至 2020 年,民族自治地方共设置广播电台、电视台、广播电视台等播出机构 729 个。全国各级播出机构共开办民族语电视频道 279 套,民族语广播 188 套。③

(三)妇女权利平等保障中的资源倾斜性配置

国家在妇女减贫、社会救助和社会保障等关键领域,不断强化对妇女群体

---

① 国务院新闻办公室:《全面建成小康社会:中国人权事业发展的光辉篇章》,2021 年 8 月。
② 国务院新闻办公室:《中国共产党尊重和保障人权的伟大实践》,2021 年 6 月。
③ 国务院新闻办公室:《全面建成小康社会:中国人权事业发展的光辉篇章》,2021 年 8 月。

的资源倾斜性配置。

首先,改善妇女群体的贫困状况。制定有利于妇女脱贫的倾斜性政策,加大妇女脱贫力度,同等条件下优先安排妇女扶贫项目。2014 年,《关于创新机制扎堆推进农村扶贫开发工作的意见》将贫困妇女列入特殊贫困群体,明确要求加大支持力度。[①]同年,第十二届全国人民代表大会第二次会议通过的政府工作报告提出要"高度重视农村留守儿童、妇女、老人和'空心村'问题"。2015 年,国务院颁发《关于在扶贫开发中做好贫困妇女脱贫致富工作的意见》,重点强调了对贫困妇女脱贫致富的支持力度,明确扶贫资金要向贫困妇女优先倾斜,制定有利于妇女脱贫的优惠政策措施,要求脱贫妇女在脱贫人口中所占的比例不得低于 40%。[②]

在一系列政策的支持下,中国女性的贫困问题得到解决。截至 2020 年底,在实现脱贫的近一亿人口中,妇女约占一半。近年来,中国在提高妇女就业技能水平以及健康保障水平等方面的政策和措施, 为女性脱贫提供了有力保障。2020 年,城市、农村低保人均保障标准分别为每月 677.6 元和 496.9 元,分别是 2010 年的 2.7 倍和 4.2 倍,城乡低保对象和农村特困人员共 4872.1 万人,其中女性 2094.7 万人,占比为 43.0%,比 2010 年提高 9.1 个百分点[③]。

其次,建立和完善全方位的妇女群体社会保障体系。第一,妇女群体的养老保障水平得到明显提升,基本实现应保尽保。据不完全统计,2020 年末,参加基本养老保险的女性为 4.7 亿人,比 2016 年末增加 1.2 亿人;其中,参加城镇职工基本养老保险的人数为 2.1 亿人,比 2010 年末增加 9655.5 万人,增长 86.2%;参加城乡居民基本养老保险的人数为 2.6 亿人,比 2016 年末增加 9170.1 万人,增长 53.8%。[④]第二,妇女参加失业保险和工伤保险的人数不断增加。2020 年末,

---

① 谭琳主编:《2013—2015 年:中国性别平等与妇女发展报告》,社会科学文献出版社,2016 年,第 153 页。

② 《全国妇联关于扶贫开发工作的主要措施及成效》,《中国妇运》,2016 年第 1 期。

③ 国家统计局:《中国妇女发展纲要(2011—2020 年)》终期统计监测报告,2021 年 12 月。

④ 国家统计局:《中国妇女发展纲要(2011—2020 年)》终期统计监测报告,2021 年 12 月。

女性参加失业保险的人数为 9207.2 万人，比 2010 年末增加 4058.2 万人，增长 78.8%；女性参加工伤保险的人数为 1.03 亿人，比 2010 年末增加 4570.5 万人，增长 80.2%。[①]第三，中国城乡医疗实现了全覆盖。女性参加医疗保险的人数大幅度增加，2020 年末，全国女性参加基本医疗保险的人数为 6.5 亿人，是 2011 年末的 3.4 倍；其中，参加职工基本医疗保险的人数为 1.6 亿人，比 2010 年末增加 5801.8 万人，增长 55.1%；参加城乡居民基本医疗保险的人数为 4.9 亿人，比 2011 年末增加 4.1 亿人，是 2011 年末的 6.5 倍。[②]

(四)老年人权利平等保障中的资源倾斜性配置

首先，老年人权益保障机制不断完善。2012 年以来，先后修订老年人权益保障法，出台《关于加快发展养老服务业的若干意见》《"十三五"国家老龄事业发展和养老体系建设规划》等 70 多项政策文件，初步建立起养老法规政策体系。老年人的最低生活保障体系不断完善，2020 年，国家将 1834 万困难老年人及时纳入最低生活保障范围，388 万老年人纳入特困人员救助供养范围。经济困难的高龄失能等老年人补贴制度实现省级全覆盖。[③]

其次，老年人养老体系不断完善。截至 2020 年底，全国共有各类养老机构和设施 32.9 万个，养老床位合计 821.0 万张，比 2019 年增长 5.9%。其中，全国共有注册登记的养老机构 3.8 万个，比 2019 年增长 11.0%，床位 488.2 万张，比 2019 年增长 11.3%；社区养老服务机构和设施 29.1 万个，共有床位 332.8 万张。[④]

此外，不断加大对老年人群体的补贴。截至 2020 年底，全国共有 3853.7 万老年人享受老年人补贴，其中享受高龄补贴的老年人 3104.4 万人，享受护理补贴的老年人 81.3 万人，享受养老服务补贴的老年人 535.0 万人，享受综合老龄

---

① 国家统计局：《中国妇女发展纲要(2011—2020 年)》终期统计监测报告，2021 年 12 月。

② 国家统计局：《中国妇女发展纲要(2011—2020 年)》终期统计监测报告，2021 年 12 月。

③ 国务院新闻办公室：《全面建成小康社会：中国人权事业发展的光辉篇章》，2021 年 8 月。

④ 民政部：《2020 年民政事业发展统计公报》，2021 年 9 月。

补贴的老年人 132.9 万人。全国共支出老年福利经费 385.7 亿元,养老服务经费 131.3 亿元。[①]

三、能力平等实践模型的探索与要求

弱势群体权利平等保障过程中的资源平等模式,强调通过社会保障、社会救助、补贴等直接的资金投入方式来解决某些问题。但是纯粹的资源平等模式虽然一定程度上能够支持弱势群体共享社会发展的成果,但无法保证弱势群体成员的发展和提升,何况存在着保障程度相对低下、持续性不足等问题。以阿玛蒂亚·森和纳斯鲍姆为代表的理论家提出了"能力平等"的理论模型。资源平等模式将人作为权利的被动接受者,关注的是弱势群体的"福利层面",而能力平等模式将人视作能动主体,关注人的"主体地位层面"[②]。

能力平等的实践模型强调政府的"赋能",通过提升公民自身能力,以实现其通过自己来发展自身和改善生活的目的, 在实践领域中最突出的要求是教育。此外,还包括改善公民的社会参与条件、文化权利的提升等,在某些领域能力平等的实践模型也会同机会平等、资源平等存在某些交叉。弱势群体的成员由于种种原因在能力方面处于相对劣势的境况,提升这些成员的能力,对平等保障这些群体的权利而言,便显得尤为重要。中国已经在不断探索这方面的实践,尝试不断提升妇女群体、老年人群体和残障人士等群体成员的能力和主观能动性,提高其在实现自身权利方面的主体地位。

首先,针对妇女群体进行"赋能"。除了在义务教育阶段实现男女平等之外,女性在高等教育阶段的比重已经超过男性,2020 年, 高等教育毛入学率为 54.4%,比 2010 年提高 27.9 个百分点。高等教育在校生中女研究生人数为 159.9 万

[①]　民政部:《2020 年民政事业发展统计公报》,2021 年 9 月。

[②]　[印度]阿玛蒂亚·森:《以自由看待发展》,任赜、于真译,中国人民大学出版社,2002 年,第 189~ 191 页。

人,占全部研究生的比重达到 50.9%,比 2010 年提高 3.1 个百分点;普通本专科、成人本专科在校生中女生分别为 1674.2 万人和 450.6 万人,占比分别为51.0%和 58.0%,分别比 2010 年提高 0.1 个和 4.9 个百分点。①女性在高等教育阶段受教育水平的大幅度提升,有助于提升她们的就业能力,进而提升主体地位。

其次,针对残障群体进行"赋能"。残障人士作为典型的"失能群体",对其能力的培养和提升更需多方位、系统化。第一,残障群体的职业教育受到重视,国家制定《关于加快发展残疾人职业教育的若干意见》,加快发展残疾人职业教育,2020 年,残疾人中等职业学校(班)147 个,在校生 17877 人,毕业生 4281人,毕业生中 1461 人获得职业资格证书。②第二,通过职业培训提升残障人士的就业能力。针对残障人士的职业培训是赋能的重要手段,国家在省、市、县三级政府不断建立专门的残障人士就业服务机构。2020 年,全国共培训盲人保健按摩人员 12761 名,盲人医疗按摩人员 7820 名。现有保健按摩机构 17313 个,医疗按摩机构 873 个。621 人获得盲人医疗按摩人员初级职务任职资格,138 人获得中级职务任职资格。③

此外,不断提升老年人、残疾人和进城务工人员等群体的文化权利,提升他们参与社会的能力。在公共图书馆、文化馆等公共文化设施的基础上开办老年大学,满足老年人多层次的文化需求和精神需要。残障人士参与文化体育活动的环境同样得到明显改善。出台《国家信息化发展战略纲要》,加快政府网站信息的无障碍建设,鼓励社会力量为残障人士提供个性化的信息服务。2020 年 9月,为推动信息无障碍建设,《工业和信息化部、中国残疾人联合会关于推进信息无障碍的指导意见》正式发布。该《意见》聚焦老年人、残障人士、偏远地区居民等信息无障碍建设的相关受益群体,指出信息无障碍建设的基本原则是,以人为本,需求导向。把增进人民群众福祉作为出发点和落脚点,从重点受益群体

---

① 国家统计局:《中国妇女发展纲要(2011—2020 年)》终期统计监测报告,2021 年 12 月。
② 中国残疾人联合会:《2020 年残疾人事业发展统计公报》,2021 年 4 月。
③ 中国残疾人联合会:《2020 年残疾人事业发展统计公报》,2021 年 4 月。

的迫切需求入手,注重可操作性和实效性,使人民群众方便、平等地参与社会生活。努力消除"数字鸿沟",使各类社会群体都能平等和方便地获取和使用信息,推动包容性发展。

能力平等理论指导下的社会实践,要求重视弱势群体成员能力的提升,这是践行发展权理念的集中体现。能力平等实践模型的目标,并不局限于提升主体的脱贫致富能力,而是涉及经济、政治、社会和文化生活的各个方面,其最终目标是实现主体参与和共享经济、政治、社会和文化生活的实质性机会,提高他们自主选择和自主决定的能力。目前,中国的公共政策在对弱势群体的"赋能"方面尚集中在引导弱势群体的成员脱贫致富这一方面,这也是弱势群体最为系统、最为紧迫的需求。但是从长期的社会发展角度看,在经济、政治、文化和社会等各个领域对弱势群体进行"赋能",是平等保障这些群体成员权利的内在要求和长期目标。

基于机会平等、资源平等和能力平等的分析,同包容正义、分配正义、发展正义和矫正正义这四种类型的正义具有直接关联性。换句话说,为确保正义的"落地",需要进一步分析何种类型的平等有助于实现正义。尽管某种特定视角的正义类型可能会对多种平等提出要求,但一般而言,一种特定类型的正义视角会侧重某种特定的平等类型(见表 16.3)。

表 16.3　四重正义与平等诉求

正义类型	平等类型	价值归宿
包容正义	机会平等	平等参与
分配正义	资源平等	平等共享
发展正义	能力平等	人的全面发展
矫正正义	无特指	矫正"非正义"

第三节　弱势群体权利保障中的特殊保护

弱势群体权利的特殊保护是指基于各类特殊群体的具体情况或特殊境况所进行的权利保障。从广义上讲,特殊保护是实质性平等的具体要求,也是权利平等保障的组成部分。

一、基于特殊需要的特殊保障

党的二十大报告进一步明确了我国社会主要矛盾是人民日益增长的美好生活需要和不平衡不充分的发展之间的矛盾。满足人民群众对美好生活的需要,是党和国家在新时代的追求。马克思在《资本论》中指出,人的需要是多方面的,除了吃、喝、住等自然需要之外,还包括"精神的和社会的需要"[1]。社会需要指人作为社会性的人,在参与社会活动的各个方面中所产生的需要,具体包括参与公共生活的需要、沟通和交往的需要、认同感的需要等。精神需要则指人们对精神生活的期望和追求,包括审美、求知、自我发展和实现等方面的需要。

随着中国进入中国特色社会主义新时代,中国社会主要矛盾的转换要求政府在践行"以人民为中心"的发展思想的过程中,不仅要满足人民群众物质方面的自然需要,还要不断提升人民群众精神和社会方面的需要。弱势群体作为人民的一部分,同样具有一般人在自然需要、社会需要和精神需要等方面的需求。同时,与一般而论的人类个体不同,由于弱势群体成员在身体、心理、精神等方面存在劣势,弱势群体还具有各自的特殊需要。弱势群体的特殊需要对他们而言也是基本的需要,是他们美好生活的构成部分。简单地讲,弱势群体的特殊需要是弱势群体成员依据自身的一些独特特征而提出的诉求,相应的,

---

[1]　《马克思恩格斯全集》(第23卷),人民出版社,1972年,第260页。

国家和社会具有对其进行特殊保障的义务。特殊需要主要产生于一些自然的因素或生理的因素,在妇女群体、残障人士、老年人群体、未成年群体中体现得较为明显。

针对妇女特殊需要的特殊保障。妇女群体由于生理、身体等方面的特殊性,在健康保健、卫生保健等方面具有特殊的需要,国家和社会负有相应的义务实施特殊保障。国家需建立和完善妇幼健康服务体系,提升其公平性和可及性。在这一方面,中国政府在不断做出相关努力,履行相关政府义务。其一,国家一直重视保障母婴安全,多方位防治危害妇女身心健康的严重疾病。国家积极推广婚前医学检查,提供全方位的孕期保健,普及住院分娩、产后保健服务,有效保障孕妇产妇的身心健康。其二,不断提升妇女生殖保健服务。推行避孕方法的知情选择,尊重和保护妇女群体的生殖健康权益。党的十八大以来,中国开始进一步调整、完善生育政策,强调计划生育的优质服务。2016 年,发布《"十三五"卫生与健康规划》,普及避孕节育、优生优育和生殖健康知识。2018 年,印发旨在进一步保障母婴安全的《母婴安全行动计划》和《人工流产后避孕服务规范》。

针对残障人士特殊需要的特殊保障。残障人士在身体、心理或精神等方面存在一些障碍,在康复和健康等方面的特殊需要体现得较为突出,国家和社会负有相应的义务对其进行特殊保障。近年来,我国政府在这方面的投入和关注不断增强。其一,制定和完善旨在保障残障人士健康的相关政策和法规,出台《"十三五"卫生与健康规划》《"健康中国 2030"规划纲要》等相关文件,以便保障残疾人健康和加强医疗体系的康复能力建设。其二,开展了一系列的残障预防工作。国家发布了《国家残疾预防行动计划(2016—2020 年)》,对妇女群体进行婚前、孕前健康检查和产前筛查,对新生儿和儿童进行残疾筛查。其三,完善残障人士的康复条件。2020 年,1077.7 万名残疾儿童及持证残疾人得到基本康复服务,242.6 万名残疾人得到各类辅助器具适配服务。自 2018 年建立实施残疾儿童康复救助制度以来,全国接受康复救助的残疾儿童达 67.6 万人次。[①]

针对老年人特殊需要的特殊保护。老年人群体由于年龄大、身体差等方面的原因,养老和护理是其特殊需要中最突出的方面。中国的养老体系和老年人护理体系也处于不断强化的发展过程中,"截至 2020 年,全国建成各类养老机构 3.8 万个,社区养老服务机构和设施有 28 万个,养老床位合计 823.8 万张"[②]。

然而总量的增加并不一定能保证老年群体平等权利保护实质上的优化,资源配置的精准度才是关键。在中国养老资源体系建设过程中,资源配置在精准度、准确对接上还存在一些问题,主要表现为老年服务体系建设中的不对接问题,包括残疾、半失能老人和社区不对接、养老机构与需要护理人员不对接、养老护理经费与所需人员不对接等。具体来讲,失能、半失能老人与社区不对接表现为,中国对于失能、半失能老年群体数量和需求的调查只有抽样数据,缺乏社区层面更为具体的普查数据,这种数据上的缺陷一定程度上会造成宏观上的需求与微观层面的落实不对接,政府和社会力量很难给这些失能、半失能的老人提供针对性服务。养老机构与需要护理人员不对接表现为,养老机构收住的老年人仍是以健康老年人或贫困老年人为主,而不是以需要护理的失能、半失能老年人为主,[③]这与中国老年人需要社会救助的群体比例不一致,有需要的人没资源,这使得为保障平等权利而建设的社会救助体系本身就存在着不平等因素,无法准确对接老年群体切实需求。养老护理经费与所需人员不对接表现为,实际领取护理和服务补贴的老年人和真正需要的失能、半失能老年人总数差距较大。

针对未成年人特殊需要的特殊保护。儿童健康和孤儿救助是未成年人群体

[①] 国务院新闻办公室:《全面建成小康社会:中国人权事业发展的光辉篇章》,2021 年 8 月。

[②] 国务院新闻办公室:《全面建成小康社会:中国人权事业发展的光辉篇章》,2021 年 8 月。

[③] 王振耀等:《中国老年人政策进步指数》,《中国社会政策进步指数报告(2018)》,社会科学文献出版社,2018 年,第 80 页。

特殊需要的两个重要领域。在保障儿童健康方面，2016 年 5 月，国家卫计委发布了《关于加强儿童医疗卫生服务改革与发展的意见》，加大医疗系统中儿科领域的投入，并建立儿童用药审批专门通道，健全短缺药品供应保障预警机制，加强医疗机构药事管理，推进临床合理用药，保障儿童用药安全。在孤儿救助方面，2017 年，国务院发布了《国务院办公厅关于加强孤儿保障工作的意见》，建立健全了孤儿保障体系，包括建立孤儿基本生活保障制度，提高孤儿医疗康复保障水平，落实孤儿教育保障政策等。

二、针对不正义的矫正性保障

本书在关于弱势群体的成因分析中指出，弱势群体成员目前的劣势地位，在某些程度上和某些方面是由于某些类型的不正义所致。一个正义的社会应该矫正这些不正义的问题，要求国家和政府承担相关的责任和义务，通过政策、资源保障等措施平等保障弱势群体的权利，这是矫正正义的要求，也是构建中国特色社会主义公平正义体系的内在要求。基于不正义的矫正性保障要求社会遵循补偿原则，"补偿原则认为，为了平等地对待所有人，提供真正同等的机会，社会必须更多地注意那些天赋较低和出身较不利的社会地位的人们"[①]。

在弱势群体权利保障的语境中，不正义的因素所触发的矫正正义分为以下三个方面。第一，落后的文化或习俗所导致的对某些群体的不公平对待。在这一方面的明显例子是，"重男轻女"的传统观念对妇女群体的不公平对待。第二，社会层面的歧视或排斥导致的对某些群体的不公平对待。比较明显的例子是，社会机构或组织在参与机会等方面对残障人士、妇女、老年人等群体的不公平对待。第三，特定历史时期的制度或政策所导致的对某些群体的不公平对待。明显的例子是，改革开放之初，国家为了尽快恢复和发展生产力，奉行的"东部带动

---

① 汪海霞：《基于矫正正义的教育资源公平配置探析》，《广西社会科学》，2014 年第 5 期。

西部""先富带动后富""城乡二元结构"等一系列倾斜性政策,客观上使得西部地区和农村地区处于相对落后的局面。近年来,国家实施的一系列平等保障弱势群体权利的措施,在某些方面也是在矫正这些历史上的不正义因素,体现了国家制度和政策的自我完善。

首先,国家针对妇女群体所经历的不公平实施了一些矫正性的保障措施,主要体现在以下三个方面。第一,在教育领域实施教育公平政策,消除落后的传统文化在教育领域对妇女群体的歧视。"重男轻女"的落后文化在某些地区导致女性的受教育权遭受剥夺,保障男女平等的受教育权,对女性群体的教育进行某种程度的补偿,是矫正这种文化不正义的重要体现,"在事实上存在巨大的社会不平等的现实中,仅仅给予弱势群体'一视同仁'的对待是远远不够的,必须采取向弱势群体倾斜的'补偿性原则',才能有效地减少不公平"①。第二,在就业机会、职位晋升等领域实施的男女平等的基本方针,是矫正社会层面的歧视或排斥的重要体现。用人单位等社会机构在招聘的过程中,经常会因女性孕期等原因而存在针对女性的歧视。近年来,国家所实施的一系列保障女性平等就业权和晋升机会的政策,旨在消除社会层面的这类歧视和排斥,平等地保障女性的权利。第三,在家庭领域抵制"重男轻女"的落后文化,营造和谐、平等的家庭环境。"十四五"规划提到,"推进家庭教育立法进程,加大反家庭暴力法实施力度",保障妇女在家庭中的合法权益。

其次,国家在近年来加强对中西部少数民族地区的资源倾斜性配置,逐渐消除因改革开放之初的政策因素所导致的区域发展差异。随着中国进入新时代,区域发展之间的不平衡已经成为影响中国特色社会主义公平正义体系的一个重要方面。近年来,国家在经济发展、就业保障等关键领域,加强对少数民族地区的资源倾斜性配置,以更好地实现区域协调发展和平等保障少数民族成员的权利,"2016 年至 2020 年,中央累计安排财政专项扶贫资金 2415.2 亿元用于

---

① 杨东平:《从权利平等到机会均等》,《北京大学教育评论》,2006 年第 2 期。

支持民族八省区,占全国总量的 45.5%;累计安排中央财政专项扶贫资金(少数民族发展支出方向)304 亿元。2016 年以来,民族八省区共完成贫困户危房改造210 万户,易地搬迁 400 万人"①。

最后,通过完善农村社会保障体系消除城乡二元结构的不平等影响。第一,建立起覆盖城乡的低保体系。在全国范围内建立最低生活保障制度,颁布《城市居民最低生活保障条例》《社会救助暂行办法》等。截至 2020 年底,"全国共有城市低保对象 488.9 万户、805.1 万人。全国城市低保平均保障标准 677.6 元 / 人·月,比上年增长 8.6%,全年支出城市低保资金 537.3 亿元;有农村低保对象1985.0万户、3620.8 万人。全国农村低保平均保障标准 5962.3 元 / 人·年,比上年增长11.7%,全年支出农村低保资金 1426.3 亿元"②。第二,基本建成覆盖城乡的基层医疗卫生服务,"城乡居民免费享受的基本公共卫生服务项目由 2010 年的 9 类扩展到 2020 年的 12 类,项目内容覆盖居民生命的全过程"③。第三,建立城乡统一的医疗保险体系,保障进城务工人员等流动人口的权利。2016 年,国务院发布了《关于整合城乡居民基本医疗保险制度的意见》,在新的医疗保险制度框架下,农民工的医疗保险可以是城乡基本医疗保险,也可以是职工基本医疗保险。实现了城乡居民公平享有基本医疗保险的权益。

三、基于关怀伦理的特殊保障

关怀伦理提供了分析弱势群体权利的另一视角。在著名的关怀伦理学家赫尔德看来,关怀伦理不再强调人作为个体的存在,而是将人放在家庭、社会、历史以及各种社会关系中来看待,认为人是处在特定历史和社会关系中彼此依存

---

①　李昌禹:《决不让一个兄弟民族掉队》,《人民日报》,2021 年 2 月 23 日。
②　民政部:《2020 年民政事业发展统计公报》,2021 年 9 月。
③　国务院新闻办公室:《全面建成小康社会:中国人权事业发展的光辉篇章》,2021 年 8 月。

的具体的人。①关怀伦理强调处于社会关系中的人对他人的关心和回应,尤其是对那些处于弱势地位的人的关心和尊重。此外,关怀伦理特别重视人、制度和法律的美德,认为人所具有的移情(empathy)的情感是关怀、仁慈和同情的主要心理基础,这为制度和法律中构建以特殊关怀为基础的权利保障提供了基础。②

在中国传统文化中,对弱势群体的伦理关怀也体现得较为明显。儒家讲的"恻隐之心"即指对他人的不幸和灾难予以同情,孔子提到的"老有所终,壮有所用,幼有所长,矜、寡、孤、独、废疾者皆有所养"③,明确体现了对老年人、儿童、残障群体等弱势群体的关怀。墨家提出的"兼爱"主张,也专门强调了对弱势群体利益的保护,提出"老而无妻子者,有所侍养以终其寿;幼弱孤童之无父母者,有所放依以长其身"④。

可见,以关怀伦理为视角而关注弱势群体的权利保障,无论是在西方文化还是在中国文化中,都具有根深蒂固的基因。关怀伦理不再从正义的视角强调弱势群体的权利保障,而是从仁爱的视角对弱势群体的某些劣势境况予以同情,进而给予多方位的关爱和帮助。在目前的社会语境中,诸如留守儿童、老年人、残障人士等弱势群体由于其处于相对困顿的境况中,极易成为人们同情和关怀的对象,从关怀伦理的视角看,国家和社会应该给予其权利以特殊的关怀和保障。

在对农村留守儿童的关怀和权利保障方面,中国逐渐构建起以家庭责任为基础、政府和社会责任为主导的责任体系。虽然中国农村留守儿童的数量在不断减少,但基数仍然较大。农村留守儿童在成长过程中由于缺乏父母的关爱和照顾,在物质生活、精神生活和人身安全等方面均处于较为脆弱的境况中,直接

---

① V. Held, Care and Human Rights, *Philosophical Foundations of Human Rights*, R. Cruft, S. M. Liao and M. Renzo eds., Oxford University Press, 2015, p.633.

② M. Slote, The Justice of Caring, *Social Philosophy and Policy*, Vol.15, No.1, 1998, p.173.

③ 《礼记·礼运》。

④ 《墨子·兼爱下》。

影响了这部分未成年人的身心健康和成长。为确保农村留守儿童在安全、健康、教育等方面的权利得到切实有效的保障，2016年2月，国务院印发《关于加强农村留守儿童关爱保护工作的意见》，要求加强对农村留守儿童的关爱和保护工作，保障未成年人的合法权益。上述《意见》指出，这不仅是各级政府的重要职责，也是家庭和全社会的共同责任。家庭应该强化自身的监护主体责任，加强对留守子女的关爱和保护，尽量避免儿童留守现象。此外，政府和学校等社会组织进行干预和帮扶，在农村留守儿童的资金支出、监护指导、心理疏通等方面给予关爱和扶助。

在对老年人的关怀和权利保障方面，《老年人权益保障法》（2018年修正版）不仅规定了家庭在赡养老人方面应该承担的物质方面的义务，而且还规定家庭成员应该关怀老年人的精神生活，如第十八条明确规定，"家庭成员应当关心老年人的精神需求，不得忽视、冷落老年人。与老年人分开居住的家庭成员，应当经常看望或者问候老年人"。《老年人权益保障法》还提出国家在关爱老人方面应该承担的一些特殊保障措施，如第六十一条规定，"国家采取措施，推进宜居环境建设，为老年人提供安全、便利和舒适的环境"。在对老年人的关爱和特殊保护层面，临终关怀是一个值得重视的方面。所谓临终关怀，"是指针对临终患者死亡过程的痛苦和由此产生的诸多问题，为患者提供舒适的医护环境、温暖的人际关系和坚强的精神支持，帮助患者完成人生的最后旅途，并给予家属安慰和关怀的一种综合性卫生医疗服务"[1]。关爱老年人在面临死亡时的心理状况是保障老年人精神需要的重要方面，也是中国政府和社会在将来需要拓展的一个老年人权利保障领域。但由于受到中国传统伦理观念的影响，我国在这一方面的工作尚处于起步阶段，需要不断探索和发展。

在对残障人士的关怀和权利保障方面，由于残障人士在身体、心理等方面的不利处境，他们无论是在物质生活还是精神生活方面也相应地处于较低的层

---

① 刘博、佟欣、刘学凯：《本土化老年临终关怀服务社会工作介入的伦理困境再审视》，《中国医学伦理学》，2018年第6期。

次上,需要社会的关爱和帮助。中国在法律层面将这种人道主义的关爱精神纳入到残障人士的权利保障中,《残疾人保障法》第七条明确规定,"全社会应当发扬人道主义精神,理解、尊重、关心、帮助残疾人,支持残疾人事业",并规定国家机关、社会团体、企业事业单位和城乡基层群众性自治组织,应当承担相关的责任和义务,这充分体现了以关怀之心对残障人士的权利予以平等保障。

在残障人士权利保障的具体社会服务层面,关怀伦理视角要求重视三个方面的内容:其一,在残障人士的康复治疗过程中,不仅重视他们身体方面的恢复,更应重视残障人士心理方面的康复;其二,国家机关、社会组织、家庭成员等参与到残障人士权利保障过程中的主体,应经常听取残障人士的意见并与之沟通和进行回应,切实站在残障人士的立场来展开工作;其三,通过无障碍环境建设、辅助器供给等举措,切实关爱残障人士的生活和工作,为其提供必要的便利。

第十七章
弱势群体权利平等保障的建议与趋势

中国弱势群体权利的平等保障已经取得较为明显的成就,且处于不断提升和完善的过程之中。结合中外的一些经验,在治理主体、保障内容以及思维方式等方面,弱势群体权利的平等保障应该注意以下三点趋势。其一,在治理主体上,由起初政府完全掌控的模式向政府主导下的多重义务主体转变。其二,在保障内容上,由起初强调资源平等的福利模式向强调能力平等的社会正义模式转变。其三,在思维方式上,将底线思维和平衡思维贯穿于弱势群体权利的保障过程当中。

第一节　构建以政府为核心的多重义务主体体系

权利和义务犹如硬币的两面,没有相应义务的权利不是真正意义上的权利,二者缺一不可。由于弱势群体的权利保障涉及宏观性的社会公平正义问题,在对弱势群体成员的权利保障中,政府是主要的义务主体,同时应该积极调动社会组织、市场、家庭、个人等其他类型义务主体的积极性,构建以政府为核心的多重义务主体体系。

一、政府义务的基础性地位及类型

在弱势群体权利的保障中,存在多重义务主体,包括政府机构、社会组织、企业法人、家庭、个人等。其中,在以机会平等、资源平等和能力平等为主要内容的平等保障体系中,由于直接涉及社会的公平正义,政府部门承担的义务具有基础性的地位,正如罗尔斯所论证的,基本的正义问题的分析主要将主题放在国家宏观层面的制度和公共政策方面。①政府需要在宏观的制度和立法层面确立权利与义务、利益与负担的分配。社会组织、企业、家庭以及个人在政府所确立的原则和分配的义务的基础上承担各自的义务。这一点在《发展权利宣言》中体现得较为明显,《发展权利宣言》第二条第三款提到,"国家有权利和义务制定适当的国家发展政策,其目的是在全体人民和所有个人积极、自由和有意义地参与发展及其带来的利益的公平分配的基础上,不断改善全体人民和所有个人的福利"②。

在以发展权为核心的中国特色社会主义的人权实现路径下,中国政府在保障弱势群体权利方面的基础性地位显得尤为突出,这是由三个方面的因素决定的。其一,党和国家坚持"以人民为中心"的发展理念,将保障人民的权益视作基本的执政理念,弱势群体作为"人民"的组成部分,更是党和国家关心的对象,党和国家通过政府部门以及法律制度贯彻相关的执政理念。其二,中国特色社会主义的公平正义体系内在地要求政府关注弱势群体的权利,公平正义的核心要义是对弱势群体权利的保障,而要实现整个社会的公平正义,只有通过国家宏观层面的立法和政策保障才能实现。其三,在保障弱势群体成员的权利时,要求充分、全面、有效地保障每一位成员的权利,而要实现这一点,只有政府拥有充足的资源和手段,分散的社会组织和个人无法达到这一目标。

---

① John Rawl, *A Theory of Justice*, Harvard University Press, 1971, p.7.

② 联合国:《发展权利宣言》,联合国大会 1986 年 12 月 4 日第 41/128 号决议通过。

　　具体而言，国家在弱势群体权利的平等保障中主要承担三种类型的义务：尊重义务、保护义务和促进义务。其中，尊重义务主要指一种消极性的义务，即国家及其公职人员应避免对弱势群体成员权利的歧视和侵犯。尊重义务的具体内容包括以下三个方面：其一，在立法层面，国家的基本制度和各级立法应该避免存在歧视弱势群体成员的内容；其二，在行政或执法层面，国家公职人员在行政或执法过程中应该避免存在侵犯或歧视弱势群体的情况；其三，国家相关的法律和法规应该制定避免歧视的相关规定，确保弱势群体在参与经济、社会和文化活动的过程中拥有平等的机会。

　　保护义务主要指国家有保护弱势群体的合法权益免受侵犯的义务。尊重的义务旨在确保避免国家和政府公职人员对弱势群体权利的歧视和侵犯，但是在分散的社会层面和市场领域，社会组织、企业、个人对弱势群体成员的歧视和侵犯仍较为普遍。保护义务旨在通过国家义务的形式确保弱势群体免受社会组织、企业以及个人的歧视。具体内容包括以下两个方面：其一，通过法律法规的形式将弱势群体成员享有的平等权利确立下来，以便为社会组织、企业和个人履行相关义务提供法律依据。例如，通过法律确保社会组织和企业在就业、薪酬待遇、职位晋升等方面为女性、残障人士提供平等的机会。其二，对侵犯弱势群体合法权益的组织或个人进行处罚，并对受害者进行相应补救。

　　促进义务主要指国家有积极帮助弱势群体成员实现其权利的义务。国家仅仅承担尊重义务和保护义务，仍然无法完全确保弱势群体权利的平等实现。因为弱势群体是一些在身体和能力方面处于相对劣势的人，即便赋予他们平等的机会和尊重，他们仍会由于资源不足或能力不足而无法平等参与和共享经济、社会、文化生活，因而需要国家承担一些积极帮助的义务。在对弱势群体的权利保障中，国家的促进义务可概括为以下三个方面：其一，向弱势群体提供必要的资源，包括医疗服务、保险、救济等；其二，为弱势群体参与经济、社会和文化活动提供必要的手段和条件，例如无障碍设施建设、辅助器具、便捷的投票方式等；其三，对弱势群体进行"赋能"，提升弱势群体自主参与经济、社会和文化活动的能力,如建立针对残障群体或老年人群体的特殊学校。

二、政府主导下的多重义务主体的治理模式

尽管国家义务在弱势群体权利的平等保障中具有基础性的地位,但这并非意味着国家是唯一的义务主体,社会组织、企业或个人等其他类型的主体同样承担着相应的义务,而且这些义务主体发挥着越来越重要的作用。以社会保障体系中的义务主体分析为例,威伦斯基(Wilensky)和莱博克斯(Lebeaux)从"补缺型"与"制度型"的二分法视角分析了社会保障的目标,"补缺型"主张由家庭和市场提供保障,只有当家庭和市场失灵、难以保障个人生活时,国家和政府才会承担相应的责任;"制度型"刚好相反,主张国家应建立一套完善的法规制度体系来保障个体生活。[1]在中国弱势群体权利的平等保障过程中,单一地强调"补缺型"或单一地强调"制度型",均无法实现人权保障的目标。

人权保障过程需要义务主体的多元化参与,在保持政府主导地位的基础上,促使个人、家庭、社会组织、市场等主体分担相应义务。只有政府把握好弱势群体权利平等保障的方向和原则,其他社会组织、家庭及个人才能有所遵循,通过各类义务主体之间的互动、协作,更好地实现弱势群体权利保障事业的发展。按照新公共服务理论,政府的角色应该是服务者,即政府运用市场化工具、工商管理技术、社会化手段等,联系企业、社区、社会工作者和公众等社会力量共同协商,以保证完善的资源整合力和对公众利益的回应力。[2]在弱势群体权利的平等保障过程中,政府要适度放松对社会力量的限制,扶持非政府组织发展,并引导社会资源弥补政府能力无法企及的那部分服务。

目前,弱势群体权利的平等保障过程中,存在对单一义务主体依赖过强、义

---

① 庞文、张蜀缘:《中国残疾人社会保障制度的演进:1978—2017》,《残疾人研究》,2018 年第 2 期。
② [美]珍妮特·V.登哈特、罗伯特·登哈特:《新公共服务:服务,而不是掌舵》,丁煌译,中国人民大学出版社,2010 年,第 110 页。

务主体之间缺乏协同等问题。以未成年人权利保障为例,多局限在国家机构层面,缺少和家庭、学校、社会的全面联动。相关法律和政策虽对家庭、学校以及社会应当承担的责任作出了部分规定,但在资格认定、能力鉴定和服务范围确定等方面仍然表现得不尽如人意。以家庭为例,许多父母仍将孩子看作是自身的附属品,将对孩子的教育、照护等看作是家庭内部范围的事务。在这种间接阻断和外界联系的环境下成长,容易使得未成年人在遭受来自家庭的伤害时,没有意识也没有渠道向外界寻求帮助。传统的占有观念和不信任感,使得每一个家庭都有强大的内聚力,但往往也使其不能有效利用家庭以外的资源。

此外,在保障未成年人权利方面,社会组织的力量也没有被充分调动起来。作为未成年人维权的重要力量,社会组织在中国的发展面临着尴尬的境地。从宏观层面来说,有关政府和社会组织之间的关系不顺,管理体制存在一定缺陷;从微观层面来说,资金供应不足、人才短缺以及内部管理存在漏洞等都严重制约了社会组织在帮助未成年人维权方面发挥真正作用。另外,在与社会组织的关系方面,政府的态度也始终处在暧昧不清的阶段,过分担心下放权力和资源会对公权力和社会造成消极影响,进而始终没能真正利用起社会组织掌握的资源。按照现代社会治理的趋势,在弱势群体权利的平等保障过程中,政府需要在对社会组织进行必要引导和规约的前提下,适当激活社会组织的积极性,使其成为政府治理过程中的有益补充。

近几年,国家也逐渐意识到弱势群体权利的保障需要调动多重义务主体的力量,在法律法规和政策方面均有明显的体现。例如,2016 年国务院印发的《关于加强农村留守儿童关爱保护工作的意见》,提出了家庭、政府、社会组织等多主体共同构建的义务体系和服务体系。一是针对儿童成长的特点,强化了家庭监护的主体责任,对外出务工父母履行监护职责提出具体要求。二是落实县、乡和村(居)民委员会的职责,加强对家庭监护的监督和指导。三是明确教育部门、学校在留守儿童心理、生活、安全管理等方面的义务。四是要求工会、共青团、妇联等群团组织参与进来,为留守儿童提供必要的关爱和帮助。五是支持各种社会组织为留守儿童提供专业服务。

在老年人和残障人士的权利保障方面,相关的法律法规同样强调了义务主体和治理主体的多重性。《老年人权益保障法》(2018年修正)规定了"政府—社会组织—家庭"的多重义务主体构建的责任体系。在政府层面,规定了政府在社会保障、社会优待、宜居环境等方面应该承担的义务;在社会组织层面,规定了养老机构、医疗机构等社会组织在医疗护理、精神慰藉、心理咨询等社会服务方面承担相关的责任;在家庭层面,规定了家庭在赡养和奉养老人方面的基础性作用。在中国残障人士权利的平等保障过程中,除了政府的力量外,红十字会、慈善会、残疾人福利基金会等慈善组织也为残疾人事业筹集善款,开展爱心捐助活动。企事业单位承担社会责任,为残疾人事业发展贡献力量。[①]

总体而言,尽管国家在宏观的法律法规和政策层面逐渐为社会组织参与弱势群体权利的保障事业开拓空间,但地方政府的具体落实可能仍需要较长一段时间。社会组织的参与度和积极性不够,以及政府同家庭、企业、社会组织等其他义务主体之间的互动协调不足等问题仍然存在。弱势群体权利的平等保障,需要政府激发和调动其他类型义务主体的活力和积极性,在政府主导下增强各类义务主体的协调与互动,以更有效地调动社会资源和力量。

三、治理经验中的"他山之石":以残障人士的权利保障为例

欧美发达国家对弱势群体的权利保障具有较长的历史,在政府、社会组织等治理主体的义务分配与互动等方面同中国具有一定的差异,其延伸出的治理模式也有其自身的特性和局限。通过对欧美国家治理模式和发展历史进行批判性分析,中国可以借鉴其有益的治理经验,吸取其失败的教训。

其一,从基本治理理念上讲,以公民权利为残障人士权利保障的治理理念。

---

① 国务院新闻办公室:《平等、参与、共享:新中国残疾人权益保障70年》,2019年7月。

在相当长的时间内,西方针对残障人士的社会政策是基于恩惠而对残疾人实施同情、怜悯和恩赐式的道义救助。直到 20 世纪 50 年代,英国学者马歇尔提出的公民权利理论,认为社会权利是公民的基本权利,每一个拥有完全公民资格的人都有享受社会服务和社会福利的权利。[①]以此理念为指导的公共政策和治理模式也完成了从恩惠向权利的最终转变。公民权利理念不再将针对残障人士的一系列社会保障举措视作慈善救济,而是视作国家和社会应该承担的一部分义务。公民权利理念下的残障人士权利保障体系将残障人士视作权利的主体而不是被救济的客体,国家和社会组织的相关义务不是建立在同情、恩赐等情感之上,而是源自于残障人士的公民权利,这有助于保障残障群体的权利与尊严。

其二,以社会模式为残疾人救助形式。西方发达国家对残障人士的救助模式经历了由医疗模式向社会模式的转变历程。传统医疗模式将残障人士视作病人,对其进行"封闭式""庇护式"的康复和供养,割裂了残疾人与社会的关系。而且医疗模式具有标签化、污名化的社会功能,增加了残障人士的自卑心理和耻辱感。[②]随着残障人士权利意识的增强,治理模式逐渐转化为社会模式,社会模式将残障人士视作是社会中的人,并主张保障残障人士的权利是整个社会的责任,推动残障人士离开"封闭式""寄宿式"的康复机构,使他们回到正常的社区,增强其社会融入度。多元主体的治理模式应强调社会对残障群体的救助责任,并根据社会模式为残疾群体提供一系列重视消除环境障碍与提高残障群体能力的福利与服务,多角度、多途径改善残障群体的生存和发展状况,增进残障群体的社会参与度。

其三,发展多元化的责任主体。西方国家的高财政压力与高福利政策的失衡促进了西方福利制度的改革,最终形成了一种政府主导、非政府机构共同参

---

① 梁德友、周沛:《国际化、本土化、人本化:中国特色残疾人事业发展的三个向度》,《江苏省第八届学术大会学会专场论文哲学社会类论文汇编》,2014 年 11 月 1 日,第 2~3 页。

② 梁德友、周沛:《国际化、本土化、人本化:中国特色残疾人事业发展的三个向度》,《江苏省第八届学术大会学会专场论文哲学社会类论文汇编》,2014 年 11 月 1 日,第 3 页。

与的福利模式。在多元主体共同参与的残障人士的权利保障过程中,政府主要负责政策的制定和相关立法;地方政府承担具体的细则执行,负责联络社会上的服务机构,有偿或者无偿地为残障人士提供相关救助,包括生活、就业、康复等,并且实行有效的监管。①从趋势上看,中国残障人士权利的平等保障也需要纳入多元主体共同参与、共同承担的责任形式,一方面是为了避免政府在人力、物力等方面的过度压力,另一方面也是通过加强社会各主体的责任意识,促进社会多元主体的参与,以增强治理的效能。

其四,提升综合治理能力。面对不同地区、不同残障类别、不同残障程度等情况,残障人士权利的平等保障需要处理许多复杂的问题。欧盟针对各国政治经济与福利体制的多样性,以及各国社会组织网络的不均衡发展等情况,制定了整体的区域政策。类似于欧盟内部各国间、不同问题间存在的多样性,由于中国区域间、城乡间的社会经济发展不平衡,对不同类型的残障群体的救助水平也存在差异。面对各种复杂的情况,中国应提升综合治理能力,在宏观层面制定残障人士福利发展规划,指导各地区在顶层设计下因地制宜地实施符合实际的具体政策,通过宏观权威性与微观多样性的有效结合实现双向互动,促进政策的良性可持续发展,避免因为过度强调宏观的整齐划一而忽视地方的多样性,或者过分突出地方的特殊性而脱离国家规划的相对一致性。②

其五,有条件地融入国际合作。弱势群体的权利保障是联合国人权保障体系的重要组成部分。联合国推动了欧盟的残疾政策发展,欧盟积极参与残障人士保护的立法,为国际社会提供了解各国残疾人权利保护发展状况的民间渠道,在残障人士权利保护方面发挥了积极作用。③尽管国际劳工组织、教科文组织等联合国相关机构对推动中国残障人士社区康复的发展做出了重要贡献,但

---

① 章程、宋宝安:《西方发达国家残疾人社会保障的成功经验对我国的启示》,《东北亚论坛》,2012年第2期。

② 张金峰、杨健:《欧盟残疾政策的内在约束、外部动力及启示》,《北京社会科学》,2015年第1期。

③ 花勇、宋尚聪:《残疾人权利的国际法保护》,《残疾人研究》,2017年第1期。

在全球化的大背景下,中国参与国际合作与交流的程度仍相对有限。[1]近年来,中国积极参与联合国的相关人权议程,并发挥着越来越重要的作用。在弱势群体的权利保障方面,中国需要进一步加强与联合国相关机构的合作,融入合作性的国际进程。

第二节　重心转向"赋能"的复合平等模式

无论是对弱势群体权利的平等保障抑或特殊保障,均以实现其权利平等为目标。在现实实践中,只有通过制度、法律、公共政策等一系列的国家安排才能实现这一目标。权利平等是一个总摄性的平等概念,机会平等、资源平等与能力平等三个二阶概念可以用来进一步解释权利平等。在对弱势群体权利的平等保障中,需要协调处理好这三种平等模式的关系。

一、"资源平等"传统保障模式的局限

在改革开放之后的前20年里,中国在对弱势群体的权利保障方面主要采用"资源平等"的治理模式,即强调通过社会保障、社会保险、社会救济、政府补贴等直接的资金投入方式,保障弱势群体在基本生活、医疗和福利等方面的权益。由于当时中国的社会生产力还处于相对落后的局面,优先保障弱势群体在衣食住行等方面的基本生存权是极为必要和现实的举措。但随着最近20年中国经济和社会文化水平的提高,尤其是随着中国社会主要矛盾已经转化为人民日益增长的美好生活需要和不平衡不充分的发展之间的矛盾,传统的"资源平等"治理模式的局限性也日益凸显。

其一,传统"资源平等"的保障模式无法应对中国社会主要矛盾的转变。伴

---

[1]　张金峰、杨健:《欧盟残疾政策的内在约束、外部动力及启示》,《北京社会科学》,2015年第1期。

随着中国全面脱贫事业的实现,人民群众的基本生存权已经得到解决,人民群众的权利重心也由生存权转移到发展权。权利重心的这种转移为弱势群体的权利实现提出了巨大挑战,因为弱势群体成员在参与发展的过程中,在内在因素和外在因素等方面均面临超出正常人的多重障碍,仅仅在社会保障、社会保险等方面赋予弱势群体以平等的资源,并不能确保弱势群体成员能够有效利用这些资源实现其发展权。此外,"不平等不充分的发展"不仅体现在城乡、区域等传统领域,在一定意义上还体现于群体之间由于资源、机会和能力等方面的差异,弱势群体的发展权通常属于不平等不充分的一方。而弱势群体发展权的平等、充分实现,仅仅依赖资源平等是不够的。

其二,传统"资源平等"的保障模式存在保障水平相对低下的问题。"资源平等"的保障模式将目标放在保障弱势群体的基本物质生活方面,没有从"人的全面发展"的视角看待弱势群体权利的平等保障问题。"人的全面发展"是物质生活和精神生活的协调发展和全面提升,是个人潜能和个体价值的全面发掘和实现。马克思在《1861—1863 年经济学手稿》中提出"人的需要体系"的概念,认为人不仅有生理和享受的需要,还有交往和尊严的社会性需要,指出"一种内在的联系把各种不同的需要连接成为一个自然的体系"①。按照马克思的观点,交往和尊严等方面的社会需要是人的社会性的内在要求,也是人的全面发展的要求。由于"资源平等"的保障模式将重点放在保障弱势群体的物质生活方面,无法保障弱势群体在社会交往和尊严等方面的更高级需要,是一种相对低层次的权利保障形式,无法确保弱势群体成员发展权利的实现。

其三,传统"资源平等"的保障模式存在持续力度不足的问题。资源平等模式将人作为权利的被动接受者,关注的是弱势群体的"福利层面",难以发掘弱势群体成员的主观能动性。在具体的公共政策执行中,易于出现持续力度不足、效率较低的问题。在弱势群体权利平等保障的过程中,如果弱势群体成员仅仅

---

① 《马克思恩格斯全集》(第 23 卷),人民出版社,1972 年,第 394 页。

是各类资源的被动接受者,而缺乏调动自身能力并通过自身努力实现自身发展的机会和手段,那么一方面会对政府和社会在物力和人力等方面的投入造成持续性的压力,另一方面,弱势群体的成员也易于形成依赖心理,难以通过发挥自身的主观能动性实现自我发展,其最终结果往往是权利保障的持续性不足、效率低下。以弱势群体的脱贫路径为例,阿玛蒂亚·森认为,贫困应当被视为可行能力的被剥夺,诸如年老、残疾、生病等因素,都会降低获取收入的能力。[①]仅仅是物质性的资源平等路径无法持久地解决弱势群体的经济困难状况,还应注重培育弱势群体通过自身消解贫困的发展能力。国际社会也将"增能"视为反贫困的关键,反贫困要通过残障人士等弱势群体主动提升能力的方式来实现。[②]

其四,传统的资源平等模式遵循社会福利的人道主义原则,对弱势群体予以怜悯式的人道关怀。随着公民权利观念的强化,对弱势群体权利的保障理念由人道模式提升到了社会公平正义的高度,认为保障弱势群体的经济、社会和文化权利是正义的要求,它同人道主义福利思想的根本区别在于,这种转变摈弃了把福利视为施舍和慈善之举的偏见,从社会平等和公平正义的立场肯定了福利作为公民基本权利的正当性和合理性。以公民权利理念为指导,弱势群体的权利保障体系消除了慈善模式下社会对弱势群体的歧视,维护了弱势群体的尊严和正当权益。弱势群体的弱势地位,其原因和责任被归咎于社会对弱势群体平等参与社会活动造成的障碍。如在分析残障人士的弱势成因时,有学者主张,"残疾"完全是社会强加给残疾群体的,恰恰是人构建的外在环境创造并维持了残疾人的无能状况和自我价值的丧失。[③]因此,国家、社会有义务消除这些社会障碍以实现弱势群体的平等权利。

综上,社会保障、社会救济等资源平等的保障模式是人权保障的要求和内容。从发展权的角度上讲,其在一定意义上也为弱势群体提升自身的发展权提

---

① ［印度］阿玛蒂亚·森:《以自由看待发展》,任赜、于真译,中国人民大学出版社,2002 年,第 86 页。

② 杨立雄:《美国、英国和日本残疾人福利制度比较研究》,《黑龙江社会科学》,2014 年第 3 期。

③ 葛忠明:《中国残疾人福利与服务:积极福利的启示》,山东人民出版社,2015 年,第 25 页。

供了基本手段,弱势群体成员可以通过这些资源寻求自身发展和提升。如脱贫的关键不是政府提供了多少资源或补贴,而是弱势群体是否能够有效地利用这些资源或补贴提升自己脱贫的能力。从对弱势群体权利的长远和持续保障来看,其发展权实现的最终落脚点并不是直接提供物质资源方面的满足,而是提升弱势群体自身的能力和帮助其发现并实现自身价值。

二、重心转向"赋能"的复合平等模式

在弱势群体权利的平等保障中,一方面需要国家和社会积极承担相关责任,消除弱势群体权利实现过程中的内在障碍和外在障碍,另一方面需要调动弱势群体自身的主观能动性,提高弱势群体成员通过自身寻求权利实现的手段和能力。弱势群体权利平等的实现,需要"机会平等""资源平等"与"能力平等"的协调实现和全面实现,三种平等形式缺一不可,共同构成了弱势群体权利平等保障过程中的"复合平等模式",即弱势群体权利的平等保障必须兼顾这三个方面。

机会平等是一种形式的平等,强调国家和社会应该赋予弱势群体在参与社会活动和共享社会成果的过程中以公平机会,避免其受到不合理的歧视和排斥。机会平等是弱势群体权利平等保障过程中的最基本要求,也是社会公平正义的基本要求。机会平等在实践上的最直接体现是国家宏观的法律和公共政策应该确保每一位公民在政治、经济、社会和文化等方面具有平等的机会。随着中国法律体系的不断完善和公共决策的日趋合理化,弱势群体的机会平等在这一宏观层面已经得到了基本实现,国家法律和政策规定了妇女、残障人士、少数民族成员等在选举权、教育权、就业权等方面的平等机会。

然而在微观的社会层面,弱势群体机会平等的实现仍面临不少阻碍,其中,多种领域、多种主体、多种方式的歧视与排斥是其主要体现。其一,在社会层面,弱势群体面临多领域的歧视与排斥,无论是就业、职位晋升与获得报酬等方面

的经济权利领域,还是教育、遗产继承等社会和文化权利领域,来自社会的排斥与歧视仍然较为普遍。其二,弱势群体成员面临社会中多种主体的歧视,有些弱势群体面临的歧视甚至是叠加的,如健全人士对残障人士的歧视、男性对女性的歧视、年轻人对老年人的歧视等,而残障的老年女性则可能面临叠加性的歧视与排斥。其三,弱势群体面临多种形式的排斥与歧视,有些排斥是明显的,有些排斥是隐性的,有些排斥是有意的,有些排斥是无意的。

因此,弱势群体权利平等保障过程中机会平等的实现,其难点和重点在社会层面,消除每一位公民心中的歧视性观念,塑造平等尊重的公共文化,是确保弱势群体成员在社会层面充分实现机会平等的基础。另外,改善弱势群体的弱势地位,仅仅强调机会平等并不能取得预期效果。因为每个人在智力、社会关系、家庭背景以及政治地位等方面都存在着极大的差异,这使得人们利用制度所赋予其机会的能力有很大不同,此时所谓自由与平等不过是幻想而已。[①]除了形式的平等之外,弱势群体权利的平等保障还呼吁实质性的平等,而资源平等和能力平等的理念与实践模式是实质平等的主要体现。

其中,资源平等主要指国家和社会通过社会保障、社会救济等方式向弱势群体成员提供必要的物质帮助,以保障其权利的实现。对弱势群体的权利保障而言,资源平等的保障模式是必要的,甚至是基本的要求,这既是保障弱势群体成员基本生存权的要求,也是保障弱势群体成员发展权的必要条件和手段。但正如上文指出的,这种传统的权利保障模式存在诸多缺陷与不足,最重要的一项是,这种模式难以调动弱势群体成员自身的主观能动性。因此,在弱势群体的权利保障中,联合国的人权机制及多数国家,均越来越重视对弱势群体的"赋能",强调能力平等的实践模式,提升残障人士在权利实现和保障中的可行能力,能力平等的实践模式最终提升的是弱势群体成员的"权利能力"。

"权利能力"最初是法律术语,指由国家通过法律的形式赋予社会主体从事

---

① 　姚洋:《建构中国社会公正理论之二》,《21 世纪经济报道》,2003 年第 1 期。

某行为的资格。①而现代社会的"权利能力"泛指社会主体享受权利的资格或条件,实际上也是一种权利,是能够引起各种具体权利产生的最一般的、最基本的权利。②发展权作为一项基本人权的高级表现形态,以承认并赋予所有人权利主体的地位,并依此享有各种具体权利的资格为前提。但这种资格本身并不能直接给主体带来利益,从资格的赋予到利益的获取还要求主体有能力行使权利,履行义务。由此,发展权利能力平等必然走向发展行为能力平等。发展行为能力平等强调所有主体平等占有社会资源,具备同等的行使发展权利的主客观条件。具体来说,就权利的主体而言,所有人平等地享有各种具体的权利;就权利的客体而言,各种具体的权利没有高低贵贱之分,所有权利具有平等的地位并共同构成发展权利体系。当且仅当发展权利体系为主体切实享有,并内化为主体的能力时,主体才拥有了发展行为能力。③

能力平等所要求的"赋能"分为消极和积极两个方面。消极方面即指消除那些阻碍弱势群体成员发展的外在障碍。以残障人士为例,联合国《关于残疾人的世界行动纲领》中明确指出,决定残疾对一个人日常生活影响的主要因素是环境,如果一个人失去了获得生活基本因素的机会,而这些机会对于社会其他人都是人人有份的,那就构成了障碍。④如无障碍设施建设,即是这类赋能的一个体现。积极方面的赋能则主要指通过提升残障人士的可行能力,消除阻碍残障人士发展的内在障碍。如针对残障人士的职业培训、教育、就业咨询等,最终提升残障人士参与社会生活和共享社会成果的能力。残疾人事业建设的核心思想是清除残疾人平等参与社会、融入社会的各种制度及环境障碍,实现残疾人与其他社会成员分享社会经济发展成果,提升残疾人生活品质。⑤

① 汪琼枝:《发展权利平等:农民工市民化的价值基础》,《北京建筑大学学报》,2018 年第 1 期。

② 孙国华:《法理学教程》,中国人民大学出版社,1994 年,第 475 页。

③ 汪琼枝:《中国特色社会主义正义观研究》,中国文史出版社,2010 年,第 116 页。

④ 联合国:《关于残疾人的世界行动纲领(摘要)》,联合国大会第三十七届会议 1982 年 12 月 3 日第 37/52 号决议通过。

⑤ 葛忠明:《中国残疾人福利与服务:积极福利的启示》,山东人民出版社,2015 年,第 43 页。

综上,在弱势群体权利的平等保障中,一方面需要国家和社会积极承担相关责任,消除弱势群体权利实现过程中的内在障碍和外在障碍,另一方面需要调动弱势群体自身的主观能动性,提高弱势群体成员通过自身寻求权利实现的手段和能力。在"复合平等"模式的内部,国家公共治理的重心也应从之前强调"资源平等"的治理模式转向强调"能力平等"的治理模式,将弱势群体成员视作具有主观能动性的个体,通过多方面的"赋能",提高弱势群体成员自身的"可行能力",最终实现弱势群体成员的全面发展。

第三节　弱势群体权利平等保障中的平衡思维与底线思维

个体权利的保障并不是完全绝对的,而是受到很多方面的限制,如保障水平会受到经济发展水平的限制。在权利保障的具体实施中,应该遵循务实原则,根据国情适时调整相关政策,将平衡思维与底线思维贯穿于权利保障的实践中。

一、普惠与特惠的平衡问题

对弱势群体权利的平等保障涉及普惠与特惠两个方面,其中,普惠是将弱势群体视作一般性的公民,国家通过一般性的制度安排保障所有公民的权利,如针对所有公民的就业、医疗、社会保障体系等,任何国民都可以从中受益。在这种意义上,国家在形式上实现了平等对待所有公民,弱势群体权利的实现,部分地蕴于这种普惠机制中。但弱势群体成员与普通公民又有差异,他们由于各种原因处于社会的劣势地位,仅仅依靠国家的一般性制度安排难以达到保障其权利的目的。弱势群体权利的平等保障,还要求国家制定一系列针对弱势群体的倾斜性政策,只有通过这种针对弱势群体的特惠机制,才能在实质意义上实现对弱势群体权利的平等保障。

受制于社会资源和生产力发展水平的限制,无论是针对一般性公民的普惠性保障,还是在普惠性保障之外针对弱势群体成员的特惠性保障,均无法达到理想化的水准,而是需要根据国情适时调整政策倾斜的程度。具体而言,中国弱势群体权利的平等保障,需要坚持适度原则,在普惠政策与特惠政策之间寻求平衡,在资源有限的情况下构建适合国情的弱势群体权利平等保障体系与福利服务制度。适度原则一方面要求发挥公共政策的兜底作用,确保弱势群体成员基本的生存和生活保障,使弱势群体在基本生存、基本医疗、基本社会参与和社会融入等方面能够有所保障;另一方面又要体现激励功能和发展权理念,使相关制度和公共政策能够激发弱势群体的积极性和提升弱势群体的可行能力,促进弱势群体的可持续发展。

对弱势群体权利的平等保障而言,需要普惠机制与特惠机制之间的平衡与协调。但在弱势群体权利保障过程中,普惠与特惠并未能完全实现这种状况,普惠制度与特惠制度之间甚至存在一定的排斥问题。由于受社会资源的限制,中国的权利保障体系整体遵循"普惠之下有限特惠"的原则,受制于这类现实约束,普惠机制优先于特惠机制,特惠制度只能算作对普惠制度的补充,特惠机制下的资源投入在针对性与充分性方面尚有不足。公共政策的重点仍然聚焦在弱势群体成员基本生活水准的保障方面,发展权的理念尚未完全渗透到政策的制定与执行中。此外,弱势群体通常是社会福利与保障体系的被动接受者,弱势群体的自身诉求难以通过主动的政策参与得到体现。

由于弱势群体自身在特惠制度的制定与修改过程中长期处于相对被动地位,特惠制度设计的针对性和合理性通常会受到不当影响。特惠机制的目的是在实质性层面减少或消除弱势群体面临的不平等情况,决定特惠机制效能的关键因素在于特定生产力水平下资源倾斜性配置的合理程度。目前,中国的社会资源和生产力水平均有较大提升,但针对弱势群体的资源倾斜性配置并未得到相应程度的提升,导致对弱势群体成员权利的平等保障仍存在不平衡不充分的问题。

　　由于弱势群体内部也存在异质性,因此特惠机制内部的配置也存在优化问题。这意味着在特惠机制中,不同类的弱势群体需要的资源可能会有所差异,而且即便是同一类弱势群体,某些地区的成员可能在资源的诉求度上要高于其他地区。例如,由于城乡发展状况差异,农村残障人士在康复、就业、教育等方面存在较大的差距,对前者的资源倾斜性配置在理论上应该高于后者。此外,考虑到弱势群体自身的特殊性,国家在政策和资源方面的责任承担也会有所不同,例如,由于家庭在未成年人及老年人等群体的权利保障中承担了基础性的工作,国家在这类群体的资源倾斜性配置方面相对于残障人士而言会相对少一些。

　　特惠机制尚不充分的另一个体现是,对弱势群体精神文化生活领域及能力发展领域的关注尚有欠缺。以残障人士的权利保障体系为例,中国残障人士事业的重点仍在于福利保障,而非倾向于提升残障群体的能力。针对残障人士的救助还停留在以物质救助为主的“消极救助”阶段,残障人士的文化、精神、尊严和伦理等方面的需求没有受到足够的关注和满足,离“积极救助”和“发展型救助”的诉求尚有较大差距。[①]以发展权为理念的弱势群体权利保障,需要关注弱势群体成员的精神文化层面和社会参与层面,促进弱势群体成员的全面发展。

二、弱势群体权利平等保障中的底线思维

　　弱势群体的权利保障要坚持底线思维,一方面要确保弱势群体的生存权、健康权等基本权利得到落实,坚持“兜底式”的底线思维;另一方面要在“兜底式”思维的基础上协调推进弱势群体成员的各项权利,全面提升弱势群体成员的发展权和其他各类权利。而且由于弱势群体权利的平等保障,涉及国家和社会层面的资源调配,底线思维还要求平衡弱势群体的权利保障同经济发展水平

---

　　① 　梁德友、周沛:《国际化、本土化、人本化:中国特色残疾人事业发展的三个向度》,《江苏省第八届学术大会学会专场论文哲学社会类论文汇编》,2014 年 11 月 1 日,第 1~11 页。

和其他公共利益等方面的关系。

其一,底线思维要求保障弱势群体成员的基本生存和生活,在其衣食住行、医疗卫生保障、社会参与等领域,政府和社会承担"兜底式"的角色。保障弱势群体成员的基本生计维持权,是社会正义的底线要求,这也是将人民群众最为迫切的权利需要作为人权保障的底线要求,"中国在制定人权发展计划时,充分考虑民众最迫切的权利需求,将人民最关心的权利问题置于人权发展战略的优先位置,使得人权事业的发展获得了最广泛的支持,也为人民群众带来了实际的利益满足"[①]。长期以来,中国结合国情,将人民群众的生存权和发展权作为首要人权,坚持了人权保障中的底线思维,确保每一位公民的基本生活和生存得到保障。

其二,底线思维要求在"兜底式"思维的基础上协调推进弱势群体成员的各项权利,切实推进弱势群体成员的发展权和幸福感。随着中国全面脱贫的完成和社会主要矛盾的转化,民众的生存权已经得到基本解决,进一步保障民众的发展权和提升民众的幸福感成为摆在党和国家面前的使命和任务。弱势群体成员作为中国的公民,同样依法享有经济、社会和文化权利,以及公民权利和政治权利等各项人权,协调推进弱势群体成员的这些权利,是确保他们参与和共享社会生活的前提,也是确保弱势群体实现其发展权和幸福感的前提。

其三,底线思维要求弱势群体权利的平等保障应坚持社会正义的思维模式,避免福利模式造成的社会资源的过度超载。欧洲国家的福利政策一直是全球国家社会福利建设的典范,但在欧债危机中,欧洲国家的高福利政策显现出其弊端。一方面刚性的福利保障居高难下,另一方面政府财政拨款已经无法满足高额的福利支出需要,从而面临新的困境。[②]欧洲国家受高社会福利拖累,最终政府的债务负担超过了自身的承受范围。合理的社会福利制度设计,关键在

---

① 常健、刘一:《从五大推进原则看中国人权发展道路的特点》,《人权》,2017 年第 1 期。

② 章程、宋宝安:《西方发达国家残疾人社会保障的成功经验对我国的启示》,《东北亚论坛》,2012 年第 2 期。

于维持公平与效率平衡的可持续发展,根据社会经济环境的改变而不断地进行动态调整。[①]欧债危机中欧洲部分国家产生的社会动荡,甚至国家破产等严重社会问题是社会福利水平过高的教训。如果不顾现实、不顾条件,盲目发展,弱势群体权利保障也有可能成为经济社会发展的沉重包袱,甚至成为发展道路上的绊脚石。中国应吸取教训,实施与国家国情相符的弱势群体权利保障政策,根据国家经济发展状况的变化,务实推进弱势群体的人权事业。

其四,底线思维要求实现权利保障同其他公共利益的协调。公共利益包括社会稳定、经济发展、公共秩序、公共安全等许多方面。一般而言,对人民群众个体权利的保障水平越高,社会稳定、公共秩序等方面的公共利益也会实现得越充分。但由于权利主体之间存在差异,对某些群体权利的保障,则有可能侵犯其他人的权利,进而导致权利分化或社会分裂,影响公共秩序和公共安全。此外,人权保障过程中如果采用过度的福利政策模式,也会影响经济的持续性发展。弱势群体权利的平等保障与各种公共利益之间存在相互依赖又相互限制的关系。在弱势群体权利的平等保障过程中,权利保障与其他公共利益的协调发展,一方面要求实现权利主体之间的权益协调,如弱势群体同其他民众之间的权益平衡以及不同弱势群体之间的权益平衡,这是为了避免因权利过度分化而导致可能的社会分裂;另一方面,要求权利保障要同经济发展和公共秩序等公共利益协调共进,避免出现以牺牲经济健康发展和公共秩序为代价的人权保障之路。

---

① 李昕:《欧洲福利危机对中国福利改革的启示》,《经济问题探索》,2014 年第 2 期。

参考文献

一、中文著作

[1]《马克思恩格斯选集》(第 1—4 卷),人民出版社,2012 年。

[2]《列宁全集》(第 24、35 卷),人民出版社,1990 年、1985 年。

[3]《毛泽东选集》(第 1—4 卷),人民出版社,1991 年。

[4]《毛泽东文集》(第 1—8 卷),人民出版社,1993 年、1996 年、1999 年。

[5]《邓小平文选》(第 1—3 卷),人民出版社,2010 年。

[6]《习近平谈治国理政》(第 1—3 卷),外文出版社,2014、2018、2020 年。

[7][英]吉登斯:《第三条道路:社会民主主义的复兴》,郑戈译,北京大学出版社,2000 年。

[8][意]阿奎那:《阿奎那政治著作选》,马清槐译,商务印书馆,1991 年。

[9][印度]阿玛蒂亚·森:《论经济不平等——不平等之再思考》,社会科学文献出版社,2006 年。

[10][印度]阿玛蒂亚·森:《以自由看待发展》,任赜、于真译,中国人民大学出版社,2013 年。

[11][古希腊]柏拉图:《理想国》,郭斌和、张竹明译,商务印书馆,1986 年。

[12]操家齐:《国家现代化与农民工权利演进》,浙江大学出版社,2016 年。

[13][古罗马]查士丁尼:《法学总论——法学阶梯》,张企泰译,商务印书馆,1989 年。

[14]陈新民:《德国公法学基础理论》,山东人民出版社,2001 年。

[15]陈新民:《中国行政法学原理》,中国政法大学出版社,2002 年。

[16]陈新民:《行政法学总论》,法律出版社,2017 年。

[17]陈彦艳:《我国儿童权利保护制度研究》,中国政法大学出版社,2016 年。

[18]城仲模主编:《行政法之一般法律原则》(二),三民书局,1997 年。

[19]冯仕政:《当代中国的社会治理与政治秩序》,中国人民大学出版社,2013 年。

[20][美]伦斯基:《权力与特权:社会分层的理论》,关信平译,浙江人民出版社,1988 年。

[21]郭青:《农民工权利问题研究》,中国农业出版社,2014 年。

[22][德]毛雷尔《行政法学总论》,高家伟译,法律出版社,2000 年。

[23]侯宇:《人的尊严之法学思辨》,法律出版社,2018 年。

[24][德]康德:《道德形上学探本》,唐钺译,商务印书馆,2012 年。

[25][德]默勒斯:《德国基本法:历史与内容》,赵真译,中国法制出版社,2014 年版。

[26][丹麦]安德森:《福利资本主义的三个世界》,郑秉文译,法律出版社,2003 年。

[27][日]芦部信喜著,高桥和之补订:《宪法》(第六版),林来梵、凌维慈、龙绚丽译,清华大学出版社,2018 年。

[28]刘成奎:《激励机制与农村基本公共服务供给研究》,中国社会科学出版社,2015 年。

[29]陆道平:《城乡公共服务均等化与基层政府职能建设》,社会科学文献

出版社,2017 年。

[30]陆学艺:《当代中国社会结构》,社会科学文献出版社,2010 年。

[31]林来梵:《从宪法规范到规范宪法——规范宪法学的一种前言》,法律出版社,2001 年。

[32]李步云主编:《人权法学》,高等教育出版社,2005 年。

[33]李强:《社会分层十讲》,社会科学文献出版社,2011 年。

[34]李震山:《人性尊严与人权保障》,元照出版有限公司,2011 年。

[35][法]卢梭:《论不平等》,张雁深译,商务印书馆,1982 年。

[36][法]卢梭:《论人类不平等的起源和基础》,李常山译,商务印书馆,1997 年。

[37][英]罗素:《西方哲学史》(上卷),何兆武、李约瑟译,商务印书馆,2015 年。

[38][英]罗素:《西方哲学史》(下卷),马元德译,商务印书馆,2015 年。

[39]凌亢等:《残疾人蓝皮书:中国残疾人事业发展报告(2019)》,社会科学文献出版社,2020 年。

[40][美]沃格尔:《马克思主义与女性受压迫:趋向统一的理论》,高等教育出版社,2009 年。

[41][美]艾德勒:《六大观念》,陈珠泉、杨建国译,生活·读书·新知三联书店,1989 年。

[42]马德普主编:《西方政治思想史》(第五卷),天津人民出版社,2005 年。

[43][德]马克思:《资本论》,人民出版社,2004 年。

[44][美]纳斯鲍姆:《寻求有尊严的生活——正义的能力理论》,中国人民大学出版社,2016 年。

[45]马啸原:《西方政治思想史纲》,高等教育出版社,1997 年。

[46]毛泽东:《论人民民主专政》,人民出版社,1960 年。

[47][法]勒鲁:《论平等》,王允道译,商务印书馆,1991 年。

[48]彭红碧、杨峰:《新型城镇化道路的科学内涵》,《理论探索》,2010 年第

4 期。

[49]齐延平:《社会弱势群体的权利保护》,山东人民出版社,2006 年。

[50][美]亨廷顿:《变化社会中的政治秩序》,王冠华译,上海人民出版社,2008 年。

[51][法]圣西门:《圣西门选集》(第二卷),商务印书馆,1962 年。

[52]普雷特:《他信对话录》,冷述美译,现代出版社,2012 年。

[53]吴春华主编:《西方政治思想史》(第四卷),天津人民出版社,2005 年。

[54]吴宁:《社会弱势群体权利保护的法理》,科学出版社,2008 年。

[55]吴忠民、王海玲:《社会公正论》,中共中央党校出版社,1980 年。

[56][苏]沃尔金:《十八世纪法国社会思想的发展》,杨穆等译,商务印书馆,1983 年。

[57][美]沃尔泽:《正义诸领域——为多元主义和平等一辩》,褚松燕译,译林出版社,2009 年。

[58]徐大同:《西方政治思想史》(第一卷),天津人民出版社,2005 年。

[59]徐大同:《西方政治思想史》(第二卷),天津人民出版社,2005 年。

[60]徐大同、高建:《西方政治思想史》(第三卷),天津人民出版社,2005 年。

[61]徐宏:《老龄化背景下我国残疾人养老服务社会支持体系研究》,经济科学出版社,2018 年。

[62]肖金明:《老年人社会救助制度研究》,山东大学出版社,2015 年。

[63]薛兰宁:《社会性别与妇女权利》,社会科学文献出版社,2018 年。

[64]于安:《德国行政法》,清华大学出版社,1999 年。

[65]袁翠清:《社会性别平等与妇女权益保障制度研究》,中国政法大学出版社,2015 年。

[66][美]罗尔斯:《正义论》,何怀宏、何包钢、廖申白译,中国社会科学出版社,1988 年。

[67][古希腊]亚里士多德:《政治学》,吴寿彭译,商务印书馆,1996 年。

[68]俞可平:《西方政治学名著提要》,江西人民出版社,2001年。

[69][美]泰恩特:《复杂社会的崩溃》,邵旭东译,海南出版社,2010年。

[70]杨立雄:《老年福利制度研究》,人民出版社,2013年。

[71]杨昕:《土地制度变迁过程中的农村社会保障问题研究》,上海社会科学院出版社,2016年。

[72]杨雅妮:《少数民族权利救济机制研究》,中国社会科学出版社,2014年。

[73]赵树坤:《中国特定群体人权保护的理论与实践》,法律出版社,2012年。

[74]张康之:《合作的社会及其治理》,上海人民出版社,2014年。

[75]张千帆:《西方宪政体系》,中国政法大学出版社,2004年。

[76]张晓玲:《社会弱势群体权利的法律保障研究》,中共中央党校出版社,2009年。

[77]张金峰:《老龄化背景下残疾人福利需求特征与制度转型研究》,世界图书出版公司,2014年。

[78]周方治:《王权·威权·金权:泰国政治现代化进程》,社科文献出版社,2011年。

[79]周佳宥:《行政法基本原则》,三民书局,2016年。

[80]周晓虹:《中国社会与中国研究》,社会科学文献出版社,2004年。

[81]周刚志等:《弱势群体宪法权利研究》,中国政法大学出版社,2017年。

[82]朱光磊:《中国的贫富差距与政府控制》,上海三联书店,2000年。

[83]朱光磊等:《当代中国社会各阶层分析》,天津人民出版社,2007年。

[84]朱光磊主编:《城市公共服务体系建设纲要》,中国经济出版社,2010年。

二、中文期刊

[1]边燕杰、张文宏:《经济体制、社会网络与职业流动》,《中国社会科学》,2011年第2期。

［2］常健：《论社会公正的三维制衡》，《南开学报》（哲学社会科学版），2005
年第 1 期。

［3］崔靖梓：《算法歧视挑战下平等权保护的危机与应对》，《法律科学》，
2019 年第 3 期。

［4］陈云贤：《中国特色社会主义市场经济：有为政府 + 有效市场》，《经济研
究》，2019 年第 1 期。

［5］樊纲、张晓晶：《"福利赶超"与"增长陷阱"：拉美的教训》，《管理世界》，
2008 年第 9 期。

［6］郭星华、刘朔：《中国城乡关系七十年回望：国家权力的下沉、回缩与再
进入——有关城乡关系变迁的社会学思考》，《社会科学》，2019 年第 4 期。

［7］顾昕：《公共财政转型与政府医疗投入机制的改革》，《社会科学研究》，
2019 年第 2 期。

［8］郭延军：《美国就业领域间接性别歧视的法律控制》，《政治与法律》，
2013 年第 4 期。

［9］黄黎若莲、张时飞、唐钧：《中国人口老龄化进程与老年服务需求》，《学
习与实践》，2006 年第 12 期。

［10］黄学贤：《行政法中的比例原则研究》，《法律科学》（西北政法学院学报），
2001 年第 1 期。

［11］江必新：《紧急状态与行政法治》，《法学研究》，2004 年第 2 期。

［12］金桂兰：《习近平的文化平等观及其时代价值》，《马克思主义研究》，2019
年第 9 期。

［13］景天魁：《底线公平与社会保障的柔性调节》，《社会学研究》，2004 年第
6 期。

［14］柯格钟：《论税捐正义的追寻：从宪法平等原则到税法量能课税原则的
路径》，《台大法学论丛》，2016 年第 45 卷特刊。

［15］刘乃源：《马克思平等思想的内在逻辑及其对西方平等观的超越》，《湖

南师范大学社会科学学报》,2011 年第 3 期。

[16]刘权:《行政判决中比例原则的适用》,《中国法学》,2019 年第 3 期。

[17]刘生龙、胡鞍钢:《交通基础设施与经济增长:中国区域差距的视角》,《中国工业经济》,2010 年第 4 期。

[18]刘玉安:《北欧福利国家剖析》,山东大学出版社,1995 年。

[19]李本:《美国司法实践中的人工智能:问题与挑战》,《中国法律评论》,2018 年第 2 期。

[20]李成:《平等权的司法保护——基于 116 件反歧视诉讼裁判文书的评析与总结》,《华东政法大学学报》,2013 年第 4 期。

[21]李春玲:《中国社会分层与流动研究 70 年》,《社会学研究》,2019 年第 6 期。

[22]李红霞、陆悦:《健康中国视角下财政转移支付对医疗卫生基本公共服务均等化的效应研究》,《首都经济贸易大学学报》,2020 年第 3 期。

[23]李路路、冯泽鲲、唐丽娜:《阶层结构变革与国家治理体系创新》,《社会学评论》,2020 年第 3 期。

[24]李梁、马文博、唐梦蔚:《国企高管薪酬管制政策的有效性分析——基于政府公平偏好与企业绩效的双重视角》,《北京工商大学学报》(社会科学版),2018 年第 6 期。

[25]李俏、李久维:《回归自主与放权社会:中国农村养老治理实践》,《中国农业大学学报》(社会科学版),2016 年第 3 期。

[26]林来梵:《人的尊严与人格尊严——兼论中国宪法第 38 条的解释方案》,《浙江社会科学》,2008 年第 3 期。

[27]林毅夫:《中国经验:经济发展和转型中有效市场与有为政府缺一不可》,《行政管理改革》,2017 年第 10 期。

[28]廖义男:《宪法平等原则在经济法领域中之具体实践》,《法令月刊》,2015 年第 9 期。

[29]郎友兴:《政治吸纳与先富群体的政治参与——基于浙江省的调查与思考》,《浙江社会科学》,2009 年第 7 期。

[30]宋华琳:《基层行政执法裁量权研究》,《清华法学》,2009 年第 3 期。

[31]宋林霖:《社会流动中的"结构性"阶层固化:政治学的解释与应对》,《行政论坛》,2016 年第 4 期。

[32]宋少鹏:《资本主义、社会主义与妇女——为什么中国需要重建马克思主义女权主义批判》,《开放时代》,2012 年第 12 期。

[33]石智雷、刘思辰:《大城市 3 岁以下婴幼儿照护方式及机构照护需求研究》,《人口学刊》,2020 年第 5 期。

[34]单卓然、黄亚平:《"新型城镇化"概念内涵、目标内容、规划策略及认知误区解析》,《城市规划学刊》,2013 年第 2 期。

[35]田学斌:《实现人与自然和谐发展新境界——认真学习领会习近平总书记生态文明建设理念》,《社会科学战线》,2016 年第 8 期。

[36]王海明:《平等原则之我见——兼评罗尔斯的平等观》,《人文杂志》,1997 年第 5 期。

[37]王堃:《中国教育平等权的三个向度》,《湖南警察学院学报》,2015 年第 2 期。

[38]王浦劬、季程远:《我国经济发展不平衡与社会稳定之间矛盾的化解机制分析——基于人民纵向获得感的诠释》,《政治学研究》,2019 年第 1 期。

[39]王瑞雪:《政府规制中的信用工具研究》,《中国法学》,2017 年第 4 期。

[40]王曙光、郭凯:《要素配置市场化与双循环新发展格局——打破区域壁垒和行业壁垒的体制创新》,《西部论坛》,2021 年第 1 期。

[41]王天华:《司法实践中的行政裁量基准》,《中外法学》,2018 年第 4 期。

[42]王勇:《论有效市场与有为政府:新结构经济学视角下的产业政策》,《学习与探索》,2017 年第 4 期。

[43]王元亮:《论形式平等与实质平等》,《科学社会主义》,2013 年第 2 期。

[44]汪辉平、王增涛、马鹏程:《农村地区因病致贫情况分析与思考——基于西部 9 省市 1214 个因病致贫户的调查数据》,《经济学家》,2016 年第 10 期。

[45]吴忠民:《论代际公正》,《江苏社会科学》,2001 年第 3 期。

[46]徐勇:《基于中国场景的"积极政府"》,《党政研究》,2019 年第 1 期。

[47]徐耀新:《社会主义平等与平均主义》,《科学社会主义》,1985 年第 6 期。

[48]徐珍:《新时代我国社会主要矛盾蕴含的平等问题探析》,《武汉大学学报(哲学社会科学版)》,2019 年第 6 期。

[49]许庆雄:《现代人权体系中平等原则之研究》(上),《中正大学法学集刊》,2002 年第 6 期。

[50]闫国智:《现代法律中的平等——平等的主体条件、法律平等的本体及价值》,《法学论坛》,2003 年第 5 期。

[51]俞可平:《现代化进程中的民粹主义》,《战略与管理》,1997 年第 1 期。

[52]俞可平:《重新思考平等、公平和正义》,《学术月刊》,2017 年第 4 期。

[53]赵聚军:《福利民粹主义的生成逻辑及其政策实践:基于拉美地区和泰国的经验》,《政治学研究》,2015 年第 6 期。

[54]赵聚军:《代议民主与福利超载:从福利国家危机、拉美化到欧债危机》,《经济社会体制比较》,2014 年第 3 期。

[55]郑秉文:《"中等收入陷阱"与中国发展道路——基于国际经验教训的视角》,《中国人口科学》,2011 年第 1 期。

[56]郑杭生、张本效:《可行性与可达性:户籍制度改革破题》,《探索与争鸣》,2014 年第 7 期。

[57]郑文升、蒋华雄、艾红如、罗静、王晓芳:《中国基础医疗卫生资源供给水平的区域差异》,《地理研究》,2015 年第 11 期。

[58]周永坤:《教育平等权问题及解决之道》,《华东政法学院学报》,2006 年第 2 期。

[59]周仲秋:《马克思恩格斯平等思想研究》,《政治学研究》,2004 年第 1 期。

［60］张步峰:《男女退休不同龄制度的宪法学思考》,《法学家》,2009 年第 4 期。

［61］张车伟、向晶:《代际差异、老龄化与不平等》,《劳动经济研究》,2014 年第 1 期。

［62］张述周:《列宁对社会主义法治国家建设的构想》,《当代世界与社会主义》,2007 年第 6 期。

［63］张卫、鲍磊:《平等的阶段性特征及当前我国促进社会平等的重点领域》,《中南民族大学学报(人文社会科学版)》,2016 年第 4 期。

［64］张文显:《运用法治思维和法治方式治国理政》,《社会科学家》,2014 年第 1 期。

［65］张文显:《法治与国家治理现代化》,《中国法学》,2014 年第 4 期。

［66］朱应平:《论我国公民平等工作权的宪法保护》,《法学》,2002 年第 8 期。

［67］朱光磊:《全面深化改革进程中的中国新治理观》,《中国社会科学》,2017 年第 4 期。

［68］朱光磊、王通:《阶层与分层:中国社会成员构成研究中的两种分析逻辑》,《吉林大学社会科学学报》,2020 年第 6 期。

三、英文著作

［1］Aristotle,*Athenian Constitution*,*Eudemian Ethics*,*Virtues and Vices*,H. Rackham,trans,Harvard University Press,1996.

［2］Plato,*Lysis*,*Symposium*,Gorgias. W. R. M. Lamb,trans,Harvard University Press,2001.

四、英文期刊

［1］Ammar Siamwalla,Thailand after 1997,*Asian Economic Policy Review*,

2011,6(1).

[2]Benjamin Moffitt and Simon Tormey,Rethinking Populism:Politics,Mediati-
sation and Political Style,*Political Studies*,2014,62(2).

[3]Cas Mudde and Crist ó bal Rovira Kaltwasser,Exclusionary vs. Inclusionary
Populism:Comparing Contemporary Europe and Latin America,*Government & Oppo-
sition*,2013,48(2).

[4]Joel Sawat Selway,Electoral Reform and Public Policy Outcomes in Thai-
land:The Politics of the 30–Baht Health Scheme,*World Politics*,2011,63(1).

[5]Jennifer N. Collins,New Left Experiences in Bolivia and Ecuador and the
Challenge to Theories of Populism,*Journal of Latin American Studies*,2014,46(1).

[6]Prajak Kongkirati,The Rise and Fall of Electoral Violence in Thailand:
Changing Rules,Structures and Power Landscapes,*Contemporary Southeast Asia*,
2014,36(3).

后 记

　　本书是马克思主义理论研究和建设工程 2016 年度重大项目"关于平等的若干重大理论和现实问题研究"的结项成果。本项目成果是研究团队集体认真工作的结果。在课题组集体讨论并经反复征求专家意见所形成的研究提纲的基础上，各位成员分别负责相关的研究、写作工作；历经几次研究提纲调整，从不同的角度协调具体写作内容，最后由我统稿，并负责修改专家和编辑意见。成果的部分内容是在已经发表的作为阶段性成果的论文，或是在所提交的工作报告的基础上修订而成。

　　平等问题，几乎所有社会科学学科和各个人文学科领域的研究工作都要遇到，作为一个词汇，在社会生活中的适用范围也非常广泛，但是对平等课题集中的、系统的理论研究并不太多。将平等的概念，纳入社会主义核心价值观，标志着党中央对此的重视达到了一个新的历史高度。在这样的时刻，组织上以重大委托课题的方式，把对这一课题的研究任务交给我们来完成，是对我们的极大信任。但是由于水平所限，很多看法和分析，特别是对"平等"基本概念、基本历史脉络的认识和把握，还是初步的，对一些重要领域中的平等问题的剖析也还是初步的。我们会以本书的出版为基础，继续努力！需要说明的是，在研究过程中，本书所提出的观点和建议均为我们团队各位成员的个人见解，不代表各自所在单位或任何与我们具有工作关系的机构。

作为课题组责任人，我对所有课题组成员，特别是本书的各位执笔者的辛勤工作和协作态度表示感谢！特别是常健、付士成等资深教授放下繁忙的工作，参与课题的论证工作，并且组织了相关课题组的研究工作，使各个课题组的成果大为增色，使我和执笔的各位中年学术骨干深为感动！南开大学周恩来政府管理学院博士研究生候绪杰协助我做了很多繁杂的课题管理工作。

本书利用了一些我们的调研成果。在这些调研工作中，我们得到过许多单位的大力支持。本书引用了大量的年鉴类资料、报刊上所披露的数据。凡是引用的学术文献，我们尽可能一一注明了出处，在此表示衷心的感谢！由于篇幅较大，作者较多，倘有遗漏，还望原谅，并请与我联系，以便及时补正。

向在项目管理工作中付出了辛勤劳动的中共中央宣传部理论局（马克思主义理论研究和建设工程办公室）、天津市哲学社会科学规划办公室、南开大学社会科学研究管理处和周恩来政府管理学院的领导和同志们，表示衷心的感谢！

向为编辑、出版、发行等工作付出了辛勤劳动的天津人民出版社王康总编辑等新老朋友，特别是向责任编辑郑玥老师和各个编辑出版工作环节上的同志，表示衷心的感谢！

朱光磊

2022 年 10 月 29 日